中国社会科学院学部委员专题文集

ZHONGGUOSHEHUIKEXUEYUAN XUEBUWEIYUAN ZHUANTI WENJI

论苏联、俄罗斯经济

陆南泉◎著

中国社会科学出版社

图书在版编目(CIP)数据

论苏联、俄罗斯经济/陆南泉著.—北京:中国社会科学出版社,2013.8
(中国社会科学院学部委员专题文集)
ISBN 978 - 7 - 5161 - 2991 - 3

Ⅰ.①论… Ⅱ.①陆… Ⅲ.①经济史—研究—苏联②经济史—研究—
俄罗斯 Ⅳ.①F151.29

中国版本图书馆 CIP 数据核字(2013)第 162760 号

出 版 人	赵剑英	
责任编辑	刘 艳	
责任校对	吕 宏	
责任印制	戴 宽	

出　　版　中国社会科学出版社
社　　址　北京鼓楼西大街甲 158 号（邮编 100720）
网　　址　http://www.csspw.cn
　　　　　中文域名:中国社科网　　　010 - 64070619
发 行 部　010 - 84083685
门 市 部　010 - 84029450
经　　销　新华书店及其他书店

印刷装订　环球印刷(北京)有限公司
版　　次　2013 年 8 月第 1 版
印　　次　2013 年 8 月第 1 次印刷

开　　本　710×1000　1/16
印　　张　31.25
插　　页　2
字　　数　497 千字
定　　价　96.00 元

前　　言

　　哲学社会科学是人们认识世界、改造世界的重要工具，是推动历史发展和社会进步的重要力量。哲学社会科学的研究能力和成果是综合国力的重要组成部分。在全面建设小康社会、开创中国特色社会主义事业新局面、实现中华民族伟大复兴的历史进程中，哲学社会科学具有不可替代的作用。繁荣发展哲学社会科学事关党和国家事业发展的全局，对建设和形成有中国特色、中国风格、中国气派的哲学社会科学事业，具有重大的现实意义和深远的历史意义。

　　中国社会科学院在贯彻落实党中央《关于进一步繁荣发展哲学社会科学的意见》的进程中，根据党中央关于把中国社会科学院建设成为马克思主义的坚强阵地、中国哲学社会科学最高殿堂、党中央和国务院重要的思想库和智囊团的职能定位，努力推进学术研究制度、科研管理体制的改革和创新，2006 年建立的中国社会科学院学部即是践行"三个定位"、改革创新的产物。

　　中国社会科学院学部是一项学术制度，是在中国社会科学院党组领导下依据《中国社会科学院学部章程》运行的高端学术组织，常设领导机构为学部主席团，设立文哲、历史、经济、国际研究、社会政法、马克思主义研究学部。学部委员是中国社会科学院的最高学术称号，为终生荣誉。2010 年中国社会科学院学部主席团主持进行了学部委员增选、荣誉学部委员增补，现有学部委员 57 名（含已故）、荣誉学部委员 133 名（含已故），均为中国社会科学院学养深厚、贡献突出、成就卓著的学者。编辑出版《中国社会科学院学部委员专题文集》，即是从一个侧面展示这些学者治学之道的重要举措。

　　《中国社会科学院学部委员专题文集》（下称《专题文集》），是中国社会科学院学部主席团主持编辑的学术论著汇集，作者均为中国社会科学院学部委员、荣誉学部委员，内容集中反映学部委员、荣誉学部委员在相关学科、专业方向中的专题性研究成果。《专题文集》体现了著作者在科学研究实践中长期关注的某一专业方向或研究主题，历时动态地展现了著作者在这一专题中不断深化的研究路径和学术心得，从中不难体味治学道路之铢积寸累、循序渐进、与时俱进、未有穷期的孜孜以求，感知学问有道之修养理论、注重实证、坚持真理、服务社会的学者责任。

2011 年，中国社会科学院启动了哲学社会科学创新工程，中国社会科学院学部作为实施创新工程的重要学术平台，需要在聚集高端人才、发挥精英才智、推出优质成果、引领学术风尚等方面起到强化创新意识、激发创新动力、推进创新实践的作用。因此，中国社会科学院学部主席团编辑出版这套《专题文集》，不仅在于展示"过去"，更重要的是面对现实和展望未来。

这套《专题文集》列为中国社会科学院创新工程学术出版资助项目，体现了中国社会科学院对学部工作的高度重视和对这套《专题文集》给予的学术评价。在这套《专题文集》付梓之际，我们感谢各位学部委员、荣誉学部委员对《专题文集》征集给予的支持，感谢学部工作局及相关同志为此所做的组织协调工作，特别要感谢中国社会科学出版社为这套《专题文集》的面世做出的努力。

《中国社会科学院学部委员专题文集》编辑委员会

2012 年 8 月

目　　录

自　序

　　1955 年我毕业于东北财经学院（现辽宁大学）财经信贷系本科。1955 年 9 月至 1956 年 10 月，北京俄语学院（现北京外国语大学）留苏预备部学习俄语。之后赴苏联莫斯科财政学院（现俄罗斯联邦财政大学）读研究生，研究苏联财政经济问题，于 1960 年毕业，同年获苏联经济科学博士学位。回国后，先后在中国人民大学与中共中央对外联络部执教与从事苏联问题研究。从 1981 年 1 月起，在中国社会科学院苏联东欧研究所（现俄罗斯东欧中亚研究所）工作，先后任经济研究室与俄罗斯研究室主任研究员。现任中国社会科学院俄罗斯研究中心副主任，中国社会科学院研究生院博士生导师，中国俄罗斯东欧中亚学会与中国俄罗斯东欧中亚经济学会顾问（曾任该两学会副会长）。另外，还先后担任清华大学、国家体改委、吉林省社科院、吉林大学、山东大学、华中师范大学、黑龙江大学等校兼职教授与研究员。还兼任哈尔滨市政府经济顾问等职。

　　我曾先后两次（1986—1987 年；1993—1994 年）应聘担任日本国北海道大学斯拉夫研究中心客座教授（每次均为 10 个月），与日本学者共同研究苏联、俄罗斯问题。在此期间还兼任日本国外务相所属日本国际问题研究所研究员，并就有关苏联经济问题作了系列讲座。1991 年 10 月至 1992 年 4 月，在苏联、俄罗斯科学院经济研究所任高级访问学者，考察俄罗斯经济转型问题。我还多次访问美国进行学术交流，并于 1997 年在普林斯顿大学讲学。还应邀赴德国讲学与赴法国进行学术交流。

　　自苏联留学回国至今，我一直在研究苏联、俄罗斯的经济问题，重点是研究其经济体制改革与理论。1992 年国务院给我颁发了为我国社会科学事业作出突出贡献的证书（19274920186 号）。

　　党的十一届三中全会以来，我把主要精力集中在研究苏东国家经济体制改革问题上。可以说，我是我国最早在总结了苏联改革实践基础上，提出中国经济改革应按照扩大企业自主权的思路来进行的学者之一。1979年正当我国进行改革试点时，我就提出，为了扩大企业自主权，就必须解决企业计划权、正确认识指令性计划、明确企业法法律地位和职工拥有管理权等重要问题。① 在当时来说，提出上述观点也并不是容易的。接着，我又着力研究苏联改革遇到的种种阻力，目的是为了引起国内关注。1979年我撰写的《苏联经济体制改革为何迈不开大步?》一文，由当时任中央党校副校长的胡耀邦同志批示在《理论动态》上发表（1979年第171期）。后来，我根据国内改革的需要，撰写、发表了大量有关苏联改革的论著。

　　我对苏联体制改革研究的主要思路与观点如下：

　　（一）根据邓小平同志关于制度问题"更带有根本性、全局性、稳定性和长期性"这一重要理论观点，研究苏联经济体制改革的历史，分析一个社会主义国家的成败、兴衰，归根到底取决于选择的体制模式，以及能否在不同历史时期根据变化了的情况对选择的模式进行正确与及时的改革。经济体制是整个体制中的一个重要组成部分，它对生产力与社会的发展起着重大的作用。我在分析苏联经济体制问题时，总是紧紧与苏联社会的兴衰联系起来加以考察的。因此，我从经济体制这一角度总结苏联经济发展问题时，也是为了我国在深化经济体制改革过程中，从中吸取教训，并根据中国的实践，来建设具有中国特色的社会主义。

　　我早就提出并一直坚持认为，苏联剧变表明斯大林式的苏联社会主义模式未获得成功（包括经济体制模式），但绝不是"共产主义已经死亡"，也并不意味着科学社会主义的失败。正如中国社科院前院长胡绳同志说的："苏联社会主义崩溃不是社会主义基本制度和原则的失败，而只是社会主义的一种特定模式即斯大林模式的失败。"② 十一届三中全会以后，中国通过改革开放开始摆脱斯大林模式，坚持走符合中国国情的社会主义道

---

　　① 上述观点于1979年11月先刊登在《人民日报》的《理论宣传动态》内部刊物上，后于1980年1月1日在《人民日报》上摘要发表。

　　② 《胡绳全书》第3卷（上），人民出版社1998年版，第275页。

路，从而取得了世界公认的成就，这就是一个证明。这也说明，只有从体制与制度层面去分析问题，才能正确认识苏联剧变的深层次原因，并避免把苏联剧变完全归罪于某些领袖人物。

（二）我对经济体制问题的研究，并没有仅就体制论体制，而是从理论、路线与基本政策三个相互联系与相互作用的方面，考察了苏联经济体制的形成过程以及改革失败的种种原因。我特别重视阻碍苏联历次经济体制改革的经济理论因素，指出苏联长期以来对待马克思主义持教条主义的态度，不能根据变化了的情况与时俱进地发展马克思主义，而是不断地批判"市场社会主义"，坚持产品经济观等，使得经济改革不可能朝着市场经济方向前进，从而历次改革只能在旧体制框架下进行修修补补，无法取得实质性进展。与此同时，我指出，在向市场经济转型时，不能对西方市场经济理论不顾具体条件而盲目地搬用。中国要深化改革，使改革顺利进行，既要反对对马克思主义的教条，又要反对对西方经济理论的教条。

我在研究苏联、俄罗斯各个历史时期的经济体制时，提出了不少让人深思的问题与看法。

（一）我认为，斯大林经济体制模式的形成、最后确立与日益巩固的原因，除了当时苏联面临的各种复杂的客观因素外，它主要是以下 8 个相互紧密联系的因素作用的结果：（1）列宁虽然对军事共产主义政策作了批判性的总结与认识，但以后的领导人往往仍把它视为一种有效的政策；（2）最高领导层对新经济政策未达成共识，过早地被斯大林"把它抛弃"；（3）超高速工业化大大加速了经济集中，促使斯大林经济体制的全面建立与巩固；（4）农业全盘集体化把在国民经济中居重要地位的农业，纳入了斯大林的统制经济之中；（5）教条地对待马克思主义有关商品经济理论，坚持产品经济观，成为斯大林经济体制牢固的理论基础；（6）沙皇俄国长期实行专制制度，集权与扩张等历史传统，对斯大林建立高度集中的经济体制，潜移默化地产生着影响；（7）20 世纪 30 年代的"大清洗"是导致斯大林高度集权政治体制形成与巩固的一个极其重要因素，这一政治体制又促使高度集中的指令性计划经济体制的日益巩固与发展；（8）斯大林个人品性的特点对形成高度集中的指令性计划经济体制，不可能不起作用。

我还指出，从斯大林经济体制模式形成过程看，它具有明显的人为的政治斗争因素，这种模式不是唯一的选择。正如胡绳同志在总结苏联剧变的教训时指出的："20世纪的历史经验，并不证明社会主义制度已经灭亡，但的确证明社会主义制度必须改革。在20世纪大部分时间通行的社会主义模式并不是唯一可能的模式，随着世纪的更替，新的模式正在促成社会主义的更生。"①

（二）对赫鲁晓夫时期改革失败原因提出看法。我认为，作为苏联历史上第一个改革者的赫鲁晓夫，其改革失败的原因不在于批判了斯大林的个人迷信，因为这是进行改革绕不过的一步。改革失败的主要原因是，赫鲁晓夫并不理解，揭露斯大林仅是走上革新社会道路的第一步，而更重要的是斯大林模式，必须在经济、政治、社会精神生活等方面进行根本性的重大改革。赫鲁晓夫想要同斯大林主义分手，但不同这种制度分手。他虽同这种制度的创造者决裂，可是他崇拜由这位创造者所创造的世界。赫鲁晓夫在反斯大林过程中，虽也能感悟到战后新时代将到来，但他又无力自觉地把握战后时代转换的重要契机，深刻地变革斯大林留下的不能继续推进社会经济发展的体制模式。他的这种局限性，使得其在改革过程中无法解决上述种种矛盾，因此，改革虽在某些方面取得了进展，但这一时期的改革从来就没有能够离开斯大林体制模式，再加上经济改革本身存在一系列问题，所以，改革不可能取得成功。

（三）我对关于勃列日涅夫时期的历史定位问题提出了看法。在我看来，勃列日涅夫时期，改革一开始就强调在不影响集中统一计划原则的条件下进行，加上政治体制的倒退（与赫鲁晓夫时期相比），这样就制约了经济体制改革。体制改革的停滞产生了严重的经济后果：经济增长率明显递减和停滞；粗放的经济增长方式和低效的经济难以改变；粗放型的投资成为导致经济效率低和浪费大的一个重要因素；经济结构更加畸形、抑制人民生活水平的提高，等等。由于上述原因，我提出了两个结论性看法：

一是勃列日涅夫时期是苏联停滞和积累危机因素并走近衰亡的时期。

如果以主要领导人来划分苏联历史发展阶段的话，如果把安德罗波夫

---

① 《胡绳全书》第3卷（上），人民出版社1998年版，第275页。

和契尔年科短暂执政时期撇开不算，那么，勃列日涅夫时期是苏联解体前的最后一个历史时期。把勃列日涅夫执政年代视为停滞时期，据苏联和俄罗斯的分析，勃列日涅夫执政的 18 年，完全可以说是停滞和衰颓时期，僵化的、保守的思想占统治地位，在很多方面"悄悄地重新斯大林主义化"。① 就是说，苏联作为一种社会主义制度并没有朝着进步与完善方向迈出大的步子，总体上讲，仍然是斯大林时期形成的那一套模式。笔者认为，看到了勃列日涅夫时期的主要特征是停滞，是在走近衰亡，这是抓住了这一时期的本质，从而也就找到了它在苏联历史上的确切定位。

应该说，对勃列日涅夫时期这一历史定位的看法具有重要意义，因为这个时期在稳定这个表象掩盖下，苏联社会主义社会逐步积累了大量的社会、政治与经济问题，一步一步由停滞走向全面停滞的社会，极大地消耗了苏联的各种潜力，从而使勃列日涅夫执政年代对苏联走向衰亡有着重大影响。

二是悄悄地重新斯大林主义化是勃列日涅夫时期的又一个重要特征。

我明确指出：经济改革的停滞，政治体制的倒退，带来的另一个严重后果是，在勃列日涅夫时期，苏联社会又开始了"悄悄地重新斯大林主义化"。对此，我分析说，重新斯大林主义化在勃列日涅夫时期并不是困难的事，因为：一是正如我们在分析赫鲁晓夫改革失败原因时已谈到的，在赫鲁晓夫时期虽然捅了一下斯大林，特别是斯大林个人迷信，但是并没有从根本上触动斯大林主义或斯大林时期形成与发展起来的体制。就是说，赫鲁晓夫在苏共二十大作报告时，对斯大林时期的苏联社会主义制度存在的问题是想得很肤浅的，可以说还根本没有触及制度性问题。二是植入苏联社会的斯大林主义，它经历了一个很长历史时期，为了让它生根采取了各种手段，包括最极端的大规模的恐怖活动，从而使其在苏联根深蒂固。三是在斯大林时期，不只形成了以斯大林主义为基础的体制，并在这个体制下培养了适应和积极维护这个体制的领导干部。这些干部，同时又握有种种特权，他们离开了这个体制很难工作，又会失去特权与利益。最后，我还指出，说勃列日涅夫时期重新斯大林主义化，最主

---

① ［俄］格·阿·阿尔巴托夫、徐葵等译：《苏联政治内幕：知情者的见证》，新华出版社 1998 年版，第 190 页。

要的内容还是表现在政治、经济体制的僵化和"成熟化"方面，即这一时期的体制的基本方面仍然是斯大林时期留下的传统体制模式。另外，说重新斯大林主义化，决不意味着勃列日涅夫时期与斯大林时期一模一样。而基本含义是指"要保持和重建斯大林时期的秩序和机制"。[①]

（四）有关戈尔巴乔夫改革失败原因与苏联剧变关系的看法。我对戈尔巴乔夫时期改革失败的原因从客观与主观两个方面进行了分析。

我认为客观因素是阻碍机制与阻力对改革的影响日益增大。阻碍机制对改革所产生的影响，这决不是一个空洞的理论问题，而是在斯大林体制模式长期成长起来的、在各个领域让人感觉到的、实实在在存在的种种阻力，并在此基础上形成的一种十分顽固的、一时难以克服的机制。这一阻碍机制，由于在斯大林逝世后的历次改革并没有对斯大林体制模式发生根本性的触动，因此，这一机制虽然对社会经济发展和改革产生影响，但并不突出。但到了戈尔巴乔夫时期，进行根本性体制改革时，情况就不同了，阻碍机制对改革所体现的阻力就开始强化并最后发展到政治冲突的地步。改革刚开始时，党领导层的大多数持正统观点的人，总的来说承认有必要进行局部改革。这是因为，这些人在改革刚开始时认为，这些变革的主要目的是进一步加强单一的权力、单一的所有制和单一的意识形态。而当改革深化时，这些人看到了改革的观念发生了大的改革，与此同时，对改革的抵制也加强了。

我对苏联阻碍机制的基础做了以下的分析：

从政治关系看，由于苏联政权具有经过周密安排的职务上的等级制度，加上有一个保证国家对经济活动及社会生活的各个方面实行直接集中领导的系统，从而产生党和国家的职能实际上的相互重叠，难以分开，所有大权都集中在由上面任命的、不向人民汇报的行政领导阶层手中，在这种政治制度下，本位主义和官僚主义生长繁殖，使得无论是工人阶级还是全体人民都无法实现真正的民主政治，无法实现自己的国家主人的地位。

从经济关系看，称之为全面所有制形式的国家所有制是苏联政治制度

---

① ［俄］格·阿·阿尔巴托夫著、徐葵等译：《苏联政治内幕：知情者的见证》，新华出版社1998年版，第213页。

的经济基础，但这种所有制只把劳动者看作是活劳动的体现者，而未能成为它的主人。在这种高度集中管理国家财产的条件下，这种所有制形式的空洞性越来越明显地暴露出来。在财产的分配、有效的使用和增加方面与生产者没有现实的利害关系。

从社会关系看，由于整个政治经济体制是以庸俗的社会各阶层根本利益一致的思想为依据的，因而对各个社会集团和阶层的利益不相同的观点持轻视和隐讳的态度。

对阻碍机制的基础作了以上的分析之后，得出的结论是："阻碍机制是僵化的经济形式、陈腐的政治组织体制、无效的领导方法和管理杠杆的总和，它阻碍着已成熟的矛盾的解决，使社会主义优越性得不到体现，束缚着社会主义的顺利发展并使其进步的速度放慢。"阻碍机制的存在，产生了对改革的种种阻力。

主观因素使戈尔巴乔夫改革政策出现以下一系列失误：在经济体制改革起始阶段，实行加速战略是走错的第一步；经济体制改革未从农业开始，影响了整个经济体制的顺利进行，尽快地解决市场供应问题；在经济改革过程中，没有解决好"四个结合"问题（指经济发展与改革相结合、人民近期利益与长远利益相结合、改革的迫切性与长期性相结合以及微观与宏观改革措施相结合）；政治体制改革从失控到迷失方向，使它对经济改革起不到促进作用；把政治领域中实行的妥协战略运用到经济改革中，导致经济改革踏步不前。

我在分析了戈尔巴乔夫改革失败的原因后指出，改革失败加速了苏联剧变的进程，同时也明确提出，苏联剧变的根本原因或深层次原因在于斯大林模式。因为这种模式丧失了动力机制，在整体上已成为苏联社会经济发展的障碍。

（五）我对叶利钦时期出现严重经济转轨危机的原因提出了自己的看法。我一直不赞成把叶利钦时期产生严重的经济转轨危机的原因仅仅归咎于"休克疗法"的观点。我在1993年2月撰写的一份研究报告中就提出，导致经济转轨危机的因素中，不少是苏联时期留下来的，就是说，旧体制、不合理的经济结构与落后的经济增长方式等惯性作用在短期内不可能消除。在转轨过程中新旧体制的摩擦、矛盾与冲突比任何一个从计划经济体制向市场经济体制过渡的国家要尖锐和严重。另外，经济转轨过程中出现的矛盾与失误也起了重要作用。我在分析政策失误时，特别指出以下问题：俄罗斯放弃国家对经济的调控；过度的、无区别的紧缩政策恶化了客观经济环境、危及企业的基本生存条件；软性预算控制措施与软弱无力的行政控制手段；国企改革的负面作用；对西方的经济援助期望过高和分配领域中政策失当等。笔者认为，对俄罗斯经济转轨危机严重性原因的上述分析，是符合实际情况的，避免了对问题简单化的认识。

根据客观需要，我对中俄经贸关系作了研究，参与了国家一些重要研究项目：2004 年参加由中国商务部与俄经济发展与贸易部共同成立的联合课题组，制定《中俄经贸发展规划（2006—2010）》；2000 年受中国社科院领导委托，与黑龙江省政府成立联合课题组，完成了《推进黑龙江省对俄日韩经贸关系的战略研究》报告（约 25 万字），我任课题组长。2009 年我还完成了《中俄经贸关系现状与前景》的专著（42 万字，2011 年由中国社会科学出版社出版）。在书中提出了不少扩大对俄经贸合作的对策建议。

第一编

苏、俄经济概况

对十月革命前俄国经济简析

十月革命前的俄国，其资本主义的发展要比欧美先进国家晚得多。如果与资产阶级革命最早的英国相比大约要晚 200 年。1861 年俄国进行农民改革，宣布废除农奴制后，资本主义开始有了较快的发展。19 世纪末 20 世纪初工业经过一段高速增长期后，俄国才成了资本主义经济占据优势地位的国家。在 20 世纪初，俄国资本主义要比欧美国家在短得多的时间里进入了帝国主义阶段。但总的来说，俄国的资本主义经济要比欧美发达资本主义国家经济落后得多，并有其自身的一些明显的特点。本研究对十月革命前的俄国经济作一简析，以利于对十月革命后特别是起始阶段布尔什维克党实行的经济政策的认识。

一　废除阻碍资本主义发展的农奴制

长期以来，由于俄国资本主义经济的发展受到封建农奴制的严重制约，要比欧美资本主义兴起的进程与发展程度落后很多。因此，农奴制成了俄国资本主义发展的一块绊脚石。农奴制是一种强迫劳动，其劳动生产率很低，阻碍了技术进步，同时也阻碍了劳动市场的形成。这样，使俄国工业革命与农奴制发生严重冲突。另外，长期实行农奴制，地主对农民的政治压迫与经济剥削日益加强，俄国农村中的矛盾十分尖锐。为了争取人身解放，以及为了争取获得作为小农经济生产者独立经营地位的必要条件的土地，农民频繁地进行反对地主的起义。在农奴制手工工场中，也爆发了农奴的反抗运动。

在上述情况下，俄国沙皇一般是通过两种途径来缓解矛盾，达到挽救封建皇朝的目的：一是用加紧对外扩张、掠夺新的领土和市场的办法，来转移国内人民的视线。19 世纪上半叶，俄国先后通过侵略战争，夺取了芬兰、比萨拉比亚和高加索；在中国东北强行割据了 100 多万平方公里的领土。① 但侵略战争并没有解决国内日益尖锐的矛盾，挽救农奴制。1854 年3 月，英、法等国向俄国宣战，沙皇政府在克里木（即克里米亚——笔者注）战争失败，迫使沙俄交出对黑海及沿海地区的控制权。沙俄的战败，清楚地表明：第一，由于沙俄向东北扩张的势头遭到严重挫折，从而失去了主导欧洲大陆的霸主地位，也反映了沙俄与欧洲资本主义国家的实力存在巨大差距；第二，战争失败进一步暴露了农奴制度的腐朽，对此列宁指出：“克里木战争表明了农奴制俄国的腐败和无能。”② 由于使人民付出了极大的牺牲，人民生活更加恶化，因而，战争不仅没有缓解农奴制的危机，反而使农民与地主之间的阶级斗争达到了极其尖锐的程度。据沙皇政府第三厅的记录，1858 年发生了 86 次骚动，1859 年为 90 次。1861 年至1863 年，俄国就发生了 2000 多起农民骚动，其中 1861 年就达 1176 次。在第一种办法挽救不了农奴制的条件下，沙俄不得不采取“自上而下”的农民改革的第二种办法，即在经过一段时间准备后，于 1861 年俄历 2 月19 日，俄沙皇亚历山大二世签署了废除农奴制的法令，宣布农奴的人身解放，规定了农民赎买土地的有关办法。法令的具体内容是：有关农奴的人身解放方面，法令宣布废除地主出卖农民或交换农奴和任意惩罚农民的权利；农民有自由处理自身财产的权利；农民可以自由经营工商业，可以订立契约和拥有动产与不动产。有关处理封建社会核心问题的土地所有制方面，法令规定在缴纳高额赎金的条件下，给农民以份地，归其长期使用。俄国农民用高价赎取的土地，在大部分地区是由村社共同占有，分给农民使用。这里要指出的是，农民在获得份地的同时，必须承担劳役租、代役租与履行为贵族地主服务的义务，这些都由地主制定的契约加以规定，并由地主加以监督执行。这次农民改革的法令，只涉及地主、农奴。1863 年和 1866 年此法令的一些基本原则又推行到 100 余万采邑农奴与 950 万国

---

① 后来，先后在 1864 年和 19 世纪 80 年代，沙俄又侵占中国 50 多万平方公里。这样，沙俄共侵占中国领土达 150 多万平方公里。

② 《列宁全集》第 20 卷，人民出版社 1989 年版，第 174 页。

家农奴中去。之后，又在非俄罗斯民族地区进行农民改革。

1861 年的农民改革法令，虽然使 2000 多万农奴获得了人身自由，但并没有动摇贵族地主对土地的占有权与支配权。就是说，作为确保封建社会地主统治与剥削农民的基础——土地所有制，并没有发生根本性的变化。1861 年的法令明文规定："地主保留所属全部土地的所有权。"就是说，在进行农民改革时，首先不仅保持了地主原来的土地，并以"割地"形式夺取了农民 20% 以上的土地，有些地区，甚至高达 40%，其次，在划归农民耕种时要确保地主首先占有足够数量的优质土地，并还可以随时收回农民的份地，就连农民赎买的份地，地主也同样有权赎回。

尽管 1861 年的不彻底的带有资产阶级性质的农民改革，远未摧毁地主土地所有制的封建关系，也没有从根本上解决农民的土地问题，俄国仍然是一个高度集权的封建专制国家，但它毕竟标志着俄国社会经济转型的开始，推动了俄国农业资本主义发展。这主要表现在：

第一，促进地主经济向资本主义道路的演进，迫使农村地主经济逐步用资本主义的雇佣劳动代替工役制。但是要指出的是，这一变化过程在俄国是十分缓慢的。这是因为受到一些因素的制约，例如，农民改革后，并没有在短期内形成资本主义生产的必要条件，地主并没有经营大农场所需的农具和经营资本主义大农业的经验。另外，改革后，劳役制虽遭到了破坏，但并没有彻底消灭，大量的土地仍控制在地主手里，地主还享有各种特权。

第二，加速了农民的分化进程，为资本主义发展提供了充分的自由劳动力。改革前，俄国的农民主要由贵族地主农奴、国家农奴和宫廷农奴三部分构成。到了 19 世纪 80 年代，俄国农民分化为富农、中农与贫农三类，分别占总农户数的 20%、30% 和 50%，各占有份地总面积的 32%、31% 和 37%。购买土地的富裕农户占 74%，而贫农只有 9%。[①] 但是，很多贫农由于无力耕种手中的土地，不得不出租给富农，而自己到城市去做雇工。富农除了自己的份地外，还购入和租入大量土地。这样，占农户 20% 的富农实际使用的农田占全部农田的 35%—50%，而占农户总数

---

① 参见孙成木等主编：《俄国通史简编》（下），人民出版社 1986 年版，第 127—128 页。

50% 的贫农实际使用的农田只有 20%—30%。耕畜与农具分配不均的情况更为严重。38%—62% 的耕畜和 70%—86% 的改良农具属于富农,而贫农只有 10%—31% 的耕畜和 1%—4% 的改良农具。[①] 在 1896—1900 年,无马农户和有一匹马的农户就从 560 万增加到 660 万(农户总数为 1100 万户)。这意味着,2400 万—3000 万的农民生活极为困难。[②] 农民分化,使得富裕农民对雇佣劳动的需要增加,在 19 世纪 80 年代全俄农业工人已超过 350 万人,占农村中成年劳动力的 20%。再加上农民改革时已使 2000 多万农民摆脱了农奴地位,获得了人身自由。所有这些,都为俄国资本主义发展在提供自由劳动力方面创造了必要条件。另外,随着农民分化趋势的发展,开始形成农村资产阶级,他们是从事商业性农业的农场主,他们除了经营农业,还经营工商业和高利贷活动,这约有 150 万户。与此同时,开始形成农村无产阶级,即有份地的雇农、短工和其他工人。他们占农户总数的一半以上,约 650 万户。[③]

第三,农民改革后,促进了农业技术水平与生产的发展。1876—1894 年,农业机器增加 2.5 倍以上。1864—1905 年,粮食播种面积增加近 50%,粮食产量增加 1.6 倍。马铃薯的产量增加 4.5 倍。劳动生产率也有了提高,在改革后的 40 年间,每个劳动者的粮食平均产量增加 27% 左右,马铃薯增加两倍以上。[④] 农业生产的发展,使商品流转量与国内贸易市场扩大。农民改革初期,国内商品的流转主要依赖国内大多数农民生产的农产品。后来,随着商品货币关系与交通的发展,农业商品率的提高,使更大部分的农产品变成了商品。同时,由于农民的税捐负担重与必须偿还土地赎金等因素,增加了农民对货币的需要,从而使他们更多地出售自己的农产品。

俄国农业生产发展后,还形成了专业化的农牧区,在各地出现了一些商业性谷物地区和畜牧业地区。这对增加农畜产品的商品交换起了不少作

---

①　参见樊亢等主编:《外国经济史》第二册,人民出版社 1981 年版,第 186 页。

②　参见 [苏] B. T. 琼图洛夫等编、郑彪等译:《苏联经济史》,吉林大学出版社 1988 年版,第 73 页。

③　参见樊亢等主编:《外国经济史》第二册,人民出版社 1981 年版,第 187 页。

④　同上。

用。这从谷物铁路运输的增长就可以证明。1876—1880 年至 1891—1895 年间，6 种主要谷物运输量平均增长了 1 倍多，谷物运输量在 1861—1895 年间增加了 4.5 倍。[①]

俄国国内市场的扩大，还与农民改革后俄国把土地变成商品有关。1863—1867 年 5 年内出售的土地为 860 万俄亩，1893—1897 年 5 年内出售的土地几乎增加了 1 倍，而且 90 年代的地价比 60 年代增加了两倍。[②]

还应看到，农民改革后，俄国工业也得到发展，市场上对生产资料的需求也越来越大。

以上种种因素，都使得商品交换增加，市场扩大，从而大大冲击了自然经济，导致资本主义经济关系的不断发展。

但是，1861 年的农民改革，使俄国进一步走上了封建主义与资本主义发展紧密结合的道路，从总体上讲，不论在经济关系还是在政治关系方面，都仍然是由贵族地主居统治地位的封建帝国。因此，改革后社会经济矛盾并没有缓解，而是日益发展与深化。到 1905 年广大农民的反封建运动蓬勃发展，波及全国 1/3 的农村地区，全年农民起义达 3000 多起，仅 1905 年年底前的 3 个月内，就有农民起义 1590 次。在沙俄军队中，这一年由穿军服的农民引发的士兵起义达百余次。[③] 在上述背景下，1905—1907 年工农革命运动吓坏了沙皇专制政权，使其看到单单靠残酷的镇压手段难以维持统治。为了保持政权，顺应俄国资本主义的发展，不得不考虑对农民实行新的土地政策。这样，在 1906—1910 年实行了斯托雷平的土地法。1906 年 11 月 9 日颁布法令，1910 年 6 月 14 日由国家杜马批准的关于农民退出公社的条件的法律，该法令的标题是："关于有关农民土地占有制的某些规定的变更和补充。"该法令的基本内容是允许农民退出村社，并可以把份地变为自己的私有土地。具体办法是，把全部农民的土地分成两种；一种是村社自从分配土地以后，不实行土地的再分配，这种不再分配的村社，直接确认为份地为农民的私有土地；另一种是村社实行再分配

---

① 参见樊亢等主编：《外国经济史》第二册，人民出版社 1981 年版，第 187 页。

② 参见［苏］波梁斯基等主编、秦文允等译：《苏联国民经济讲义》上册，生活·读书·新知三联书店 1964 年版，第 276 页。

③ 转引自陆南泉等主编：《苏联兴亡史论》（修订版），人民出版社 2004 年版，第 92 页。

的，其任何农户有权把重分土地时所有应划归他的土地都可以随时要求确定为他个人的财产。所有转为农民私有的土地，都可以自由买卖或抵押。斯托雷平土地改革的结果是，从1906年11月到1916年1月1日，在申请确定土地为私有财产的270万农户中，完全退出公社的农户有200万，退出公社最多的是1908—1909年，占所有各年退出总数的一半以上。这次改革是继1861年改革之后的，为俄国资本主义"第二次以地主方式清洗土地"。列宁把要根本破坏旧的、中世纪公社土地占有制的斯托雷平改革称为"最后一个气门"。他说："斯托雷平的改革'延缓了'旧制度和旧农奴制农业的死亡……是在不废除整个地主土地占有制的条件下可以打开的最后一个气门。"[①] 这一改革也并没有缓解农村中不可调和的矛盾，农民运动并没有终止，富农——独立农庄主（斯托雷平式的地主）和农村贫农之间的矛盾与斗争更趋尖锐化。

从改革对农业发展的角度看，还是起到了一定的积极作用。在第一次世界大战前夕，全俄播种面积，在前帝俄71个省和区，从1901—1905年5年的平均8830万俄亩增加到1911—1913年的9760万俄亩，谷物播种面积增加了10.8%。同期，经济作物播种面积增加更快，棉田扩大了111.6%，向日葵—61%，甜菜—39.5%，烟草—18.5%。农业中使用机器的数量也增加了，从1900年到1913年使用机器的价值增加约3倍，但只是在资本主义化的地主和大的富农经济中使用。农业中使用的化肥也有较大增加，1900年进口600万普特（1普特等于16.38千克），1912年进口了3500万普特，国内还生产了324万普特。谷物产量也有较大增长，1900—1904年谷物年均产量为39亿普特。1909—1913年增加到46亿普特，1913年为丰收年，谷物产量达到50亿普特，按人均计算为574.9千克。由于农业的发展，其商品率也有提高。农产品商品率的提高主要依赖地主与富农经济的发展，以谷物为例，1913年，地主与富农生产了全部粮食的一半（地主为6000万普特，富农为1.9亿普特），提供了全部商品粮的71.6%。与此同时，俄国农产品出口也随之增加，1911—1913年比1901—1905年年均增加60%。农产品的大量出口成为俄国资本积累的一

---

① 《列宁全集》第22卷，人民出版社1990年版，第20页。

个重要来源。但要指出的是，俄国农产品出口大量增加，一方面反映了其农业生产的发展与商品率的提高；另一方面也反映了沙皇政府实行"饥饿输出"改革的结果。当时沙皇的口号是"吃不饱，也得出口"。①

二　工业的发展

农民改革前，俄国工业主要表现为两种形态：农民家庭手工业与城市小手工业。自17世纪后半期起，在俄国的手工业中已产生了类似工场手工业的作坊。18世纪初期，彼得大帝对工场手工业实行扶植与鼓励的政策。俄国工业在18世纪30年代中期开始了从工场手工业向工厂的过渡。与市场相联系的工场手工业是俄国资本主义发展初期的原始形态。到了18世纪末，俄国已有手工业工场1200个，其中冶金和金属加工业200个，轻工业（麻布业、呢绒业、丝绸业、棉织业和制革业）有近千家，共雇佣工人42万人。② 到了19世纪上半叶，由于受到对外军事扩张与西欧产业革命的影响，俄国的工场手工业获得了进一步发展，开始出现了机器生产代替手工劳动的趋势，这标志着在俄国资本主义有了新的发展。1845年已有工场9994家，这个时期不少行业开始采用资本主义的雇佣劳动。1860年雇佣工人已达53万人，占工人总数的61.4%（其中加工工业的雇佣工人占87%）。棉纺织业在工业中发展最快，雇佣工人已占95%，并在19世纪初已开始使用蒸汽机。由于产业革命的兴起，带动了机器制造业的发展，1860年的彼得堡成为机器制造业中心，已有15家机器制造厂。③ 俄国自19世纪30年代中期开始了由手工劳动向机器生产的过渡。

俄国资本主义工业的发展，速度最快的是纺织工业，它也是俄国最先进的一个工业部门。1846年俄国已有70万纱锭。到1861年，机器纱锭已增加到200万个。1861年后，纺织工业发展的速度大大加快了，1861—1881年，布匹的生产增加了两倍，机器织布工厂挤掉了手工织布业。在

---

① 参见樊亢等主编：《外国经济史》第二册，第200—201页。
② 参见孙成木等主编：《俄国通史简编》（上），第310页。
③ 转引自陆南泉等主编：《苏联兴亡史论》（修订版），第78页。

19 世纪 40 年代，俄国甜菜制糖业、造纸业也开始采用机器生产。1860年，使用蒸汽动力制糖厂生产的糖已占全国产量的 84%，机器造纸占全部纸张生产的 80%。

交通运输是俄国落后的一个部门，19 世纪 30 年代俄国才修筑了第一条铁路（长 1 俄里），1851 年建成彼得格勒到莫斯科的铁路，到 1861 年，在辽阔的俄国才共约有 1488 俄里的铁路。要发展资本主义的工业，必须要有良好的道路交通。为此，沙俄在农民改革的头 10 年里，把 2/3 的资本投入铁路建筑。这使得从 1861—1881 年的 20 年间，建筑铁路 19500 俄里。铁路建筑的发展，推动了重工业的发展，俄国开始生产铁轨。在农民改革后的 40 年中（即从 1861—1900 年），生铁的产量与石油产量迅速地增长，几乎增加了 10 倍。乌克兰的煤产量在 1861—1881 年期间，增加了14 倍。随着工业的发展，到 19 世纪 80 年代中期，俄国的产业工人形成了。从 1861—1881 年，工人人数增加了 1 倍，到 1881 年已达到 66.8 万人，此时，俄国已有一半工人生活的主要来源是靠工厂。①

从 19 世纪 90 年代后半期开始，俄国工业进入了一个巨大高潮时期。这一时期之所以出现工业的高潮，其主要原因有：

第一，俄国国内市场的发展，并且俄国已卷入世界市场。

第二，1861 年农民改革后的相当一个时期，工业仍受到农村半农奴制与自然经济残余的严重影响，但进入 90 年代农民的分化进程加速了，城市人口与工业、商业的人口大大增加，对形成资本主义市场起了促进作用，亦为工业发展创造了条件。

第三，正如前面指出的，19 世纪 60—80 年代俄国工业与整个经济的发展，为 90 年代后期工业高涨打下了基础。特别要指出的是，在 70—80年代大规模修建铁路，为今后的工业高涨具有重大的意义。1885 年俄国铁路总长度为 26024 公里，1890 年为 30596 公里，1900 年为 53234 公里，这样，1885 年至 1900 年的 15 年中，俄国铁路网扩大了 1 倍。这一时期，铁路平均每年增长 2000 公里以上。到 1901 年长达 7000 多公里的西伯利亚

---

① 参见［苏］安·米·潘克拉托娃主编、山东大学翻译组译：《苏联通史》第二卷，生活·读书·新知三联书店 1980 年版，第 443、447 页。

大铁路已大体完工。① 这条铁路对俄国欧洲部分与西伯利亚的经济联系、统一市场，都有特别重要的作用。

第四，引进外资对工业的推动作用。在工业高涨时期，投到俄国工业的外资增加了 4 倍，到 1900 年已达到了 10 亿卢布（1890 年为 2 亿卢布）。从 1896 年到 1900 年，成立了 190 家股份制企业，其中 1/4 是外国企业。外资在全俄股份资本中的比重，在 1890—1900 年期间由 1/3 强增长到约占 1/2。外国资本在采矿、冶金和机器制造等重工业的比重高达 74%。南方的冶金工厂除一两家外，几乎全部属于外国股份公司。俄国从外国进口了大量技术设备。在工业和铁路的投资中，有 25% 以上是用于进口设备的。② 列宁曾对这一情况指出："外国的资本、工程师与工人大批地移入并且继续移入南俄，而在目前的狂热时期（1898 年），许多工厂也从美国搬到这里来。"③

第五，沙俄政府实行保护关税、发展国有经济与增加国家订货等政策，对 19 世纪 90 年代工业高涨也起到了促进作用。沙俄政府利用国家拥有的大量土地与各种丰富的自然资源，以及掌握的全部军事工业 92% 的铁路投资，使国有经济得到迅速发展，从而也弥补了私人资本积累的不足。

由于上述原因，19 世纪 90 年代俄国工业得到了迅速发展。就其速度而言，是俄国资本主义工业发展史上的一个特殊阶段。俄国工业发展情况还可从下表材料中得到体现。

19 世纪 90 年代俄国发展概况

年份	企业数	工人数（千人）	生产总额（百万卢布）
1890	32254	1424.7	1502.7
1900	38141	2373.4	3005.9

资料来源：［苏］波梁斯基等主编、秦文允等译：《苏联国民经济史讲义》上册，第 337 页。

---

① 参见［苏］安·米·潘克拉托娃主编、山东大学翻译组译：《苏联通史》第二卷，第 524 页。

② 参见［苏］安·米·潘克拉托娃主编、山东大学翻译组译：《苏联通史》第二卷，第 529 页；樊亢等主编：《外国经济史》第二册，第 191 页。

③ 《列宁全集》第 3 卷，人民出版社 1984 年版，第 448 页。

　　从上表可以看出，10 年内，企业数增加了 18.3%，工人人数增加了
66.5%，工业产值增加了 1 倍。在这期间，生产资料生产部门的产值增加
了 1.5 倍以上。金属冶炼与能源部门增长速度更快，生铁产量从 1890 年
至 1900 年增加了 2 倍（从 5660 万普特增加到 17910 万普特），钢产量增
加近 5 倍，石油产量增加了 1 倍。19 世纪 90 年代中期，俄国石油产量与
美国相等，而到该世纪末甚至曾一度超过美国。机器制造业在迅猛发展的
铁路建筑业带动下，也得到了较大的发展。19 世纪末，俄国已有 569 家工
厂制造工业劳动工具，181 家企业生产农业机器，14 家机车和车厢工厂。
纺织工业也是快速发展的部门，1890—1900 年纺织生产的产品增加了
97.5%，织布生产的产品增加了 75.4%。这 10 年间，俄国棉纺织工业的
设备，平均每年增加 220000 只纱锭和 6400 台织布机。纺织业的快速发
展，与当时俄国的下列因素有关：一是沙俄政府采取关税保护政策；二是
俄国建立了自己的纺织业原料基地。

　　工业的发展，使得俄国国内外贸易也得到了很快发展。从 1890—1900
年，俄国国内商品流转额几乎增长了 1 倍。在对外贸易中，谷物、糖、亚
麻、木材、石油等产品的出口量有大幅增加。在工业高涨的 19 世纪末，
俄国还建立起发达的资本主义银行信贷系统。到 1899 年年底，作为俄国
中央发行机关、最大的国内短期信贷银行的国家银行，在全国各地区已有
9 个办事处与 104 个分行。另外，贵族土地银行有 26 家分行，农民土地银
行有 39 个分行。还有 42 家商业股份银行，10 家抵押贷款股份银行，116
家信贷互助公司，241 家城市银行，十分众多的储蓄银行网。

　　到了 20 世纪初，在 19 世纪后期工业高涨之后，俄国与其他资本主义
国家一样卷进了 1900—1903 年的世界经济危机。资本主义生产过剩危机
的一些特点在俄国都有反映，但危机的严重性与持续时间要超过其他资本
主义国家。这是因为：一是俄国在经济上对外国依赖程度高；二是俄国 19
世纪后期工业高涨的不稳定性以及发展的不平衡。俄国这次经济危机始于
金融领域，并迅速波及各个工业部门，重工业危机最为严重。在危机期
间，生铁产量下降了 15%，顿巴斯矿井开工率为 59%，炼焦厂为 42%。

在 1900—1903 年，仅大中型企业就倒闭了 3000 多家。[①] 从 1930 年年底起，俄国工业危机开始缓慢地消退。1904 年开始了俄日战争，接着 1905—1907 年俄国在帝国主义条件下进行了资产阶级民主革命，其主要任务是扫清阻碍资本主义发展的封建经济基础与上层建筑，为此，革命要解决的核心问题是土地及改变沙皇的专制统治制度。这一时期，俄国工业经历了较长的萧条时期，到 1909 年才开始新的高涨。这次工业的高涨主要受以下几个因素的影响：首先，从 1909—1913 年（1911 年除外）农业丰收。在有利的国际行情下，农产品输出增加，这使俄国每年比 19 世纪 90 年代多收入 8 亿—9 亿卢布外汇，为工业积累了资本；其次，斯托雷平土地改革加剧了农民分化，它一方面扩大了国内市场，另一方面提供了更多的劳动力。同时，地主出卖土地获得的资金大部分投入了工业；再次，沙俄政府为了加紧对外扩张而积极扩充军备。仅海军造舰费就从 1908 年的 3600 万卢布增加到 1912 年的 1.1 亿卢布，增加两倍多。1913 年军费开支占全部财政开支的 26.5%。十分明显，国家军事订货的增加，对工业发展起到了刺激作用；最后，1905 年的革命被镇压后，俄国国内出现了暂时稳定的局势，这为外国资本重新大量进入俄国提供了条件。[②] 1914 年俄国参加第一次世界大战。由于俄国对英、法等国在财政经济上的依赖，决定了它站在协约国一方参战。参战后，俄国经济逐步转入战时轨道。这样导致军事工业的增长，1916 年军工生产比 1913 年增加 1.3 倍，军火与军事装备工业的产值在全部工业产值中的比重达到 57.4%。但是，战争对俄国整个经济产生了严重的影响，工业生产出现了普遍的衰落。1913—1917 年，生铁产量下降了 36%，煤 21%，石油—26%，农业机器—90%。由于西部地区被占领，工业损失 20% 左右。战争对农业的破坏作用也很明显，使牲畜减少了 30%。1917 年的谷物播种面积比 1914 年减少约 1000 万俄亩，该年的谷物产量几乎比战前下降了 25%。[③]

在第一次世界大战前夕，俄国国家垄断资本主义的趋势就已出现，而

---

① 参见樊亢等主编：《外国经济史》第二册，第 202 页。
② 同上。
③ 同上书，第 213—214 页。

在 1914—1917 年战争期间，国家垄断的趋势进一步发展。对此，列宁在十月革命后不久所著的《为了面包与和平》这一论文中指出："发展成帝国主义即垄断资本主义的资本主义，在战争的影响下变成了国家垄断资本主义。我们现在达到了世界经济发展的这样一个阶段，这个阶段已是贴近社会主义的前阶段。"①

由于在第一次世界大战期间，俄国的广大人民遭受了严重的灾难与痛苦，从而反对战争与反对沙皇专制的工人罢工、农民暴动与士兵的反战活动大规模地展开，街头出现了很多红旗，上面写着："打倒专制制度"、"打倒战争"等标语。1917 年俄历 1 月 9 日，彼得堡等城市举行大规模的反战罢工与示威，"要面包，不要战争""打倒沙皇政府"的示威发展成为武装起义。此时，沙皇军队也纷纷掉转枪口指向沙俄制度。1917 年俄历 2 月俄国人民的武装革命，推翻了沙皇政府，实现了资产阶级革命。但二月革命后，资产阶级临时政府继承沙皇政府的政策，对内实行一系列反人民的政策，对外继续进行帝国主义战争。这样，使国内已濒临崩溃的经济状况进一步恶化。从二月革命后 7 个月里，就关闭了 799 家工厂，导致16 万多工人失业。出现了严重的通货膨胀，卢布贬值了 9/10。1917 年 1 月至 10 月，莫斯科每人每月只能领到 8 千克口粮。1917 年的工业产值比上年减少了 36.4%，其中采矿业减少了 44%，金属加工工业减少了 36%，纺织业减少了 33%。到 1917 年年底，俄国的军事开支约为 500 亿卢布，这个数目超过了 1917 年以前 100 年发生的所有战争的费用。② 这给俄国财政造成了极大的困难。在上述情况下，工人罢工和农民夺取土地的斗争不断发生，1917 年的 8—10 月，莫斯科就发生了 10 多万工人参加的大罢工。到十月革命前夕，农民运动已波及俄国 91.2% 的县份。这时列宁在和平夺取政权完全失去希望的情况下，不失时机地准备武装起义，最后取得十月革命的胜利。

---

① 《列宁全集》第 33 卷，人民出版社 1985 年版，第 171 页。
② 参见［苏］波梁斯基等主编、秦文允等译：《苏联国民经济史讲义》，第 423 页。

三　基本特点

虽在 19 世纪末 20 世纪初，与美欧资本主义国家一样，俄国已进入资本主义最后阶段的垄断资本主义，但它在经济方面具有自身的一些重要特点。

（一）有着浓厚的封建特色

长期以来，俄国的资本主义，就是到了垄断资本主义阶段，它一直受着浓厚的传统的封建关系的束缚。所以列宁一再称俄国是"军事封建帝国主义"。俄国的资本主义是在相当的程度上在封建主义体制中运行的。正如列宁指出的：俄国的"现代资本帝国主义可以说是被前资本主义关系的密网紧紧缠绕着"。[①] 在十月革命前，俄国还仍是一个大地主封建土地占有制国家。像列宁所说的：就是在"1905 年革命以后是 13 万地主管理俄国，他们的管理方法是对 15000 万人滥用暴力，肆意侮辱，强迫大多数人从事苦役，过半饥饿的生活"。[②] 俄国资本主义之所以被封建关系的密网紧紧地缠绕着，其主要原因是：

第一，不论是 1861 年的农民革命还是 1906—1910 年实行斯托雷平的土地法，都没有从根本上解决农村封建主义的土地关系，实际上都是以"地主方式清洗土地"，仍然存在严重的农奴制残余。另外，还应看到，俄国的大地主与工业资本家往往是紧密结合在一起的。在俄国进入资本主义发展阶段后，还约有一半的大地主同时兼管资本主义企业。就是在俄国垄断资本主义有了相当发展后，封建土地所有制与封建剥削的方法，不仅继续存在，而且与资本主义剥削结合在一起，在农村经济中还占据优势。还有不少垄断组织本身就具有明显的半封建性质，例如，糖业辛迪加就是由制糖工业资本家与种植甜菜的大地主共同组成的。就是说，在十月革命前的俄国，除了存在垄断资本主义外，还存在着半农奴制的土地占有制、农

---

① 《列宁选集》第 2 卷，人民出版社 1995 年版，第 644 页。
② 《列宁全集》第 32 卷，人民出版社 1985 年版，第 305 页。

民小商品生产者、宗法式的和封建主义的经济形式。列宁指出，俄国经济的特点"一方面是最落后的土地占有制和最野蛮的乡村；另一方面又是最先进的工业资本主义和金融资本主义"！[①]

第二，俄国资本发展的历史条件与美欧国家不同。英、法等国资产阶级通过对封建地主反复的斗争和以暴力革命的手段，摧垮封建统治，并为资本主义生产方式的建立创造了良好的条件。但在俄国，对封建地主占有土地关系的改革，一直是自上而下进行的，不仅不触及贵族地主的根本利益，而且对他们的利益加以保护，这自然就难以根本消除农村的封建土地关系，从而成为阻碍俄罗斯资本主义的一个重要因素。

第三，从政治上来讲，沙皇长期实行的是专制制度，它所依赖的是贵族地主与大资产阶级相互勾结的联合专政。列宁把沙皇专制制度视为俄国封建残余中的"最大残余"，是"所有这一切野蛮行为的最强有力的支柱"。[②] 这种政治制度下，俄国经济中的农奴制残余及其浓厚的封建性都不可能消除。

（二）垄断与集中程度高

俄国垄断资本主义的发展虽晚于美欧国家，其经济亦比美欧国家落后，但它的垄断与集中程度要比美欧国家高。19 世纪末 20 世纪初，在俄国一些最重要的工业部门出现了垄断联合组织。从 20 世纪开始，垄断组织成了俄国经济生活的基础之一。到 1909 年年初，俄国 45 个工业部门中有 140 个垄断联合组织，而在第一次世界大战前约有 200 个全俄或者省规模的卡特尔和辛迪加。银行资本也已高度集中，12 家最大的银行集中了俄国所有 50 家股份银行 80% 的固定资产和债务，参与了 90% 以上的筹措资金和工业信贷的业务。俄国在垄断化的程度方面处于先进资本主义国家的水平，甚至超过了几个先进的资本主义国家。列宁指出："俄国的资本主义也成了垄断资本主义，这一点可由'煤炭公司'、'五金公司'、糖业辛

---

① 《列宁全集》第 16 卷，人民出版社 1988 年版，第 400 页。

② 《列宁全集》第 29 卷，人民出版社 1985 年版，第 485 页。

迪加等充分证明。"① "五金公司"辛迪加（俄罗斯冶金工厂产品销售公司）联合了 30 家工厂，垄断了俄国冶金工业 80% 以上的产品；"铜业"辛迪加的各个工厂提供了国内 90% 的铜产量，在石油工业中，三家垄断联合组织控制了俄国石油开采总量的一半以上；独霸顿巴斯采煤工业的"煤炭公司"辛迪加控制了国内主要矿区采煤量的 75%，等等。② 俄国在 1910年，拥有工人 500 人以上的企业，占了全部工人数的 53.4%，同年美国的情况则只占了将近 33%。在俄国，拥有工人 1000 人以上的企业数目，从1901 年到 1910 年增加了约 50%；1910 年在这些企业中做工的有 70 万人。在棉纺织工业中，有 1000 人以上工人的工厂，1913 年占了全部工人数的3/4。1900 年，俄南部拥有工人 3500 人以上的工厂还只有 3 家，1914 年，这样的工厂已有 9 家，这 9 家工厂占了南部冶金工业动力设备总量的 4/5，生铁产量的 3/4，工人总数的 4/5。③

俄国经济垄断与集中程度高，除了与参加第一次世界大战有关外，这与它工业走上资本主义道路较其他国家晚有关，它得到了其他资本主义国家在技术与资本方面的帮助，从而加速了工场手工业向工厂的发展进程，这使得用外国机器装备起来的大工厂快速发展。另一个因素是俄国国有经济发展快，到了 20 世纪后，国有经济成了俄国国家财政收入的主要来源。国家从控制大量国有土地、森林、矿山、铁路、军事工业和邮电等方面所获得的财政收入，1897 年为 4.84 亿卢布，1913 年增加到 9.64 亿卢布，增长了 36.7%，国有经济提供的财政收入所占的比重由 34% 上升到60%。④ 这也表明，俄国的资产阶级对沙皇政府的依赖性很大。

（三）对外国资本依赖程度高

在经济、财政上对外国资本依赖程度高是俄国经济的又一个特点。1900 年外国投资占俄国国内全部股份资本的 45%。1917 年前，全部外国

---

① 《列宁选集》第 3 卷，第 162 页。
② 参见 ［苏］苏联科学院经济研究所编、复旦大学经济系等译：《苏联社会主义经济史》第一卷，生活·读书·新知三联书店 1979 年版，第 16 页。
③ 参见 ［苏］波梁斯基等主编、秦文允等译：《苏联国民经济史讲义》上册，第 397—398 页。
④ 参见樊亢等主编：《外国经济史》第二册，第 207 页。

投资的 54.7%（约 22 亿卢布）用于矿山和冶金工业。在南方的冶金工厂除一两家外，几乎全部属于外国股份公司。在外国资本中一半属于法国和比利时。外资的大量引入，一方面促进了俄国工业的发展；另一方面使俄国沙皇政府与俄国资本依附于西欧资本，特别是法国资本，还使得俄国的燃料、冶金等国民经济重要部门受外国资本的控制。

俄国经济对外依附程度高的另一个表现是，政府的外债不断增加。1900 年外债为 39.95 亿卢布，到 1913 年增加到 54.61 亿卢布，增长了 36%。[①]

（四）经济的落后

尽管俄国资本主义经济在 19 世纪 90 年代的发展速度是快的，但如果和现代技术与文化水平下所能达到的速度相比，那是慢的。列宁对此分析说："它不能不是缓慢的，因为没有一个资本主义国家内残存着这样多的旧制度，这些旧制度与资本主义不相容，阻碍资本主义发展，使生产者状况无限制地恶化，而生产者'不仅苦于资本主义生产的发展，并且苦于资本主义生产的不发展'。"[②]

俄国资本主义经济的落后主要表现在：

第一，俄国工业虽有了较快的发展，但直到十月革命前的 1914 年，它仍是一个落后的农业国。1914 年俄国国民经济固定资产的结构是：农业占有 53.7%，工业、交通、商业、事业总共占 46.3%；国民收入中农业占 53.6%，其余占 46.4%。[③] 1912 年城市人口占全俄人口的 14%，农村人口占 86%。从 1914 年 1 月 1 日俄国国民财富的构成来看，农业、林业和渔业占首位——34.8%，而工业只占 8.8%。[④] 还应指出，俄国农业生产十分落后。1910 年俄国农业机械化水平只及德国的 1/9，美国的 1/20。[⑤]

---

① 参见［俄］A. H. 雅科夫列夫主编：《20 世纪初的俄罗斯》，莫斯科 2002 年版俄文版，第 190 页。

② 《列宁全集》第 3 卷，人民出版社 1984 年版，第 552 页。

③ 转引自陆南泉等主编：《苏联兴亡史论》（修订本），第 112 页。

④ 参见［俄］A. H. 雅科夫列夫主编：《20 世纪初的俄罗斯》，莫斯科 2002 年俄文版，第 174 页。

⑤ 参见［苏］波梁斯基等主编、秦文允等译：《苏联国民经济史讲义》上册，第 392 页。

在第一次世界大战前，俄国农业中完全没有拖拉机、电犁和其他新技术。保留了 300 万张木犁、790 万个木索哈，只有 81.1 万台收割机和 27 万台蒸汽机。俄国农业中机器和畜力之比为 24∶100，当时英国为 152∶100，美国为 420∶100。在化肥使用量方面俄国也明显落后于先进的资本主义国家。俄国实际上自己不能生产矿物肥料。俄国人均生产粮食为 26 普特，而当时美国为 48 普特，加拿大为 73 普特。[①] 1909—1913 年俄国粮食产量为每俄亩 45 普特，只及法国的 1/2，德国的 1/3。农业的商品率也不高，就是在大丰收的 1913 年也仅为 26%。至于俄国农村文化水平的情况更为糟糕，到了十月革命后的 1920 年文盲乃高达 70%。

第二，从工业发展情况来看，其增长速度虽曾一度超过西方发达资本主义国家，但整个工业水平不高，在世界经济中所占的地位很低（详见下表）。

俄、美、英、德、法的工业产值在世界中的份额（%）

国家	1881—1885 年	1896—1900 年	1913 年
俄国	3.4	5.0	5.3
美国	28.6	30.1	35.8
英国	26.6	19.5	14.0
德国	13.9	16.6	15.7
法国	8.6	7.1	6.4

资料来源：［俄］A. H. 雅科夫列夫主编：《20 世纪初的俄罗斯》，第 172 页。

从上表材料可以看到，1913 年俄国工业产值在世界中的份额仅为 5.3%，比 1896—1900 年的 5.0% 并没有提高多少。至于工业产品的产量水平也很低，只及法国的 1/2.5，英国的 1/4.6，德国的 1/6，美国的 1/14。俄国的生铁产量几乎只及美国的 1/8，煤产量只及美国的 1/10。按人

---

① 参见［苏］B. T. 琼图洛夫等编、郑彪等译：《苏联经济史》，第 98—99 页。

均计算的产量更低，1913 年俄国按人均计算的电力为 11 千瓦时，而美国同期为俄国的 20 倍以上，煤约为美国和英国的 1/33，生铁为美国的 1/12.5，英国的 1/8.3，棉织品（坯布）为英国的 1/13，等等。1900—1913 年期间，俄国工业劳动生产率只及美国的 1/10。[1]

在十月革命前的俄国，并没有建立起发达的机器制造业，大部分机器依赖进口。在进口的工业产品中，机器设备要占进口总额的 30%—35%。俄国最为发达的纺织工业中有 70% 以上的机器设备是从国外进口的。俄国的机器制造在工业生产总额中只占 7%。工业的落后，在工业的部门结构中也得到了明显的反映（详见下表）。

俄国工业生产的部门结构

（以产品价值计算，单位为万卢布；占当年的%）

年份	纺织	食品	农畜产品加工	矿业	冶金加工	化工	建材	农产品加工
1887	453.8	451.0	64.0	185.8	114.4	54.8	29.0	48.1
	32.4	32.2	4.6	13.2	8.2	3.9	2.1	3.4
1900	805.2	767.4	118.8	671.6	357.8	131.2	80.7	153.3
	26.1	24.9	3.8	21.8	11.6	4.2	2.6	5.0
1913	1854.9	1443.7	240.4	1182.4	769.0	478.6	187.7	315.4
	28.6	22.3	3.7	18.3	11.9	7.4	2.9	4.9

资料来源：［俄］A. H. 雅科夫列夫主编：《20 世纪初的俄罗斯》，第 170 页。

从上表可以看出，1913 年，纺织、食品、农畜产品加工工业，其产值占俄国工业总产值的 59.5%。

十月革命前俄国的社会经济特点，对革命后如何向社会主义过渡、对俄国经济如何改造，必然会产生各种复杂的影响，亦必然会引起各种不同观点的争论。列宁指出："由于开始向建立社会主义前进时所处的条件不

---

[1]　参见［苏］波梁斯基等主编、秦文允等译：《苏联国民经济史讲义》上册，第 396—397 页。

同"，从资本主义向社会主义过渡的具体条件和形式"必然是而且应当是多种多样的"，[①]"这要取决于国内是大资本主义关系占优势还是小经济占优势"。[②] 列宁谈到俄国时写道："毫无疑问，在一个农民人数相当可观的国家中，社会主义革命和从资本主义到社会主义的过渡，必然要采取特殊的形式。"[③]

（原载陆南泉等主编：《苏联真相——对 101 个重要问题的思考》上册，新华出版社 2010 年版，第 16—33 页。）

---

① 《列宁全集》第 34 卷，人民出版社 1985 年版，第 140 页。
② 《列宁全集》第 41 卷，人民出版社 1986 年版，第 70 页。
③ 《列宁全集》第 35 卷，人民出版社 1985 年版，第 202—203 页。

苏联经济的主要特点

十月革命前的俄国，由于资本主义经济的发展受封建农奴制的严重制约，要比欧美资本主义兴起的进程与发展程度都显得有很大的差距。虽在19世纪末20世纪初，与欧美资本主义国家一样，俄国已进入资本主义最后阶段的垄断资本主义，但它在经济方面具有自身的一些重要特点：有着浓厚的封建特色，列宁一再称俄国是"军事封建帝国主义"；垄断与集中程度高；对外国资本主义依赖程度高；经济落后。直到十月革命前的1914年，俄国仍是一个落后的农业国。1913年俄国的工业产值在世界工业产值中占5.3％，而美国占35.8％，德国占15.7％，英国占14.0％，法国占6.4％。[①]

十月革命胜利后的初期，列宁着手对经济实行革命性的改造，如实行土地改革；经济国有化；工人监督与工业国家化；在流通领域对大型批发商业实行国有化，对重要的商品实行国家垄断。对外贸易实行垄断；在经济管理方面，成立具有广泛权力的最高国民经济委员会；制订电气化计划。

但十月革命后不久，苏维埃政权因遭到外国武装干涉与国内战争，不得不停止执行列宁1918年春天和平暂息时期拟定的经济政策，而实行带有军事性质的特殊的军事共产主义的政策，把全俄变成一个军营，把全国经济生活服从于战争的需要。苏维埃国家取得国内战争胜利后，转向新经济政策，但在1929年斯大林宣布"当它（指新经济政策——笔者注）不再为社会主义事业服务的时候，我们就把它抛开"。[②] 斯大林执政后，实行

---

① ［俄］А. Н. 雅科夫列夫主编：《20世纪初的俄罗斯》，莫斯科2002年版俄文版，第172页。
② 《斯大林全集》第12卷，人民出版社1955年版，第151页。

超高速工业化与农业全盘集体化政策。在这个过程中，斯大林加快了对经济的社会主义改造，到1937年，社会主义经济在全苏联生产固定基金、国民收入、工业与农业产值中的比重分别占99%、99.1%、99.8%与98.5%。[①] 由于取得上述进展，1936年苏联公布了新宪法，斯大林指出，新宪法的基础是"我们已经基本上实现了共产主义第一阶段，即社会主义"。这样，在苏联建立的斯大林社会主义模式以法律形式固定下来。

从十月革命胜利后到苏联剧变，其经济发展经历了各个不同历史阶段。综合地考察，苏联时期的经济具有以下一些重要的特点。

一　经济上具有很强的自立能力

苏联是世界上自立能力很强的少数几个国家之一。这突出表现在以下三个方面：

第一，苏联经过70多年的努力，在国内已形成了部门齐全的国民经济体系。从大的方面讲，苏联国民经济包括工业、农业、交通运输、邮电、商业和服务行业。但各部门又形成了较完整的若干分支部门，如工业中又建立了采掘工业和加工工业，加工工业中又有机械、冶金、能源、轻工业和食品工业等部门；农业中又形成了较好物质技术基础的种植业和畜牧业；交通运输中又建立了铁路、公路、海运、航空及管道等运输网。因此，完整的经济体系，对保证苏联经济发展的稳定性起了不小的作用。

第二，苏联与经济上发达的大国相比，具有优越的资源条件，不仅资源储量丰富，而且品种齐全，经过几十年的开发，资源储量仍很充足。苏联资源自给程度很高。

第三，苏联对国外市场依赖程度要比西方一些经济发达的大国低得多。它虽早已成为世界性的经济大国，但长期以来基本上属于内向型国家，经济发展主要靠国内市场。对外经济关系的发展水平大大低于西方一些国家。例如，1988年，苏联对外贸易出口额占其国民生产总值的

---

① ［苏］苏联部长会议中央统计局编、陆南泉等译：《苏联国民经济六十年》，生活·读书·新知三联书店1979年版，第5页。

7.7%，而 1980 年，世界贸易出口额已占国民生产总值的 21% 以上。如果从苏联在国外的投资、国外在苏联的投资来看，那更无法与西方一些国家相比。

苏联的上述经济特点说明，虽然按人均计算的国民收入水平来分析，它远远落后于西方一些发达国家，但从综合国力来讲，特别是考虑到军事实力这一因素，只有苏联才能与美国相提并论。

苏联经济自立能力强这一特点，一方面使苏联经济的发展较少受外界影响，能保持较为稳定的局面，但另一方面，也严重影响其竞争能力的提高，竞争机制难以起作用，使质量与效率长期处于落后状态，难以适应世界科技革命的挑战。

二 经济增长速度快但效率低

纵观苏联经济发展 70 多年的历史，尽管在某些时期出现经济增长速度下降甚至停滞的情况，但总的来说，发展速度还是比较快的。第二次世界大战后到 20 世纪 50 年代末，增长速度一般在 10% 左右，例如 1946—1950 年，社会总产值年平均增长速度为 14.2%，1951—1960 年为 10%。从 20 世纪 60 年代起，增长速度开始下降，但如与美国相比，大多数经济指标还是快于美国。只是到了勃列日涅夫执政时期，出现了经济停滞，并到 1990 年出现负增长。

苏联经济增长速度虽高，但其经济效率低。长期以来，苏联是用大量消耗原材料、投入大量资金和劳动力来保持其计划规定的增长速度的，是一种粗放型经济。反映经济效率的一些指标日趋恶化，如 1961—1966 年，社会劳动生产率年平均增长速度为 6.1%，1981—1985 年降为 3.1%。1965—1985 年的 20 年间，农业中职工人均占有的农业固定生产基金提高了 4 倍，而同期劳动生产率仅提高 1 倍。基金产值率也大幅度下降，1960 年每卢布的生产性固定基金生产的国民收入为 72 戈比，1980 年下降为 40 戈比，1986 年又下降为 37 戈比，这比 1960 年下降了 49%，苏联生产每单位的国民收入所需投资要比美国多 50%，用钢量多 90%，耗电量多 20%，耗油量多 100%，水泥用量多 80%。

三　国民经济结构严重畸形

优先发展重工业，是苏联长期贯彻的一项基本经济政策。这项政策始于二三十年代工业化时期。后来，在第二次世界大战前，考虑到当时面临战争威胁的国际环境，又加快了与军事工业密切相关的重工业的发展速度。在战后和平时期，重工业的发展速度仍一直领先。据西方估计，全苏联电子工业产品的大部分、机器制造业和金属加工工业产品的 1/3、冶金产品的 1/5 以及化工产品和能源的 1/6 是用于国防。苏联片面发展重工业的政策，导致国民经济其他部门，特别是农业、轻工业、食品工业的严重落后，市场供应长期处于紧张状态，影响着人民生活水平的提高。

四　资源丰富但分布不平衡

可以说，苏联资源的主要特点是：储量丰富、种类齐全、自给程度高，但分布极不平衡，产地与消费地之间的矛盾突出。

如果把苏联的领土和经济区划分为两大部分的话，即可分欧洲地区和东部地区。苏联的生产能力主要集中在欧洲地区，而资源主要集中在东部地区。以能源资源为例，过去很长一个时期，占工农业产值和能源消耗量 4/5 的欧洲地区，只拥有能源资源的 1/10，而占工农业产值 1/10 的东部地区，却拥有能源储量的 9/10。不少其他资源的分布情况亦类同。资源分布不均，必然影响生产力合理布局。很长一个时期以来，苏联一直在调整生产力的配置，使经济逐步向东部地区转移，并为此采取了一些措施。如苏联规定，耗能、耗原材料多的工业企业，只允许建在东部地区；为了东部与西部地区运输的畅通，新建了长达 3145 千米的贝阿铁路，并在铁路沿线建设 40—50 个工业中心和新城市；增加对东部地区的投资等。由于采取这些措施，东部地区的作用大大提高，苏联解体前，其工业产值占全苏工业产值的 20% 左右。

五 长期以来实行高度集中的指令性的计划经济体制

苏联自斯大林时期形成和发展起来高度集中的经济体制后，虽然经历了多次改革，但长期以来一直保持着传统的体制模式。苏联各个历史时期，发展经济的战略、政策虽有不同，但都是在高度集中的指令性计划经济体制条件下运行的。

传统计划经济体制的主要特点是，管理权限高度集中化，国家对整个经济实行统制；实行无所不包的计划经济管理体制；实行全面直接的指令性计划管理；对经济的管理主要靠行政方法：实物计划占主要地位。

这种高度集中的斯大林经济体制模式，西方学者往往称为"命令经济"。这指的是资源无论是短期的还是长期的分配，都主要由中央发指示（命令），而不是通过一般的市场机制运转的一种体制。

（原载陆南泉主编：《苏联经济简明教程》，
中国财政经济出版社 1991 年版，第 12—15 页，有较大删改。）

对苏联工业化政策评析

十月革命前的俄国，其资本主义的发展要比欧美先进国家晚得多。如果与资产阶级革命最早的英国相比大约要晚 200 年。1861 年俄国进行农民改革，宣布废除农奴制后，资本主义开始有了较快的发展。19 世纪末 20世纪初工业经过一段高速增长期后，俄国才成了资本主义经济占据优势地位的国家。在 20 世纪初，俄国资本主义要比欧美国家在短得多的时间里进入了帝国主义阶段。但总的来说，俄国的资本主义经济要比欧美发达资本主义国家经济落后得多，并有其自身的一些明显的特点。因此，十月革命后，苏联由于受到俄国工业严重落后与当时所处国际环境等因素的影响，在实现工业化过程中，也就不可避免地产生自身的特点，形成自己独特的模式。

一　工业化的进程

俄国从彼得一世起，在认识到与西欧先进资本主义存在巨大差距的情况下，便提出要搞工业化，其主要目的是为了扩充军备，为对外扩张与战争服务。这一发展经济与搞工业化的政策一直延续到十月革命前。十月革命后的最初时期，列宁提出了并开始实施一些经济革命改造的设想与政策，后来因国外武装干涉与国内战争被迫停了下来，转入军事共产主义时期。战争结束后，列宁在总结军事共产主义经验教训的基础上，决定实行新经济政策（1921—1928 年）。

由于实行了新经济政策，到 20 世纪 20 年代中期，苏联基本上完成了经济的恢复工作，1925 年农业基本上达到了战前水平，但并没有改变经济严重落后的状况，仍然是俄国遗留下来的技术经济结构。首先，表现在苏联还是一个以手工劳动为主的落后的农业国。1926 年，农村人口占总人数的 82.1%，农业产值占国民生产总值的 56.6%，农业产值超过工业产值。其次，1925 年工业总产值已达到战前的 73%，但要看到，代表工业主体的机器制造业、冶金、燃料、航空、电力和建筑材料等部门很不发达。实际上，到 1925 年苏联还没有汽车、拖拉机和航空工业这些最重要的部门。再次，工业的设备基本上是旧式的，而且多半是磨损很大的机器与机床。现代化的设备国内又不能生产，因此，很多机器设备要靠进口解决。1927年机器设备进口额比 1924 年增加了 1.3 倍，其中金属加工设备增加 3.9 倍，动力设备增加 5 倍。这严重影响了苏联经济的独立性。最后，由于运输业的严重破坏，它大大落后于国民经济发展的需要。

随着经济的恢复，斯大林认为，应该把更多的注意力放到工业化问题上来。1926 年 4 月 13 日他所作的《关于苏联经济状况和党的政策》报告，集中反映了斯大林思想的变化。他在报告中，把新经验政策分成两个时期：1921—1925 年年底为第一个时期，主要任务是在扩大商品流转的条件下，以发展农业为中心建立国民经济基础；而 1926 年开始为第二个时期，“……最重要最突出的一点，就是重心已经转移到工业方面了”，整个国民经济的发展主要“依靠工业的直接扩张了”。① 后来，斯大林认为，必须结束新经济政策，否则就难以实行工业化政策，到了 1929 年他就宣布：“当它（指新经济政策——笔者注）不再为社会主义服务的时候，我们就把它抛弃。”②

在上述背景下，1925 年 12 月召开的联共（布）党的十四大提出了工业化的方针。斯大林在这次代表大会上说：“我在报告中谈到我们的总路线，我们的前途，意思是说要把我国从农业国变成工业国。”③ 在他报告的结论中明确指出：“把我国从农业国变成能自力生产必需的装备的工业国，——这就是我们总路线的实质的基础。”④ 1925 年提出工业化方针，但并不是说，工业化时期就此开始了。因为工业化并不是“十四大”讨论

---

① 《斯大林选集》上卷，人民出版社 1979 年版，第 461 页。
② 《斯大林全集》第 12 卷，第 151 页。
③ 《斯大林全集》第 7 卷，第 293 页。
④ 同上书，第 294 页。

的重点问题，也没有提出实现工业化的具体政策、纲领和规定明确的任务。从实际情况看，苏联工业化作为一个运动的全面开展始于 1928 年，即第一个五年计划。

至于工业化时期何时结束的问题，斯大林本人就有各种说法。① 看来，工业化作为一个运动或时期来讲，斯大林 1946 年的说法可能更贴近实际，即苏联工业化用了三个五年计划（共 13 年）完成的。但要指出的是，随着斯大林在 1926 年的经济建设思想由农业转向工业，因此 1926 年与 1927 年，已经对发展工业进行了大量投资。在第一个五年计划前，苏联有近千个新建企业投产，其固定资产为 8500 亿卢布。大量发电站交付使用，还开始兴建包括第聂伯列宁水电站在内的 11 座巨型电站。冶金工业是重点发展的部门，为此扩建与改建了刻赤冶金厂等企业。还开始着手建设一些大型的拖拉机厂、重型机器厂、车辆厂、钢铁厂、化工厂等。在扩大煤炭、石油与泥炭开采方面，都取得了进展。

为了具体了解苏联工业化的进程，下面我们对苏联战前实行工业化的三个五年计划作一概述。

（一）"一五"计划

苏联第一个五年计划，是从 1928 年 10 月 1 日开始执行到 1932 年结束。按苏联的说法，实际上是用了 4 年零 3 个月的时间完成了五年计划的任务。

"一五"计划要实现广泛的经济与政治任务，但如果作一简单的归纳，其主要任务有三个方面：

第一，建立具有头等意义的重工业，在此基础上着手改造国民经济各

---

① 按斯大林第一种说法，1932 年，即"一五"计划结束时，工业化时期结束了。他在 1933 年 1 月作的《第一个五年计划的总结》报告中说：由于第一个五年计划四年完成，"这一切就使我国由农业国变成了工业国，因为工业产值的比重和农业产值的比重相比，已经由五年计划初（1928 年）的 48% 提高到五年计划第四年度（1932 年）末的 70%"（《斯大林全集》第 13 卷，第 164 页）。但到了 1946 年，斯大林在谈论苏联由落后国变成先进国，由农业国变成工业国之事时，称这是"一个飞跃"。在他看来，"这个历史性的转变是从 1928 年即第一个五年计划的第一年开始，在三个五年计划期间实现的"。他还进一步明确说："我们国家由农业国变为工业国一共只花了 13 年左右的时间。"（《斯大林选集》下卷，第 495 页）

部门，以便巩固苏联的国防与经济的独立性；

第二，着手把个体的小农经济改造成为大型的社会主义集体经济，主要途径是发展集体农庄与国营农场；

第三，在经济中不断排挤资本主义成分，最后达到消灭资产阶级。

但要指出，"一五"计划的中心环节是经济建设。这是由当时苏联所处的历史条件所决定的，这指的是：国家需要高速度地发展工业，必须从速彻底改变旧的经济结构，建立起符合建设社会主义经济基础的任务的结构；需要在整个社会生产中提高工业的比重，改变轻、重工业之间和工、农业之间的对比关系；改变生产力的布局；广泛开展国民经济的技术改造，首先实现国家电气化计划规定的任务。

关于"一五"计划发展国民经济的任务，1929年4月在联共（布）第十六次代表大会决议中，作了具体的规定。

"一五"计划经济增长方面应达到的水平：

（1）5年期间，整个国民经济的基建投资总额为646亿卢布；

（2）由于进行了这些投资，国家固定基金总额在5年期间要增加82%；

（3）工业总产值到"一五"计划结束时要比战前增加两倍多，农业产值增加50%以上；

（4）根据国家工业化、加强苏联国防力量与不依赖资本主义国家这一总方针，工业基建投资主要用于生产生产资料的工业部门，它要占全部工业投资的78%。因此，这些工业部门的产值增长快得多：在计划工业总产值增长1.8倍的情况下，生产生产资料的工业部门的总产值增加2.3倍。

"一五"计划还规定一系列重大的建设项目：

（1）在电站建设方面，计划规定建设42个区中心发电站，从而使五年计划末发电量由50亿度增加到220亿度；

（2）在黑色冶金业方面，计划规定建设马格尼托哥尔斯克等大型冶金工厂，这样，到1932—1933年度生铁的产量应当由350万吨增加到1000万吨；①

---

① 后来斯大林把生铁产量指标提高到1700万吨，钢产量规定为1040万吨。

（3）在煤炭工业方面，计划在顿巴斯、乌拉库兹巴斯和莫斯科煤矿区建设大矿井，使煤产量从 1927—1928 年度的 3500 万吨增加到 1932—1933 年度的 7500 万吨；

（4）在机器制造业方面，由于改建原有的工厂和建设新工厂，可使机器制造业的总产值增加 2.5 倍，农业机器制造业的产值增加 3 倍；

（5）在化学工业方面，计划建设化学联合工厂，使化肥产量在 1932—1933 年度达到 800 多万吨，而 1927—1928 年度是 17.5 万吨。

1933 年 1 月，斯大林宣布"一五"计划提前完成。

"一五"计划执行结果的基本特点是：首先，从总体上来讲，发展速度是很高的，工业总产值年均增长速度为 23.5%。但就是这样的增长速度，也未达到计划规定的目标。如工业总产值原计划规定 1932 年要比 1928 年增加 1.8 倍，而实际上只增长了 1.33 倍，重工业计划规定要增加 2.3 倍，而实际上只增长了 1.93 倍。其次，特别强调生产生产资料部门的增长。"一五"计划期间在整个工业产值年均增长率为 23.5% 的情况下，第一部类为 31%。

由于"一五"计划期间第一部类发展速度大大快于第二部类，这使第一部类在整个工业总产值中的比重由 1928 年的 39.5% 上升到 1932 年的 53.4%，而第二部类的比重则由 60.5% 下降为 46.6%。第一部类的快速增长，也使工农业之间的比例发生了变化，工业产值在工农业总产值中的比重由 1928 年的 48% 上升到 1932 年的 70%。

这里值得一提的是，苏联在"一五"计划期间开展大规模工业化过程中，既要对许多陈旧设备加以更新，又要新建大量的大型工业企业（"一五"计划期间新建了 1500 个工厂），这样，就需要大量的新技术设备，但国内又无法满足这一需要。而这期间，又恰逢西方资本主义国家面临 1929—1933 年的空前严重的经济危机，这就形成了一个极好的机遇，即西方国家为了摆脱自身的经济危机，纷纷竞相向苏联出售工业设备与钢铁、机械等重要产品。这样，在"一五"计划期间，进口商品中生产资料的比重提高到 90% 以上，其中机器设备占一半以上。到"一五"计划结束时，苏联进口的机器设备占世界机器设备出口总量的一半，居世界第一位。①苏联在购入技术设备的同时，还十分重视技术的引进，1929年5月，在苏联最高国民经济委员会的建设委员会，专门设立了外国咨询局，以领导外国技术力量的引进与利用业务。1932年，在苏联工作的外国专家和技术人员分别为1910人与10655人，比1928年分别增加了4倍多和20多倍。与此同时，还选派了领导干部、经济工作者和工程技术人员到国外进修和进行合作研究。在1929—1931年期间，仅最高国民经济委员会就派出了2000多人。

大量购进设备与引进技术，对"一五"计划期间建立大型工厂与技术进步都起着重要作用。苏联的马格尼托哥尔斯克钢铁厂、库兹涅茨克钢铁厂和扎波罗钢铁厂，均是在美国与德国的技术援助下建成的。斯大林格勒拖拉机厂、第聂伯水电站等，也都是在利用西方技术与设备的条件下建成的。

（二）"二五"计划

在"一五"计划结束前夕，苏联已着手制订"二五"计划。1934年1月26日至2月10日召开的联共（布）第十七次代表大会，通过了《关于发展苏联国民经济的第二个五年计划（1933—1937年)》决议。决议规定"二五"计划期间工业产值年均增长率为16.5%。

"二五"计划与"一五"计划相比，主要特点有：一是降低增长速度。二是在经济结构方面力图进行调整，并采取了一些具体措施。如为了增加与人民生活密切相关的日用品、食品工业的发展，"二五"计划规定，生产资料的生产增加97.2%，而消费品的生产则要求增加1.34倍。对农业的投资增加50%，产值要求增加1倍。对生产消费品的工业部门的投资也有明显的增加，投资额规定为161亿卢布，这比"一五"计划期间的35亿卢布增加了3.6倍。而对生产生产资料的工业部门投资增长幅度为1.5倍。三是把完成整个国民经济的技术改造放在中心地位。

根据苏联官方宣布，"二五"计划于1937年4月1日完成，与"一

---

① 参见陆南泉主编：《苏联经济简明教程》，中国财政经济出版社1991年版，第168页。

五"计划一样，只用了 4 年 3 个月就完成了 5 年的任务。

"二五"计划最后一年的 1937 年，工业产值比 1932 年增加 1.2 倍，年均增长率为 17.1%，计划为 16.5%，生产资料的产值增加 1.39 倍，消费资料的产值增加 99%，农业产值增加 50%，国民收入增加 1 倍。"一五"计划时期甲类工业增长速度超过乙类工业 75%，而"二五"计划时期仅超过 20%，甲、乙两类的增长速度出现接近的趋向。"二五"计划执行结果表明，机器制造业的增长大大超过原计划规定的速度。1937 年机器制造与金属加工工业产值比 1932 年增加 1.9 倍，而计划规定为 1.1 倍。在整个工业产值增加 1.2 倍的情况下，钢与钢材产量增加两倍，化学工业产值增加两倍，发电量增加 1.7 倍，但发电量只完成计划规定的 96%。"二五"计划的后几年，苏联把一部分原计划用于发展轻工业的资金调拨给了国防工业部门，使国防工业产值增长 1.8 倍，由于机器制造业的高速发展，为更新生产设备创造了条件。"二五"计划期间更新了 50%—60% 的生产设备，如考虑到"一五"计划期间进行的设备更新，那么，从 1928—1937 年这两个五年计划期间，苏联生产部门的设备已全部得到更新。"二五"计划期间，对运输业的投资为 170 亿卢布，比上个五年多 1.5 倍。铺设了 3000 公里长的新铁路线和 5700 公里长的复线，对克服交通运输业的落后状况起了不小的作用。

"二五"计划期间，苏联人民物质文化生活也有大的提高。职工实际工资增加了 1 倍。由于农业发展情况远不如工业，如粮食产量"一五"计划期间年均产量为 7360 万吨，而"二五"计划期间下降为 7290 万吨，[①] 但集体农庄庄员的实物收入与现金收入与"一五"计划时期相比还是增长了。

根据"二五"计划期间在经济发展与社会主义改造等方面发生的变化，斯大林在 1936 年 11 月宣布："我们苏联社会已经做到基本上实现了社会主义，建立了社会主义制度，即实现了马克思主义者又称为共产主义第一阶段或低级阶段的制度。这就是说，我们已经基本上实现了共产主义

---

① 陆南泉等编：《苏联国民经济发展七十年》，机械工业出版社 1988 年版，第 250 页。

第一阶段，即社会主义。"①

（三）"三五"计划

1939 年 3 月 20 日联共（布）第十八次代表大会通过了"三五"计划的决议。

"三五"计划的主要特点：一是考虑到面临复杂的国际形势，计划的出发点是要迅速提高苏联的军事经济潜力，加强国家的防御能力。规定加速发展国防工业，建立雄厚的国家储备，首先是燃料、电力及某些其他具有国防意义的产品储备；二是新的工业主要拟建在苏联的东部地区，特别像钢铁、石油、化工、机器制造业等更着重建在东部地区；三是改变"一五"与"二五"计划期间建设大型工业企业的方针，而改为重点发展中型企业的方针，目的是缩短工厂的施工与投产期；四是新建企业不要集中在某些地区，而要分散到各个不同地区；五是强调应确立国民经济的一些主要的新的比例关系，如积累与消费、工业中的甲类与乙类、工业与农业等关系。1938 年 2 月，由人民委员会批准的苏联国家计委的条例中指出："国家计划委员会的最主要任务是，保证苏联国民经济计划各部门发展的正确对比关系，以必要的措施防止国民经济比例失调。"

由于希特勒在德国发动战争，"三五"计划不得不中断。从 1938—1940 年的三年情况看，工业产值年均增长率为 13%（计划规定为 14%），生产资料生产年均增长率为 15.3%（计划规定为 15.7%）。但机器制造业产值年均增长率为 20.6%，大大超过计划规定的指标。

"三五"计划的前三年，整个工业产值年均增长率为 13%，而国防工业为 39%。国防工业在三年中增加了 1.8 倍。与此相关，到 1940 年，生产资料生产在全部产值中的比重达到 61.2%，消费品生产的比重为 38.8%。

1940 年是苏联"三五"计划的最后一年，也是完成工业化计划的最后一年。为了了解苏联工业化的水平，下面，以苏联官方公布的统计资料为依据，对 1940 年的主要国民经济指标列表如下。

---

① 《斯大林选集》下卷，人民出版社 1979 年版，第 399 页。

苏联 1940 年国民经济主要指标

产品	1913 年	1940 年
电力（亿度）	20. 39	486
石油（包括凝析油，万吨）	1028. 1	3112. 1
天然气（亿立方米）	—	32. 19
煤炭（万吨）	2915. 3	16592. 3
生铁（万吨）	421. 6	1490. 2
钢（万吨）	430. 7	1831. 7
钢材（万吨）	359. 4	1311. 3
化肥（按100%有效成分计算，万吨）	1. 7	75. 6
化学纤维（万吨）	—	1. 1
金属切削机床（万台）	0. 18	5. 84
汽车（万辆）	—	14. 54
水泥（万吨）	177. 7	577. 3
拖拉机（万台）	—	3. 16
谷物联合收割机（万台）	—	1. 28
木材运出量（实积亿立方米）	0. 67	2. 47
纺织品（亿平方米）	4. 60	33. 20
纸张（万吨）	4. 0	83. 8
皮鞋（万双）	680	21200
砂糖（万吨）	136. 3	216. 5
肉（屠宰量，万吨）	500	470
粮食产量（万吨）	8600	9564
籽棉产量（万吨）	74	224
牲畜存栏头数（万头）	5840	4780

资料来源：根据陆南泉等编《苏联国民经济发展七十年》与周荣坤等编《苏联基本数字手册》（时事出版社，1982 年）等有关资料编制。

二　工业化的基本政策及其理论争论

苏联工业化是完全按照斯大林的思想进行的，其基本政策或者主要特点是：重工业化、超高速与主要通过剥夺农民的办法用高积累来保证工业化的资金来源。斯大林实行的三大工业化政策其核心是重工业化。由于工业化的基本政策，在当时的苏联实际上涉及如何建设社会主义的道路问题，因此，苏共党内在工业化理论上一直存在严重分歧，有过激烈的斗争。

（一）重工业化的实质是集中一切力量片面优先发展重工业

1925 年 12 月联共（布）十四大通过的关于工业化的决议，并没有强调要侧重发展重工业。但到了 1926 年 4 月，斯大林开始强调优先发展重工业。他明确指出："不是发展任何一种工业都是工业化。工业化的中心，工业化的基础，就是发展重工业（燃料、金属，等等），归根结底，就是发展生产资料的生产，发展本国的机器制造业"。"工业化首先应当理解为发展我国的重工业特别是发展我国自己的机器制造业这一整个工业的神经中枢。"[①] 后来，斯大林还说："在资本主义国家，工业化通常都是从轻工业开始的……共产党当然不能走这条道路，"我们应"从发展重工业开始来实行国家工业化"。[②]

为了实现斯大林重工业化的政策，在战前三个五年计划的 13 年间，苏联对工业的投资为 1550 亿卢布，占国民经济投资总额的 42%。而用于工业的投资中，重工业占 84%，轻工业占 16%。重工业投资在国民经济投资总额中一般要占 30%，有时高达 40%，而轻工业的投资只占 7%，有时仅占 4%。而对农业的投资出现不断下降的趋势："一五"期间为 15.5%，"二五"期间为 11.8%，"三五"期间为 10.7%。[③] 根据官方的材料，从 1926 年至 1940 年，苏联重工业增长 18.4 倍，年均增长率为 21.2%，轻工业增长 6.2 倍，年均增长率为 14.1%，农业仅增长 26%，年均增长率仅为 1.5%。

有关工业化从何开始的争论，在托洛茨基等"反对派"在党内失去领导地位之后，斯大林与布哈林之间的分歧日益尖锐。斯大林在坚持重工业化政策的同时，指责布哈林等"右倾"反对派提倡的是"印花布"工业

---

① 《斯大林选集》上卷，人民出版社 1979 年版，第 462—463 页。

② 《斯大林文集》中文版，第 480 页。

③ 参见陆南泉等主编：《苏联兴亡史论》，人民出版社 2004 年修订版，第 406—407 页。

化道路。实际上，布哈林等人也强调发展重工业的决定性意义，但反对片面发展重工业。他认为："为了使社会再生产和社会不断增长尽可能有利地（尽可能没有危机地）进行，从而达到对无产阶级尽可能有利的国内阶级力量对比，必须力求把国民经济各种基本成分尽可能正确地结合起来（它们必须'保持平衡'安排得恰到好处，积极影响经济生活和阶级斗争的进程）。"①

（二）超高速的工业化

斯大林一再强调高速度是工业化的灵魂。其做法是高积累高投入，把基本建设投资主要用于工业，尤其是重工业。当时布哈林认为，应该使工业化具有尽可能的速度，但"不是把一切都用于基本建设"，不能片面追求积累和工业投入，"应该坚决地把严重的商品荒缓和下来，并且不是在遥远的将来，而是在最近的几年中"。② 他还指出：单纯追求高速度，是"疯人的政策"。③ 但斯大林不顾有人反对，还是竭力追求高速度。在1930年6月召开的联共（布）十六大上，当有人表示反对斯大林提出的"五年计划四年完成"等口号时，斯大林说："那些胡说必须减低我国工业发展速度的人，是社会主义的敌人，是我们阶级敌人的代理人。"此后，还有谁敢提反对意见呢？

（三）斯大林主要通过剥夺农民的办法用高积累来保证工业化所需的资金

为了保证工业化的高速发展，苏联在"一五"、"二五"计划时期，积累率一般要达到26%—29%的水平，个别年份要占国民收入的1/3。在工业化初期的1928—1931年，积累率的增长速度很快，积累基金增长近两倍，而消费基金仅增长0.5倍。④

斯大林为了重工业高速发展所需的资金，就必然要提高积累。而提高

---

① 《布哈林文选》中册，东方出版社1988年版，第293页。
② 同上书，第293页。
③ 同上书，第309页。
④ ［苏］苏联科学院经济研究所编、王逸琳等译：《苏联社会主义经济史》第3卷，生活·读书·新知三联书店1982年版，第122—124页。

积累率的一个重要办法是靠剥夺农民，即靠农民的"贡税"来解决资金来源问题。斯大林在 1926 年党中央四中全会的报告中，专门谈到工业化资金来源问题，即社会主义积累问题。他提出，苏联工业化的资金来源不能像英国靠数十年数百年掠夺殖民地收集"追加的"资本，也不能像德国靠在普法战争后索取赔偿来加速工业化，更不能走俄国靠接受奴役性的条件下获得外国贷款实现工业化的道路，而是要靠苏联国内积累解决资金问题。到 1928 年工业化时期开始之际，大量的资金来源已成为十分迫切的现实问题了。内部积累究竟靠什么，斯大林在 1928 年 7 月 9 日在《论工业化和粮食问题》的演说中回答说：这种内部积累的源泉是农民，明确提出了"贡税"论。他说："农民不仅向国家缴纳一般的税，即直接和间接税，而且他们在购买工业品时还要因为价格较高而多付一些钱，这是第一；而在出卖农产品时多少要少付一些钱，这是第二。这是为了发展为全国（包括农民在内）服务的工业向农民征收的一种额外税。这是一种类似'贡税'的东西，是一种类似超额税的东西；为了保持并加快工业发展的现有速度，保证工业满足全国的需要，继续提高农村物质生活水平，然后完全取消这种额外税，消除城乡间的'剪刀差'，我们不得不暂时征这种税。"[①] 斯大林通过"贡税"这种强制的办法，使农民一半的收入交给国家。据估计，"一五"计划时期，从农业吸收的资金占用于发展工业所需资金的 1/3 以上。

斯大林的"贡税"论来自托洛茨基的"超工业化"、"工业专政"的理论。托洛茨基认为，在苏联这样一个农民占大多数的国家，无产阶级要像战胜资产阶级那样战胜农民，为此，国家必须实行"超工业化"，即通过向农民征收高额赋税对国民收入进行再分配，并同时提高向农民供应的工业品价格，靠这种剥夺农民与挤压农业的手法获取大量工业化所需资金。他还认为，要对整个国民经济领域实行"工业专政"，即使一切经济部门都必须严格服从国家工业发展的需要，以全力保证工业化的高速度。

布哈林针对托洛斯基的上述理论与斯大林的"贡税"论指出，这些理论实际上是把农村当作殖民地，剥夺农民的政策实际上是"建议无产阶级

---

① 《斯大林全集》第 11 卷，第 139—140 页。

杀掉会生金蛋的母鸡"，从长远看，其结果必然是"需求缩减，销售危机，社会再生产的过程进行缓慢，工业凋敝，等等"，最后"完全会导致社会主义工业和整个国民经济崩溃和破产"。① 布哈林认为，社会主义工业化的资金积累应通过不断扩大农村市场容量的办法去解决，这样做在开始时工业化发展得慢一点，但之后随着农民市场容量的不断扩大与资本周转的加快，最后会获得一个较高甚至最高的积累速度。

三　对苏联工业化的评价

（一）工业化的功绩

在苏联特定的历史条件下，斯大林推行的工业化政策，也取得了不少成就，这是应该充分肯定的。关于这一点，苏联各届领导人也是一再强调。积极反对斯大林个人迷信的赫鲁晓夫说，斯大林时期正是由于遵循"优先发展重工业的总路线"，在"很短的时期内就改变了经济落后的面貌"，并"建立了强大的社会主义工业"，使苏联"变成为强大的工业—集体农业的强国"和"坚如磐石的社会主义堡垒"。② 勃列日涅夫在评价实行工业化的三个五年计划时说："头几个五年计划的岁月离开得越远，这段困难的然而是光荣的时间在我们面前也就显得越加宏伟"，"我们头几个五年计划是争取社会主义的真正战斗。"③ 提倡改革新思维的戈尔巴乔夫说："当时不加快工业化进程是不行的。法西斯的威胁从1933年起就开始迅速增长"。"我国人民用他们在20世纪20—30年代建立起来的力量粉碎了法西斯。如果没有工业化，我们就会在法西斯面前处于手无寸铁的境地。"④ 长期以来，多数苏联学者对工业化的评价与官方是一致的。

斯大林时期的工业化的功绩主要表现在以下几个方面：

1. 工业实力大大提高。

---

① 《布哈林文选》上册，第233页。
② 参见《赫鲁晓夫言论》第9集，世界知识出版社1965年版，第18—20页。
③ 《勃列日涅夫言论》第3集，上海人民出版社1974年版，第182—183页。
④ ［苏］米·谢·戈尔巴乔夫著、苏群译：《改革与新思维》，新华出版社1987年版，第41页。

由于工业的高速发展，在"二五"计划结束时，苏联工业产值从欧洲的第四位跃升为欧洲的第一位，世界的第二位。苏联的工业产值占世界工业产值从 1917 年的 3% 提高到 10%。按斯大林的说法，"三五"计划结束时，苏联已由一个落后的农业国变成强大的工业国。

2. 基本上建立起部门齐全的工业体系，工业独立性大大增强。

由于重工业特别是机器制造业的高速发展，这使为工业的其他部门发展提供装备有了可能，从而使苏联在工业化的较短时间内，使很多重要的工业部门得以建立和迅速发展，如建立了汽车和拖拉机制造业、机床制造业、飞机制造业、联合收割机、大型涡轮机和发动机制造业、多种化学工业、优质钢材的生产，等等。木材、轻工业和食品工业也得到了一定发展。在工业化时期，由于集中力量加速重工业的发展，因此，在工业中机器制造业、冶金工业、燃料工业、建筑材料等部门发展尤为迅速。

由于在工业化期间机器制造业处于特殊的优先发展地位，仅"三五"计划的前三年，机器制造业总产量增长 0.76 倍。1940 年机床总数为 71 万台。这样使苏联工业独立性大大提高。在战前苏联能依靠国产机器和设备满足国内大部分的需要，特别是能保证军用生产部门的需要。

3. 带动了经济落后地区工业的发展。

斯大林从重工业开始的工业化，不仅需要投入大量资金，而且还必须有大量资源作保证。苏联东部地区（西伯利亚与远东）蕴藏着十分丰富的资源，这就要求加速东部地区的资源开发与经济发展。1940 年该地区的生铁产量为 425 万吨，占全苏产量的 28.5%，钢 678.1 万吨，占全苏产量的 37%，生产轧材 479.2 万吨，占全苏产量的 36.8%，铁矿砂 857.5 万吨，占全苏产量的 28.7%，炼焦 516 万吨，占全苏产量的 24.5%。东部地区的生产能力仅次于南部地区，居全苏第二位。从经济增长速度来讲，东部地区的工业增长速度亦高于全苏的工业增长速度。在 1940 年全苏整个工业的总产量比 1913 年增长 11 倍的情况下，而乌拉尔、西西伯利亚分别增长 13 倍和 28 倍。经济落后的哈萨克共和国增长 19 倍，格鲁吉亚共和国增长 25 倍多，吉尔吉共和国增长 152 倍，塔吉克斯坦增长 272 倍。[①]

4. 军事实力加强，为打败德国法西斯创造了物质条件。

大力发展与军事工业密切相关的重工业，是斯大林一直坚持的战略思想。可以说，苏联工业化的过程，也是大力加强国防实力的过程。在工业化期间，苏联军事工业的核心由一些"骨干"的军工企业组成。这些企业在 1928 年为 46 家，到 1938 年增加到 200 家。100% 的航空工业、80% 的造船工业、5%—10% 的机器制造业、仪器制造业和化学工业的基础部门属于"骨干"军工厂。[②]

苏联军工生产能力发展十分迅速，工业化时期军工产品大幅度地增长（详见下表）。

1930—1938 年苏联军工产品增长情况

项目	1930—1931 年	1938 年
大炮	1911 门	12687 门
步枪	174000 支	1174000 支
机枪	40980 支	74657 支
飞机	860 架	5469 架
坦克	740 辆	2271 辆

资料来源：［苏］A. H. 拉戈夫斯基：《列宁论对国防的经济支援》，莫斯科 1976 年俄文版，第 158—159 页。

在战争爆发前的一年多的时间里，苏联共生产了 2700 架新型飞机、4300 辆坦克，其中 50% 是新型的。

在工业化过程中，迅速发展的军事工业，是战胜德国的一个重要因素，这是无可争议的。但要指出的是，工业化时期形成的经济和军事力量，在战争中并未能全部发挥作用。众所周知的事实是，由于德国发动突

---

① 参见［苏］苏联科学院经济研究所编、周邦新等译：《苏联社会主义经济史》第 5 卷，生活·读书·新知三联书店 1984 年版，第 69 页。

② 参见左凤荣著：《致命的错误——苏联对外战略的演变与影响》，世界知识出版社 2001 年版，第 75 页。

然袭击，斯大林又没有防御的准备，因此，苏联大量领土很快被德军占领。这样，使苏联遭受到重大损失。以下事实可说明这一点：1940 年苏联钢的产量为 1830 万吨，其中南部地区钢产量占 1/2 以上。战争初期南部冶金工业地区和部分中部冶金工业地区被德军占领，这意味着在战争中苏联不是以 1830 万吨钢同德国作战，而是以 800 万吨钢抗击德军进攻。在前三个星期里，红军损失约 85 万人，3500 架飞机，一半坦克，整个 1941 年下半年红军损失 500 万人，合战前红军总数的 9/10 以上。①

（二）工业化存在的主要问题

随着对苏联模式研究的不断深入，对斯大林工业化道路的认识也发生了很大的变化。官方与学术界对斯大林工业化道路持简单的完全肯定的观点已不多见，而更多的是既肯定其成绩也明确指出其存在的严重问题。人们越来越清楚地看到，在战前斯大林工业化过程中取得重大成就的同时，也饱藏着深刻的矛盾与积累着大量尖锐的问题。戈尔巴乔夫在其下台后发表的论著中，改变了过去对斯大林工业化的看法，他说，过去苏联往往用"增强国家的必要性为苏联采用的方法辩护（指斯大林工业化方法——笔者注）"。如斯大林所说的，"不这样，我们就会挨打。但是有谁说过，采用别的办法，就不可能使国家发展起来呢？"② 苏联学者卡普斯京指出："从历史上看，不惜任何代价的超工业化策略是否站得住脚呢？是否还有别的、非斯大林的实现工业化选择呢？选择是有的，存在过！"接着他说，这种选择就是列宁提出的使国民相互配合发展的新经济政策，而这一政策被 1929 年秋天斯大林突然提出的"大转变"停止了，转向了"迅速工业化和全盘集体化"。③ 在改革大潮席卷中国大地的大前提下，在解放思想、对斯大林模式的研究不断深化的条件下，"我国学术界开始重新认识斯大林时期的苏联工业化运动。通过 10 多年的艰辛努力，我国学者就斯大林时期工业化问题的研究发表了不少成果，与过去相比，科研水平无论从广

---

① 参见李宗禹等著：《斯大林模式研究》，中央编译出版社 1999 年版，第 55 页。

② 米·谢·戈尔巴乔夫著、徐葵等译：《对过去与未来的思考》，新华出版社 2002 年版，第 36 页。

③ 参见［苏］《十月》杂志，1988 年第 4、5 期。

度和深度上讲都有了极大的提高，如果说人们的认识有了质的飞跃也是毫不过分的"。① 不少学者对斯大林工业化的评价与以前相比，要贴近实际得多与深刻得多。如有些学者指出："把斯大林进行的国家工业化放到历史的长河中考察，只能恰如其分地给予肯定，如实承认这不过是一个集中力量发展工业，并取得了一些成效的阶段。但是，就在这个阶段中，伴随着成就，既包含着违反客观规律的理论错误，也包含着严重的实践错误，如果把一时取得的成就夸大为多么正确的理论，多么伟大的功绩，那就极为片面了。至于有人认为这是斯大林的英明决策，吹嘘他给马克思主义增添了多少新内容，为社会主义国家开创了现实的发展道路，等等，那更是差之毫厘，谬之千里了。"②

苏联著名学者麦德维杰夫，在 1974 年指出："应该直截了当地说，我国二十年代末三十年代初工业发展过程中所付出的代价，如果有一个更明智的计划和领导，就不会这么大，在这方面斯大林的领导所起的作用并不是无足轻重的。如果把我们的人民为了工业化而付出的巨大努力和牺牲同工业化初步结果比较的话，那么应该承认，如果没有斯大林的话，我们的成就可能会大得多。"斯大林作为一个唯意志论者和空想家，在许多情况下，他的领导"不是引向胜利，相反，在我国制造了多余的困难"。③ 我想，麦德维杰夫对斯大林在工业化中所起的作用的评价，是较为客观的，值得我们思考。

斯大林工业化存在的主要问题，突出反映在以下几个方面：

1. 通过"贡税"榨取农民的政策，导致农业破产，影响整个国民经济的正常发展。

斯大林工业化时期，一方面坚持从重工业开始，实行高积累；另一方面坚持高速度。实行这两项政策必须有大量的资金来支撑，而当时主要通过"贡税"的途径，从农民那里获取大量工业化所需的资金。人所共知，二三十年代的苏联农业十分落后，生产力水平很低，农民普遍处于贫困状

---

① 姜长斌主编：《斯大林政治评传》，中共中央党校出版社 1997 年版，第 456—457 页。

② 李宗禹等著：《斯大林模式研究》，第 156 页。

③ ［苏］罗·亚·麦德维杰夫著、赵洵等译：《让历史来审判》（上），人民出版社 1981 年版，第 172、182 页。

态，在此情况下，农业很难承担工业化所需的巨额资金。斯大林如何解决这个矛盾呢？他认为出路是快速搞农业全盘集体化，把农业牢牢控制在国家手里。

应该说，斯大林在 1928 年工业化开始前，对农民问题的认识在总体上与列宁是一致的，强调要"和基本农民群众结合起来，提高他们的物质生活与文化生活水平并和这些基本群众一道沿着社会主义的道路前进"。①但从 1928 年开始工业化后，斯大林对农民的看法与采取的政策发生了根本性的变化，直接起因是出现了粮食收购危机。实际上，在 1928 年以前，国家粮食收购量已有多次出现过下降的情况，如 1924 年收购量为 524 万吨，这比 1923 年的 652 万吨减少了 128 万吨。截至 1927 年 1 月，国家收购的粮食为 4.28 亿普特，这与 1926 年同期 6.3 亿普特相比减少了 2.02 亿普特。但到了 1928 年 1 月，粮食收购的情况进一步急剧下降，减少到了 3 亿普特，使城市和军队的粮食供应发生了严重困难。围绕粮食收购危机在党内领导层开展了激烈的争论。存在着两种截然不同的看法：一派的看法是，粮食收购危机的主要原因是党实行的压低粮食收购价格所致，是人为地扩大了工农业产品剪刀差的结果。而另一派则认为，粮食收购危机的发生，完全是由于阶级敌人主要是农村富农的破坏与捣乱的结果，因此，主张采用暴力剥夺的办法，从农民特别是富裕农民手中夺取粮食。

1928 年 6 月初，布哈林就粮食问题给斯大林写信说："苏联的国内形势很严峻，而党没有整体计划，只是凭经验办事！国内粮食普遍欠缺，而根本问题不在富农的'猖獗'。我们不能一下子向集体农庄提供足够的资本和机器，因此不能不考虑必须发展个体经济的问题。不能把同农民的关系搞得紧张。"②一月之后，斯大林在 7 月全会上的发言指出：成功地推行工业化政策的关键在于靠农村来进行内部积累。他主张对农民征收"贡税"，以促使工业的高涨。

在强大的政治压力下，用粗暴的命令乃至暴力迫使农民参加集体农庄。

---

① 《斯大林选集》上卷，人民出版社 1979 年版，第 346 页。
② 转引自《国外社科信息》1992 年第 4 期。

1933 年 1 月，联共（布）中央宣布："把分散的个体小农经济纳入社会主义大农业轨道的历史任务已经完成。"

很明显，斯大林 1929 年决定推行农业全盘集体化的直接起因是为了控制粮食，为向农民征收"贡税"提供组织上的保证。

在工业化时期，斯大林为了榨取农民，一方面是对农庄不断增加农畜产品的征购量；另一方面是不断压低农畜产品收购价格。如果说，1932 年集体农庄交售给国家的粮食占其收获量的 1/4 多一些，那么 1933—1934 年是 1/3 强，1935 年几乎达到 40%，[①] 集体农庄通过义务交售和上缴拖拉机站的实物报酬，还分别占其粮食收获量的 31% 与 34%。之后，再留下种子与庄员的口粮，农庄与农民能拿到市场上进行贸易的粮食就只占其收获量的 4%—5%。斯大林用强制和暴力的手段，用高征购的办法使国家控制更多粮食，这样，悲剧就一幕一幕地出现了。因未完成交粮任务的农庄领导有的被撤职、开除党籍，有的甚至被枪毙。在库班地区，甚至将 16 个未完成交粮任务的村镇迁徙到极北地带。由于高征购，农民连口粮都上缴了。农村严重缺粮，造成了大量农民死亡。据有关材料，1931—1933 年，饿死的农民达 300 万—500 万人。斯大林的农业集体化确实是独特的原始积累方式。当我们说到它在推进苏联从农业文明社会向工业文明社会转换中的作用时，应当补充说一句，苏联为此付出的代价太大了。

从农畜产品价格制度来看，完全可以说是为实现斯大林的"贡税"政策服务的。在工业化时期，为了保证超高速工业化所需资金，工农业产品剪刀差的价格不仅形成了，并且不断地发展着。农产品的收购价格比其成本低好几倍的情况长期得不到改变。只要举出下面的材料就足以说明这一点：在 1953 年斯大林逝世时，集体农庄义务交售的粮食价格只等于成本的 13.2%，土豆价格等于 7.5%，牛肉价格等于 5%。为了能买一辆"吉斯—5"型汽车，1940 年乌克兰的集体农庄需要卖给国家 99 吨小麦，在 1948 年就必须卖出 124 吨小麦，而到了 1949 年就要卖出 238 吨小麦。

由于实行榨取农民的政策，不顾客观条件过急地实行农业集体化，对

---

① 参见〔苏〕罗·亚·麦德维杰夫著、赵洵等译：《让历史来审判》（上），人民出版社 1981 年版，第 163 页。

农业造成了极大的破坏。以对实现农业全盘集体化有决定意义的第一个五年计划为例，如以 1928 年农业产值为 100%，那么 1929 年为 98%，1930年为 94.4%，1931 年为 92%，1932 年为 86%，1933 年为 81.5%。畜产品生产 1933 年只为 1913 年的 65%。1933—1940 年粮食年均产量为 45.63亿普特，而 1913 年为 47.7 亿普特。到 1953 年，牛、马、绵羊的头数仍未达到集体化前的水平，粮食产量甚至还低于 1913 年的水平。

2. 片面优先发展重工业，导致国民经济结构严重畸形。

苏联经济的一个重要特点是：重工业过重，轻工业过轻，农业长期落后。我们在前面已提到，到 1953 年苏联的粮食产量未达到 1913 年沙皇俄国的水平。赫鲁晓夫上台时，面临的是"实际上半崩溃的农村"，[①]"农村过着贫穷的生活"。[②] 当时不少苏联学者指出："再有两三年时间，就可能发生灾难性的粮食生产危机和全国性的饥荒。"[③] 这迫使赫鲁晓夫一上台首先抓农业，并采取了一系列改革措施。前几年农业有好转，但在 1960—1963 年这四年间，农产品的年均增长速度仅为 1.7%。到 1964 年农畜产品严重缺乏，1963 年连面包供应也发生了严重的困难。勃列日涅夫上台后也不得不亲自首先抓农业，并大大增加了对农业的投资，但并没有保证农业的稳定发展。在勃列日涅夫执政的 1973 年，苏联历史上第一次成为粮食净进口国。这一年净进口 1904 万吨，后来，粮食进口上了瘾，就像吸毒者上了海洛因的瘾一样[④]。后来，苏联连年需要进口粮食 3000 万吨。农业落后状态难以扭转的主要原因，仍然是因为片面优先发展重工业的政策没有改变，如工农业产品的剪刀差问题，不论是赫鲁晓夫时期还是勃列日涅夫时期都没有解决。

农业的长期落后也制约了轻工业与食品工业的发展。在苏联，食品工

① ［苏］尤里·阿法纳西耶夫著、王复士等译：《别无选择》，辽宁大学出版社 1989 年版，第239、584 页。

② ［俄］亚·尼·雅科夫列夫著、徐葵等译：《一杯苦酒——俄罗斯的布尔什维主义和改革运动》，新华出版社 1999 年版，第 15 页。

③ ［苏］罗伊·A. 麦德维杰夫等著、邹子婴等译：《赫鲁晓夫执政年代》，吉林人民出版社 1981年版，第 36 页。

④ ［苏］格·阿·阿尔巴托夫著、徐葵等译：《苏联政治内幕：知情者的见证》，新华出版社1998 年版，第 239 页。

业80%以上、轻工业 2/3 以上的原料来自农业，拿轻工业中的纺织业来说，苏联甲类工业为它提供的化纤只能满足它们需要的 1/4，其他 3/4 要靠农业原料。轻工业、食品工业的严重落后，使得苏联在勃列日涅夫时期花大量外汇进口食品与食品原料，这项费用要占每年外贸进口总额的20%，成了苏联仅次于机器设备进口的第二项大宗商品。

斯大林片面优先发展重工业，是以牺牲广大人民物质与文化生活水平为代价的。当提高人民生活水平与扩充军备发生矛盾时，在苏联最终总是"大炮"战胜"黄油"。据有关材料，如 1928 年农民人均收入为 100，那末 1932—1933 年为 53，1936 年为 60。1928—1938 年间，农民人均收入降低约 20%。[①] 居民的住房条件未得到改善。1913 年城市人均住房面积为 7 平方米，1928 年降至 5.8 平方米，1932 年为 4.9 平方米，1940 年为 4.5 平方米。在工业特别是重工业大幅度增长的同时，而居民住房建设计划常常完不成。"一五"计划规定建造住房 6250 万平方米，而实际建造 2350 万平方米，"二五"计划规定建造 7250 万平方米，结果只建造了 2680 万平方米。

由于苏联经济结构的严重畸形，一直被称为短缺经济，市场供应紧张，排长队、抢购一直是苏联社会经济生活中的一个重要特征。

3. 粗放型的工业化政策，造成资源的极大浪费。

斯大林保证重工业高速发展主要是靠大量投入人力、物力与财力的办法，这种粗放型的工业化政策，其结果必然是资源浪费大而经济效益低。在 1929—1940 年期间，社会总产值年均增长率为 13.4%，国民收入为 14.6%，而基建投资为 17.9%，后者比前两者分别高出 4.5 个百分点和 3.3 个百分点，即分别高 33.6% 和 22.6%。[②] 1918—1940 年苏联国民经济投资额为 617 亿卢布，投入工业部门为 215 亿卢布，占 34.9%，农业为 70 亿卢布，占 11.3%。对工业大量投资，又必然提高积累率。战前三个五年计划时期，积累率一般在 26%—29% 之间，1931 年高达国民收入的 1/3。[③]

---

① 参见李宗禹等著：《斯大林模式研究》，第 145 页。
② 李宗禹等著：《斯大林模式研究》，第 150 页。
③ 陆南泉主编：《苏联经济简明教程》，第 83 页。

从就业人数来看，工业化时期工业部门的职工增加最快，从1922年的190万人增加到1940年的1308万人，增加了5.9倍，而同期，整个国民经济中职工增加了4.4倍。[①]粗放型的工业化政策，虽然使工业高速发展，但经济效益一直低下。工业化时期虽有大量企业投产，但经济效益长期上不来，从1928年开始实行"一五"计划后，到1935年才有第一家新建的重工业企业成为盈利企业。工业劳动生产率到战后的1950年不到美国的30%，一直到苏联解体前的20世纪80年代末90年代初，这个指标为55%。至于农业劳动生产率长期停留在20%—25%这个水平上。苏联在物质生产部门手工劳动占的比重很大，直到80年代中期，从事手工劳动的还有5000万人，在工业中从事手工劳动的工人约为1/3，建筑业为一半以上，农业为3/4。[②]

4. 工业化运动对斯大林社会主义模式的形成有着十分重要的作用。

苏联在工业化开始后，一方面加强计划性，加强对经济的计划领导，靠行政命令的指令性计划管理经济；另一方面着手在工业管理体制进行调整与改组。

苏联工业化时期工业管理体制的主要变化反映在以下几个方面：

首先，形成指令性计划制度。这是苏联整个经济体制的一个基本内容。

其次，不论部还是总管理局作为国家行政组织，对企业生产经营活动的直接管理与指挥都是通过行政方法实现的。

第三，与上述特点相关，企业实际上是上级行政机关的附属品或派出单位。

第四，形成部门管理原则，这是为了便于中央对分布在全国各地的企业实行集中领导。

第五，由于工业管理体制的上述变化，使得工业化时期力图实现扩大企业权利和加强经济核算的目的实际上都落了空。

第六，工业企业管理一长制得以实际地执行。与一长制相应的工业管

---

① 参见陆南泉等编：《苏联国民经济发展七十年》，第433页。

② 参见《戈尔巴乔夫言论选集》，人民出版社1987年版，第93页。

理系统实行垂直单一领导制，即下级只接受上级行政首长的指令，上级各职能管理机关只是行政首长的参谋和助手，它不能越过行政首长给下级下达指令。这些措施，加强了领导体制的集中程度。

第七，在工业化时期，企业国有化迅速发展。到了"一五"计划的最后一年（1932 年）私人经济成分在工业总产值中就只占 0.5%。这里可清楚地看到，苏联在工业化时期的工业管理体制是建立在单一的国家所有制基础上的。这是苏联全面推行指令性计划的基础，也为计划范围大大扩大和国家成为工业管理主体与中心创造了必要的条件。

以上分析说明，从体制角度来看，工业化运动对形成过度集中的指令性计划经济体制具有特别重要的作用。如果说，1929 年全面中止新经济政策和斯大林思想占主导地位标志着斯大林经济体制模式得以初步确立，那么，斯大林工业化方针的全面贯彻和到战前的 1941 年，不只是斯大林工业管理体制、经济体制模式全面建立和已扎了根，而且，斯大林社会主义模式已全面建立并扎了根。这是因为：第一，在工业化运动期间，斯大林不仅在苏联创造了"世界上所有一切工业中最大最集中的工业"，并且把苏联工业成为"按照计划领导"的"统一的工业经济"①；第二，在工业化运动过程中，对整个经济的计划性管理大大加强了，行政指令的作用大大提高了；第三，1929 年全盘农业集体化的快速推行，农业也受到斯大林经济体制的统制；第四，工业化运动时期，斯大林逐个击败了他的对手，接着是 20 世纪 30 年代的大清洗，最后形成了高度集权的政治体制模式。

四　苏联工业化模式对中国提供的启示

苏联工业化模式是在当时特定条件下的产物，绝不能成为社会主义各国工业化应遵循的共同规律。毛泽东较早地发现了斯大林工业化道路存在的问题。1956 年 4 月他在《论十大关系》的报告中就指出：苏联"片面地注重重工业，忽视农业和轻工业"，是犯了原则性的错误和产生了严重

---

① 参见《斯大林全集》第 10 卷，第 258 页。

问题，① 又提出了要正确处理重工业和轻工业、农业间的相互关系的见解。中国其他领导人也对斯大林在优先发展重工业的同时忽视人民当前利益的做法提出批评。1956 年周恩来在谈到中国经济建设几个方针性问题时指出："直接与人民利益关系最大的是轻工业、农业，轻视这两者就会带来不好的后果，就会发生经济发展上的严重不平衡"。"如果不关心人民的当前利益，要求人民过分地束紧裤带，他们生活不能改善甚至还要降低水平，他们要购买的物品不能供应，那么，人民群众的积极性就不能很好地发挥，资金也不能积累，即使重工业发展起来也还得停下来。所以，这一条经验也值得我们在建设中经常想到。"总之，中国应实行既"要重工业，又要人民"② 的工业化政策。

目前中国工业化已进入中期。中国今后如何推进工业化的进程，如何实现温家宝总理在 2007 年夏季达沃斯论坛上的致辞中提出的，中国工业化"将坚持走新型工业化的道路"的方针，这需要总结各方面的经验教训。而苏联工业化模式也可为我们提供不少启示。

（一）　最为重要的是解决好"三农问题"

斯大林的工业化模式，其最突出的问题是牺牲农业去高速发展重工业，使农业濒临破产状态。

苏联时期之所以长期解决不了"三农"问题，都与斯大林的工业化政策有关，突出的问题有两个：一是为工业化所需的大量资金，通过行政手段乃至强制与暴力的办法搞农业集体化，以便达到牢牢控制农业的目的；二是通过不等价交换和在大多数情况下直接掠夺的办法，把农业创造的收入纳入国家预算。1935—1937 年，苏联国家预算收入的 50%—60% 来自农业。工农业产品剪刀差的问题直到苏联解体前都未能解决。在勃列日涅夫时期，大大增加了对农业的投资，它要占整个国民经济投资总额的 27% 左右。这项投资占农业创造的纯收入的 35%，而国家通过再分配把农业创造的纯收入的 80% 集中到国家财政。这说明农业仍是提供积累资金的重要

---

① 《毛泽东选集》第 5 卷，人民出版社 1977 年版，第 268 页。
② 《周恩来选集》下卷，人民出版社 1984 年版，第 230 页。

来源。在上述情况下，农民不可能有积极性，"三农"问题不可能解决。毛泽东针对上述情况指出："苏联的农业政策，历来就有错误，竭泽而渔，脱离群众，以造成现在的困境。"① 但是，遗憾的是，毛泽东并没有跳出斯大林工业化的框框。他为了加速工业发展，就搞群众运动性质的"大炼钢铁"，搞"一大二公"的人民公社，剥夺农民，结果是农民大量饿坏、饿死。"1961 年，毛泽东在一次中央工作会议上曾沉痛地说，这几年我们掠夺农民比国民党还厉害！"②

　　针对苏联工业化过程中对"三农"问题的严重错误，中国今后在推进工业化进程中，以下问题值得认真思考。

　　第一，我国自实行改革开放总方针之后，"三农"问题有了很大的改善。特别是近几年来，国家对农业支持的力度大大加强了，如实行农业税减免，对种粮农民实行直接补贴，对主产区重点粮食品种实行最低收购价格等政策。对农村教育事业的发展也给予了大力支持。无疑，这些政策大大调动了农民的积极性，促进了农业发展。今后我们必须进一步落实对农业"多予、少取、放活"的方针。我们要清醒地认识到，中国农村人口近8 亿，即使工业化与城市化进展顺利，2020 年农村人口仍有 6 亿左右，"三农"问题仍是个大问题。再说，全国农村有近 2000 万人仍未解决温饱问题，近 6000 万人处于低水平、不稳定的温饱状态。不解决"三农"问题，就会影响工业化的进程，也将成为制约整个国民经济进一步发展的"瓶颈"。所以，在今后的工业化进程中，一刻也不能放松解决"三农"问题，思想上认识到只有农业有了大的发展，工业化才能更快地发展。在这个问题上，列宁有很多深刻的分析，他在俄共（布）十一大的报告中说："同农民群众，同普通劳动农民汇合起来，开始一道前进，虽然比我们所期望的慢得多，慢得不知多少，但全体群众却真正会同我们一道前进。到了一定的时候，前进的步子会加快到我们现在梦想不到的速度。"③

　　第二，目前中国的农业还是个弱势的产业，农业增收缺乏重要的支

---

　　① 《毛泽东文集》第 8 卷，人民出版社 1999 年版，第 428 页。

　　② 转引自张素华著：《七千人大会始末》（1962 年 1 月 1 日—2 月 7 日），中国青年出版社 2006 年版，第 153 页。

　　③ 《列宁全集》第 43 卷，第 77 页。

撑，又面临国内外的激烈竞争。因此，在我国工业化中期阶段，农业不能再为工业化提供积累，而是国家应该给予大量补贴的部门，让农业从工业化与城市化取得的进展中分享到好处，绝不可以牺牲农民的利益来推进工业化和城市化进程，并且要采取一些有力的政策推动农业现代化，特别是要使乡镇工业得到进一步发展与提高，这既可以使它与整个工业化融合为一体，并且还可以推进农村城市化进程。

第三，吸取苏联的教训。在中国今后的工业化进程中，绝不能不顾生产力发展的实际水平，在条件不成熟的情况下，用行政的手段去改变农业生产关系，去不断地折腾生产关系。农业的生产组织形式与经营方式要由广大农民创造。要牢记马克思的话："无论哪一个社会形态，在它所能容纳的全部生产力发挥出来以前，是决不会灭亡的；而新的更高的生产关系，在它的物质存在条件在旧社会的胎胞里成熟以前，是决不会出现的。"[①]

（二）农、轻、重必须平衡协调发展

斯大林在工业化过程中，一再强调的是优先高速发展重工业，这不仅牺牲农业，同时，也放慢了与人民生活密切相关的轻工业和食品工业。在斯大林看来，工业化从重工业开始，优先高速发展重工业是苏联工业化的一个特点，也是一个优点。他还断言，资本主义工业化从轻工业开始。实际上，从欧美五个最早的资本主义国家工业化过程来看，共同特点是都以纺织工业、冶金业为先导，其他重工业各部门紧随其后，轻重工业相互依存，互相补充，互相推进。[②] 由于轻工业和食品工业严重落后，缺乏竞争力，在苏联解体后实行开放政策后，这两个部门一下子被冲垮了，需要重建。20 世纪 90 年代初期，俄罗斯的食品与食品原料 50% 左右靠进口，就是到了 20 世纪末，食品进口仍占俄罗斯进口总额的 1/4。畸形的经济结构，一直是制约苏联人民生活水平提高的一个重要因素。到苏联解体前夕，市场供应越来越紧张。市场上真是"空空如也"。奈娜回忆起 1991 年

---

① 《马克思恩格斯选集》第 2 卷，人民出版社 1995 年版，第 33 页。
② 参见李宗禹等著：《斯大林模式研究》，中央编译出版社 1999 年版，第 123 页。

随叶利钦访问德国的情况时说："当时他们应邀参观市场和路旁的店铺，那里商品丰富，琳琅满目，使她想到了俄罗斯商店里商品奇缺的情况，羞愧得恨不得一头钻到地底下，心想，我们一辈子都在工作，完成五年计划，但是，为什么我们什么都没有呢？"①

苏联长期以来坚持优先发展重工业，保证生产资料优先增长，其理论根据是生产资料优先增长规律。苏联对此存在片面化与绝对的理解。生产资料优先增长是马克思作为扩大再生产原理提出的，但马克思提出这一理论时，是从社会再生产过程出发的。国民经济是一个整体，因此，任何社会生产资料的生产必须与再生产的其他因素相互协调与平衡。列宁指出："社会产品的第Ⅰ部类（生产资料的生产）能够而且应当比第Ⅱ部类（消费品的生产）发展得快。但是决不能由此得出结论说，生产资料的生产可以完全不依赖消费品的生产而发展，也不能说二者毫无联系……生产消费（生产资料的消费）归根到底总是同个人消费联系着，总是以个人消费为转移的。"② 实际上，马克思主义有关生产资料优先增长的理论是十分明确的，即它是扩大再生产的条件而不是生产的目的。马克思指出："……不变资本的生产，从来不是为了不变资本本身而进行的，而只是因为那些生产个人消费品的生产部门需要更多的不变资本。"③ 这些说明，那种不为扩大消费资料生产而去优先发展生产资料就会失去社会经济意义。

毛泽东在谈到斯大林片面发展重工业忽视轻工业的错误时指出："真想建设重工业，就必须建设轻工业。"④ 他在《论十大关系》的报告中分析说："我们现在发展重工业可以有两种办法，一种是少发展一些农业、轻工业，一种是多发展一些农业、轻工业。从长远观点来看，前一种办法会使重工业发展得少些和慢些，至少基础不那么稳固，几十年后算总账划不来的。后一种办法会使重工业发展得多些和快些，而且由于保障了人民生活的需要，会使它发展的基础更加巩固。"⑤

① 《北京晨报》，2002 年 3 月 17 日。
② 《列宁全集》第 4 卷，第 4 页。
③ 《马克思恩格斯全集》第 46 卷，人民出版社 2003 年版，第 340 页。
④ 《毛泽东传》（1949—1976）（上），中央文献出版社 2003 年版，第 481 页。
⑤ 《毛泽东选集》第 5 卷，第 268 页。

温家宝在 2007 年夏季达沃斯论坛上的致辞中强调："我们要努力实现协调发展。解决不平衡、不协调问题是一项长期而艰巨的战略任务。"这也是在中国今后工业化过程中要解决的一项重要任务,而调整经济结构是保证经济协调发展的重要内容之一。在这一方面,我们应从苏联工业化模式中吸取的主要教训是:首先,从指导思想来讲,应该明确,工业化也好,发展整个经济也好,最终的目的是满足人们不断增长的物质文化生活的需要。搞工业化、现代化要以人为本,即要把人民的需要作为发展生产的出发点和落脚点。因此,片面地发展重工业,忽视农业和轻工业,必然造成市场紧张,人民的消费得不到满足,乃至像苏联后期那样,出现严重的消费品供应危机。其次,中国随着经济的发展,广大人民购买力的提高,特别是随着农业进一步发展,具有巨大潜力的农村市场的需求将大大扩大,对生活消费品不论在数量还是质量方面,都将提出更多更高的要求。在此背景下,忽视农业和轻工业的发展,势必会影响广大居民生活水平的提高与整个经济的协调发展。再次,我国农产品和轻工业产品的发展,应提高科技含量,多生产附加值高、质量高和安全程度高的产品,以提高国际市场的竞争能力。这是我们今后努力的方向,也是在国际市场不被打败的必要条件。

(三)绝不能搬用斯大林实行的赶超战略

在斯大林执政后,赶超战略集中体现在他的工业化方针与政策上,以后苏联在经济发展的各个时期,一直实行赶超战略。1939 年 3 月在讨论第三个五年计划的联共(布)第十八次代表大会上,斯大林在其总结报告中,一方面继续坚持"向共产主义前进"的口号;另一方面提出苏联的基本任务是要在 10—15 年内在按人均计算的产量方面赶上或超过主要的资本主义国家。

赫鲁晓夫上台执政后,在苏共二十大提出了"20 年内基本建成共产主义"思想,并把赶超美国作为建成共产主义的主要内容与标志,提出:第一个十年内工业生产绝对量与按人均计算的工业产品的产量都压倒美国,从而使苏联成为世界上第一个工业强国;第二个十年内即到 1980 年在按人均计算的工业产品生产方面将把美国远远地抛在后面。勃列日涅夫上台后，提出经济高速增长要为在军事上赶超美国提供条件。戈尔巴乔夫上台后，提出过"加速战略"。

经济落后的国家在社会主义革命胜利后，力图尽快在经济上赶上乃至超过发达的资本主义国家，这不仅是可以理解的，并且亦应该通过努力加速经济的发展，争取早日改变经济落后的面貌，从而体现社会主义的优越性。因此，实行经济发展的赶超战略本身并没有错。而苏联实行这一战略的问题在于：一是脱离客观条件的可能性，提出不切实际的目标，不论是斯大林提出的还是赫鲁晓夫提出的赶超目标，都没有也不可能实现，完全是不顾客观条件的一种唯意志论的表现。二是苏联的赶超战略重点片面地发展重工业，特别是军事工业，不是国民经济平衡协调地发展，从而造成国民经济结构的严重畸形。三是赶超战略的重要目标是苏联成为超级大国，很大程度上是为对外扩张与争霸服务。一个国家通过经济快速发展，成为世界上经济强大的国家，并在此基础上大大地提高人民生活水平，这是理所当然要追求的目标，特别像苏联这样的第一个社会主义大国，尤其是必要的，但如果实行赶超战略的目的是追求和扩张与霸权相联系的超级大国，那是另一回事。

中国在这方面也是有深刻教训的。1956 年毛泽东曾提出，现在有可能用 12 年的和平时间基本上实现工业化。[①] 毛泽东在 1957 年 11 月莫斯科会议上，最先提出主要工业品产量"15 年赶上英国"的口号。这个口号当时成了中国人民的头等大事，成了"大跃进"运动发动的助推器。这个 15 年赶超英国口号的实施过程中，在"大跃进"浪潮推动下，毛泽东又将 15 年变为 10 年，后来毛泽东又改为 7 年，再后来降到 2 年至 3 年。[②]

中国在今后的工业化时期，应从苏联长期实行的赶超战略中吸取的主要教训是：第一，工业与整个经济的发展，要尊重客观经济规律，防止盲目性和唯意志论。第二，绝不能像苏联那样，赶超主要是集中在军事工业方面，为争霸扩张服务。中国在天下还不太平，加上还没有完成国家统一大业的情况下，适当地增加军费开支，提高国防力量，这是完全必要的，

----

① 参见《毛泽东传》(1949—1976)，第 470 页。
② 参见张素华著：《七千人大会始末》(1962 年 1 月 11 日—2 月 7 日)，第 145 页。

完全是为了防御。中国绝不能参加军备竞赛，军备竞赛拖垮了苏联经济。中国参与军备竞赛亦必将把经济拖垮，所以，中国一定要坚定不移地走和平发展的道路。

（四）工业化要走集约化的道路

斯大林用大量投入人力、物力与财力的办法实现高速发展重工业的政策，在工业化初期有其客观的必要性。但问题是，苏联在工业和整个国民经济过程中，一直是以粗放方式进行的。

苏联自20世纪30年代消灭失业后到80年代末，每年平均增加劳动力为200万人。基建投资不仅增长幅度大，而且增长速度快。它一般要占国民收入的30%左右，约占国家预算支出的50%。基建投资增长速度快于国民收入增长速度，如1961—1987年，国民收入平均增长率为5.4%，而基建投资为5.6%。苏联生产每单位产品的物资消耗很大，如在20世纪70年代末，生产每单位国民收入用钢量比美国多90%，耗电量多20%，耗石油量多100%，水泥用量多80%，投资多50%。

到了20世纪60年代苏联已感到，有劳动能力人口的增长率与基建投资的增长速度都已大大下降，原材料、燃料供需之间开始出现不平衡。在上述情况下，20世纪70年代初苏联提出向集约化方针过渡。但由于受经济体制的制约，集约化方针未能得以实现。苏联一直到1991年年底解体，基本上仍是粗放型经济，经济效益没有提高，如基金产值率继续下降，每卢布生产性固定基金生产的国民收入从1970年的55戈比下降到1990年的28戈比。80年代中期生产的切屑机床的金属耗用量比美国、日本、德国和法国同类新产品高1—1.5倍。工业生产日益下降的趋势十分明显，1976—1980年年均增长率为4.4%，1981—1985年为3.6%，1986—1990年已降为2.5%。到1991年已为负增长2.8%，而这一年GDP负增长13%。十分明显，粗放型的经济发展方式难以保持经济可持续发展。这也是导致苏联最后出现经济危机的一个重要因素。

鉴于苏联上述教训，中国在今后的工业化进程中，如何改变落后的粗放工业增长方式，是一个非常重要和十分紧迫的问题。目前我国经济特别是工业增长方式存在的主要问题是：高投入、高消耗、高排放、不协调和难循环。这些问题必然导致经济的低效率。目前我国的工业劳动生产率只相当于美国的 1/30，日本的 1/18，法国的 1/16，德国的 1/12 和韩国的 1/7，资源产出效率大大低于国际水平。按现行汇率计算，我国单位资源的产出水平相当于美国的 1/10，日本的 1/20，德国的 1/6。

　　十分明显，不改变工业发展的粗放方式，不仅关系到我国工业增长的资源环境支撑问题，而且还影响到中国的国际形象。中国在今后的工业化进程中，在发展方式与资源环境方面，要努力走出一条资源节约和环境友好的绿色发展道路。也正如温家宝在 2004 年 2 月 21 日的一次讲话中指出的：中国今后"必须坚持走科技含量高、经济效益好、资源消耗低、环境污染少、人力资源优势得到充分发挥的新型工业化道路"。中国已提出了科学发展观，为了在工业化过程中得以落实，必须深化体制改革，这是推动工业增长方式根本性转变的决定性因素。

（原载李若谷主编：《世界经济发展模式比较》，
社会科学文献出版社 2009 年版，第 197—229 页。）

对苏联农业全盘集体化的分析

可以说，有关新经济政策的争论与党内展开的斗争，主要是在斯大林与布哈林之间进行的。那么斯大林对新经济政策持何种观点呢？他在 1924 年以前很少谈及，并没有提出什么明确的看法，也更没有把新经济政策与建设社会主义思想与方法等重大理论问题联系起来。笔者认为，在分析斯大林在列宁逝世后有关新经济政策的看法时，必须与当时存在的建设社会主义的两种不同主张与两条不同路线联系起来考察。从这个角度看，斯大林的思想倾向更接近于"左"派代表托洛茨基，因此，在新经济政策等问题上，他不可避免地与布哈林发生对抗。在 1924 年之后，斯大林也把新经济政策理解为是一种过渡性政策，是权宜之计。但与"左"派的不同之处是，他认为新经济政策不仅是退却，而且还包含着进攻之意。斯大林说："新经济政策是无产阶级国家所采取的一种特殊政策，它预计到在经济命脉掌握在无产阶级国家手中的条件下容许资本主义存在，预计到资本主义成分同社会主义成分的斗争，预计到社会主义成分的作用日益增长而资本主义成分的作用日益削弱，预计到社会主义成分战胜资本主义成分，预计到消灭阶级和建立社会主义的经济基础。谁不了解新经济政策的这种过渡性即两重性，谁就是离开列宁主义。"① 他还说："新经济政策是党容许社会主义成分和资本主义成分斗争并预计社会主义成分要战胜资本主义成分的政策。其实，新经济政策只是以退却为开始，但它预计在退却过程中重新部署力量并举行进攻。其实，我们已经进攻几年了，而且很有成效地进攻着：发展我们的工业，发展苏维埃商业，排挤私人资本。"②

---

① 《斯大林全集》第七卷，人民出版社 1958 年版，第 302—303 页。
② 《斯大林全集》第八卷，人民出版社 1954 年版，第 82 页。

斯大林与布哈林之间斗争的直接起因是，有关 1928 年的粮食收购危机的原因与摆脱危机的途径问题。[1] 斯大林硬把危机与阶级斗争联系起来，在他看来，小农经济的落后性、劣根性与富农（实际上多数是富裕中农）捣乱是粮食收购危机的主要原因，也是问题的"全部实质"。在此分析基础上，提出建立集体农庄的主张。而布哈林则认为，粮食收购危机的主要原因是粮价偏低，使得农民不愿种粮与卖粮，因此，出路在于调整工农业产品的市场价格比例，城乡关系的基础是农业的商品化，个体农民仍具有发展潜力。事实证明，布哈林的观点是正确的。1928 年粮食收购危机的真实原因是国家政策的失误所致，亦是反映了农民对国家制定的不合理的价格的抗议，这本来是可以通过调整价格来解决的。但斯大林抓住这个事件，急剧改变新经济政策。1929 年 11 月 7 日，斯大林为纪念十月革命 12 周年而作的《大转变的一年》一文，其主要目的是为了推动当时的已处于高速发展的农业集体化运动。他在文章中说，1928 年是"大转变"的一年，这个"大转变"的实质"过去是现在仍然是在社会主义向城乡资本主义分子坚决进攻的标志下进行的"。[2] 也是在 1929 年，斯大林宣布"当它（指新经济政策——笔者注）不再为社会主义事业服务的时候，我们就把它抛开"。[3] 事实上，当斯大林用高压手段强制征粮时，十分严重地损害了农民利益，与此同时，新经济政策的基础也就被动摇了。可以说，从 1928 年起，斯大林对农民的政策发生了根本变化。在击败布哈林后，斯大林在 1929 年全面停止了新经济政策，推行他自己的一套建设社会主义的方针政策。

1929 年斯大林提出的"大转变"有着深刻的含义，涉及各个领域，也可以说是全方位的"大转变"，包括经济、政治、意识形态领域的"大转变"。斯大林在 1924—1929 年党内斗争中的胜利，这个"大转变"的胜利，其影响十分深远，他在结束新经济政策的同时，就大胆地提出了自己发展社会主义的一套"左"倾路线，从而为建立斯大林体制模式开辟了道

① 布哈林于 1929 年 4 月被撤领导职务，11 月被开除政治局，1937 年被捕，1938 年被枪毙。
② 《斯大林选集》下卷，人民出版社 1979 年版，第 196 页。
③ 《斯大林全集》第十二卷，人民出版社 1955 年版，第 151 页。

路。通过农业全盘集体化来推行工业化成为这个"大转变"的一个重要内容。

以斯大林根本改变对农民的看法为起点，随之而来的是根本改变农民的政策，推行农业全盘集体化运动，其结果，就不仅把占人口最多的农民与国民经济中居重要地位的农业，纳入了斯大林统制经济体制之中，而且意味着苏联正在朝斯大林整个社会主义模式迈进。为什么这样讲，因为十月革命前的俄国，虽然已经走上了资本主义的发展道路并过渡到垄断资本主义，但在认识到这一点的同时，必须清醒地看到，俄国仍然是一个小农经济占优势并且农业水平相当落后的国家。1913年、1917年，农村人口都占全俄人口总数的82%①。1914年俄国国民经济固定资产的构成是：农业占53.7%，工业、交通、商业、事业合计占46.3%；国民收入中农业占53.6%，其余部门占46.4%。不论从哪个角度来讲，俄国的农业生产水平是十分低下的。② 第一次世界大战前，俄国的农业机械化水平只及德国的1/9，美国的1/2；1913年俄国每公顷耕地使用的化肥平均为6.9公斤，而比利时为36公斤；在1909—1913年期间，俄国谷物的平均产量每俄亩为45普特（1普特等于16.38公斤），而丹麦为195普特，德国为152普特。第一次世界大战前，俄国农业商品率大约为26%。③

在上述俄国国情下，如何把占人口多数的农民与十分落后的农业引向社会主义的道路，以什么样的态度与政策对待农民与农业问题，是十月革命胜利后布尔什维克党面临的一个极为重要的问题，也成为苏联社会主义改造与建设中的一个中心问题。也正因为问题如此重要，因此，在十月革命后，不论在军事共产主义时期，新经济政策时期，还是在工业化运动时期，农民问题都成为苏联党内、各政治派别民间斗争的焦点。在展开农业全盘集体化运动过程中，农民问题自然就更加突出了，围绕这个问题的斗争更加尖锐了。列宁在对军事共产主义时期"直接过渡"的理论与实践进行批判性总结之后，对农民问题看得更清楚与深远了，他指出："从世界

---

① 参见苏联部长会议中央统计局编、陆南泉等译：《苏联国民经济六十年》，生活·读书·新知三联书店1979年版，第4页。

② 参见［苏］勃维金：《大变动前夕的俄国》，莫斯科1988年俄文版，第113页。

③ ［苏］B. T. 琼图洛夫等编、郑彪等译：《苏联经济史》，吉林大学出版社1988年版，第98页。

无产阶级革命发展的整个进程来看，俄国所处的时代的意义，就是在实践中考验和检验掌握国家政策的无产阶级对待小资产阶级群众的政策。"①

十分遗憾的是，异常复杂、对苏联具有关键性历史转折意义的农业集体化问题，"由于斯大林的无能的冒险主义领导更加复杂化了，现在来描写这段历史是很痛苦的"。②

一　农业全盘集体化之前的农业

军事共产主义时期的结束，新经济政策的实行，到了 20 年代中期，苏联农村的形势已出现了明显的好转。1926 年与 1913 年的水平相比播种面积为 105%，与 1916 年水平相比牛的头数为 109.6%，猪为 108.1%，绵羊与山羊为 112%。马的头数为 1916 年水平的 85.1%，1926 年苏联农业总产值达到 1913 年水平的 118%，其中种植业产值为 114%，畜牧产值为 127%。③ 在农业生产增长的同时，农业的技术装备也有所改善。1927 年苏联播种机比 1910 年增加 1 倍，收割机增加 50%，刈草机增加 1.5 倍。到 1927 年苏联农业已有 24504 台拖拉机（1924 年为 2560 台）。④ 另外，农业合作社有了不少发展。1927 年 10 月 1 日在农业合作社系统总计有 6.46 万个合作社，950 万社员（1925 年 10 月 1 日相应为 3.5 万个合作社，540 万社员）。⑤ 这一发展，与受农民欢迎的、主要从事商品流通活动的消费合作社迅速发展有关。到 1927 年，消费合作社掌握着农村商品供应量的 50.8%，成为农村商品流通的主体。专业化的农业合作社（棉花、亚麻、马铃薯、油脂等）也有较快发展。另外，农业生产合作社、信用合作社和手工业合作社等都有了发展。1927—1929 年，农业合作社已遍及了苏联各个共和国和地区，1929 年 10 月 1 日，社员已超过 1300 万人，在发动

---

① 《列宁全集》第四十二卷，人民出版社 1987 年版，第 4 页。
② ［苏］罗·亚·麦德维杰夫著、赵洵等译：《让历史来审判》（上），人民出版社 1981 年版，第 141 页。
③ 苏联科学院经济研究所编、王逸琳等译：《苏联社会主义经济史》第三卷，生活·读书·新知三联书店 1982 年版，第 412 页。
④ 同上书，第 414 页。
⑤ 同上书，第 432 页。

群众性大规模集体化前夕，农业合作社联合了55%以上的农户。这些合作社其组织形式较简单，活动主要局限于消费与流通领域，但它符合当时俄国生产力水平低和人民文化不高的客观实际情况，正如列宁指出的，是"……尽可能使农民感到简便易行和容易接受的方法过渡到新制度"①的组织形式。这种合作社遵循农民自愿参加和退出的原则，它是按商品生产与市场规律进行活动的。如果能继续坚持下去，并在发展过程中，按照列宁合作制思想不断修正与完善政策，那么，完全有可能走出一条改造农民的康庄大道。但遗憾的是，斯大林到了1928年对农民问题的看法有了重大变化，列宁的合作制思想与政策已不再符合他的口味了。

二　直接的起因是粮食收购危机

应该说，斯大林在1928年前，对农民问题的认识，在总体上与列宁的思想是一致的，对农民在社会主义建设中的作用基本上是肯定的，也讲过，"基本农民群众的根本利益是同无产阶级的利益完全一致的"。② "这些共同利益就是工农联盟的基础。"③ 对工农联盟内部的斗争，要"用协商和互助让步的方法来调节"，"无论如何不要把它导向尖锐化的形式，导向冲突"。④ 斯大林在1925年5月召开的联共（布）第十四次代表会议上的工作总结中的第五部分，专门论述"党在农村中的政策"。在这里，他明确指出："现在主要的问题完全不是挑起农村中的阶级斗争。现在主要的问题是：使中农团结在无产阶级周围，重新把他们争取过来。现在主要的问题是：和基本农民群众结合起来，提高他们的物质生活和文化生活水平并和这些基本群众一道沿着社会主义的道路前进。"⑤

但从1928年开始，斯大林对农民的看法及采取的政策发生了根本性的变化，直接起因是出现了粮食收购危机。实际上，在1928年以前，国

---

① 《列宁选集》第四卷，人民出版社1995年版，第768页。
② 《斯大林选集》上卷，人民出版社1979年版，第372页。
③ 同上书，第336页。
④ 同上书，第369页。
⑤ 同上书，第346页。

家粮食收购量已有多次出现下降的情况，如 1924 年收购量为 524 万吨，这比 1923 年的 652 万吨减少了 128 万吨。截至 1927 年 1 月，国家收购的粮食为 4.28 亿普特，这与 1926 年同期 6.3 亿普特相比减少了 2.02 亿普特。但到了 1928 年 1 月，粮食收购的情况进一步急剧下降，减少到了 3 亿普特，使城市和军队的粮食供应发生了严重困难。围绕粮食收购危机在党内领导层展开了激烈的争论，存在着两种截然不同的看法：一派的看法是，粮食收购危机的主要原因是党实行的压低粮食收购价格所致，是人为地扩大了工农业产品剪刀差的结果。1923 年 10 月，工农业产品的价格比几乎是战前的 3 倍。后来在 1923—1924 年，工业品价格下调了 23.3%。但在 1924 年对农户实行货币税后，政府又竭力压低粮价。

　　另外，大幅度增加富裕农户（售粮大户）的纳税负担，仅 1926—1927 年度的税额就比上年度增加了 58%，超过贫困农户的 100 倍。[①] 这些因素，很自然地让农民感到生产粮食是无利可图的，严重挫伤了农民种粮的积极性，从而，农民不仅缩小了粮食面积（从 1926 年起，苏联播种面积的增长速度就开始减缓，当年增长为 5.8%，1927 年为 1.9%，1928 年降为 0.5%，该年谷物播种面积甚至比 1927 年减少了 2.6%[②]），而且即使有余粮也不愿卖给国家，而用出卖畜产品或技术作物的收入来缴纳税收与购买工业品。还有些农民，用余粮去发展畜牧业，之后再出卖牲畜，而不愿出售粮食。这正是使 1927 年至 1928 年粮食收购危机突然严重起来的主导原因。而另一派则认为，粮食收购危机的发生，完全是由于阶级敌人主要是农村富农的破坏与捣乱的结果，因此，主张采用暴力剥夺的办法，从农民特别是富裕农民手中夺取粮食。其中，有人建议用暴力剥夺富农和富裕中农的至少 1.5 亿吨普特粮食。这一建议被 1927 年 8 月召开的联共（布）中央委员会和中央监察委员会联席全会否定。全会于 1927 年 8 月 9 日通过决议说："中央委员会和中央监察委员会拒绝反对派关于用暴力剥夺余粮的荒诞的、预谋在国民经济发展中造成更多困难的蛊惑性的建议

① 参见姜长斌主编：《斯大林政治评传》，中共中央党校出版社 1997 年版，第 470 页。
② 参见苏联科学经济研究所编、王逸琳等译：《苏联社会主义经济史》，生活·读书·新知三联书店 1982 年版，第 416 页。

……中央委员会和中央监委认为，这些建议实际上要推翻在列宁领导下由党制定的新经济政策。"

但时隔不久，在1927年年底至1928年年初，在斯大林主持下，不断地以联共（布）中央的名义，向各级地方党组织发出紧急指示，限期完成粮食收购任务。仅在1928年春季，就派出3万多城市工人和党政干部下乡征粮，这些征粮工作队，在农村挨家挨户搜查，设路卡强行拦截农民出售和关闭市场等办法完成征粮任务，并还应用俄罗斯刑法第107条的规定，对"抗粮"农民，可实行没收其粮食和农业机器，乃至处以3年以下监禁的惩罚措施。这就是1928年斯大林对农民采取的"非常措施"。苏联政府在1928年年初开始，还对农民提高征税额，如1928年年初北高加索地区农业税与1927年相比提高了101%。但是，"非常措施"得到的回报是，富农（到1928年，这时的富农相当一部分是新经济政策时期富裕起来的中农）缩小和减少农业生产。事实证明，到1928年秋粮食收购计划又受到了威胁。到1929年4月，收购的粮食比1928年同期还少，连莫斯科的面包供应也出现了间断的情况。对富裕农民施加压力的结果是，他们还是继续以缩小耕地面积来回答。应该说，到了1929年，苏联面临的形势十分复杂和危险。调整"非常措施"这一错误政策的余地很小了。一方面以斯大林为首的联共（布）党已很难对富裕农民作出相当大的让步，使党与富裕农民的关系恢复到实行"非常措施"之前的状况；另一方面，富裕农民已不再相信党会继续实行新经济政策了。就在这种情况下，斯大林决心加速农村的集体化运动，实行农业全盘集体化，即在农村建立相当强大的集体农庄并消灭富农对商品粮的垄断，以便把粮食牢牢地控制在国家手里。

这里还要指出，粮食收购危机不但使斯大林对农民的认识与政策发生了根本性的变化，而且也是布哈林与斯大林分歧公开化的催化剂。可以说，1928年联共（布）中央七月全会召开时，布哈林与斯大林的关系紧张到了临界点。1928年6月初，布哈林就粮食问题给斯大林写信说："苏联的国内外形势都很严峻，而党没有整体计划，只是凭经验办事！国内粮食普遍欠缺，而问题根本不在富农的'猖獗'。我们不能一下子向集体农庄提供足够的资本和机器，因此不能不考虑必须发展个体经济的问题。不能把同农民的关系搞得很紧张。"① 一月之后，斯大林在七月全会上的发言指出：成功地推行工业化政策的关键在于靠农村来进行内部积累。他主张暂时对农民征收类似"贡税"的超额税，以促使工业的高涨。也正是在七月全会上，布哈林决定与斯大林最后摊牌。

三 农业全盘集体化的进程与目的

（一）进程

斯大林从 1929 年开始向富农进攻，消灭富农阶级，用集体农庄和国营农场的生产代替富农的生产。

1929 年中，每 25 户农民只有一户参加集体农庄，到了下半年，斯大林及其助手们推出集体化高速发展的方针，用各种办法催促地方机关加速集体化进程。到 1929 年 11 月初，全国虽已有 7 万个集体农庄，但规模很小，只包括了 1919400 个农户，占全国总户数的 7.6%。农庄庄员绝大部分是贫民，只有个别地区中农也加入农庄。但斯大林急急忙忙地把个别事实加以综合，认为这是集体农庄根本的新的转折的开始。他在 1929 年 11 月 3 日发表的《大转变的一年》一文中宣称："目前集体农庄运动中的新现象是什么呢？目前集体农庄运动中具有决定意义的新现象，就是农民已经不像从前那样一批一批地加入集体农庄，而是整村、整乡、整区，甚至整个专区地加入了"。"这是什么意思呢？这就是说，中农加入集体农庄了。这是农业发展中根本转变的基础，而这个根本转变是苏维埃政权过去一年最重要的成就。"② 在这种缺乏根据的基础上，斯大林在 1929 年秋天提出普遍集体化的口号。

在上述背景下，1930 年 1 月 5 日通过了《关于集体化的速度和国家帮助集体农庄建设的办法》的决议，根据这一决议，联共（布）中央委员会按不同地区集体化装备程度的差别，把各地区按照集体化的速度划分为

---

① 转引自《国外社科信息》1992 年第 4 期。
② 《斯大林选集》下卷，人民出版社 1979 年版，第 206—207 页。

三类：第一类包括最主要的产粮区北高加索、伏尔加河中游和下游。这些地区的集体化要在 1931 年春季大体完成；乌克兰、中部黑土地区、西伯利亚、乌拉尔、哈萨克斯坦为第二类。这些地区要在 1932 年春季完成；其余地区，如莫斯科州、南高加索、中亚等，集体化要推迟到 1933 年，即第一个五年计划结束时完成。根据这个决议，联共（布）中央委员会和苏联人民委员会在 1930 年 2 月通过了一个决定，禁止个体农户使用雇佣劳动，并赋予各地方苏维埃在全盘集体化地区可以采取一切必要措施同富农作斗争，直至没收富农土地和强制富农迁出本地区的权力。

在斯大林普遍集体化的思想指导下，在强大的政治压力下，用粗暴的命令和暴力强迫农民与中农参加集体农庄的情况，在 1929 年年底与 1930 年年初就开始出现了。许多州提出了"谁不加入集体农业，谁就是苏维埃政权的敌人"的口号。随着农业全盘集体化运动的展开，农村形势的紧张程度在加剧，1930 年 3 月斯大林不得不发表《胜利冲昏头脑》的文章，对集体化政策进行纠偏，才使农村形势得以缓解。斯大林文章发表后不久，联共（布）中央通过了《关于在集体化运动中同对党的路线歪曲作斗争》的决议，主要解决在集体化运动中采取强制的做法，并允许农民退出农庄。到 1930 年 7 月 1 日，留在集体农庄中的农户已不到 600 万，占贫农与中农总数的 1/4 还不到。有些州把 1930 年年初以来建立起来的集体农庄都解散了。[1] 这里要指出的是，强制与暴力在整个农业集体化运动中实际上没有停止过。

按苏联公布的材料，1932 年年底至第一个五年计划结束时，已有 60% 以上的农户加入了集体农庄，集体农庄的播种面积已占全国播种面积的 70% 以上。在主要产量区，加入集体农庄的农户达到 80%—90%。以此认为：在苏联"新的集体农庄制度建立起来了"。[2] 1933 年 1 月，联共（布）中央宣布："把分散的个体小农经济纳入社会主义大农业轨道的历史任务已经完成。"

---

[1] 参见［苏联］罗·亚·麦德维杰夫著、赵洵等译：《让历史来审判》（上），人民出版社 1981 年版，第 153 页。

[2] 参见［苏联］安·米·潘克拉托娃主编、山东大学翻译组译：《苏联通史》第三卷，生活·读书·新知三联书店 1980 年版，第 617 页。

（二）目的

1. 控制粮食与取得资金。从斯大林 1929 年决定推行农业全盘集体化的直接起因来看，控制粮食是建立集体农庄的一个重要的又是直接的原因。建立集体农庄可为斯大林取得粮食，为向农民征收"贡税"提供组织上的保证。由于工业化与集体化基本上是同时进行的，加上超高速的工业化所需资金相当一部分要从农业中取得，因此，加速农业集体化，又为斯大林通过控制农业来解决工业化所需资金提供了保证。但是，把农业集体化的目的仅仅归结为控制粮食和资金，那是不够全面的。

2. 全面建立社会主义的经济基础。在斯大林看来，通过农业集体化，使得苏联社会主义有了牢固的经济基础。到了 1934 年，由于工业化与农业化都取得了重大进展，社会主义经济成分在苏联已成为整个国民经济的绝对统治力量。社会主义工业已占苏联全部工业的 99%。社会主义农业（集体农庄与国营农场）的谷物播种面积已占全部谷物播种面积的 85.5%。斯大林认为，如果不搞农业集体化，苏维埃政权和社会主义建设事业就会建立在两个不同的基础上，"就是说，建立在最巨大最统一的社会主义工业基础上和最分散最落后的农民小商品经济基础上"。如果"这样下去，总有一天会使整个国民经济全部崩溃"。那么，"出路就在于使农业成为大农业"。① 斯大林的上述看法，是他在 1929 年 12 月 27 日发表的《论苏联土地政策的几个问题》为题的演说中讲的，是用来批评"平衡"论的。很清楚，这时的斯大林完全否定了小商品生产者再有发展的可能了，在社会主义建设中不再有积极作用了，从而也就否定了改造农民的长期性。

3. 消灭"最后一个资本主义阶级"的个体农民。随着斯大林对农民问题看法的根本改变，在农业集体化高潮的 1930 年，不仅用暴力消灭了

---

① 参见《斯大林选集》下卷，人民出版社 1979 年版，第 213 页。

"富农阶级",① 而且把个体农民视为最后一个资本主义阶级加以消灭。斯大林对此解释说:"为什么把个体农民看作是最后一个资本主义阶级呢?因为在构成我国社会的两个基本阶级中,农民是一个以私有制和小商品生产为经济基础的阶级。因为农民当他还是从事小商品生产的个体农民的时候,经常不断地从自己中间分泌出而且不能不分泌出资本家来。"② 就这样,把在苏联社会中人口众多的农民当作"最后一个资本主义阶级消灭了"。这样就在国内消灭了资本主义复辟的最后根源。③

4. 最后形成了完整的斯大林经济体制。农业集体化完成过程中,苏联也逐步建立起高度集中的农业管理体制,并成为斯大林经济体制中的一个不可分割的有机组成部分。有关这方面的内容,下面进行专门的论述。

四 与国营工业企业无实质区别的农业管理体制

苏联在完成农业全盘集体化之后,对集体农庄的管理体制,基本上搬用了国营工业企业的管理体制。

(一)从计划管理体制来讲,按理论,集体农庄是集体所有制经济,国家无权给它们下达指令性指标。再说,农业经济与工业经济不同,它受自然条件的影响很大,因此,应给予集体农庄更大的自主权与独立性。但实际情况是,随着集体农庄的建立,国家开始对农业实行直接的指令性计划管理。从 1931 年起,国家开始对各级地方机关和集体农庄下达扩大播种面积和实现农业技术改造的计划。对从 1933 年开始的第二个五年计划,规定了直接下达给集体农庄的指标。随着集体农庄的发展,对其生产计划

---

① 正如我们在前面指出的,这时的富农大部分是新经济政策时期发展起来的富裕农民。另外,农业集体化时期对划定富农的标准随意性很大,扩大化也十分明显,往往寻找各种理由把中农当成富农。例如,一个中农因为过去卖给同村人十几把镰刀;另一个中农因为出卖了自己的余粮;第三个是因为买了自留地;第四个因为两年前卖了牛;第五个因为卖了双鞋底子;第六个因为于 1927 年把谷草卖给合作社等。巴图林区村苏维埃决定把 34 户当富农没收。检查后发现,其中有 3 户是富农,其他全是中农。(参见〔苏联〕罗·亚·麦德维杰夫著、赵洵译:《让历史来审判》(上),人民出版社 1981 年版,第 160—161 页。)

② 《斯大林全集》第十二卷,人民出版社 1955 年版,第 37 页。

③ 《联共(布)党史简明教程》,人民出版社 1975 年版,第 337 页。

的指标越来越细。播种面积、播种作物的结构、播种时间与收获时间，总产量与单位面积产量、牲畜种类、头数与牲畜产品率，以及各种农艺措施，均由国家自上而下地作出规定。最后发展到连农作物的行距有多大、庄员家庭饲养的牛羊头数都由上级统一规定。这种做法，严重地束缚了集体农庄的积极性，难以做到因地制宜。为此，1939年12月，苏联决定不再把各类谷物播种面积计划下达到集体农庄，而只下达谷物播种总面积计划，农庄在保证完成各类谷物义务交售的条件下，可根据自己的个体条件确定各类谷物的播种面积。但这一规定，由于在1946—1947年发生了严重的粮食困难，从1947年起，苏联又恢复了1939年以前的计划制度。到20世纪50年代初，国家给集体农庄下达的各类生产计划指标已多达200—250个。集体农庄把大量精力花在各种烦琐的报告、统计报表等工作上。在一年中，每个农庄要把近一万个项目的情况报告给区农业机关，比战前几乎增加7倍。[1]

　　以上情况说明，苏联在农业集体化过程中形成的农庄计划体制具有以下特点：一是计划的指令性，即国家下达的指标，集体农庄必须执行；二是指标繁多；三是完全忽视集体农庄是集体经济的特点，实质上实行的是与国营企业同样的计划制度；四是从农业集体化时期开始一直到斯大林逝世前，国家在规定集体农庄生产计划制度时，都以有利于国家控制粮食为基本出发点和原则。

　　集体农庄生产计划制度的上述特点，决定了计划往往脱离实际，国家下达的指令性计划指标经常完不成。拿加速推进农业全盘集体化的第一个五年计划来说，农业总产值只完成计划规定的58%，其他主要指标仅完成32.8%—75.6%。

　　（二）从农畜产品采购制度来看，是一种挖农民的制度。在新经济政策时期，实行的是通过市场采购农产品的办法。但到1928年即新经济政策将结束时，为了增加农畜产品收购的计划性，打击市场上的投机活动，苏联把市场采购改为预约订购，即国家采购组织通过预先同农民签订合同的办法采购农畜产品。随着农业集体化完成从30年代初开始，苏联对粮

---

① 参见《赫鲁晓夫言论》第2集，世界知识出版社1964年版，第369页。

食等主要农畜产品（经济作物产品仍实行预约订购制度），主要实行两种采购制度：一是义务交售制。集体农庄、经营个人副业的庄员、个体农户必须按规定的数量完成向国家交售的农畜产品，这是一种十分严厉的强制性交售制度。如不能按期完成交售任务，要罚款甚至要负法律责任；二是国家收购制。它是指国家对集体农庄和庄员，在完成义务交售与向拖拉机站的实物报酬任务之后的剩余部分农畜产品，以较高的价格进行收购的制度，通过这个办法收购的农畜产品数量不大，是国家获取农产品的补充办法。

这里必须谈谈国家通过拖拉机站在获取农畜产品中的作用。拖拉机站负责完成集体农庄凡需使用机器的农活，而农庄则向拖拉机站以农畜产品支付实物报酬，即表现为农庄向拖拉机站支付的劳动报酬。从这个意义上讲，它不同于以上两种粮食收购制度。但从控制农庄粮食角度来看，它起的作用是不小的，特别在农庄机械化农活日益增多的情况下，通过这种劳动报酬形式获得的农畜产品在全部农畜产品采购中的比重越来越大。以1937 年为例，国家收购农庄粮食中各种方式所占的比重是：义务交售占40.6%，国家采购占14.4%，而拖拉机站实物报酬占45.0%[①]。

这里要指出的是，拖拉机站的作用不局限于控制粮食，而对农庄进行政治控制的作用是不能低估的。特别在 1933—1934 年全国 3000 多个拖拉机站设立了政治部之后，它对农庄的政治领导大大加强了，强化了阶级斗争，为在农庄实现党的政策与确保中央指令性计划的完成起了极其重要的作用。

（三）从农畜产品价格制度来看，完全可以说是为实现斯大林的"贡税"政策服务的。在工业化与农业集体化时期，为了保证超高速工业化所需资金，工农业产品剪刀差的价格不仅形成了，并且不断地发展着。农产品的收购价格比其成本低好几倍的情况长期得不到改变。只要举出下面的材料就足以说明这一点：在 1953 年斯大林逝世时，集体农庄义务交售的粮食价格只等于成本的 13.2%，土豆价格等于 7.5%，牛肉价格等于 5%。

---

① 参见苏联科学院经济研究所编、马文奇等译：《苏联社会主义经济史》第四卷，生活·读书·新知三联书店 1982 年版，第 493 页。

为了能买一辆"吉斯—5"型汽车，1940年乌克兰的集体农庄需要卖给国家99吨小麦，在1948年就必须卖出124吨，而到了1949年就要卖出238吨小麦。

（四）从集体农庄人事制度来讲，按照农庄章程规定，集体农庄的最高权力机关是庄员大会，大会选举农庄管理委员与主席。但实际上，农庄的最高领导人——主席，是由代表国家的上级机关指定的，选举只是一种形式而已。

（五）从劳动和分配制度来看，可以说，农庄庄员的劳动基本上是强制进行的，庄员在农庄的劳动报酬是极其低微的。农庄的基本生产单位是按专业划分的生产队，每个庄员都组织在生产队里，无权拒绝分配给他们的农活，每年必须完成最低限度的劳动量，完不成劳动量的庄员要受到严厉的处罚，如扣除1/4的劳动报酬，没收其宅旁园地，甚至可开除出农庄。此外，庄员没有职业选择权、生产资料所有权、生产管理权与产品支配权。更有甚者，苏联在1932年12月实行身份证制度时，不发给农庄庄员身份证，目的是不让他们自由迁徙，让他们牢牢地固定在一个地方。至于劳动报酬，在农庄采用按完成劳动日支付的制度。农庄庄员靠劳动日所得，就连满足农庄庄员家庭最必要的生活要求往往都不够，而必须靠个人副业。在不少情况下，正是想保有个人副业的愿望才迫使农民到农庄田地上去干活，因只有庄员才有从事个人副业的权利。所以有人说，在公有土地上实际上无报酬的劳动，变成了农民对自己一小块土地的使用权的一种特殊形式的报偿。

五　从经济体制角度来看农业集体化中的问题

应该说，国内外学术界，对斯大林农业全盘集体化运动已作了大量研究，认识也日益加深，在这里，笔者仅从经济体制角度提出几点看法。

（一）反映生产关系一个重要内容的经济管理体制，十分突出地超越了生产力的发展水平。从斯大林整个经济体制形成过程来看，生产关系脱离生产力发展水平，使形成的经济体制不符合客观实际，这是带有普遍性的问题，但农业集体化显得最为突出。在苏联农业集体化的20年代末，农业还非常落后，1928 年全苏春播作物的工作，99% 是由人力与畜力进行的。这一年每俄亩平均粮食产量为 52.9 普特，人均粮食占有量为 30.6 普特。这两个数字均低于第一次世界大战前五年的平均数——54.9 普特和 38 普特。[①] 这说明，第一，在农业如此低水平的情况下，不具备条件在农村立即实现社会主义；第二，俄国的小农经济尚有巨大的发展潜力，决不像斯大林 1928 年后讲的小农经济已毫无生命力了。斯大林否定新经济政策和农民容易接受的合作社，而匆忙地搞集体农庄，并建立了与国营企业无实质差别的农业管理体制，这样集体农庄制度对农业的发展，从一开始到以后的很长历史时期一直起着消极的作用，甚至是严重的破坏作用。以实现农业全盘集体化有决定意义的第一个五年计划为例，如以 1928 年农业产值为 100%，那么 1929 年为 98%，1930 年为 94.4%，1931 为 92%，1932 年为 86%，1933 年为 81.5%。畜产品生产 1933 年只为 1913 年的 65%。1933—1940 年粮食年均产量为 45.63 亿普特，而 1913 年为 47.7 亿普特。到 1953 年，牛、马、绵羊的头数仍未达到集体化前的水平，粮食产量甚至还低于 1913 年的水平。

（二）农业集体化运动过程中，行政命令、强制与暴力的作用充分发挥，把商品货币关系作用的范围压挤到最低限度。列宁的合作制强调的思想是农民改造的长期性；自愿，即不能用行政命令和强迫的办法；建立在商品货币关系基础上，通过农民熟悉市场贸易把他们逐步引向社会主义经济轨道。从斯大林整个农业集体化过程来看，与列宁的合作制思想完全是背道而驰的，充满着行政命令的强制与暴力。这方面的材料在研究斯大林农业集体化的论著中已写得不少。在这里，笔者要着重指出的是，由于行政命令的强制乃至暴力来推行农业集体化运动，其目的是先牢牢控制粮食，最终是为了把整个农业牢牢控制在国家手里，从而把商品货币关系、贸易等价值范畴的作用排挤出去。为此采取的主要措施是：一方面通过义务交售等渠道，把农庄与庄员生产的大部分农畜产品收购到国家手里；另一方面，在农业生产不断下降的条件下，国家的收购量不断增加。在这样的条件下，农庄和农民就没有多少剩余畜产品可拿到市场上进行贸易了。

[①]　转引自李宗禹等著：《斯大林模式研究》，中央编译出版社 1999 年版，第 79—80 页。

关于这一情况可用以下材料证明：如果把 1926—1929 年年均农产品产量当作 100，那么以后 10 年（1930—1939 年）年均农业生产产量为 95，可是 30 年代国家征购和收购的农产品比 20 年代后半期增加了许多。例如，粮食就增加 1 倍。如果说，1932 年集体农庄交售给国家的粮食占其产量的 1/4 多一些，那么 1933—1934 年是 1/3 强，1935 几乎达到 40%。[①] 在农业歉收的 1938 年和 1939 年，集体农庄通过义务交售和上缴拖拉机站的实物报酬，还分别占其粮食总收获量的 31% 与 34%。之后，再留下种子与庄员的口粮，农庄与农民能拿到市场上进行贸易的粮食就只占其收获总量的 4%—5%。直到 1952 年斯大林在《苏联社会主义经济问题》著作中还认为，将集体农庄生产的剩余品进入市场，从而列入商品流通系统，就会阻碍集体农庄所有制提高到全民所有制的水平。他还说，把巨量的农业生产工具投进商品流通的范围去与农庄进行商品贸易，就会扩大商品流通范围，从而也只会阻碍向共产主义前进。他接着批评两位苏联经济学家说，他们的错误在于"不了解商品流通是和从社会主义过渡到共产主义的前途不相容的"。[②]

　　在农业集体化期间一直到以后相当长的历史时期，对商品经济、货币关系不仅在理论上持否定态度，而且在实际经济生活中特别是在工农业的经济联系中被否定了，从而失去了联结工农联盟的纽带。这也是长期以来，农民没积极性的一个重要原因。这样就造成了以下的局面：一方面农民生产积极性下降，并且发展到消极对抗，或者用斯大林 1933 年致肖洛霍夫信中的话说，"令人尊敬的庄稼人实际上同苏维埃政权进行一场'无声'的'战争'"。这自然导致农业生产情况的恶化；另一方面，高速工业化和城市的发展又增加了对农畜产品特别是粮食的需求。矛盾如何解决？斯大林用强制和暴力的手段，用高征购的办法使国家控制更多的粮食，这样，悲剧就一幕一幕地出现了。未完成交粮任务的农庄领导有的被撤职、开除党籍，有的直至枪毙。在库班地区，甚至将 16 个未完成交粮

---

　　① 参见［苏］罗·亚·麦德维杰夫著、赵洵等译：《让历史来审判》（上），人民出版社 1981 年版，第 163 页。

　　② 参见《斯大林选集》下卷，人民出版社 1979 年版，第 609—610 页。

任务的村镇迁徙到极北地带。由于高征购，农民连口粮都上缴了。农村严重缺粮，造成了大量农民死亡。据有关材料，1931—1933年，饿死的农民达300万—500万人。有的村庄粮食被拉走了，颗粒不剩，种子也被拉走了。"全村一个接一个地死亡，起初是小孩和老人，后来是中年人。一开始还埋起来，后来也不埋了。死人就在街上，在院子里，最后的人在房子里扔着。全村安静了——全死光了。"①

　　从斯大林建立集体农庄制度的过程中，可以看到，行政命令强制和暴力所起的巨大作用。有的学者说："农业集体化、农民缴纳'贡税'，成为20世纪苏联大地上完成原始积累的独特方式。不过，这也支撑了斯大林式的国家工业化计划，推进了苏联社会最终从农业文明社会向工业文明社会的转换。"②斯大林的农业集体确实是独特的原始积累方式。说到它在推进苏联从农业文明社会向工业文明社会转换中的作用时，我想补充说一句，苏联为此付出的代价太大了。要知道，20世纪30年代初期苏联出现严重饥荒，农民大量饿死时，斯大林并没有停止粮食出口，有的年份还增加了，如1930年出口4.83亿公担，而1931年为5.18亿公担，1932年为1.8亿公担，甚至饥荒最严重的1933年还出口1000万公担。如果1932—1933年出口粮食减少一半就是可以把苏联南方各省从饥荒中挽救出来。而在斯大林看来，不断地出口粮食是为引进工业化所需的机器和技术所必需的。为了工业化而不顾几百万农民饿死而还坚持出口粮食，这难道是共产党人应采取的政策吗？用这个办法实现向工业文明社会的转换，难道是广大人民所需要的吗？难道是人道的吗？戈尔巴乔夫在下台后出版的著作中指出："在斯大林时期，工业化是靠强迫劳动，靠利用集中营的囚犯，同时也是靠农业的破产来实现的。对农业来说，集体化实际上成了新的农奴制。"③

　　斯大林农业集体化政策使农业生产力遭到了严重破坏，1953年苏联粮

---

　　①　这段话是麦德维杰夫引用瓦·格罗斯曼：《时过境迁》一文稿，苏联只有打字稿流传（见《让历史来审判》（上）第169页）。

　　②　周尚文等著：《苏联兴亡史》，上海人民出版社2002年版，第362页。

　　③　［俄］来哈伊尔·戈尔巴乔夫著、徐葵等译：《对过去与未来的思考》，新华出版社2002年版，第35—36页。

食产量低于沙俄时期的 1913 年，单位面积产量从 1913 年至 1953 年就没有什么提高，其产量仅是欧洲其他国家平均产量的 1/3。1953 年的农业生产水平只达到 1940 年的 104%[①]。

写到这里，我想说，斯大林对待农民的政策，发展农业的模式，不可能是符合科学社会主义本质要求的，它极大地败坏和践踏了社会主义的名誉。我想不出还可以得出别的什么结论。

（原载陆南泉著：《苏联经济体制改革史论——从列宁到普京》，
人民出版社 2007 年版，第 50—65 页。略有修改。）

---

① 参见［苏］罗伊·A. 麦德维杰夫等著、邹子婴等译：《赫鲁晓夫的执政年代》，吉林人民出版社 1981 年版，第 32、35 页。

对 80 年代苏联经济若干问题的分析

20世纪80年代苏联经济面临哪些问题及其前景如何，这是人们普遍关注的一个重要问题。

西方学者普遍认为，整个80年代，苏联经济的增长率仍将是低速增长的10年，有的估计可能出现停滞状态，甚至还有人认为会出现负增长。不少苏联经济学家认为，由于客观原因和已达到的生产规模，今后不可能加快或稳定现有的国民经济发展的速度，而必须改变现有的增长速度，并提出今后苏联经济要在"平衡"、"和谐"和"协调"的基础上"稳定"发展。但苏联亦有人认为，80年代后期随着经济向集约化过渡的实现，经济增长速度会有提高。

要对80年代苏联经济发展前景作出切合实际的判断，必须对制约苏联经济发展的各种主要因素进行分析。

一 对 70 年代的简要回顾

70年代，苏联经济实力有了进一步的增长。据苏联统计资料，1980年社会总产值为10610亿卢布，比1970年增长了67%；用于消费和积累的国民收入为4370亿卢布，比1970年增长了55%；工业总产值为6270亿卢布，比1970年增长了78%。目前，苏联已有20多种主要工业产品产量，如石油、钢、生铁、铁矿石、拖拉机、化肥、水泥和棉织品等，都超过了美国，居世界首位。与美国的经济差距也进一步缩小：如苏联国民收入从1970年为美国的65%，提高到1980年的67%，工业总产值相应从75%提高到80%以上，发电量从43%提高到52%。在军事实力方面，由于苏联作了一番努力，在70年代一直保持了对美国稳定的均势，有足够的力量与美国抗衡。

　　随着经济的发展，苏联居民的物质生活水平也有了较大的提高。职工的月平均工资 1980 年为 168.5 卢布，这比 1970 年增长了 38%；集体农庄庄员的月平均劳动报酬为 116 卢布，增长了 55%。

　　70 年代苏联经济虽然取得了不少进展，但这 10 年，是苏联经济的一个重大转折时期，这一时期的主要特点是：经济增长率大幅度下降，由过去长期保持的较高发展速度转入持续低速发展。在 50 年代，苏联国民收入年平均增长速度一般在 10% 以上，到了 60 年代还能维持在 7% 左右，但到了 70 年代下降到 4.9%。这个下降趋势在 70 年代后期表现得更为明显（详见下表）。

苏联经济增长率下降情况　　　　　　　　　　　　　　　　（年平均,%）

	1961—1965 年	1966—1970 年	1971—1975 年	1976—1980 年
国民收入	6.1	7.7	5.7	3.7
工业总产值	8.5	8.4	7.4	4.5
农业总产值	2.3	4.2	0.5	1.3
社会劳动生产率	5.6	6.8	4.6	3.2
工业劳动生产率	4.6	5.7	6.0	3.2
农业劳动生产率	4.8	5.4	4.1	2.8

资料来源：根据苏联统计年鉴汇编。

　　苏联在 70 年代的经济增长率与西方国家相比，还是处于领先地位，但其速度优势已大大减弱。

　　在整个 70 年代，苏联经济形势的日益恶化，经济增长率的迅速下降，绝不是由于苏联执政者在个别政策上的失算造成的，也不是某个单独的因素作用的结果，而是由于在苏联经济中长期存在的、日积月累的矛盾和困难逐步发展的必然结果。80 年代苏联经济将会遇到什么问题，将有哪些因素制约着它的经济发展，这是我们要着重分析的。

二　苏美军备竞赛对苏联经济发展的制约作用

整个 80 年代，仍然是美苏继续进行争夺、世界充满各种矛盾和不安的时代。

从美国来说，自里根总统上台后，把"重振国威"作为重要的国策，不断地增加军费，提出了美国历史上和平时期最大的军费预算，并一再向北约各国保证今后每年实增 3% 的军费开支。美国加紧扩充军备，一心想恢复它过去所拥有的优势，成为世界上第一号霸主。从苏联来说，经过长期的努力和巨大的消耗，已取得了对美的军事均势，并一直想超过美国。加上苏联在前一时期推行的"缓和战略"没有得到应有的反应，苏共"二十六大"提出的"和平纲领"也遭到西方各国的冷遇。而美国、西欧和日本则是决定加强"联合防务"，联合抗苏的态势在不断发展。这使苏联的战略地位受到了巨大冲击，遭到严重挑战。这些因素势必使苏美关系更加紧张。苏美关于限制军备和裁军问题的谈判，至今未取得实质性的进展。苏联一再指责西方国家在这方面采取消极态度，并表示决不允许任何人破坏世界上业已形成的军事战略平衡。苏联新领导人安德罗波夫上台后也强烈表示，苏联要认真关心把国防能力保持在应有的水平上，并告诫美国，不要指望把苏美关系正常化同要求苏联为此事先做出某种让步联系在一起。

十分明显，苏联面对美国的挑战，决不会示弱，而将继续沿着扩充军备的道路走下去，决不会允许让实力对比朝着有利于美国的方向发展。

80 年代苏联继续扩充军备与美国争夺军事优势的做法，对其经济发展产生的影响和造成的严重后果，突出表现在以下几个方面：

1. 军事与经济的矛盾更加突出。80 年代，苏联的经济所面临的问题和困难不亚于 70 年代。但苏联要想在军事上保持对美国的均势和超过美国，就得把军费开支的年递增速度继续保持在 4%—5% 这个水平上，这与经济增长速度很不相适应。其结果势必使资金更加紧张，进一步抑制民用经济部门的发展。

2. 扩充军备将对扩大再生产起更大的破坏作用。一般认为，70 年代，

苏联的军费开支占国民生产总值的 12%，而在 80 年代可能要上升到
13%—14%。分析军费开支对经济的影响，不只是单单看这个比例的提
高，而是要看到由于军事部门吸收最好的原料、设备、技术和科技人员，
给国民经济带来的影响。这种影响是无法用简单的比例来计算的。目前苏
联工业生产的 1/5，机器制造业产品的 2/3 和电力工业的大部分用于军事
需要。大力发展军事工业，虽然在一定时间内在一定程度上能刺激一下与
军工有关的重工业的发展，但从最终结果来看，它对扩大再生产会起严重
的破坏作用。

　　3. 苏美军备竞赛由数量方面转到质量方面，要求苏联付出更大的代
价。苏美两家争夺军事优势不再是简单地表现在数量上，而要求进一步研
制更加先进的、对方难以对付的进攻武器和防御武器。这一方面要求花费
更大的人力、物力和财力；另一方面特别需要投入大量的技术力量。这些
方面，苏联都存在很大的困难。目前，苏联的经济力量只及美国的 2/3
（美国估计为一半），整个经济的技术水平和劳动生产率水平更低于美国。
在这种情况下，苏联要在武器质量上与美国竞赛，对它的经济来说，是难
以承受的。

　　4. 片面发展重工业，民用工业继续落后，这越来越影响劳动者的生产
积极性。苏联在扩充军备与发展经济之间发生冲突时，一般总是选择牺牲
民用生产和压低生活水平的办法，以保证军工生产的优先增长。在目前的
苏联经济条件下，对大炮和黄油难以兼顾。很长一个时期以来，苏联市场
供应一直紧张，消费品缺乏，居民手中的货币一部分被迫存入银行，储蓄
急剧增长。这一情况，使苏联改革经济体制的重要目的之一，即通过提高
收入来刺激劳动者生产积极性的作用大大削弱。目前，苏联广大职工劳动
纪律松弛，旷工、怠工严重，虽然原因很多，但这与有了货币并不能进行
正常的消费有很大关系。安德罗波夫一上台，就大抓劳动纪律，这可能会
改善一下情况，但这种拧紧螺丝的简单做法，其作用是难以持久的。

　　据西方学者估计，如果苏联把它的军费预算削减 25% 的话，它的国民
生产总值和消费的增长率几乎可增加一倍。苏联完全意识到与美国搞军备
竞赛对经济造成的严重恶果。乌斯季诺夫也曾指出过：

　　"美国的目的除了要取得军事优势以外，还要用无休止的军备竞赛来

破坏苏联的经济。"

三 农业仍是拖整个国民经济后腿的薄弱部门

长期以来，落后的农业成为苏联国民经济的一个战略弱点，它影响到经济、政治、人民生活和外交等各个方面，阻碍了一系列社会经济任务的解决。

当前苏联的特点是：投资大，效率低，生产极不稳定。例如，1971—1980 年，苏联用于农业的投资达 3000 多亿卢布，这比前十年多 1.3 倍，而农业总产值比前十年仅增长 29.7%；在这个十年期间，同上一年相比，粮食产量共出现过六次减产，其中有两年的减产幅度超过 5500 万吨。

在 80 年代，苏联在加强农业方面将采取一系列措施。这主要有：从管理体制来看，全力推行集体承包制；从投资来看，继续保持 70 年代的投资水平，以进一步加强农业的物质技术基础；从解决农业的指导思想来看，将更多地强调农业和国民经济其他有关部门协调发展，以便综合地解决农业问题。苏联 80 年代发展农业的目标是，保证稳定地向居民供应各种食品，改进食品结构，改善市场供应，并能建立起足够的农产品储备，减少进口。

苏联加强农业的措施，对促进农业的发展会起一定的作用，但不可能在 80 年代解决效率低的问题，也难以扭转大幅度波动的局面。苏联1979—1982 年连续四年歉收，这对今后的农业发展投下了阴影。据有关材料报道，1983 年的农业虽有好转，但也难以达到计划规定的指标。

80 年代苏联农业对国民经济带来的消极影响将反映在以下几个方面：

1. 直接影响到经济增长速度。苏联虽早已成为工业国家，但农业在其国民经济中仍占有重要的地位。目前，农业总产值占社会总产值的 15%，农业创造的国民收入占国民收入总额的 17%。以上，如果考虑到农业创造的一部分纯收入以周转税的形式转移到轻工业和食品工业这一因素，农业创造的纯收入在国民收入中的比重要超过 30%。农业的这一重要地位，就决定了它的丰歉对整个经济增长率的影响。例如，1979 年的粮食产量和农业总产值分别比上一年下降了 24.6% 和 3.1%，这一年的轻工业、食品工业和国民收入增长速度都有较大的下降，均为 2% 。其他年份农业歉收对经济增长率亦产生类似的影响。

2. 农业不景气对国家造成很大的财政压力。"九五"计划（1971—1975 年）期间，苏联对农业部门的投资已占整个国民经济投资总额的 27% 。目前，苏联对农业的投资与世界一些大国相比已居首位。

农业占用大量资金，不只表现在直接的投资上，还反映在每年对农业的财政补贴上。苏联为了稳定一些主要食品的零售价格，弥补收购价格与零售价格之间的差额，1981 年就花费财政资金 330 亿卢布，"十一五"计划（1981—1985 年）期间，这项补贴要增加 30% 。

另外，由于农业接连几年歉收，集体农庄、国营农场无力偿还向银行的借款，1982 年苏联不得不作出决议，注销了农庄、农场 70 亿卢布的银行贷款。

还应指出，粮食大减产迫使苏联花费大量外汇购买粮食。这几年，进口的食品和食品原料所花的钱，为每年苏联外贸进口总额的 20% 以上。这一方面使苏联的外汇更加拮据；另一方面影响对国内经济发展起重要作用的技术装备的进口。苏联机器设备进口额在外贸进口总额中的比重已在下降，从 1978 年的 42% 下降到了 1981 年的 30.2% 。这对苏联技术进步是很不利的，也必然会影响到整个经济的发展。

最后，还应看到，苏联农业的落后，还直接影响到国内政治的稳定和它的外交地位。美国经常利用粮食作为外交武器，制裁苏联。

四　不合理的经济结构仍是影响苏联经济发展的一个重要因素

经济结构的畸形比例的失调，是苏联经济中长期未能解决的一个难题，亦是使其经济活动不能获得良好的最终效果的一个重要因素。苏联虽然采取了不少调整措施，但效果不大。目前的苏联经济，仍然在比例失调的种种矛盾冲突中发展。

苏联国民经济结构不协调表现在很多方面，最为突出的有以下几点。

1. 工农业之间比例严重失调。这主要表现为农业落后，其生产的粮食和工业用的农业原料，远远满足不了国民经济的需要。这两个部门发展速度差距很大。拿"十五"计划时期（1976—1980 年）为例，工业增长了24%，而农业只增长了 9%，前者比后者超过 1.7 倍。

2. 工业内部结构很不合理。这主要反映为甲类工业片面发展，乙类工业落后。苏联长期以来把对工业部门的投资主要用于甲类工业（一般要占整个工业投资的 85% 以上）。甲类工业中某些部门增长速度很快，如 70 年代，机器制造业增长了 1.7 倍，其中电子计算机增长了 9 倍，仪表制造业增长了 2.3 倍，而轻工业和食品工业只分别增长了 48% 和 39%。还应指出的是，整个 70 年代，为轻工业和食品工业提供的机器设备很少，还不到机器制造和金属加工产品的 1%。这显然难以满足乙类工业发展的需要。

工业内部比例失调还表现在加工工业和采掘工业之间，前者增长速度快于后者。如"十五"计划期间，加工工业的年平均增长速度高于采掘工业的 1.5 倍。这势必造成原料和燃料等资源的不足，从而使大量设备闲置。

3. 基建投资规模过大，与现有经济力量不相称。苏联用于基建的投资相当于国家预算支出总额的一半和国民收入的 1/3。这一巨大的投资，加上投资效率又低，使经济发展产生很多矛盾。首先，建筑力量跟不上。苏联建筑部门各施工单位承建的项目就超过 32000 个，每个项目只能摊到 12 个建筑工人；其次，建筑材料远远满足不了基建的需要。在苏联建筑部系统，只有 10% 的建筑队可以不间断地得到物资供应。目前在建筑队未完成的承包合同中，有 1/3 同材料和构件得不到及时供应有关；再次，从资金来看，由于资金分散，不少项目建设周期延长，工程项目的实际造价又往往超过预算造价，使许多工程项目得不到资金保证。据计算，苏联计划规定的施工项目的资金需要量超过实际可能提供数额的 80%—100%。这种情况，是造成苏联基建中未完工程不断上升、投资效率低的一个重要原因，亦是苏联整个经济增长率下降的一个重要因素。吉洪诺夫在苏共"二十六大"的报告中指出：今后"国家经济潜力的增长，在决定性的程度上取决于基本建设的状况"。

4. 地区结构存在严重问题。现在苏联的燃料、动力和原料资源的开发集中在东部地区，这一地区的资源开采量增长很快，占全苏资源总量中的比重也很大，但工业生产仍主要集中在西部欧洲地区，东部地区的工业产值至今只占全苏工业总产值的 20% 左右。这种不合理的地区结构，给苏联经济发展带来了很多困难。

5. 基础设施跟不上生产发展的需要。这突出表现在铁路运输紧张，公路不发达，质量又低。据苏联有关材料估计，因运输能力不足，在工业部门每年就损失 65 亿卢布，农业部门损失 40 多亿卢布。另外，邮电、仓库和其他辅助部门的设施，也与当前的生产需要不相适应。

苏联一直在努力调整上述不合理的经济结构。在 80 年代将继续进行调整工作。但是可以预见，在短期内根本改变这种不合理的经济结构是不可能的。这有很多原因，但以下几个因素所起的制约作用最大。

第一，正如前面已指出的，80 年代的国际形势是严峻的，苏美两家在世界各地你争我夺的局面不会改变。目前，苏美之间已为展开新的一轮军备竞赛拉开了架势。在这种情况下，苏联不可能改变长期以来坚持的优先发展重工业的方针。"十一五"计划虽然规定乙类工业的增长速度稍超过甲类，分别为 27%—29% 和 26%—28%。但从生产消费品的轻工业和食品工业来看，这两个部门计划规定只增长 18%—20% 和 23%—26%，其增长速度均未超过甲类工业部门。这种甲、乙两类工业比例关系稍作调整的做法，会在一定程度上改善消费品的供应，但改变不了工业的基本结构。另外，长期以来苏联总是把乙类工业看作是一种平衡器，一遇到矛盾，总是用削减发展乙类工业的拨款来克服计划中出现的某些不平衡。从历史上看，苏联曾两次规定乙类增长速度超过甲类（"二五"和"九五"计划），但均未实现。

第二，实现经济向集约化经营过渡，最重要的一条是加速科技发展。这在客观上要求优先发展甲类工业，这里有三个因素在起作用：一、科技发展必然要求生产各种新型的机器设备，研制推动生产自动化的方法和手段，特别是要求生产能装备现代化生产的成套设备；二、加速科技发展，要求加快现有设备的更新，尽可能快地生产新设备以便把过时的设备更换下来；三、随着科技的进步和经济的发展，会不断出现一系列新兴的技术部门，如电子、航天、原子能、热核技术，等等。以上三个因素，都迫使甲类工业生产规模的扩大和速度的加快。

第三，苏联调整经济结构，特别是调整甲、乙两类工业部门的比例关系，在很大程度上受农业状况的制约。在整个社会再生产的链条中，乙类工业处于中间环节，它一方面要靠甲类工业提供可靠的劳动手段，而另一方面必须靠农业提供充分的劳动对象。农业对乙类工业影响大，而且最为直接。目前，轻工业和食品工业在乙类工业的产值中，要占70%以上。而在苏联，轻工业的原料2/3靠农业提供，拿轻工业中的纺织工业来说，苏联甲类工业为它提供的化纤只占它所需要的1/4，其他3/4是农业原料。由于80年代农业还摆脱不了落后的局面，还不能保证稳定的发展，因此，不论是甲、乙两类的比例关系，还是工农业之间的比例关系，都不会发生实质性的变化。

第四，调整地区结构困难更大。苏联目前存在的生产能力和资源分布不平衡现象，是经过一段历史发展形成的。近几年来，苏联虽采取了一些措施，如在东部地区建立各种大型综合体，增加对这一地区的投资，以便形成更大的生产能力；对西部地区，限制建设那些消耗资源多的生产企业。但是，要解决生产能力主要在西部地区和资源主要在东部地区这一尖锐的地区结构方面的矛盾，绝非10年、20年的时间能做到的。

五　80年代苏联经济难以完成向集约化经营的过渡

长期以来，苏联主要靠粗放经营来保证扩大再生产的进行和较高的经济发展速度。但到了60年代末，特别是进入70年代以后，这种粗放经营的条件越来越受到限制，从而不得不转向集约化经营。这个方针是1971年苏共"二十四大"提出来的，现在苏联把它作为"经济战略的核心"全力贯彻。苏联在70年代为全面实现集约化创造条件的基础上，计划在80年代完成以集约化为主的发展道路的过渡。无疑，苏联实行新的经济发展方针，是一个很大的进步，是苏联经济发展史上的一个重大转折。

80年代苏联经济发展情况，与贯彻集约化方针的实际效果有很大关系。苏联院士阿甘别格扬认为，如果集约化因素在苏联经济中的作用不能很快提高，今后苏联的经济增长率可能降到3%以下。因此，要估量80年代苏联的经济增长率，必须分析一下集约化方针在这个时期在多大程度上能得到贯彻。

1. 关键在于能否加速科技发展。到了 80 年代，苏联经济的增长，实际上全部要靠提高劳动生产率来达到。而提高劳动生产率主要靠发挥科技的作用。这两者之间的密切联系，用苏联学者的话来说，是"极严格的、毋庸置疑的"，在这个问题上不可能有其他"可供选择的方案"。① 提高生产效率和产品质量，在生产中节约资源，加速设备更新，等等，都要以科技进步作为基础。为此，苏联在加速科技进步方面采取了一系列措施，如增加科研经费，加强科技人员的培训；改革科技管理体制，科研单位逐步推行经济核算制，加强对科技进步的各种刺激；在部一级建立统一的发展科技基金；改变投资结构；建立科学生产联合公司，等等。这些措施，对科技发展会起一定的作用。但是，在苏联，由于受整个经济管理体制的影响，科技进步一直受到很大的阻力，科研周期拖得很长，新技术从研制到成批生产需要 7—8 年，有的甚至达 10 年之久。这样，新技术产品正式投产时就已陈旧了。科技发明的采用率一直在 1/4 至 1/3 之间徘徊。苏联研制和采用新技术每年平均只完成 50%—70%。勃列日涅夫在苏共"二十六大"的报告中也承认："在掌握有前途的研究成果方面还经常碰到不可容忍的迟缓现象。"科技成就应用到生产中去的速度缓慢的原因，主要在于现行的经济体制。安德罗波夫在 1982 年举行的苏共中央十一月全会的讲话中专门谈到了这一点，他指出："要采用新方法和新技术，就需要这样那样地改组生产，而这会影响计划的完成。尤其是，对破坏生产计划要追究责任，而对采用新技术不力的情况，顶多只落个责备。"

2. 改变投资政策，使基建本身摆脱粗放经营方式。苏联自 70 年代以来，明确提出基建投资的重点由新建企业转向现有企业的改建、扩建和技术改装。据苏联计算，工业中新建企业为提高劳动生产率而花费的代价要比改建企业高一倍。

目前，苏联企业由于受到现行经济体制的制约，往往主要集中力量完成当年的生产任务，而不愿意搞技术改装和改建工程。因此，真正用于这方面的投资，在"十五"计划期间只占 23.6%，其中，完全没有建设厂

---

① ［苏］K. H. 米库利斯基主编：《社会主义扩大再生产》1980 年版俄文版，第 127 页。

房和设施条件所进行的改建工程仅占9%。也就是说，扩建部分占的比重相当大。

3. 70年代贯彻集约化经营方针的效果并不明显。在70年代，产品质量和效率有一定提高，生产的机械化、自动化也有一定的进展。但就整个经济情况来看，转向集约化的进程不快。反映集约化程度的一些主要指标并没有改善，如劳动生产率指标，"九五"计划期间社会劳动生产率年平均增长率为4.4%，"十五"计划期间下降为3.2%，这一计划期间工业劳动生产率只完成计划规定的55%，农业—53.6%，建筑业—37%，铁路运输业只完成2.5%。由于劳动生产率的下降，经济增长额中靠提高劳动生产率所获得的比重也在下降，如"十五"计划期间，工业总产值的增长额75%（计划规定为85%—90%）靠提高劳动生产率获得，这比上个五年计划的84%还要低。又如，单位产品的物资耗用量指标也未取得进展。以社会总产值与国民收入的比例为例（前者为100），1970年为100∶45；1975年为100∶42；1980年为100∶42.7。这说明，生产每一单位国民收入的消耗并没有下降。目前苏联生产的机器要比国外同类产品重15%—20%。工业部门获得优质标记的产品只占15%左右。生产过程中金属等各种原料的浪费一直十分严重。

从以上几个方面的分析来看，苏联80年代要消除阻碍科技发展的各种阻力，要解决企业缺乏技术革新的内在动力问题，并非易事。

六　力图从改革经济管理体制中寻找出路

苏联经济中存在的各种问题，不少与经济体制有关。有人认为：如果其他经济条件不变，一些物质生产部门也不再增加什么设备，只要管理体制改得适当，劳动者对生产能持积极态度，那么，苏联的经济增长率就能提高。我们认为，这种看法是有道理的。

苏联的经济管理体制，经过十多年的改革，仍未克服效率低、浪费大、官僚主义严重和阻碍科技进步的弊病，这极大地阻碍了经济的发展。因此，进一步改革经济体制，从改善体制中寻找经济潜力，确实是苏联经济的一条重要出路。可以认为，苏联现在又进入了一个经济改革的关键时期。安德罗波夫上台后，对当前苏联经济存在的各种问题进行了分析，并认为，产生这些问题的主要原因之一是，在完善和改革经济机制、管理形式和方法方面的工作与苏联社会物质技术、社会精神发展已达到的水平不相适应。看来，苏联新领导进行改革的紧迫感比前任要强，改革的步子可能会迈得大一些。1983 年 3 月 14 日《真理报》公开发表文章，提出要学习东欧国家经济改革经验，并准备成立一个以国家计委为首的跨部门委员会来研究东欧各国的改革。这些做法，在勃列日涅夫时期是没有过的。

从工业部门来看，苏联今后的经济改革可能在以下几个方面采取措施：

1. 进一步扩大企业自主权。安德罗波夫在一次讲话中指出：现在是苏联到了实际解决扩大联合公司和企业、集体农庄和国营农场自主权的时候了。接着，苏联报刊发表了不少企业领导人的文章，召开了不少座谈会，从文章和发言的内容来看，都强烈要求扩大企业的实权，认为这是体制改革中第一个最重要的问题。1983 年 3 月 26 日，苏联公布了决议，决定采取补充措施扩大联合公司（企业）在计划工作和经济活动中的权利。

2. 在工业企业生产组织形式方面，可能进行新的探索。1982 年 12 月 8 日《真理报》发表了库拉金的一篇文章，尖锐地批评了现行工业企业组织结构中大而全、企业的多专业性、辅助车间过多、劳动生产率低等弊病，主张改变大而全的模式，效法西方国家向小型化和专业化发展。

3. 在工业和建筑业劳动组织和报酬制度方面，将继续推行作业队制度。目前苏联工业和建筑部门分别有 60% 和 40% 的工人参加了作业队。这是一种班组包工制劳动组织形式。由于作业队是实行经济核算的单位，这就使基本核算单位大大划小了，使生产者与劳动者组织及其领导更接近了，也加强了劳动报酬的刺激作用，有助于把个人利益与集体利益结合，调动劳动者的生产积极性。

4. 正在探索部门管理和地区管理如何结合的问题。安德罗波夫执政后，苏联学者发表了不少文章，总结当前以部门管理为主的领导经济方法的弊病，寻找各种途径，来消除这方面存在的问题。但至今，仍没有提出一个明确的改革方案来。

总的来看，由于工业部门管理体制比较复杂，多年来，苏联一直在进行多种试验，目前总的改革方向还不够明确。

从农业管理体制来看，改革方向比较明确。苏联要求在 1985 年之前，在全苏范围内普遍建立起集体承包小组或小队。这是当前苏联在改革农业管理体制方面全力抓的一项工作。

当前在苏联工业和农业中正在探索的或已着手的改革，都是根据苏联经济中存在的问题提出来的，如果能下决心，在改革方面有较大动作，无疑会对今后的经济发展起促进作用。但根据历史的经验，在苏联这样的国家，进行重大的改革会遇到很多的阻力，苏联在理论上的僵化、思想上的严重保守、改革引起利益和权力方面的矛盾、旧的传统习惯势力，等等，都会阻障重大改革措施的贯彻。另外，安德罗波夫上台后，为稳定其领导地位需要花费时间，而政治上的稳定是进行重大改革必须具备的条件。

七　简短的结论

从以上列举的制约 80 年代苏联经济发展的几个主要因素来看，整个经济形势并不轻松，活动的余地是有限的。但是，在分析苏联经济发展前景时，还要考虑其他一些因素，例如：

1. 苏联国民经济各部门，都已有比较雄厚的物质技术基础，存在很大的经济潜力；

2. 苏联的资源条件是得天独厚的，世界上其他大国无法与它相比，尤其是比那些大量资源靠进口来满足本国需要的国家来说，更为优越；

3. 苏联还有许多新的工业部门有待建立和进一步发展，轻工业与食品工业等部门，发展余地很大，不像西方国家存在生产过剩问题；

4. 苏联加工工业产品在世界上缺乏竞争能力，这是不利的一面。但是，苏联的产品销售主要依靠国内市场，外贸进出口总额还不到社会总产值的 9% 。因此，它的经济受西方经济危机的影响很小；

5. 在 80 年代，苏联利用西方经济的不景气捞取实惠。一般做法是，利用西方国家经济困难和它们之间的矛盾，尽量争取多进口先进技术和粮食，以弥补其在这方面的弱点。在目前的世界经济体系中，发达国家与发展中国家之间、发达国家之间都存在矛盾。在经济利益上，西欧国家感到同美国的矛盾要比苏联的威胁更直接和更现实。因此，这些国家往往不顾美国的禁令，总是设法与苏联扩大贸易。例如，1981 年，西欧各国不顾美国的阻挠，同苏联签订了 150 亿美元的贷款和大宗的机器设备的合同，以换取苏联长期稳定的天然气供应。美国对此有两个顾虑：一是怕会大大加强苏联的经济和军事潜力；二是怕西欧在能源上受制于苏联。因此，美国极力加以反对，并准备采取制裁措施，但西欧各国仍坚持履行合同，最后还是以美国取消制裁措施而平息下来。再拿美国自身来说，在向苏联出口粮食问题上亦是反反复复，最后为了美国的经济利益还是继续向苏联出口。所以，美国和西欧一些国家在对苏经济关系上要采取一致行动是很困难的。另外，苏联今后还会利用西欧一些国家缺乏能源、原料的弱点，扩大与这些国家的经济关系。这些都是有利于苏联经济发展的因素。

综上所述，我们可以预计，80 年代的苏联经济难以从低速增长中摆脱出来。另外，80 年代苏联虽然对美国不再具有很大的速度优势，但由于美国的经济难以在 80 年代从滞胀中摆脱出来，今后出现的经济回升亦将是微弱的和不稳定的，它的经济将在不断爆发的周期性危机打击下踉跄前进。因此，80 年代苏美经济差距可能会有所拉大，但变化不会太大，美国在经济上对苏联仍将占很大优势。

（原载红旗杂志社《内部文稿》，1983 年第 19 期）

如何评价苏联经济建设问题

对苏联经济建设的成效如何评价，这是个十分重要的问题，因它不仅涉及社会主义经济建设的道路、指导思想与一些重大政策，还涉及与苏联剧变的关系。在中国学术界的论著中，对这一问题的观点亦不尽一致。本研究提出一些看法，以借此机会听取批评意见。笔者认为，通过讨论，可以对70多年的苏联经济建设的评价，达到最大限度地接近历史事实的目的，以便我们从中正确地吸取经验教训，把具有中国特色的社会主义经济建设事业搞好。

一　经济建设的成就

苏联经济经过70多年的发展，取得了巨大的成就。它在相当一个历史时期里，利用高度集中的指令性计划经济体制，经济增长速度要大大快于西方发达资本主义国家。苏联在1937年3月完成第二个五年计划时，其工业总产值从占欧洲第四位跃居为第一位、世界的第二位。苏联通过实施超高速工业化的政策，使其在第三个五年计划结束时，由一个落后的农业国基本上成为一个强大的工业国。苏联在第二次世界大战前的前三个五年计划期间，不仅生产力有了很大的发展，而且生产关系亦发生了根本性的变化。斯大林在生产资料所有制改造方面的速度也是非常快的。如果1928年私人企业在工业企业中的比重为28%的话，那么到了1933年已降至0.5%。在农业中，私人经济在同一时期由97%下降到20%，零售商业则从24%下降到零。① 到1937年，社会主义经济在全苏生产固定基金、国

---

① 参见［俄］Т. М. 齐姆希娜：《俄罗斯经济史》，俄文版，2000年版，第244—245页。

民收入、工业与农业产值中的比重分别占 99%、99.1%、99.8% 与 98.5%。[①]

由于取得以上的进展，1936 年苏联公布了新宪法，斯大林指出，新宪法的基础是"我们已经基本上实现了共产主义第一阶段，即社会主义"。这样，在苏联建立的斯大林模式社会主义以法律形式固定下来。

第二次世界大战后，苏联经济迅速得到恢复。斯大林逝世后，经过 30 多年的发展，苏联成为能与美国争霸的军事、经济超级大国。

对苏联 70 多年经济建设的评价问题，之所以至今在我国学术界仍存在不同的看法，这里可能与分析问题的视角不同有关。如果从发展速度来看，苏联在相当长的时期（特别是在斯大林时期）比西方大多数国家快得多；如果从整个工业来看，苏联在较短的时间内建立起部门齐全的工业体系；如果从与军事工业密切相关的重工业发展来看，苏联在不长的历史时期里不少部门与重要产品赶上和超过了一些发达的资本主义国家；如果从军事力量与军备竞赛来看，苏联的赶超速度也是十分惊人的，到了勃列日涅夫时期，军事实力不仅与美国达到平衡，并在某些领域超过了美国，从而成为超级大国。这些能否说明苏联经济建设成功了呢？苏共把经济建设搞好了呢？

二　存在的主要问题

如果我们对苏联经济建设综合地、从社会主义发展经济的本质要求与目的的视角来考察，那么就会发现苏联在 70 多年的经济发展过程中，在取得重大进展的同时，也存在不少严重的问题。可以认为，苏联并没有把经济建设搞好，这主要表现在：

（一）经济增长率递减发展到危机
苏联经济并没有实现持续与稳定的发展，而是到后来出现了社会主义

---

① 参见［苏］苏联部长会议中央统计局编、陆南泉等译：《苏联国民经济六十年》，生活·读书·新知三联书店 1979 年版，第 5 页。

国家不应出现的经济危机。

随着斯大林经济体制模式的功效日益衰退，苏联经济增长率出现了递减，即出现了由高速、低速、停滞到危机。从 20 世纪 60 年代起，经济增长速度递减趋势已十分明显（详见下表）。

苏联经济增长率下降趋势（%）

	1966—1970	1971—1975	1976—1980	1981—1985	1986—1990	1990 年
社会总产值	7.4	6.3	4.2	3.3	1.8	−2
国民收入	7.8	5.7	4.3	3.2	1.0	−4
劳动生产率	6.8	4.5	3.3	3.1		−3

资料来源：根据苏联有关年份国民经济统计资料编制。

由于经济增长速度下降并出现危机，导致苏联与美国的经济差距出现了扩大的趋势。据苏联官方公布的资料，如 1980 年苏联国民收入为美国的 67%，到 1988 年下降为 64%。以国民生产总值来看，1990 年约为美国的 40%，而十月革命前的 1913 年俄国这一指标为 39%①。据俄一些学者分析，按人均计算，1989 年苏联的 GDP 为美国的 30%，工业产值为 42%，农业产值为 38%。根据联合国开发计划署 1990 年按购买力平价方法计算，苏联的实际 GDP 为美国的 39.67%，人均 GDP 为 34.96%。

这里要指出的是，70 年代中期苏联经济增长，在很大程度上也是在不正常的基础上，靠一些临时性的因素达到的，这指的是靠当时的国际市场上高价出售石油和大量生产与出售对人体健康有害的酒精饮料达到的，②如排除这些因素，差不多有 4 个五年计划期间国民收入的绝对额没有增加。

以上情况告诉我们，对苏联经济发展速度要客观地加以分析，不少问题值得进一步研究。笔者认为，很难以经济增长速度作为积极评价苏联经

---

① 就是从斯大林执政高速发展的 30 年来看，到了 20 世纪 50 年代初，苏联在世界上的经济地位仍未超过沙皇时期。

② 据保守的估计，1974—1984 年苏联获得的石油美元为 2700 亿—3200 亿美元。

济的一个重要根据。

(二) 落后的增长方式长期不能改变

苏联经济难以保证持续增长，并最后出现经济危机，其中的一个重要原因是，落后的粗放经济增长方式长期不能改变。就是说，经济的增长是靠大量投入新的人力、物力与财力达到的，是一种拼消耗、浪费型的经济。

苏联自 20 世纪 30 年代消灭失业后到 80 年代末，每年平均增加劳动力为 200 万人。基建投资不仅增长幅度大，而且增长速度快，它一般占国民收入的 30% 左右，约占国家预算支出的 50%。基建投资增长速度快于国民收入增长速度，如 1961—1987 年，国民收入平均增长率为 5.4%，而基建投资为 5.6%。苏联生产每单位产品的物资消耗很大，如在 70 年代末，生产每单位国民收入用钢量比美国多 90%，耗电量多 20%，耗石油量多 100%，水泥用量多 80%，投资多 50%。

70 年代初，苏联经济面临的主要任务是：扭转已开始出现的速度下降趋势与提高经济效益。要做到这一点，必须使经济发展由粗放转向集约化。1971 年苏共二十四大正式提出经济向集约化为主的发展道路过渡。由于整个 70 年代至 80 年代初，苏联在改变经济增长方式方面未取得进展，80 年代又重新强调经济转向集约化的方针，1986 年苏共二十七大又进一步确定"生产的全面集约化"、"整个国民经济转向集约化轨道"的经济发展方针。

苏联一直到 1991 年年底解体，基本上仍是粗放经济，经济效益没有提高，如基金产值率继续下降，每卢布生产性固定基金生产的国民收入从 1970 年的 55 戈比下降到 1990 年的 28 戈比。80 年代中期生产的切屑机床的金属耗用量比美国、日本、德国和法国同类新产品高 1—1.5 倍。

经济增长方式反映了一个国家经济的综合素质。落后的苏联经济增长方式决定了它不可能实现持续稳定的经济增长。当发展经济的粗放因素（大量投入人力、物力与财力）日益受制约的时候，就不可避免地会出现经济增长速度逐步下降乃至发展到危机。我们在分析苏联经济增长速度问题时，就清楚地向人们展示了这一情况。

（三）经济结构严重畸形，比例严重失调

长期以来，苏联实质上推行的是经济军事化政策，经济的发展战略、政策主要是为扩军备战和为与美国进行军备竞赛服务的。从斯大林执政开始，一直到勃列日涅夫时期，苏联推行的经济赶超战略，其核心是军事力量的赶超。这样的结果是，甲、乙两类工业的增长期难以平衡，而是增长速度的差距不断拉开，即由 1966—1970 间的 1.04∶1 扩大至 1971—1980 年间的 1.28∶1。在重工业内部，与军事工业密切相关的部门发展更快，1971—1980 年机器制造业产值增长速度要比工业总产值的增长速度高 1.7 倍。苏联工业的 80% 与军工有关。由于偏重发展重工业，牺牲农业，把农民挖得很苦，使苏联农业长期处于落后状态。苏联时期"三农"问题一直没有得到很好的解决。国民经济的军事化给苏联经济造成了巨大的压力。苏联"在一些年份里，用于军事准备的开支达到了国民生产总值的 25%—30%，也就是说，比美国和欧洲北约国家的同类指标高出了 4—5 倍"。[①]"没有任何敌人能像军国主义化那样吞没一切，给经济造成如此严重的破坏。这是在人民面前犯下的罪行。"[②]

可以毫不夸大地说，在世界大国中苏联经济结构畸形与比例失调的情况是最为严重的。70 多年来，苏联经济从来都是不协调地、不按比例地发展着，因此，给苏联继承国的俄罗斯在调整经济结构时带来极大的困难，也是阻碍俄罗斯当前与今后一个时期经济发展的一个主要因素。

（四）半封闭的经济

长期以来，苏联经济处于半封闭状态，60% 左右的对外经贸合作是与经互会成员国进行的。苏联与经互会成员国的经贸关系实际上是其国内指令性计划经济体制的延伸，市场经济机制并不起作用，经济不是走的开放式发展道路。这样，使竞争机制基本上不起作用。因此，苏联对外经济关

---

① ［俄］米哈伊尔·戈尔巴乔夫：《对过去与未来的思考》，新华出版社 2002 年版，第 211 页。
② ［俄］亚·尼·雅科夫列夫：《一杯苦酒——俄罗斯的布尔什维克改革运动》，新华出版社 1999 年版，第 169 页。

系发展水平大大低于西方一些国家。1988 年，苏联对外贸易出口额占其 GNP 的 7.7%，而 1980 年，世界贸易出口额就已占世界 GNP 的 21% 以上。① 至于苏联在国外的投资与国外对苏联的投资，那更无法与西方一些国家相比。这些因素，决定了苏联经济素质难以提高，其竞争能力一直处于低下水平。

（五）不少经济政策往往脱离人民的切身利益

苏联发展经济的政策，往往不是立足于尽快提高人民生活水平。苏联大力发展军事工业，与美国搞军备竞赛，是在经济实力有限的情况下进行的，这样，苏联人民生活水平的提高必然受到严重影响。长期以来，苏联市场紧张，一直被称为"短缺经济"。1950 年苏联居民年均肉消费量比 1913 年少 3 公斤，粮食少 28 公斤。② 1952 年，英国工人每小时的收入所购买的食品数高于苏联 3.6 倍，美国则高于 5.5 倍，③ 到苏联解体前夕，市场供应越来越紧张。市场上真是"空空如也"。这亦说明，长期以来，苏联治国的主导思想是强国而不是富民。

三　问题产生的主要原因

苏联经济中出现的严重问题，从客观上讲，作为第一个社会主义国家缺乏建设经验，加上不利的国际环境，难免在发展经济过程中产生这样那样的错误。但是，不能把产生问题的主要原因归结为缺乏经验，更不能把缺乏经验说成是全部原因。70 多年来苏联经济之所以产生如此严重的问题，它是受一系列的因素影响的结果。

（一）不切实际的赶超战略

长期以来，苏联一直实行经济发展的赶超战略。先是斯大林搞超高速

---

① 陆南泉主编：《苏联经济简明教程》，中国财政经济出版社 1991 年版，第 12 页。

② ［苏］苏联中央统计局编：《1970 年苏联国民经济》，莫斯科，俄文版 1971 年版，第 561 页。

③ 转引自左风荣著：《致命的错误——苏联对外战略的演变与影响》，世界知识出版社 2001 年版，第 155 页。

工业化，接着，于 1939 年 3 月又提出，苏联要在 10—15 年内在按人均计算的产量方面赶上或超过主要的资本主义国家。后来，赫鲁晓夫又提出，到 1980 年在按人均计算的工业产品生产方面将把美国远远地抛在后面。勃列日涅夫上台后，考虑到赫鲁晓夫过于强调速度的经济发展赶超战略所出现的问题，不得不注意解决经济的"质量与效率"与提高人民生活问题。戈尔巴乔夫执政初期，提出了"加速战略"。

　　苏联实行的赶超战略，不只是脱离客观实际，而且追求的目标也主要不是为了提高人民的生活水平。

（二）超越社会发展阶段的指导思想

　　苏联的经济发展是在超越社会发展阶段的指导思想下进行的。1939 年斯大林在联共（布）十八大上提出：要继续坚持"向共产主义前进"的口号。这是斯大林在 1936 年宣布苏联基本建成社会主义之后提出的。赫鲁晓夫在苏共二十大提出了"20 年内基本建成共产主义"的设想。在勃列日涅夫执政后期，不得不退到苏联已建成发达社会主义的历史阶段。安德罗波夫上台后，又从发达社会主义"建成论"降至"起点论"。戈尔巴乔夫上台后，又进一步降至苏联是"发展中的社会主义"。这个阶段最重要的任务是进行改革。

　　在超越发展阶段思想指导下发展生产，其严重后果是不顾生产力的水平而不断地改变与折腾生产关系，以最快速度消灭私有制，建立"一大二公"的公有制，使生产力与生产关系两者不相适应，从而对生产力造成严重的破坏。

　　苏联农业全盘集体化是明显的例子。1953 年苏联的粮食产量还未达到沙皇时代 1913 年的水平。这一年，人均占有的粮食和肉类的数量分别只有 432 公斤和 30 公斤，比 1913 年的 540 公斤与 31.4 公斤还低。另外，发展生产是通过阶级斗争与各种政治运动的办法进行的，从而形成了强大的政治压力，并且人为地制造了大量的"阶级敌人"与各种"反社会主义分子"、"反党分子"。

　　这种不顾生产力发展水平急于通过所有制改造变革生产关系的做法，是违反马克思主义的。马克思讲过："无论哪一个社会形态，在它所能容纳的全部生产力发挥出来以前，是决不会灭亡的；而新的更高的生产关系，在它的物质存在条件在旧社会的胎胞里成熟以前，是决不会出现的。"① 违背社会经济发展规律，建立"一大二公三纯"的生产关系，到头来，还得通过改革退回去，退到适应生产力发展的生产关系方式上去。所有转轨国家在改革过程中，都面临着打破"一大二公三纯"的生产关系这一复杂的任务。因为不解决这个问题，多种经济成分并存的所有制模式就建立不起来，亦难以形成市场经济体制，从而会严重阻碍生产力的发展。

对此，邓小平深刻指出："最根本的一条经验教训，就是要弄清什么叫社会主义和共产主义，怎样搞社会主义。"② 对这个问题苏联并没有完全搞清楚，制定与实行了一系列超越社会发展阶段的政策。这是个根本性问题，它直接关系到社会主义国家的兴衰成败。

（三）背离革命与发展生产的根本目的

革命与发展生产的目的是为了不断提高人民的生活水平，这是人所共知的最简单明了的道理。苏联为了追求霸权地位，在进行大力扩充军备时，由于受其经济实力的制约，它往往牺牲人民生活水平的提高而去花大量资金发展军事工业。所以，根本不可能实现斯大林提出的苏联社会主义的基本经济规律是要"保证最大限度地满足整个社会经常增长的物质和文化需要"的要求。

这里想起了苏联的一个政治幽默。一天，有个西方记者来到上天的宇航员加加林的家，记者不断地敲门，但没有人出来开门，惊动了邻居。邻居出来后问那个记者："你找谁？"记者回答说找加加林，要采访他。邻居回答说："他上天了。"记者说："那我采访加加林夫人也行。"邻居说："她去商店买东西了。"记者说："那我等她回来吧。"邻居说："你还是等加加林吧，因为他夫人买东西要排很长时间的队，而加加林在天上飞得很快。"

----

① 《马克思恩格斯选集》第 2 卷，人民出版社 1995 年版，第 33 页。
② 《邓小平文选》第 3 卷，第 223 页。

（四）不能适时地改革过度集中的指令性计划经济体制

苏联建国初期，这种体制虽起过重要的作用，但后来，特别是在战后，传统的体制日益不符合经济发展的要求，通过体制反映出来的生产关系与生产力不相适应的情况日益明显，并且变得越来越尖锐。这种体制又不能适时地进行改革，排斥市场的作用，资源得不到优化配置，落后的经济增长方式也不可能得到根本性的改变，经济效益也很难提高。这是因为一定的经济运行机制决定着相应的经济增长方式，而经济运行机制基本上是由经济体制决定的。从微观经济层面讲，在苏联传统的计划经济体制条件下，无论是国有企业还是集体企业，经营机制不是按市场经济的要求进行的，它对市场的敏感性与适应性很差，投入多产出少的情况比比皆是；从资源配置层面讲，在传统的计划经济条件下，资源配置是由指令性计划决定的，这必然导致经济结构不合理并且长期难以调整，造成资源的巨大浪费；再从宏观层面讲，在传统的计划经济条件下，政府对宏观经济调控的主要方法是直接的行政命令，而不是间接的经济方法。这样也就排斥了市场的作用，使官僚主义的唯意志论盛行，往往造成重大的政策失误和经济损失。苏联经济是长期被束缚在这种已缺乏动力的体制下发展的，最后出现社会经济危机。所以，邓小平讲："社会主义基本制度确立以后，还要从根本上改变束缚生产力发展的经济体制，促进生产力的发展，这是改革。"这说明，经济体制改革是发展生产力的必由之路。"只有对这些弊端进行有计划、有步骤而又坚决彻底的改革，人民才会信任我们的领导，才会信任党和社会主义。"① 应该说，对束缚生产力发展的经济体制不能及时进行根本性的改革，是苏联经济建设未能搞好的一个十分重要的原因。

（五）苏共在理论上缺乏创新，不能与时俱进

苏联长期以来不能根据客观形势的变化作出科学判断，并及时地调整经济发展战略、政策与根本改革其已成为阻碍生产力发展的传统经济体

---

① 《邓小平文选》第3卷，人民出版社1994年版，第370页；第2卷，人民出版社1993年版，第333页。

制，其中一个重要原因是，作为执政党的苏共在领导人民群众改造客观世界的同时，没有注意改造自己，没有注意加强自身的建设，从而，没有保持自己思想、理论的先进性。就是说，在坚持马克思主义基本原理的同时，没能根据客观变化的情况去发展马克思主义把马克思主义推向前进，不能与时俱进，而是长期思想僵化，陷入了教条主义的泥潭。从苏联经济发展道路来看，根据苏联短短几十年的社会主义建设经验，把过度集中的指令性计划、市场经济等，同资本主义经济、苏联工业化道路、农业全盘集体化、对外贸易垄断等，都写进了 1954 年出版的由斯大林亲自审定的《政治经济学教科书》中，集中体现了斯大林—苏联社会主义经济体制模式的主要内容，并上升为社会主义各国必须遵守的"共同规律"；从经济体制改革来看，长期来批判"市场社会主义"，其结果是，使苏联历次的经济体制改革只能是修修补补，最后以失败告终。

苏共没有用先进的思想武装自己，在理论上没有与时俱进，因此，它不可能用正确的思想、理论来回答与解决现实生活中提出的种种新问题，而只是用强大的宣传机器和强制的方法向广大群众灌输，这不可能让人民信服，从而必然会出现"信任危机"。

苏联经济理论长期僵化，不能创新，与时俱进，这与苏共党内和整个社会缺乏民主以及对斯大林的个人崇拜有关。

另外，在实际生活中往往混淆学术问题与政治问题的界限，对持不同观点的人动辄扣政治大帽子，进行"批判"，许多学者遭逮捕、被非法审讯以及被送进劳动营、精神病医院甚至枪决；对人类历史共同创造的文化成果往往加以排斥与否定。在这种条件下，理论工作者的职责往往只能是领导人著作与言论的诠释者。

理论的僵化导致体制的僵化。不能及时地根据变化了的情况进行理论创新，就不可能及时地解决社会主义经济建设与经济体制改革过程出现的种种新问题。这说明，保持思想、理论的先进性是加强党的执政能力的重要因素。邓小平说得好，"一个党，一个国家，一个民族，如果一切从本本出发，思想僵化，迷信盛行，那它就不能前进，它的生机就停止了，就要亡党亡国"。①

　　苏联经济建设并没有搞好，苏共既不是先进生产力的代表，也不是先进文化的代表，因此，苏联经济的发展亦难以体现人民的根本利益。这对最终导致苏联解体与苏共垮台所起的作用是不可忽视的。邓小平在东欧一些国家发生剧变后的1990年3月3日与中央几位负责同志的一次谈话中说："世界上一些国家发生问题，从根本上说，都是因为经济上不去。"②后来在1992年年初，也就是在苏联发生剧变后，邓小平说："不坚持社会主义，不改革开放，不发展经济，不改善人民生活，只能是死路一条。"③胡耀邦同志谈及苏联问题时说："苏联在世界上的形象很不好，内部建设和对外关系都存在很多严重问题。看来主要问题有：第一，经济建设没有搞好，人民生活日用品至今还解决不了，集体农庄粮食产量仍然很低，工人农民不满，都有意见；第二，外交政策很失败，不仅在社会主义国家中以'老子党'自居，还在国际社会中实行大国霸权主义，把革命强加于人，企图统治全世界；第三，民族团结问题也没有搞好，实行大俄罗斯主义，以社会主义大家庭的口号掩盖民族间的矛盾，但是掩盖不了；第四，民主问题、领导作风问题、'家长制'、专制独裁，等等，问题还有不少。"④ 很清楚，在这里，胡耀邦同志把苏联存在的主要问题，首先归结为经济建设没有搞好。

　　中国自实行改革开放政策以来，生产力得到了解放与很大发展，综合国力大大提高，人民的生活水平有了明显的提高。这些已是世人公认的。2006年10月11日，中国共产党第十六届中央委员会举行的第六次全体会议上，通过了《中共中央关于构建社会主义和谐社会若干重大问题的决定》。决定指出："社会和谐是中国特色社会主义的本质属性，是国家富强、民族振兴、人民幸福的重要保证。"而构建社会主义和谐社会的指导思想是马克思列宁主义、毛泽东思想、邓小平理论和"三个代表"重要思想。在这一指导思想下，认真落实科学发展观，全面在我国建设小康社

---

① 《邓小平文选》第二卷，人民出版社1993年版，第143页。

② 《邓小平文选》第三卷，人民出版社1994年版，第354页。

③ 转引自宫达非主编：《中国著名学者苏联剧变新探》，世界知识出版社1998年版，第2页。

④ 《邓小平文选》第三卷，人民出版社1994年版，第370页。

会。决定还十分明确地指出了构建社会主义和谐社会要遵循以下原则：必须坚持以人为本；必须坚持科学发展；必须坚持政策开放；必须坚持民主法治；必须坚持正确处理改革发展稳定的关系；必须坚持在党的领导下全社会共同建设。

我深信，只要坚持构建社会主义和谐社会的指导思想与认真落实中央所确定的原则，不走苏联社会经济发展的老路，体现中国特色社会主义本质属性的和谐社会一定能顺利实现，中国将以良好的、"够格的"、显示强大生命力的、对世界具有极大吸引力的、不同于苏联模式的社会主义形象展现在国际社会。

（原载陆南泉等主编：《苏联真相——对 101 个重要问题的思考》
下册，新华出版社 2010 年版，第 1277—1287 页。）

第二编

俄罗斯经济

俄罗斯经济结构调整趋势与制约因素

经济结构问题，不论在苏联时期还是在当今的俄罗斯，始终是影响其经济发展的重要因素，在很大程度上体现了其经济发展模式。普京在 2008 年 2 月 8 日离任前提出的《关于俄罗斯到 2020 年的发展战略》（以下简称为《发展战略》），提出很多经济社会问题都涉及经济结构的调整，如实行经济创新型发展、增加人力资本的投入、积极发展高新技术产业、加快中小企业的发展、强调要从出口原材料为主导的发展模式过渡到创新导向型经济发展模式，等等，都是为了尽快改变目前俄罗斯存在的严重不合理的经济结构与落后的经济发展模式。如果严重不合理的经济结构长期不能改变，不排除俄罗斯经济在今后发展过程中出现结构性下降的可能性。对此，国际货币基金组织在 2003 年的一份报告中指出："俄罗斯应该加大力度推进经济结构改革，只有结构改革才能保证经济的持续发展，并且减轻对能源领域的依赖。"这些都说明，研究俄罗斯经济结构具有十分重要的意义。①

一　苏联时期调整经济结构主要政策简述

众所周知，在斯大林时期形成了严重的畸形经济结构。赫鲁晓夫上台后，尽管在执政初期出于政治需要，曾一度反对马林科夫 1953 年 8 月 8 日在最高苏维埃会议提出的、以加强消费资料生产为中心的广泛的国民经济调整计划，并还批判说："认为轻工业可以而且应该居于一切工业部门之上的思想……是极其错误的理论，同马克思列宁主义在精神上不相容。

---

① ［法］《费加罗报》，2003 年 7 月 2 日。

这不过是对我党的诽谤。这是右倾渣滓的呕吐。"[1] 借此，迫使马林科夫辞去部长会议主席的职务。但后来，赫鲁晓夫出于国内急需缓解消费品供应严重不足的压力，不得不改变经济发展方针。他说："显然，我们不会执行一种尽量发展黑色冶金工业的政策。显然，我们将把一部分资金转到农业方面和轻工业方面。仅仅生产机器和黑色、有色金属是不能建设共产主义的。人必须能够吃饱穿暖，有房子住，有其他物质和文化条件。"[2] 但赫鲁晓夫调整经济结构的主要政策是全力以赴地加强农业。他一上台首先抓农业，因为当时苏联不少人认识到，如再不抓农业，再有两三年，就可能发生灾难性的粮食生产危机与全国性的饥荒。人们可能还记得，1957 年 5 月 22 日，赫鲁晓夫在列宁格勒的一次讲话中表示："我们不想用炸弹来炸毁资本主义世界。假如我们在按人口平均计算的肉类、黄油和牛奶的生产水平赶上美国，那么我们就向资本主义制度的基础发射了一枚最强有力的鱼雷。"[3] 到同年 5 月，赫鲁晓夫又在列宁格勒的讲话中具体提出要在三四年内，肉、奶与黄油等按人均计算的产量赶上与超过美国。1959 年赫鲁晓夫又强调，"要在短短的历史时期内赢得这场竞赛"。并且，赶超美国已不再限于农产品，还包括工业产品。苏共二十一大通过的 1959—1965 年苏联发展国民经济的控制数字这一文件中说：实现 7 年计划的基本经济任务，就是要"在最短的历史时期内使按人口平均计算的产品产量赶上并超过最发达的资本主义国家方面，迈出决定性的一步"。[4] 这里可以看出，赫鲁晓夫先是要在农畜产品与食品方面提出赶超美国。但在他执政期间并没有解决农业问题，按计划，1959—1963 年农产品的年均增长速度为 8%。而实际上，前 4 年为 1.7%，1963 年则为负增长。工业中的"第一部类"与"第二部类"之间的比例更加失调，1963 年前者增长速度为 10%，而后者为 5%，前者比后者高出 1 倍。

勃列日涅夫上台后，他与赫鲁晓夫一样，首先也是抓农业，力图推行以加强农业为主要内容的经济结构调整政策，并为此采取了一系列的政

---

① ［苏］《真理报》，1955 年 2 月 3 日。

② ［苏］《真理报》，1961 年 1 月 25 日。

③ 《赫鲁晓夫言论》第六集，世界知识出版社 1965 年版，第 337 页。

④ 《苏联共产党和苏联政府经济问题决议汇编》第四卷，第 519 页。

策。与此同时，调整工业内部结构。他一再强调，制订五年计划要有"充分科学依据"，要选择"最优比例"，使整个国民经济协调与平衡发展。

在勃列日涅夫执政后制订的第一个五年计划（"八五"计划），工业投资中乙类工业的投资占 14.8%，而"六五"与"七五"计划期分别为9.2% 与 13.2%，这使得"八五"计划期间乙类工业发展速度与甲类工业逐步接近。

勃列日涅夫时期苏联甲、乙两类工业年均增长速度

（按可比价格计算,%）

时期	工业总产值	其中		
		甲类	乙类	两类速度对比
"八五"计划时期	8.5	8.6	8.5	1.01:1
"九五"计划时期	7.4	7.9	6.5	1.21:1
"十五"计划时期	4.4	4.8	3.9	1.23:1
1981 年	3.4	3.3	3.6	0.92:1
1982 年	2.8	2.8	2.9	0.97:1

资料来源：陆南泉等编：《苏联国民经济发展七十年》，机械工业出版社 1988 年版，第 125—126 页。

从上表可以看到，除了"八五"计划期间甲、乙两类工业发展速度接近外，后来由于勃列日涅夫又一再强调优先发展重工业的方针，使得1971—1980 年（"九五"与"十五"计划）期间，甲乙两类工业发展速度的差距又拉大了[①]。只是在"十一五"计划期间，出于国内十分尖锐的消费压力，迫使苏联再次规定加速乙类工业发展的方针。这一期间乙类工业年均增长速度为 3.9%，它超过了甲类工业的 3.6%。从甲、乙两类工业部门工业总产值中所占比重来看，在勃列日涅夫时期并没有发生大的变化，1965 年甲类工业占工业总产值的 74.1%，乙类工业占 25.9%，1970

---

　① 1971—1980 年这个 10 年苏联甲、乙两类工业增长速度的比例为 28:1，而 1961—1970 年这个10 年的比例为 1.18:1.

年这两个指标分别为 73.4% 与 26.6%，到 1982 年勃列日涅夫逝世的那年，这两个指标分别为 75.1% 与 24.9%。①

　　在勃列日涅夫时期，阻碍经济结构调整的原因甚多。一个直接的最重要的原因是，长期坚持扩充争霸实力，争夺军事优势的战略方针。当时苏联一再强调："国防问题处于一切工作的首位"，"为保障军队具有现代化技术和武器，需要有高度发展的工业水平，首先是重工业的先进部门，即冶金工业、机器和机床制造业、造船工业、原子能工业、无线电电子工业、航空火箭工业、化学工业和专门的军事工业"。② 苏联不惜花费巨额资金，把最好的原料、设备，最优秀的科技人员和熟练的劳动力用于发展军事科研和军工生产，来建立庞大的战争机器。勃列日涅夫时期的苏联，在实行打破美国军事优势并夺取全面军事优势的方针条件下，要调整经济结构是不可能的。

　　戈尔巴乔夫上台时面临着十分严峻的经济形势，他必须通过改革来解决经济问题。但在 1985 年 3 月到 1987 年经济改革准备阶段，戈尔巴乔夫提出了"加速战略"。而实现这一战略的一个重要途径是加速科技进步。他执政的前几年，在加速科技进步方面采取了多项政策，其中一项是优先发展重工业。当时提出，苏联要在六七年内使重要的机器、设备和仪表的参数达到世界最高水平。实行"加速战略"的消极后果有：一、加速战略的主要目标是增强综合国力，而并不是调整经济结构，缓解紧张的市场，满足人民生活的需要；二、从当时经济发展的情况看，"加速战略"与经济结构的调整政策存在着尖锐的矛盾。由于加速的重点仍放在重工业方面，结果是国民经济比例关系更加失调，经济更加不合理，从而使整个经济增长速度上不去；三、加速战略的直接后果是，使消费品市场更加紧张，基本消费品在苏联市场上出现了全面短缺，加上价格上涨，卢布贬值的情况，有点风吹草动，就引起抢购风潮。这种经济状况，使广大群众感觉不到经济改革带来的实惠，从而对改革持消极态度，逐步失去信心，这又成为推进改革的一大困难。苏联一些学者在总结戈尔巴乔夫头几年来的

---

　　① 参见陆南泉等编：《苏联经济发展七十年》，机械工业出版社 1988 年版，第 124 页。
　　② 转引自苏联经济研究会编：《苏联经济体制问题》，时事出版社 1981 年版，第 365—366 页。

经济体制改革时，普遍认为，没有把调整经济结构的政策与经济改革两者有机地衔接起来，而实行加速战略，这是一大失误，并认为，在结构政策方面戈尔巴乔夫输掉了第一个回合。

从上述简要论述中可以看出，在斯大林之后的各个时期，虽然力图调整严重畸形的经济结构，但都未取得实质性进展。从苏联产业结构来看，它的落后突出表现在：战后，产业结构并没有像西方发达国家那样，从资源与设备密集型产业为主过渡到知识与技术密集型产业为主，加速高科技产业、农业中的生物工程技术与遗传工程技术的发展，第三产业很不发达。这种产业政策与产业结构，使得苏联产品在国际市场上缺乏竞争力。

二　俄罗斯经济结构调整趋势

俄罗斯独立执政后，在推行经济转轨的过程中，同时亦力图改善经济结构。但在经济转轨初期，这一调整过程的一个重要特点是，经济结构的变化并不是因实行某种特定的调整政策使有关部门增速与降速途径来实现的，而是在经济转轨危机的过程中，由于各部门下降程度的不同而自发地、被动地进行的。俄罗斯经济转轨的前8年工业产值累计下降46%，但各部门下降幅度不相同，从军工部门来看，由于国家订货与出口急剧减少，军工产值在GDP中的比重从1991年的8.7%下降到1992年的1.6%。而军工部门转产生产民用产品的比重在1994年已达到78.3%。从原材料部门来看，由于俄罗斯在经济转轨前几年，其经济困难不只表现在生产大幅度下滑，并且还表现在与人民生活密切相关的大量消费品短缺，而解决的办法是靠大量进口消费品，这就需要大量外汇。而俄罗斯只能主要依赖大量出口原材料产品换取外汇。俄罗斯原材料部门在转轨前几年虽然也出现下降的情况，但与整个工业相比要低，如石油产量1995年与1991年相比下降了33.5%，天然气下降了7.5%，煤为25.8%；从整个能源部门来看，从1995—1998年期间下降的幅度不大，而到1999年开始回升，增长2.5%，之后增长率不断提高，到2003年增长率为9.3%。这样，导致俄罗斯工业中能源部门的比重提高。1992年燃料工业占俄罗斯工业总产值的比重为14%，到1995年上升到16.9%。而轻工业产值1995年与1991年相比下降了 82.4%，轻工业基本上被冲垮，到 1995 年它在整个工业中的比重下降为 2.3%，同期食品工业下降 51.2%。农业在 1992—1999 年累计下降 40%。

由于苏联时期一直存在重生产轻流通的现象，把服务部门视为非生产领域，从而忽视第三产业，结果第三产业严重落后。俄罗斯继承了这一不合理的"三产"结构。苏联解体的 1991 年，服务性产值占 GDP 的 24%，而商品产值占 76%。随着向市场经济过渡，服务性产值的比重逐步提高，1992 年为 32.6%，1994 年为 50%。根据俄官方公布的材料，1995 年 GDP 的生产结构为：商品产值为 40.7%，服务性产值为 51.5%，净税收为 7.8%。如果从"三产"关系看，第一产业（农业）的比重从 1990 年的 15.3% 下降到 1994 年的 6.5%；第二产业（工业与建筑业）相应年份从 44% 下降到 36%；第三产业（服务业）相应年份从 32.5% 提高到 48.9%。第三产业的上升主要是由于市场型服务的扩大。

随着市场经济的发展，转轨的深化，特别是为了使经济持续稳定地增长，产品在国际市场有竞争能力，客观上要求俄罗斯经济的发展需从资源型向发展型转变，而实现这一转变，重要的一条是调整与优化经济结构。因此，普京执政后，在稳定经济发展的同时，特别重视经济结构的调整和与此相关的经济发展模式的转变。在制定的一系列社会经济发展纲要、政策等文件中，都强调了产业结构调整政策与具体措施。2003 年 12 月 18 日，普京与选民的一次直接对话中讲："俄罗斯经济发展到了一个特殊的阶段，需要进行结构改革的阶段。"2006 年 5 月 10 日普京提出的总统国情咨文中说："我们已经着手采取具体措施来改变我国经济结构，就像人们过去大谈特谈的那样，要让我国经济具备到新的素质。""我们目前需要一个能够产生新知识的创新环境。"① 俄罗斯在调整与优化经济结构方面的主要设想与措施是：首先要控制石油、天然气等采掘部门的生产规模，而要大幅度提高非原材料与加工工业产品的生产与出口。其次，加速发展高附加值的高新技术产业与产品，即发展新经济。普京强调，要把发展新经济作为一项具有战略意义的国策加以实行。第三，积极发展中小企业，这是

---

① 《普京文集》（2002—2008），中国社会科学出版社 2008 年版，第 284、286 页。

俄罗斯经济中的一个薄弱环节。第四，加快农业发展，促使农业现代化，提高农业生产技术水平。第五，改革与加强国防工业。加快国防工业技术向民用工业部门转移，并继续扩大军工产品的出口。俄罗斯军工产品的出口由1994年的17亿、18亿美元增加到2006年的61亿美元，2007年约为75亿美元。另外，还应看到，国防工业生产的民用产品份额2005年为45%，到2015年可达到60%。这说明俄罗斯军转民取得了进展。① 在新形势下，俄罗斯把巩固与发展国防工业视为促进经济增长与提高民族经济竞争力的重要因素。以上的政策措施，既为了调整与优化经济结构，也将成为俄罗斯经济新增长点。

为了调整与优化经济结构，俄罗斯政府还在投资政策方面进行调整，即增加在国际市场上有竞争能力的经济部门和高新技术部门的投资。这里税收发挥了重要的调节作用，使税收从加工部门向采掘部门转移。为此，开征石油税，2000年每开采一吨石油需缴纳46.5美元，2003—2005年则分别上升至69、106.4与188.5美元；2000年石油纯收入税率为57%，2003—2005年分别上升到80%、81%和91%。对石油开采加重税收，从而为国家财政增加对新技术部门发展扩大的投资创造了条件。

另外，俄罗斯政府还在加快科技发展与创新活动方面实行一些积极支持的政策，如组织实施一些与世界科技发展潜力相适应的高水平科技与工艺研制大项目；完善拨款机制；在防止科技人才流失等方面采取一些鼓励性措施（如提高工资、改善住房条件、增加科研津贴等）。与此相关，近几年来俄罗斯十分重视对教育与科研的投入，争取达到发达国家的水平。对教育与科研经费占 GDP 的比重分别要达到5.4%与2%—3%。

从普京执政8年来看，尽管在调整经济结构方面谈得很多，制定的纲领与政策不少，但总的来说，主要还是两条：一是要发展创新型经济；二是要尽快改变俄罗斯在世界经济中为原料附庸国的地位。这是两个相互密切关联的问题，核心是改变经济发展模式。这一指导思想，在《发展战略》的讲话中体现得很清楚。他的发展战略从政策层面来看，突出以下几

---

① 参见俄罗斯 T. A. 谢里晓夫在2007年11月上海财经大学召开的《地缘经济视角下的特型国家：制度变迁与经济发展》国际研讨会提交的论文。

个相关联的问题：

1. 经济实行创新型发展。普京强调，这是俄罗斯"唯一的选择"，"创新发展的速度必须从根本上超过我们今天所有的速度"。①

2. 增加人力资本投入。普京讲："要过渡到创新发展道路上去，首先就要大规模地对人的资本进行投资。"②"俄罗斯的未来，我们的成就都取决于人的教育和身体素质，取决于人对自我完善的追求，取决于人发挥自己的素养和才能。""因此，发展国家教育体系就成了进行全球竞争的一个要素，也是最重要的生活价值之一。"③为此，俄罗斯计划用于教育与医疗卫生的预算支出占 GDP 的比重分别由 2006 年的 4.6%、3% 增加到 2020 年的 5.5%—6%、6.5%—7%。同时，普京强调科研的重要性，要为科研活动创造良好的环境。另外要着力解决住房问题，提高医疗卫生水平。

3. 积极发展高新技术，因为这是"知识经济"的领航员。普京认为，俄罗斯今后重点发展的高科技主要是：航空航天领域、造船业和能源动力领域，还有信息、医疗和其他高新技术领域。

4. 调整经济结构。普京说，尽管最近几年俄罗斯取得了一些成绩，但经济并未摆脱惯性地依赖于能源原料的发展版本。俄罗斯也只是局部地抓住经济的现代化。这种状况将不可避免地导致俄罗斯不断依赖于商品和技术的进口，导致俄罗斯担当世界经济原料附庸国的角色，从而在将来使俄罗斯落后于世界主导经济体，把俄罗斯从世界领头人的行列中挤出去。④

应该说，这几年来俄罗斯经济结构的调整取得了一定的积极进展。第一，最为突出的一点是，"三产"比例关系有了大的变化。到 2004 年服务业在 GDP 中的比重已达到 60%（据阿甘别基杨院士的预测，到 2030 年将达到 75%—80%），第一产业已由 1990 年的 16.5% 下降到 2004 年的 5.5%，而第二产业为 40% 左右。俄罗斯"三产"的比例关系已接近发达国家的水平，2006 年为 49.7%。第二，工业内部结构亦有改善。如果从

---

① 《普京文集》，中国社会科学出版社 2008 年版，第 677 页。

② 同上。

③ 同上书，第 678 页。

④ 参见俄罗斯政治评论网 2 月 11 日刊登的政治艺术中心分析部主任塔季扬娜·斯坦诺瓦娅题为《集体普京的〈集体计划〉》一文。

价值指标看，工业内部原材料产业（电力、燃料与冶金工业）在工业总产值中的比重由1992年的36%提高到2004年的43%，这主要由于国际市场价格上涨造成的。而机器制造与金属加工业在工业总产值中的比重，在苏联时期一般要占30%左右，俄罗斯经济转轨期后从1992年至今，基本上占20%左右。

再从俄罗斯固定资产投资的部门结构变化趋势看，亦在朝着利于经济结构完善的方面变化。从1992—2004年以来，整个工业的投资在全俄罗斯固定资产投资中的比重为35%—40%，而用于基础设施的投资呈上升趋势，如对交通、通信部门的投资由1995年的14.6%提高到2004年的26.7%。用于高新技术领域的投资也逐步增加，从1995年的0.4%提高到2004年的0.8%。与此同时，对采掘工业的投资从所占比重来看，基本上保持稳定，但绝对额是大幅度增加的。

1995年对石油开采业的投资占14.2%，2000年为18.1%，2001年为19.0%，2002年为16.9%，2003年为15.9%，2004年为15.4%，2005年为13.9%，2006年为15.3%。从投资的绝对额来讲，如果2000年为2114亿卢布的话，那么2006年为7003亿卢布。

另外，还应看到，2006年俄罗斯在调整经济结构方面还采取了一些具体措施，以便使经济具备崭新的素质。2006年俄罗斯在这方面的思路与主要政策措施有：

1. 国家要增加为改变经济结构的投资，并正确选择国家投资的项目，即重点用于对调整国家经济结构有重要作用的项目上。

2. 从主导思想来看，俄罗斯经济的发展要摆脱过多依赖能源的局面，而要加快制造业的发展，并提高其质量与竞争能力。

3. 制定《2006—2008年轻工业发展措施计划草案》。该草案已由俄罗斯工业与能源部等十多个部门联合提交给俄联邦政府。草案强调了以下问题：提高轻工业投资吸引力，防止非法商品在俄国内市场的流通，更新轻工业企业技术设备，创造条件为行业原材料的供应提供保障，利用部门专项纲要实现行业发展措施。据工业与能源部副部长估计，轻工业行业有能力在今后5—7年使产量至少翻番。2006年俄罗斯轻工业品市场总价值为1.25万亿卢布，但俄罗斯国内生产的比重仅占17.7%。草案还规定，要在先进技术发展的基础上制定2008—2010年轻工业发展的部门目标规划，以促进俄罗斯轻工业的快速发展。

4. 大力扶持高新技术产品出口，以带动制造业的发展。提高俄罗斯经济素质，摆脱过分依赖能源产品的局面，必须加快发展高新技术产业，生产与出口更多的高新技术产品。

根据2005年的计算结果，俄罗斯高新技术产品出口额大约比菲律宾少67%，比泰国少78%、比墨西哥少90%、比马来西亚和中国少92%、比韩国少94%。针对上述情况，俄罗斯通过实施大力扶植高新技术产业的政策，争取在今后的10年内，高新技术产品的出口所占世界的份额由目前的0.13%提高到10%。

不久前俄罗斯联邦经济发展与贸易部公布的2020年前俄罗斯长期经济社会发展增订草案，按新的构想（以下简称《新构想》），俄罗斯经济发展设计了三种发展方式：创新发展方式、偏重能源与原材料发展方式与惯性发展方式。按第一种发展方式，到2020年对知识与高新技术的经济投资额将占投资总额的16.5%，这一经济在GDP中的比重将达到17.2%。这意味着俄罗斯在为发展创新型经济作出努力。

三 俄罗斯经济结构调整的制约因素

尽管俄罗斯经济结构在某些方面出现了改善的趋势，特别是三次产业的比例关系有了大的变化，第三产业所占比重大大提高，但是，俄罗斯这几年来一直在着力解决的一个主要问题并未有实质性进展，即通过经济实行新型发展，快速发展高新技术与新兴产业，以促使俄罗斯从目前的资源出口型向以高新技术、人力资本为基础的创新型经济发展模式的转变。到目前为止，经济的发展仍是主要依赖能源等原材料产业出口来支撑。2007年这些产品的出口占其出口总额的85%，机械设备出口只占5.6%，高新技术产品出口不仅数量少而且逐年下降，它在世界高科技产品出口中的比重几乎可以不计。

制约俄罗斯经济结构调整的因素甚多，但主要有：

（一）历史因素。俄罗斯作为苏联的继承国，它继承了苏联时期留下的在世界大国中最为畸形的经济结构，苏联80％的工业与军工有关。普里马科夫指出，苏联解体前军工领域创造的产值占国内生产总值的70％。①这两个数字就可告诉我们，俄罗斯要调整其经济结构有多么难，多么复杂。

（二）高新技术产业发展困难甚多。普京执政后一再强调要使经济发展朝着创新型发展，这无疑是正确的思路，亦是俄罗斯经济现代化的唯一选择，也只有这样，才能从根本上调整当前俄罗斯的经济结构。问题是，发展高新技术产业面临一系列难题：一是苏联时期留下的机械设备严重陈旧。到2003—2004年俄罗斯就有60％—80％的生产设备老化，需要更新。二是大量更新陈旧的生产设备，需要大量投资。尽管这几年来随着经济快速发展，投资也有很大增长，但远远满足不了需要。到2006年俄罗斯固定资产投资只是达到1990年47％的水平。还应看到，固定资产的投资主要用于采掘工业部门，像对机器设备制造等决定经济技术水平部门的投资所占比重很低，1995年占整个经济领域投资的比重为0.7％，2000年与2001年均为0.8％，2002年与2003年均为0.7％，2004年为1.0％，2005年为0.9％，2006年为1.0％。这比我们前面提到的采掘工业的投资要低很多。2007年在俄罗斯机器制造的外资仅占外资总额的1％—2％。2007年1—3月，外资直接投资共98亿美元，其中投入石油部门77亿美元，而投入机器制造业的仅7亿美元。三是科技适应不了高新技术产业发展的要求。苏联虽是科技大国，但这主要体现在军工领域，而民用工业大大落后于西方发达国家。在20世纪80年代中期就科技总体水平而言，苏联与西方发达国家水平相比要差15—20年。根据苏联电子工业部部长科列斯尼科夫的说法，苏联一直加以重点发展的计算机技术，当时要落后西方8—12年。俄罗斯经济转轨以来，由于对科技投入的大大减少，②从而导致科技严重衰退，科技人员大量流失。1992—2001年10年间，俄罗斯科技人

---

　①　［俄］叶夫根尼·普里马科夫著、高增川等译：《临危受命》，东方出版社2002年版，第62页。

　②　例如，2001年，以货币的购买力平价计算，俄罗斯用于研究与开发的费用总计为123亿美元，而英国为271亿美元，法国为314亿美元，德国为551亿美元，日本为982亿美元，美国为2653亿美元。

员流失近80万，其中20多万顶尖的科学家移居西方国家。正是在这种背景下，普京在其《发展战略》讲话中，强调要增加人力资本投入。

这里特别要指出的是，当前在向创新型经济转变的条件下，俄罗斯更感到解决设备陈旧、技术落后、经济粗放型发展与竞争力差等问题的迫切性。不少学者认为，俄罗斯自2000年以来，虽然经济一直在快速增长，但令人担忧的是，俄罗斯经济仍是"粗糙化"即初级的经济，工艺技术发展缓慢。俄罗斯科学院经济研究所第一副所长索罗金指出："俄罗斯主要工业设施严重老化，到目前至少落后发达国家20年，生产出的产品在国际上不具有竞争力。机器制造业投资比重为2%—3%。同发达国家相比明显存在技术差距。原料出口国对原料产业先进设备供应国的依赖令人堪忧。"另外，还应看到，目前俄罗斯工业企业中生产设备不足的占18%。很多企业需要投资更新设备。至于消费品工业的设备老化更为严重，如轻工业部门固定资产更新率仅为0.5%，设备更新非常缓慢，从而导致俄罗斯消费品产品质量与档次都处于低位，在国内外市场都缺乏竞争力。

应该说，上述问题已成为制约俄罗斯经济持续稳定发展的一个重要因素。机电产品出口的大幅度减少，就是一个明显的例证。这里以中俄贸易为例也可说明这一点。俄罗斯与中国的机电产品在双边贸易总量中所占的比重从2001年的24.9%下降到目前的2%左右。这充分说明俄机电部产品缺乏竞争力。俄罗斯竭力想增加对华机电产品的出口，为此，于2007年11月正式成立中俄机电商会。目的是积极研究中俄机电领域合作中出现的问题，通过组织活动、交流信息、提供政策建议手段，促进中俄机电领域企业的直接沟通和交流，深化中俄机电领域的全面务实合作。当然，商会的成立，对推动中俄机电产品贸易会有积极作用，但应指出，这一领域合作的发展，从根本上来说取决于俄罗斯机电产品竞争能力的提高。俄罗斯学者对此亦坦率地指出："无法强行实施政府的增加机械产品出口的决定，因为中国是市场经济，竞争力决定一切。"

（三）相当一个时期内难以改变原材料密集型产业的重要地位。俄罗斯十分清楚，它作为一个大国，其经济的发展不能长期依赖能源等原材料部门。再说，俄罗斯亦很清楚地看到，能源部门的增长速度在放慢。《新构想》按发展速度最快的创新发展方式计算，石油产量将低速增长，今后

12 年石油开采量将增长 9%。石油出口占开采总量比重从 2007 年的 52.7% 降至 2020 年的 51%。尽管俄罗斯反复强调要改变经济发展主要依赖能源等部门的局面，但从经济转轨十多年的情况看，上述局面不仅未能改变，而且在经济发展进程中"三化"更加明显：一是经济原材料化，即经济发展依赖能源等原材料部门；二是出口原材料化。2007 年俄罗斯出口产品按所占比重的排序，燃料能源产品占首位，超过60%。三是投资原材料化，即俄罗斯投资相当部分用于采掘工业。缘何出现这种情况，这是因为：1. 从客观上讲，在严重畸形与落后的经济结构条件下，它不得不依赖丰富的自然资源，经济发展难以摆脱资源开发型的特点。不依赖自然资源，俄罗斯还能依赖高科技产业，出口大量新技术产品吗？当然不可能。2. 能源等原材料产品在国际市场保持高价位，对俄罗斯来说有着极大的诱惑力。在实际生活中，俄罗斯不可能去控制能源等原材料部门的发展，而是通过这一部门产品的出口，赚取大量外汇，用来进口大量先进的机器设备，为改变经济结构与发展模式创造条件。3. 用赚取的大量外汇，进口大量消费品来满足国内市场的需要，提高人民生活水平，从而稳定国内政局。4. 能源产品大量出口，为增加财政收入、建立稳定基金与增加外汇储备提供了可能。5. 最后还有一个不能忽视的因素是，在当今世界，石油等能源的作用正被重新定位，它不只是具有重要的经济意义，并且其政治意义越来越明显，在国际上成为重要的外交资本。近几年来，俄罗斯一直在追求成为国际能源出口大国。在这种背景下，俄罗斯不可能放松能源部门的发展。

以上的分析说明，俄罗斯调整经济结构与改变经济发展模式，并非易事，是一个长期的复杂的历史过程。

（原载《俄罗斯中亚东欧研究》，2009 年第 1 期）

俄罗斯百姓分享到经济增长的成果

普京执政以来，在社会经济转轨方面的一个重大变化是，更多地关注社会问题，把提高人民福利放在重要地位。

一　先从普京治国的总目标说起

在苏联时期，为了追求霸权地位，在进行大力扩充军备时，由于受经济实力的制约，往往牺牲人民生活水平的提高而花大量资金发展军事工业，也就是说，当提高人民生活水平与扩充军备发生矛盾时，最终总是"大炮"战胜"黄油"。这样的结果是，苏联长期存在消费品市场紧张，被称为"短缺经济"，极大地遏制了人民生活水平的提高。到苏联解体前夕，市场供应越来越紧张。市场上真是"空空如也"。奈娜回忆起1991年随叶利钦访问德国的情况时说："当时他们应邀参观市场和路旁的店铺，那里商品丰富，琳琅满目，使她想到了俄罗斯商店里商品奇缺的情况，羞愧得恨不得一头钻到地底下，心想，我们一辈子都在工作，完成五年计划，但是，为什么我们什么都没有呢?"① 这说明，长期以来，苏联治国的主导思想是强国而不是富民。

在总结苏联治国错误主导思想的基础上，普京在2000年5月就任俄罗斯第一任总统时认为，俄罗斯正处于数百年来最困难的一个历史时期，大概是俄罗斯近200—300年来首次真正面临沦为世界第二流国家，抑或三流国家的危险。普京面临的形势是十分复杂的，其中经济问题尤为突出。正是由于这个原因，他提出了富民强国的竞选纲领，大声疾呼：战胜

① 《北京晨报》2002年3月17日。

贫困，改善民众生活，要洗刷掉国家贫穷的耻辱，还国家以经济尊严。

2004 年 3 月，普京以绝对优势蝉联俄罗斯总统。在这次竞选过程中，普京并未提出竞选纲领。5 月 26 日是普京连任后第一次发表的总统国情咨文，因此，它在很大程度上反映了普京第二任期的施政纲领和要着力解决的问题。这次国情咨文与过去几次发表的不同，不再笼统地谈大的社会经济问题，而是集中谈俄罗斯每个公民和每个家庭的问题。国情咨文的主要篇幅是论述发展经济和提高人民生活水平问题，明显地体现了人本主义。普京指出："我们的目的很明确。这就是高水准的生活，安全、自由和舒适的生活；这就是成熟的民主和发达的公民社会；这就是俄罗斯在世界上的巩固地位。我再说一遍：主要是大幅度提高人民的生活水平。"

二　全力以赴加速经济发展是提高人民生活水平的基础

普京执政以来，一直把加速经济发展视为国家的中心任务。他一再强调，不加速经济发展，就不可能实现富民强国的纲领。在这一指导思想下，俄罗斯经济取得了重大进展，使经济从严重的危机状态中摆脱出来，走向复苏，步入了经济快速增长时期。在普京第一任期的 4 年内，GDP 累计增长近 30%。2004 年增长率为 7.2%，2005 年为 6.4%，2006 年为 6.7%，2007 年上半年同比增长 7.8%。普京多次提出，要提高经济增长进度，实现 2010 年俄罗斯 GDP 翻番目标。2005 年俄罗斯通过了《2006—2008 年俄罗斯经济社会发展中期纲要》（以下简称为《纲要》）。根据《纲要》的数据，按照创新型发展战略，俄罗斯未来 10 年经济发展将经历三个阶段：第一阶段是 2006—2008 年，为惯性阶段，它的经济发展增长在很大程度上依赖增加石油、天然气与其他原材料产品出口及提高现有设备生产能力来实现。GDP 的增速将由 2004 年的 7.2% 降至 2008 年的 5.9%；第二阶段是 2009—2010 年，为经济增速放慢阶段。《纲要》认为，这阶段世界经济增速将放慢，俄罗斯原材料出口将减少，如果在第一种发展战略的条件下，经济增速可能降至 4.5%—5%，如果在第二种发展战略的条件下，经济增速也不超过 6.2%；第三阶段是 2011—2015 年，为经济加速增长与现代化阶段，这期间俄罗斯 GDP 的增长率将不低于 7.2%。

按《纲要》预测，在积极创新型的发展战略条件下，俄罗斯 GDP 在
2005—2008 年将增长 26%，到 2008 年 GDP 将达到 29.3 万亿卢布，合
1.0578 万亿美元。按国际标准，俄罗斯届时就可以成为经济大国。到
2015 年 GDP 将增长 96%，GDP 总量将达到 1.5 万亿—2 万亿美元，届时
人均 GDP 可超过 1 万美元，俄罗斯就可成为经济强国（2006 年 GDP 已超
过 9000 亿美元，人均 GDP 达到 7000 美元）。按购买力平价计算，到 2015
年，俄罗斯的 GDP 占世界 GDP 的比重将由 2004 年的 2.6% 提高到 3.4%，
而按购买力平价计算的俄罗斯人均 GDP 预计可达到 1.68—2.01 万美元。

通过以上的分析，可以得出的基本看法是：俄罗斯经济已步入增长
期，随着有利于经济发展的因素增多，今后一个时期（2015 年前）俄罗
斯经济增长率可达到 5%—7%。

三　推行居民收入超前增长的政策

GDP 快速增长并不等于广大居民收入和福利的相应增长。苏联时期把
大部分资金投入扩充军备，遏制了居民生活水平的提高。普京执政后，实
施居民货币收入（包括工资、养老金、各类津贴、补贴）超前增长的政
策，使居民实际收入的增长幅度大大高于经济的增长幅度。这使得普京的
第一任期的 4 年内，人民生活有了明显的提高。1999 年职工月均工资为
64 美元，养老金仅为 16 美元，并且经常不能按时发给，而到 2003 年这两
项指标分别增加到 180 美元和 60 美元。这 4 年居民的实际收入增加 50%。
生活在贫困线以下的居民从 1999 年是总人口的 29.1% 降到 2003 年的
22.5%。失业率从 1999 年的 12.6% 下降到 2003 年的 8.4%。普京在第二
任期，继续实施上述政策。2004 年 3 月 15 日凌晨公布他连任消息后，在
回答记者问题时他强调：俄罗斯"今后在内政方面的工作重点是提高公民
物质福利"。2004 年职工月均实际工资增长 10.6%，居民实际可支配的货
币收入增长 9.9%，2005 年这两项指标分别增长 9.7% 与 8.8%。2006 年
居民实际可支配的货币收入增长 10%。养老金在 2006 年已提高到 2726 卢
布（约 100 美元）。2007 年养老金再提高 20%。据世界银行预测，2007
年全俄职工月均工资将达到 500 美元，几乎所有的经济部门月工资的增速

都超过 15%。2006 年的失业率为 6.6%。失业人数由 1999 年的 930 万人降至 2006 年的 530 万人。月人均最低生活费由 2001 年的 1500 卢布提高到 2006 年的 3382 卢布。

俄罗斯为了保证居民实际收入的增长，对通胀采取了控制的政策，使通胀率不断下降：由 2001 年的 19% 下降到 2005 年的 10.9%，2007 年全年的通胀率可能不超过 8%。俄罗斯经济发展与贸易部表示，不会放松对通胀率的控制，估计在 2020 年前，通胀率可能为 3%—3.5%。

四　解决一些对俄罗斯居民最紧迫的问题

普京连任（2004 年）后第一次提出的总结国情咨文中强调，对俄罗斯公民来说，要解决的最紧迫问题是：买得起房、看得起病、上得起学。

普京认为，为了让大多数人买得起房，现在不能再用老办法来解决住房问题，让人们一连几年或几十年排队等待住房。他要求俄政府、地区与地方政府，保证到 2010 年至少有 1/3 的居民依靠积蓄和利用住房贷款购买现代化居所。为此，普京在国情咨文中提出了解决住房的 4 项措施：第一，应利用金融手段，居民不仅靠工资和储蓄，还可用银行长期贷款购房。既要给公民提供贷款，也要给建筑商提供贷款。从 2006 年到 2007 年，俄罗斯政府决定拨款 2133 亿卢布来促进住房市场发展和保障居民住房信贷。从 2008 年到 2010 年，抵押贷款总额将增加 19 倍，由现在的 200 亿卢布增加 4150 亿卢布。俄政府还准备降低抵押贷款利率；第二，必须打破建筑市场的垄断，俄公民不应当为建筑业由于行政障碍造成的代价付钱，也不应为建筑商的超额利润付钱；第三，应保障房屋的正当购买者获得所有权；第四，整顿社会住房的分配秩序。

关于医疗问题，普京在国情咨文中批评说，迄今为至，整个医疗服务的质量在下降，而收费却在提高。对公民提供免费医疗，往往停留在纸上，人们甚至弄不清楚可以免费得到什么，什么需要付费。在这种情况下，贫困人群处境十分艰难，俄很多公民为了得到医疗，不得不从自己微薄的收入中拿出很大一部分钱来看病，甚至放弃服用最基本的药物。俄医疗改革的主要任务是，让更多的人看得起病和提高医疗质量。因此，免费医疗服务保障应当是人人皆知和一清二楚的。同时，应该发展自愿的医疗保险。

另一个问题是发展国家的教育事业。普京强调说，俄罗斯教育，就其基础来说，过去与现在，在世界上一直占有显著的地位。现在最严重的问题之一是，低收入人群无力获得高质量的教育。上学还得支付那些并非每个人都掏得起的种种额外收费。随着教育费用的提高，使得很多人负担不起。学生宿舍在减少，助学金很少，使得低收入家庭的孩子（特别是偏远城市和农村的孩子）无法得到高质量的教育。今后的方针是：第一，毕业生升高等院校，不取决于家庭经济情况，而只取决于学习成绩；第二，尽量使大多数毕业生按照所学的专业找到工作。当然不是重新搞毕业分配，而是应当预测对急需人才的需求。可以与大学生签订合同，他们在接受免费教育之后应按所学专业工作一段时间，或返还国家支出的培养费；第三，在教学实际中，应该采用符合时代要求的教育标准，教学内容应当符合世界最高标准。同时，不能忘记俄罗斯自身已拥有的优势。

普京认为，买得起房、看得起病、上得起学，是帮助俄罗斯缓解贫困的一项基本政策。

与此同时，增加了卫生保健、教育方面的预算支出。2006 年俄联邦预算支出中，用于卫生保健、体育的支出增长了 64%。

五 社会福利货币化的重大改革

2004 年 8 月 5 日，俄罗斯国家杜马通过了有关社会福利货币化一系列法案。8 月 8 日联邦委员会以绝对多数赞成票通过。普京总统很快就签署了这些法案，于 2005 年 1 月 1 日起实行。这样，俄罗斯将采用一种新的以货币现金补贴的制度取代过去的、效率不高的补贴制度。这次改革涉及 3200 万俄罗斯居民，其中 1300 万人由联邦预算承担货币补贴，另有 1900 万人由各联邦主体预算承担。

由联邦预算提供货币补贴的居民与补贴金额分别是：苏联英雄、俄罗斯英雄和社会主义劳动英雄每月为 3500 卢布，战争致伤残军人为 2000 卢布，"二战"老兵为 1500 卢布，参加过战斗（非"二战"）的退伍兵为

1100 卢布, 列宁格勒保卫战的居民为 1100 卢布, 战争期间参加过非正规部队的人为 600 卢布, 切尔诺贝利核电站事故辐射受害者为 1700 卢布, 一等、二等、三等残废分别为 1400 卢布、1000 卢布和 800 卢布。在每人的补贴中, 有 450 卢布规定专门用途, 用于市内交通 (含郊区电气火车) 月票 40 卢布, 350 卢布用于获得免费药品, 每月 50 卢布用于购买疗养证 (通过积累, 两年享用 1 次), 每月 10 卢布用于赴疗养地的旅途费补贴。对这 450 卢布的获得形式, 从 2006 年起可以自由选择, 可在 2005 年的 10 月 1 日前向养老基金各地的分支机构申请。不愿继续采用这一补贴方式的, 从 2006 年起将把这 450 卢布发放给个人, 由个人自行支配。

属于苏联主体预算负担的货币补贴居民, 主要是战争年代过来的老职工、后方工作人员与历次政治运动受迫害者。

新的法案取消了对全国儿童统一发放的每月 70 卢布的补贴, 不再增加对残疾儿童的补贴, 取消了对无偿献血者的补贴, 取消了农村教师、农村医生和农村文化工作者的 25% 的附加费。同时取消补贴的还有对北方居民的国家补贴和对孤儿的国家补贴。

社会福利货币化的改革, 不论从理论还是从实际生活来看, 都有其合理的方面。一是有利于体现社会公正。据俄罗斯政府副总理茹可夫提供的材料, 在原福利体制下, 约有 9/10 的人享受不到疗养的福利, 70% 人 (主要是农村居民) 享受不到城市交通福利。新的法案采用发放现金补贴, 有资格享受福利的人, 可以将每月得到的现金补贴用到自己需要的地方。二是在腐败严重的条件下, 俄联邦拨往各部门、地区的用于支付社会福利的资金, 不仅往往不能保证有效使用, 而且常常被挪用和偷掉。有统计资料表明, 只有约 20% 的资金能用到特别需要福利的人。这说明原来的社会福利制度与欧洲、拉丁美洲国家一样, 存在的一个严重问题是, 社会福利补贴主要给了中产阶级, 而不是最贫困阶层的居民。世界银行最近一项研究表明, 俄罗斯最穷的 20% 的居民, 得到的社会福利补贴也只占 20%, 但这 20% 的最穷的人理应得到更多的社会福利补贴。三是社会福利货币化后, 对增加居民货币收入和提高购买力是有益的, 从而有利于提高内需以促进经济的发展。

六　缘何重点强调提高人民生活水平

普京执政以来，之所以更多地关注提高人民生活水平问题，这是因为：

首先，普京总结了叶利钦执政时期的经验，深知，要使社会稳定，得到人民的广泛支持，必须坚持不断地提高俄罗斯人民的生活水平。

其次，在叶利钦执政时期，由于俄罗斯经济状况的恶化，导致人民生活水平大幅度下降，使国家基本上不能保证满足人民对教育、卫生保健和文化等方面的要求。这些因素是社会不稳定和改革得不到支持的一个重要原因。普京指出，在他第一个任期的4年里，由于经济摆脱了危机并出现连续增长，生活在贫困线以下的居民虽减少了1/3，但2006年俄罗斯仍有15.8%（2260万）的人口生活在贫困线以下，这仍是一个很大的数目。由于生活水平的下降，健康情况的恶化，重要的健康指标落后于很多国家。例如，俄罗斯平均寿命比美国人短12年，比波兰人短8年，比中国人短5年。这与青壮年死亡率高有关，儿童死亡率尽管在下降，但仍高于发达国家50%到1倍。由于死亡率高，使得人口下降。在最近的未来，俄罗斯将会出现劳动力的短缺。由于这些年来，居民住房建得很少，已盖的房子往往不符合安全和质量标准，并且只有高收入人群才买得起房，这样，使目前很多俄罗斯居民住在破旧的危房中。年轻人家庭无购房能力已经影响到他们生育子女的计划。

第三，工资、养老金等大幅度提高，这是提高居民购买力的基础，从而才能扩大内需。这几年来，扩大内需已成为俄罗斯经济增长的一个因素。

尽管普京执政后，在分配领域采取了一系列政策措施，并把重点放在改善低收入群体，也取得了积极效果，但至今，在俄罗斯分配领域中尚存在一些问题：最为突出的是由于存在垄断、腐败，贫困居民收入的增长落后于富人收入的增长趋势并没有克服而是继续强化，2004年与2005年，10%最富有的居民收入增速为18%—23%，而10%最贫困的居民收入增速不到富人收入增速的1/3。根据俄官方的统计，2001—2005年俄居民实际收入每年增长9%—12%，累计增长60%，但分配结果是明显朝着有利于富人倾斜。10%最富有的居民实际收入增长123%，而10%最贫困的居民实际收入增长只有富人的50%。这导致的一个严重后果是，居民的收入差距越来越拉大，1999年10%最富裕与最贫困的居民收入之间的差距为14倍，2003年为14.5倍，2004年为15.2倍，2005年为14.8倍，2006年15.1倍。另外，俄罗斯房价一直在攀升，像莫斯科等大城市，其房价已居世界前列，使得广大百姓望房兴叹，严重遏制了人民生活的改善。

（原载《中国财经报》2007年8月30日）

俄罗斯经济发展进程与前景分析

可以说，20 年来俄罗斯经济发展经历了复杂而又艰难的过程，它既与经济转型及发展政策有关，亦与国际经济环境变化有关。

一　叶利钦执政时期经济转型危机原因分析

关于俄罗斯经济转型过程中，产生经济转型危机的原因问题，正如我们在前面指出的，有人仅归咎于"休克疗法"，例如，有人说："俄罗斯经济形势和经济转型出现的问题，原因不在别处，而在'休克疗法'本身。""休克疗法""把国民经济搞休克了，把国家搞休克了，把人民搞休克了"。有人还说，"休克疗法"，是"醒不过来的噩梦"。长期以来，笔者一直不同意把俄出现严重的经济转型危机的原因仅仅归结为"休克疗法"的这个结论。我认为，叶利钦时期俄罗斯出现严重的经济转型危机是各种因素作用的结果，因此，必须历史地、全面地分析，切忌简单化。普京在《千年之交的俄罗斯》一文中回答这个问题时写道："目前我国经济和社会所遇到的困境，在很大程度上是由于继承了苏联式的经济所付出的代价。要知道，在改革开始之前我们没有其他经济。我们不得不在完全不同的基础上，而且有着笨重和畸形结构的体制中实施市场机制。这不能不对改革进程产生影响。""我们不得不为苏联经济体制所固有的过分依赖原料工业和国防工业而损害日用消费品生产的发展付出代价；我们不得不为轻视现代经济的关键部门付出代价，如信息、电子和通信；我们不得不为不允许产品生产者的竞争付出代价，这妨碍了科学技术的进步，使俄罗斯经济在国际市场丧失竞争力；我们不得不为限制甚至压制企业和个人的创造性和进取精神付出代价。今天我们在饱尝这几十年的苦果，既有物质上的，也有精神上的苦果。""苏维埃政权没有使国家繁荣，社会昌盛，人民自由。用意识形态化的方式搞经济导致我国远远地落后于发达国家。无论承认这一点有多么痛苦，但是我们将近 70 年都在一条死胡同里发展，这条道路偏离了人类文明的康庄大道。"与此同时，普京也写道："毫无疑问，改革中的某些缺点不是不可避免的。它们是我们自己的失误和错误以及经验不足造成的。"① 我之所以引用了普京上面这些话，因为我认为他讲的是符合实情的，我找不到理由来反对这些看法。笔者认为，应从以下几个方面去研究俄经济转型危机如此严重、时间如此之长的原因。

（一）要从与苏联时期留下很深的危机因素联系起来加以分析

俄罗斯是苏联的继承国。俄罗斯经济继承了苏联经济，两者有着十分密切的联系。导致俄经济转型危机的因素中，不少是苏联时期留下来的，就是说，旧体制、不合理的经济结构与落后的经济增长方式等惯性作用在短期内不可能消除。在转型过程中新旧体制的摩擦、矛盾与冲突比任何一个从计划经济体制向市场经济体制过渡的国家要尖锐和严重。这是因为：

1. 苏联历次改革未取得成功，这样，经济问题越积越多，潜在的危机因素也越来越多。到了 20 世纪 70 年代，苏联经济已处于停滞状态。戈尔巴乔夫改革的失败使苏联经济状况进一步恶化。正如我们前面指出的，苏联经济的负增长在 1990 年就已出现，到 1991 年 GDP 下降 13%，预算赤字占 GDP 的 20%，黄金与外汇储备基本用尽。这发生在没有实行"休克疗法"之前，是不争的历史事实。而实行"休克疗法"的第一年（1992年），GDP 下降幅度是 14.5%，这比 1991 年也并没大多少。而联邦预算赤字占 GDP 的比重是 5%。这比没有实行"休克疗法"的 1991 年低得多。

2. 长期走粗放型的发展道路，明显地影响了经济增长速度与效益的提高。早在 1971 年，苏联就正式提出经济向集约化为主的发展道路过渡，但一直到 1991 年年底苏联解体，集约化的道路仍未取得进展。这种拼消耗、浪费型的经济增长方式长期得不到改变，严重制约了经济的发展。

3. 苏联经济结构严重畸形，军工部门过于庞大，80% 的工业与军工有

---

① 《普京文集》，中国社会科学出版社 2002 年版，第 4—5 页。

关。这严重制约了俄罗斯经济的发展，突出表现在两个方面：一是冷战结束后，世界军火市场大大萎缩，军工生产处于减产和停产状态；二是庞大的军工企业进行所有制改造与向市场经济转轨，要比民用企业难得多，因为军工产品的买主是单一的，即政府，在这种情况下，市场机制难以起作用，政府订货一减少，军工企业便陷入困境，从而对整个工业企业产生重大影响。这里，我们不妨列举一些资料具体分析一下这个问题。普里马科夫指出，苏联解体前军工领域各部门创造的产值占国内生产总值的70%。[①]如此庞大、占 GDP 比重如此高的军工企业，在俄罗斯经济转轨起始阶段由于受上面指出的因素制约，在 1992—1993 年，武器生产几乎下降了 5/6，军工企业生产总规模下降 6/7。[②]上面几个数字告诉我们，占 GDP 70%的军工生产下降了 6/7，这对俄罗斯在经济转型初期经济增长率大幅度下降起多大的作用。还告诉我们，军工生产急剧下降，主要是国际形势的变化与军工企业转型的特殊性造成的。

4. 苏联时期的经济处于半封闭状态，60%左右的对外经贸是与经互会成员国进行的。1991 年经互会解散，导致俄与经互会国家的贸易锐减。与此同时，俄罗斯的产品在国际市场上缺乏竞争力，难以扩大与西方国家的经济关系，这对俄经济的发展必然带来严重的消极影响。据有关材料分析，在经互会解散的 1991 年，苏联 GDP 下降的 50%以上是与经互会方面经济联系遭到破坏造成的。这里还要考虑到苏联解体后，原各共和国之间地区合作和部门分工的破裂对经济产生的严重影响。

这里可以看出，仅军工生产的大幅度下滑和经互会解体这两个因素，对俄罗斯出现经济转轨危机起了多大的作用。我想，这不是一个复杂的数学题。

5. 还有一个不可忽视的因素是，长达 75 年的苏联历史留在人们头脑中的"印迹"———一时难以抹去的陈旧的、习以为常的东西，它们与新体制难以很快合拍，按新规则行事。对此，俄学者分析说："俄罗斯向市场

①　[俄]叶夫根尼·普里马科夫著、高增川等译：《临危受命》，东方出版社 2002 年版，第 62 页。

②　刘美珣·列·亚·伊万诺维奇主编：《中国与俄罗斯两种改革道路》，清华大学出版社 2004 年版，第 350 页。

过渡遇到困难的主要原因是什么呢，是政策不对头，是市场经济模式不好，是俄罗斯民众的独特性，亦或是其他什么原因？如果简单地进行回答，可以说主要原因存在于向市场经济过渡开始前的 75 年的历史中。历史并没有无声无息地流逝，而是留下了痕迹和遗产，因为它在人们头脑中和各个领域都打下了'印迹'。在国家机构中，在今天的政治家的活动方式中，在今天企业经营的特点中，在企业的经理、专家和工人当中，在本身带有过去特征和社会遗产的整个目前的社会当中，历史都留下了自己的印迹。"①

6. 由于叶利钦在推行激进改革时，既没有制订详细的计划，也没有在事先与获得主权的共和国就政策协调达成协议，这样一开始就给货币体系稳定带来了很多不确定因素，因为，人们不清楚，原来的卢布是否将保留，还是仅缩小到俄罗斯联邦地区，再说，想留在卢布区的共和国，也没有提出明确的财政与信贷政策，俄对其货币金融政策的监督是否有效。另外，不少主权国家都准备发行自己的货币，这种情况下，使大量的货币流入俄罗斯，而商品从俄罗斯流走，这就在很大程度上使得宏观经济更加不稳定，经济更加困难。②

（二）要从经济转型过程中出现的矛盾与失误角度加以分析

在这方面有两类问题：一类是俄罗斯实行快速向市场经济过渡而所采取的措施本身所含有的内在矛盾，③ 它对经济发展带来的困难；一类是转轨过程中出现的政策失误。

第一类问题：内在矛盾。

1. 快速地向市场经济过渡的目标是要稳定经济，但为此而采取的措施

---

① ［俄］П. Я. 科萨尔斯等著、石天等译：《俄罗斯：转型时期的经济与社会》，经济科学出版社 2000 年版，第 35 页。

② 参见 ［俄］博戈莫洛夫著、张弛译：《俄罗斯过渡年代》，辽宁大学出版社 2002 年版，第 139—140 页。

③ 关于"内在矛盾"的观点，笔者早在 1993 年 2 月撰写的一份调研报告中就提出。同年 3 月在厦门大学一次学术研讨会上，在向会议提交的题为《前苏联与东欧各国向市场经济过渡若干问题分析》论文中，又详细地作了分析。该论文收集在由陆南泉、阎以誉编著的《俄罗斯·东欧·中亚经济转轨的抉择》一书中（见中国社会出版社 1994 年版）。

往往与目标相矛盾。这表现在：

第一，俄罗斯在转轨起步阶段，其经济处于深刻危机状态，原来的经济结构严重畸形，市场供求关系极不平衡。这种情况下，客观上要求政府加强对经济的干预，有时还需要采取一定的行政手段。但快速地、大范围地放开价格，实行经济自由化，一般会使政府的间接调控和行政干预的作用大大减弱，甚至根本不起作用，这样，不仅达不到稳定经济的目标，反而使经济更加混乱和动荡不安。

第二，稳定经济与紧缩财政与信贷政策之间有矛盾。俄罗斯在转轨前几年，经济危机与财政危机一直并存。从客观上讲，要遏制生产下降，稳定经济，就要求增加投资，放松银根。而解决财政赤字问题和控制通胀，又必须压缩支出，减少国家投资和紧缩信贷，这与稳定经济、促进生产的发展又相矛盾。

第三，大幅度地减少财政赤字，除了压支出还要增收，而增收的主要办法是增加对企业的课税。增加对企业课税的结果实际上是把企业掠夺一空，刺激生产发展的机制就形成不了。

2. 原苏联与东欧各国经济的一个重要特点是垄断程度高，如原苏联，40%的工业产品受垄断的控制。在垄断没有打破的情况下放开价格，很难达到刺激生产的目的。因为，往往会出现由国家垄断价格变成某部门、某地区甚至某个大企业的垄断价格。这样，难以形成市场竞争环境。

3. 在向市场经济过渡的起步阶段，实施的像放开价格等宏观改革措施与使企业成为独立的商品生产者的微观改革措施，发挥作用的条件与时间是不同的。例如，放开价格等措施在极短时间内即可实现，而私有化则是一个较长时间的过程，企业机制的转轨难以在短期内实现，因此，企业对转向市场经济的宏观改革措施所发出的各种经济信号不能作出灵敏的反应。又如，要形成能适应市场经济的企业领导层和改变广大生产者的惰性，也不是短时间能做到的。

4. 打破对外经济关系垄断制，向国际市场全面开放，是向市场经济过渡的重要外部条件。但这会立即面临激烈的竞争，而俄罗斯的生产设备只有16%能承受住竞争的压力。在这种情况下，加速对外开放的宏观改革措施与保护及促进本国企业发展的微观改革措施难以协调。

　　以上种种矛盾，往往会拖延向市场经济过渡的速度，使社会经济的动荡与痛苦变成一个慢性的和长期的过程，成了在短期内难以摆脱经济困境的一个重要原因。

　　第二类问题：政策失误。

　　1. 放弃了国家对经济的调控。这在俄罗斯转型头几年表现得尤为突出。当时盖达尔主张，应该采取措施，以最快的速度在俄形成自我调节和自我组织的市场经济，国家应最大限度地离开市场经济。到 1994 年 2 月 10 日，盖达尔在《消息报》发表文章还强调："要尽最大可能减少国家对经济的管理。"十分明显，当时俄经济转轨在新自由主义影响下，强调国家放弃对经济的干预，强调市场的神奇力量。没有摆正政府与市场的关系。1994 年 3 月，俄罗斯对专家就国家对经济的作用问题进行了调查，受调查的专家中，认为"国家对经济的调节力度过于软弱"的占 57%。① 关于这一点，几乎有一致的看法。普里马科夫批评说："现代自由主义作为一种经济思想，过去和现在都在宣扬在国家最少干预管理对象活动的条件下实行自由竞争。"他认为，要在俄罗斯实现公民社会，政治多元化，继续市场改革，把俄罗斯经济作为世界经济的有机部分发展，"首先必须加强国家对经济的作用，但完全不意味着，也不可能意味着收缩市场过程。与此相反，我们认为国家应当促进转入文明的市场。没有国家认真干预，混乱的运动本身不会也不能出现这一市场"。② 阿巴尔金指出，对形成市场经济过程中加强国家作用的看法，国内外多数学者持一致的看法，他转引美国约瑟夫·斯蒂格利兹等三名获得诺贝尔经济学奖的学者的观点说："他们认为，绝对自由的、自发的市场发展会导致经济中的失衡现象。尖锐的、不可调节的冲突会造成不稳定现象并出现社会危机和动荡。为了防止这些弊端，按照他们的意见，必须有规律地增加国家的调节作用。"③

　　2. 过度的、无区别的紧缩政策恶化了宏观经济环境，还危及企业的基

---

　　① ［俄］］П. Я. 科萨尔斯等著、石天等译：《俄罗斯：转型时期的经济与社会》，经济科学出版社 2000 年版，第 64 页。

　　② ［俄］叶夫根尼·普里马科夫著、高增川等译：《临危受命》，东方出版社 2002 年版，第 21、36、37 页。

　　③ ［俄］李刚军等译：《阿巴金经济学文集》，清华大学出版社 2004 年版，第 294 页。

本生存条件。俄罗斯在实行经济自由化特别是价格自由化过程中，为了抑制通胀，需要实行紧缩财政、货币政策。但俄罗斯没有在不同的时间、不同的部门实行适度紧缩，而是全面紧缩，不加区分，结果造成投资大幅下降，1995 年俄罗斯投资总额仅为 1990 年的 25%。投资危机在经济危机中最为突出。另外，货币供应量和信贷投放量的过度紧缩，使企业由于缺乏必要的资金而难以进行正常生产经营活动。实践证明，过度的紧缩政策既没有达到稳定经济的目标，也没有达到平衡财政的目标。还需要指出的是，过度紧缩政策，还导致三角债大量增加，并出现经济货币化大幅度下降与严重的支付危机。俄罗斯很多经济问题都与三角债有关。过度紧缩使货币量大大减少。经济转轨之初的 1992 年 1 月，货币量占 1991 年 GDP 的66.4%，大体与世界实践相适应。到 1998 年 6 月 1 日货币量仅占 1997 年GDP 的 13.7%。[1] 累积的债务率不断增加，1993 年占 GDP 的 9.6%，而到1998 年则高达 49%。[2]

3. 软性预算控制措施与软弱无力的行政控制手段，是俄罗斯长期解决不了财政问题的重要原因。IMF 出版的《金融与发展》季刊 1999 年 6 月号，盖达尔写了一篇文章，总结俄罗斯危机给转轨国家带来的教训。他认为俄罗斯改革中最重要的一个失误是："软性预算控制措施与软性或不存在的行政管理限制灾难性地融合在一起。"过去，在计划经济体制条件下，软性预算措施是与硬性的行政管理措施共存的。由于每个企业都是某个庞大的统治集团的一部分，因此国家牢牢控制着经理的任用，还要确保这些经理完成赋予他们的任务，企业经理人员完全处于集权化的政治控制体系中，他们必须循规蹈矩。虽也有掠取企业财富的犯罪行为，但受到限制。而当这种集权化的计划经济体制崩溃之后，对企业经理人员的行政控制也就瓦解了。这样，造成的结果是，每年的税收计划往往只能完成 50% 左右，而大量的财政支出压不下来，财政危机不断加深。1998 年的"8·17"金融危机是说明这一点的典型例子。从这一年上半年预算执行情

---

① ［俄］叶夫根尼·普里马科夫著、高增川等译：《临危受命》，东方出版社 2002 年版，第 47页。

② ［俄］李刚军等译：《阿巴金经济学文集》，清华大学出版社 2004 年版，第 242 页。

况来看，俄竟有一半以上的预算支出没有资金来源。这种状况一直延续下去，与此同时，还债的压力越来越大，并已完全丧失了偿还债务的能力，到了 8 月，俄政府与央行不得不宣布调整卢布汇率与重组债务。

4. 国企改革中的失误，对俄经济发展起着不可低估的负面作用。从传统的计划经济体制向市场经济体制过渡，一个重要条件是要把过去统一的、过分集中的以国家所有制为基础的经济变为与市场经济相适应的所有制关系。俄罗斯改革所有制结构，是实行市场经济必不可少的一步。它在这方面的错误，不在于搞不搞私有化，而在于私有化的战略目标与方式等方面出现了严重的错误。

5. 对西方国家的经济援助期望过高。俄在转轨初期，原设想只要沿着西方国家认同的改革方向发展，与社会主义决裂，就可获得西方国家大量资金。实践证明，西方国家的经济援助不仅数量有限并有苛刻的政治条件，援助的目的是为西方国家自身的安全利益服务的，即要使俄长期处于弱而不乱状态。经过几年后，俄罗斯对此才有较为清醒的认识。

6. 分配领域中的失误。市场经济要求效率优先、兼顾公平的原则，在俄经济转轨过程中的相当一个时期未能实现这个原则。转轨一开始，由于盖达尔坚持实行自由市场经济模式，因此，在社会与分配领域，他坚持的政策是：国家只负责保护社会上最贫困的那部分居民。这样，在废除苏联原有的社会保障体制同时，并未采取有效的社会公正政策来遏制各阶层收入差距的不断扩大。据俄罗斯统计资料，10% 的富有阶层的收入与 10% 的最低收入阶层的收入差距在 1991 年为 4.5 倍，1992 年为 8 倍，1993 年为 11 倍，1994 年与 1995 年上升到 14 倍左右，1999 年的第二季度升至 14.7 倍。90 年代中期，俄社会中 10% 的高收入阶层占居民总收入的 26%，而占人口总数 10% 的贫困阶层的收入仅占总收入的 2.3%。[1] 另外，国家基本上不能保证教育、保健与文化等一系列社会问题要求得到满足。这种分配政策，使得大量社会问题得不到解决，大多数居民与政府处于对立状态。这是社会不稳定、改革得不到支持、市场经济秩序迟迟建立不起来的一个重要原因。

---

① 转引自张树华：《过渡时期的俄罗斯社会》，新华出版社 2001 年版，第 111—112 页。

（三）政治因素对经济衰退的作用。

很长一个时期，俄罗斯政局的不稳定是阻碍经济转型和经济正常运行的重要因素。向市场经济过渡要求有一个稳定的社会政治环境，法制建设必须要跟上。俄罗斯在向市场经济转轨的开始阶段，经济过渡与政治过渡之间存在严重的脱节和不协调。1993 年 10 月叶利钦炮打白宫以及政府的不断更迭，不仅反映出政治体制的不成熟、不稳定及不定型，还反映出各种职能机构之间缺乏协调机制，失控现象十分严重。在这样的条件下，俄罗斯难以形成一个在实际中能贯彻执行的经济纲领，从而也就导致经济运行处于混乱、无序的状态。这种复杂的动荡不定的政局，一场接一场的政治风波，使得俄罗斯经济变得更加脆弱，更加扑朔迷离。

（四）转轨理论准备不足。

在苏联时期，经济理论在意识形态的重压下，对市场经济理论主要是批判，对现代市场经济理论根本不熟悉，因此，在快速向市场经济转轨时，就会对西方市场经济理论不顾俄罗斯具体条件而盲目运用到经济改革中来。正如俄罗斯科学院经济学部在对十年经济转轨进行反思时提出的："不能把改革失败的全部过失归咎于俄罗斯当今的改革派。不管情愿与否，必须承认，改革失败的重要原因之一在于经济学对改革的总体理论准备不足。"

二　普京执政时期的俄罗斯经济

2004 年 5 月 26 日，普京在其连任后第一次发表的总统国情咨文中说，从 20 世纪 90 年代初起，俄罗斯在发展中走过了几个阶段。第一阶段是打破过去的经济体系，习惯的生活方式也随之被打破，出现了尖锐的政治和社会冲突，社会经历了严重困难。而第二阶段是清除旧建筑坍塌的废墟，同时成功地制止了最危险的经济和政治发展趋势。普京认为，在不久前才开始走向发展现代化俄罗斯国家的第三阶段。在这个阶段俄罗斯才有可能高速发展，有可能解决大规模的社会问题，才有了足够的经验和必要的手段，可以为自己提出真正长期的目标。

显然，俄罗斯发展的第一阶段系指叶利钦执政时期，第二阶段系指普京总统的第一任期，而第三阶段系指起始于普京当选第二任总统。普京把他第一任期即俄罗斯发展第二阶段的主要政绩，简要地归结为成功地制止了最危险的经济和政治发展趋势。

（一）第一任期的主要经济成就

普京执政的第一任期，在经济领域取得的主要进展表现在：

从经济发展来讲，使俄罗斯经济从严重的危机状态摆脱出来，走向复苏，进入了经济增长期。经济成果主要表现在：

在普京第一任期的 4 年内，GDP 累计增长近 30%。由于经济摆脱了危机并出现连续增长，使俄罗斯过去丧失的经济潜力已弥补了 40%，但还没有达到 1989 年的水平。2003 年俄罗斯 GDP 总量（按卢布汇率计算）为 4315 亿美元；

人民生活水平有了明显提高。1999 年职工月均工资为 64 美元，养老金仅为 16 美元，并且经常不能按时发给。而到 2003 年这两项指标分别增加到 180 美元和 60 美元。这 4 年居民的实际收入增加了 50%。生活在贫困线以下的居民从 1999 年占总人口的 29.1% 下降到 2003 年的 22.5%。失业率从 1999 年的 12.66% 下降到 2003 年的 8.4%；

一些重要的宏观经济指标有改善。在普京的第一任期内，偿还外债 500 多亿美元，而并未引起财政紧张。连续几年出现预算盈余，2003 年预算盈余占 GDP 的 2.5%。通胀率得到控制，2003 年未超过 12%。1998 年金融危机后，几乎枯竭的外汇储备，到 2003 年达到了历史最高水平，为 790 亿美元，仅 2003 年一年就增加 300 亿美元。2004 年为 1200 亿美元；

从经济转型来讲，由于普京第一个任期的中心任务是治理混乱的政治局面和摆脱经济危机并使其稳定发展，因此，在为实现经济转型过程中的改革并不占主导地位。但并不等于说普京在经济体制方面一点儿也没有进行改革。应该说，他还是采取了一些改革措施。特别在土地私有化与税制方面的改革，都取得了很大进展。但改革措施的一个重要特点是，从总体来看，是叶利钦时期在各个经济领域已开创的改革的继续与发展。普京在经济转轨的方向性问题上，一方面坚持走市场经济的道路，上台后反复强调要把市场经济改革一直进行下去；另一方面，在坚持继续推行市场经济改革的前提下，在总结叶利钦时期经济转轨过程中出现在各种失误的基础上，普京在 1999 年年底提出将"领导俄罗斯走向一条既不盲目信奉自由主义，也不重新推行共产主义的'第三条道路'"。他还认为："我们只有将市场经济和民主制的普遍原则与俄罗斯的现实有机地结合起来，我们才会有一个光明的未来。"[1] 普京提出的在经济转轨方面的第三条道路有多层次的含义，涉及国家与经济的关系，改变转轨方式，调整社会政策，等等。[2]

（二）普京实行的经济政策与发展方针

可以说，普京实行的"自由经济"政策与发展方针强调的战略是，通过政治上建立强有力的国家政权体系与加强中央权力，保证俄罗斯实现市场经济的改革。1999 年 11 月普京就明确地说："我相信，只有市场经济能让我们实现目标。政府必须把市场经济改革一直进行下去，直至市场经济能够全面运作时为止。"[3] 2000 年 1 月 18 日，普京在新一届杜马的讲话也表示了俄罗斯将广泛实施以市场为导向的经济，他敦促国家杜马批准久拖未决的土地私有化。同时，普京强调，这种市场经济不是像叶利钦时期那样的野蛮的资本主义市场经济，而是文明的、建立在法律与平等竞争基础上的市场经济，这也是一种符合市场经济一般原则要求的"自由经济"。普京认为，在保持强有力的中央政治控制下推行"自由经济"，对推动市场经济的改革与经济发展可取得最佳效果。

这里要指出的是，有关实行"自由经济"的改革与发展方针，是普京反复强调的一个基本观点。他在 2000 年的总统国情咨文中说："我们极为重要的任务是学会利用国家工具保证各种自由：个人自由、经营自由、发展公民社会机构的自由。""我们的战略方针是：减少行政干预，增加经营

---

① 《普京文集》，中国社会科学出版社 2002 年版，第 6 页。

② 有关第三条道路的内容，详见陆南泉：《俄罗斯：从叶利钦到普京》一文，《世界经济与政治》2000 年第 6 期。

③ 转引自《开放导报》2002 年第 7 期。

自由——生产、买卖和投资的自由。"① 2000 年 7 月在对《消息报》记者谈话时又强调："应该保护经济自由。"② 2001 年 7 月在一次记者招待会上讲："我们明白俄罗斯努力方向是什么，即追求经济的自由化，杜绝国家对经济的没有根据的干预。我要说明一点：只是杜绝没有根据的干预，不是完全取消国家的调节职能，而是要杜绝没有根据的干预。"他还接着说，在经济领域，始终不渝地反对经济官僚化，而主张经济自由化。③ 在 2001 年 10 月的一次讲话中指出："我们主张经济制度的自由化。"④ 我想不必再引证普京有关主张经济自由化的言论了。笔者认为，经济自由化或自由经济，是普京的一贯思想，至今并没有发生变化。

普京为了有效地实行其"自由经济"的改革方针，曾提出了以下政策措施：

（1）应当保护所有权。国家应当确保股东能够获得有关企业经营情况的信息，防止资产流失。公民的财产所有权应当得到保护，他们的住房、土地、银行存款及其他动产和不动产的所有权应当得到保障。2005 年 4 月，普京总统发表的国情咨文中再次强调，"私有财产的不可侵犯性是一切交易活动的基础"。（2）保证竞争条件的平等。不允许一些企业被国家置于特权地位。因此，应当取消各种毫无根据的优惠及对企业实行毫无理由的各种直接与间接的补贴。（3）使经营者不受行政压迫。国家应始终避免对经营活动进行过多的干预。应当发挥法律的直接效率，将部门的指示减少到最低限度，消除对法规文件进行双重解释的现象。此外，还应简化企业登记、鉴定、拟定投资项目等活动的程序。（4）减轻税负。目前的税制加剧了普遍的偷税漏税和影子经济，降低了投资的积极性，最终导致俄罗斯国家竞争力的下降。（5）发展金融基础设施。当前，俄应该把没有生命力的金融机构清除出银行系统，保证银行活动的透明度。证券市场应当成为募集投资真正的机制，资金应当放到最有前途的经济部门。（6）实行

---

① 《普京文集》，中国社会科学出版社 2002 年版，第 81、86 页。
② 同上书，第 102 页。
③ 同上书，第 373、382 页。
④ 同上书，第 446 页。

现实的社会政策。这是俄罗斯经济改革与发展经济最为重要的任务。①

(三) 普京第二任期的经济状况。

普京在第二任期经济继续保持较快的增长速度。2004 年 GDP 增长率保持在 7.2%，2005 年为 6.4%（GDP 为 21.67 万亿卢布，合 7658 亿美元，人均 GDP 超过 5300 美元）。职工月均名义工资约为 320 美元，增长 25% 左右，月均实际工资增长 9.3%。到 2005 年贫困人口下降为 2670 万—2900 万人，约占全国人口的 1/5，其月收入不超过 1000 卢布。2006 年 GDP 增长 6.9%。按购买力平价计算，俄罗斯人均 GDP 已超过 1 万亿美元。2006 年通胀率已降为 1 位数（为 9%）。居民实际可支配收入增长 11.5%，失业率下降为 7.4%。俄罗斯政府外债大量减少。在 2005 年偿还了巴黎俱乐部 150 亿美元之后，2006 年偿还外债 337 亿美元，外债余额占 GDP 的 5%。2007 年 GDP 增长 8.1%，工业增长 6.3%，农业增长 3.35%，固定资产投资增长 21.1%；2008 年 GDP 增长 5.6%，工业增长 2.1%，农业增长 10.8%，固定资产投资增长 9.1%。

总的来说，普京执政期间俄罗斯经济形势明显好转。按照普京 2007 年提出的总统国情咨文的说法，"目前俄罗斯不仅彻底度过了漫长的生产衰退期，而且还进入了世界十大经济体的行列"。

普京执政期间经济不断回升，出现了较快的发展态势，其主要原因有：

1. 普京执政以来，一直把俄罗斯内外政策的着力点放在发展经济上，强调俄罗斯的最主要危险依然是经济方面，最主要的任务是保证经济增长。2006 年 5 月普京发表的总统国情咨文中再次强调："必须争取高速发展经济，并把这作为绝对优先目标。"普京之所以坚持要求经济的高速增长，其主要考虑因素有：

首先，在普京看来，实现经济高速增长是俄罗斯对所遇到的国内外各种挑战和威胁的唯一回答。

其次，普京竞选总统时提出了富民强国纲领，如果增长速度上不去，

---

① 《普京文集》，中国社会科学出版社 2002 年版，第 87、89 页。

那就无法实现这个纲领。

第三，低速增长，意味着俄罗斯 21 世纪初在经济上难以缩小与发达国家的差距，从而使俄罗斯难以成为强国，而这是普京步入政坛以来最为重要的政治理想。

第四，在经济力量成为国际斗争中最重要的、决定性力量的当今世界，经济上不去，俄罗斯就很难与它作为多极世界中一级的地位相称。

2. 经济发展的宏观条件有了很大改善，这里主要指的是政局较为稳定。这与我们在第一章指出的普京采取强力中央权力的措施有关。中央权力的加强，不仅有利于克服叶利钦时期政治无序的状态，并且也有利于强化国家对宏观经济的调控。

3. 有利的国际市场行情。这里主要与能源等原材料产品价格大幅度上涨有关。"9·11"事件后，国际市场石油等原材料价格急剧上扬，对俄罗斯经济起了很大作用（见下表）。

1999—2006 年能源及其他原材料产品的国际价格涨幅情况

年份	1999	2000	2001	2002	2003	2004	2005	2006
布伦特牌原油，美元/桶	15.9	28.19	24.84	25.02	28.83	37.4	54.38	65.15
天然气，美元/百万英制热量单位	2.19	4.34	3.98	3.39	5.46	5.99	8.87	12.2
汽油，美元/加仑	0.52	0.89	0.79	0.76	0.89	1.20	1.508	1.81
铜，美元/吨	1540	1864	1614	1593	1786	2808	3606	6851.4
铝，美元/吨	1318	1550	1445	1351	1425	1693	1871	2619.4
镍，美元/吨	5240	8624	5966	6175	9581	13757	14692	22038

资料来源：［俄］《2006 年俄罗斯经济：趋势与前景》（《过渡经济研究》第 28 期）。

从上表中可以看出，原油价格上涨的幅度很大，每桶石油从 1999 年的 15.9 美元上涨到 2006 年的 65.15 美元。还应看出，俄罗斯出口结构中，石油等原材料产品占出口总额的 80% 左右。

以上一些因素，使得出口对俄罗斯 GDP 增长保持很高的贡献率。例如，2000 年俄罗斯出口石油 1.45 亿吨，比上年增长 7.1%，但石油出口收入却比上年增长 78.8%，为 253.3 亿美元。对此，普京明确指出，2000年的经济增长"在很大程度上是良好的国际市场行情造成的"。① 俄罗斯杜马信贷政策委员会主席绍兴指出，2000 年俄罗斯经济增长中有 70% 是外部因素作用的结果，内需的贡献率为 30%。而 2001 年出现了相反情况，内需的扩大对经济增长的贡献率为 70%，而出口贡献率下降为 30%。2002 年出口贡献率又上升为 60%，2003 年为 75%，2004 年为 70%。俄罗斯政府认为，这几年来，经济增长的外部因素与内部因素各占一半，而经济学界普遍持不同意见。②

4. 内需扩大对经济增长的作用在提高。在我们看到外部因素对俄罗斯经济增长起着重要作用的同时，亦不能忽视这几年来内需扩大对经济的影响。这表现在：一是投资呈增长趋势。2001 年投资增长率为 8.7%，2003—2005 年增长率一直保持在 11% 的水平，2006 年为 13.5%；二是随着居民实际收入迅速提高，消费需求在扩大。普京执政以来，实际工资、居民货币收入、养老金、居民最低生活费与社会补助五个方面的超前增长（工资增长速度超过 GDP 增长速度；居民货币收入年均增长率超过 GDP 年均增长率；养老金、居民最低生活与社会补助增长率超过职工工资增长率）政策。由于实行上述政策，自 2000 年以来，居民的实际收入增加了一倍以上。③ 这使俄罗斯零售商品流转额保持较快的增长率，近几年来，增长率保持在 12% 的水平。普京上台后，特别重视社会问题和广大居民的生活水平，强化经济政策的社会化进程。他在 2005 年与 2008 年总统国情咨文中，都强调住房、教育与医疗问题，提出让老百姓看得起病、买得起房与上得起学的基本社会政策。在这一社会政策的影响下，内需扩大对俄罗斯经济增长的作用是日益提高的趋势。

---

① 《普京文集》，中国社会科学出版社 2002 年版，第 80 页。
② 据我们科学院院士阿甘别基扬于 2004 年 17 日在中国社会科学院俄罗斯东欧中亚研究所的一次报告中提供的材料，1999—2004 年 6 年期间，俄罗斯 GDP 的增长率，70% 是国际市场能源及其他原材料价格上涨的结果。
③ 参见普京 2007 年 4 月向俄罗斯联邦会议发表的国情咨文。

三 梅普组合后的俄罗斯经济转轨与发展政策

(一) 经济转型与发展政策的基本趋向

2008 年 5 月 7 日梅德韦杰夫正式成为俄罗斯第三任总统，8 日普京被俄国家杜马批准为政府总理。这样，"梅普政权"正式形成。

国内外舆论认为，梅普结合将会更加重视经济的发展。俄罗斯学者指出："梅德韦杰夫和普京联手意味着现政府开始的改革进程会继续下去。这也是将会更加重视经济问题的一个重要信号。"① 为了使普京执政时期的经济政策继续下去，加快经济与社会的发展，普京在其离任前的 2008 年 2 月 8 日在俄罗斯国务委员会扩大会议上作了题为《关于俄罗斯到 2020 年的发展战略》的讲话（以下简称《发展战略》）。可以说，这为俄罗斯今后 12 年经济社会的发展规定了大的框架。该《发展战略》基本政策是：

1. 从战略目标层面来讲，与普京一上台就提出的和执政 8 年期间推行的富民强国战略是一致的。普京在讲话中集中论述了今后 12 年俄罗斯经济社会发展战略和与此相关的重要政策，其基本点仍是加快经济发展，提高经济效益，尽快提高人民物质文化生活水平。普京还提出了一些重要的、具体的战略目标：根据国际专家的资料，按购买力平价计算的 GDP 总值算，俄罗斯 2007 年已超过了"八国集团"中的意大利和法国，已进入世界最强的 7 个经济体的行列。另据有关资料分析，到 2020 年俄罗斯经济将进入世界 5 强之一，按照购买力平价计算的人均 GDP 从目前的 1.37 万美元增加到 3 万美元，增长 1.2 倍。三口之家的住房面积不少于 100 平方米。到 2020 年前中产阶级在总的居民结构中最低限度不少于 60%，也许不能少于 70%（而全世界从目前的 30% 上升到 2020 年的 52%）。在 12 年内，俄罗斯经济主要部门的劳动生产率至少要提高 3 倍。人均寿命在 2020 年前提高到 75 岁，死亡率减少 1/3。家庭收入差距要从现在不可接受的 15：1 的大幅度悬殊降到更为合适的程度，等等。上述目标将分三个阶段实现：2008—2012 年为跨越准备阶段；2013—2017 年为

---

① [俄]《观点报》，2007 年 12 月 17 日。

跨越阶段；2018—2020 年为巩固与扩大阶段。

2. 从政策层面来讲，这次《发展战略》与普京执政 8 年期间相比，更加突出以下几个相关联的问题：

第一，经济实行创新型发展。普京强调，这是俄罗斯"唯一的选择"，"创新发展的速度必须从根本上超过我们今天所有的速度"。①

第二，增加人力资本投入。普京讲："要过渡到创新发展道路上去，首先就要大规模地对人的资本进行投资。"②"俄罗斯的未来，我们的成就都取决于人的教育和身体素质，取决于人对自我完善的追求，取决于人发挥自己的素养和才能。""因此，发展国家教育体系就成了进行全球竞争的一个要素，也是最重要的生活价值之一。"③ 为此，俄罗斯计划用于教育与医疗卫生的预算支出占 GDP 的比重分别由 2006 年的 4.6%、3%增加到2020 年的 5.5%—6%、6.5%—7%。同时，普京强调科研的重要性，要为科研活动创造良好的环境。另外要着力解决住房问题，提高医疗卫生水平。

第三，积极发展高新技术，因为这是"知识经济"的领航员。普京认为，俄罗斯今后重点发展的高科技主要是：航空航天领域、造船业和能源动力领域，还有发展信息、医疗和其他高新技术领域。

第四，调整经济结构。普京说，尽管最近几年俄罗斯取得了一些成绩，但经济并未摆脱惯性地依赖于能源原料的发展版本。俄罗斯也只是局部地抓住经济的现代化。这种状况将不可避免地导致俄罗斯不断依赖于商品和技术的进口，导致俄罗斯担当世界经济原料附庸国的角色，从而在将来使俄罗斯落后于世界主导经济体，把俄罗斯从世界领头人的行列中挤出去。④

3. 从推行经济发展与改革层面来讲，朝着经济更加自由化的方向发展。不论西方还是俄罗斯国内，普遍认为，2008 年 2 月 8 日的讲话，"这是普京近年来自由主义色彩最浓的一次讲演，其社会领域的主张更加温

---

① 《普京文集》，中国社会科学出版社 2008 年版，第 677 页。

② 同上。

③ 同上书，第 678 页。

④ 同上书，第 676—677 页。

和"。他的战略"重点是发展有竞争的市场经济、强大的国家和负责任的社会政策"。①

为了发展有竞争能力的市场，使经济朝着更加自由化方向发展，普京在他提出的《发展战略》中，承诺将实行自由主义的改革，主要包括的内容有：

第一，大幅度降低税负，以刺激投资，增加国内需求。普京在《发展战略》的讲话中提出："必须积极地运用税收机制来刺激发展人的资源的投资。为了做到这一点，就必须最大程度地减免公司和居民的税收"。②

第二，创造条件发展中小型私营企业。普京指出，现在，在俄罗斯要干中小企业太难了。但要解决就业和发展经济，也取决于从事小企业的条件有多便利。③

第三，减少国有企业在经济中的比重。俄罗斯工业家与企业家联盟主席绍欣指出：普京在2008年2月8日之前，曾两次谈及俄罗斯不打算建立国家资本主义，并说：国家集团公司不应包揽一切，更不会限制实业界的利益或压缩私营企业。绍兴认为，这是一个转向自由化改革的重要信号。④普京在《发展战略》的讲话中强调："必须消除对经济的过分挤压，这种挤压成了经济发展的一个主要阻力。"⑤

第四，推行行政体制改革，提高政府绩效。普京尖锐地指出："俄罗斯经济今天所面临的问题主要就是效率极低。""国家机器在很大程度上是一个官僚化的、腐败的制度，它没有谋求积极的动力，更谈不上有谋求急速发展的动力。""国家管理的一个主要问题依然是权力过分集中。"普京提出，"政府应该成为提出思想、制定战略规划的智囊中心"。"而不是一个劲儿找无关紧要的细节，在鸡毛蒜皮上下功夫。"⑥ 在行政体制方面最为突出的一个问题是，腐败严重。普京对此作了以下的描述：

---

① 参见俄罗斯政治评论网2月11日刊登的政治艺术中心分析部主任塔季扬娜·斯坦诺瓦娅题为《集体普京的"集体计划"》一文。

② 《普京文集》，中国社会科学出版社2008年版，第679页。

③ 同上书，第682页。

④ ［俄］《共青团真理报》，2007年12月13日。

⑤ 《普京文集》，中国社会科学出版社2008年版，第683页。

⑥ 同上书，第680、683页。

"要是看一下，联邦中央在地方上的机构，它们在地区和地方机构的支持下都在干些什么，简直要吓一跳。直到现在，要开创个自己的什么事儿，一连几个月都办不到。无论到哪个机构：到消防站、到医疗点、到妇科大夫那里，无论是你要找个什么人，到处都要带着贿赂去，简直太可怕了！"①

第五，形成独立的司法体制，以保障企业的权益，使其不受官僚摆布。

第六，实行广泛的社会计划，要集中力量解决住房、教育、医疗保健、提高养老金等。但在这方面，普京一方面强调要增加政府的投入，另一方面又强调今后要让公民在解决这些问题时本身要做出努力。普京在《发展战略》的讲话中提出："要创造这么一个条件，让公民能够独立地解决自己的住房问题。"②

以上我们从经济社会发展的几个层面，分析了普京提出的俄罗斯到2020年的发展战略。这是俄罗斯今后12年发展的综合计划，也是普京政府要推行的基本经济社会发展政策。

（二）梅德韦杰夫的经济社会发展政策思路

梅德韦杰夫并没有提出俄罗斯今后经济社会发展战略。普京在2008年2月14日的年度记者招待会上说："俄罗斯总统候选人，第一副总理德米特里·梅德韦杰夫于2月15日即将在克拉斯诺亚尔斯克经济论坛上发言时提出的经济规划，是对作为国家2020年前发展战略的普京计划的补充。"他接着说："梅德韦杰夫的发言不是对国家未来10年发展规划，而是对国家未来4年发展规划的建议进行了补充、细化和发展。"

应该说，不论是当前还是今后时期，梅普发展战略目标是一致的，都要实行富民强国战略，加速经济发展，提高人民生活水平，强化市场化改革方向。梅德韦杰夫一再强调，将沿着普京的路线走下去，要继续执行普京执政时期的政策。

---

① 《普京文集》，中国社会科学出版社2008年版，第682页。
② 同上书，第679页。

　　从梅德韦杰夫在克拉斯诺亚尔斯克经济论坛上的讲话来看，他提出的经济发展方向有 4 个：国家制度化建设、基础设施、创新与投资。为了使以上 4 个重点发展方向得以实施，他指出要完成以下 7 个任务：（1）克服法律虚无主义；（2）彻底减少行政障碍；（3）减轻税务，以刺激创新和私人投资流入人力资源领域；（4）创建能成为世界金融稳定柱石的强大且独立的金融系统；（5）将基础设施进行现代化改造；（6）形成创新体系；（7）实现社会发展纲要。

　　很明显，不论重点发展方向的 4 个方面还是为此要实现的 7 项任务，都与普京的今后 12 年的发展战略构想是吻合的。

　　但要指出的是，不能从以上的分析得出梅普在今后经济社会发展中政策完全一样的结论。从目前一些信息与有关材料来看，在总体上梅德韦杰夫将继续执行普京的政策特别是沿着今后 12 年的发展战略构想走下去，在此条件下，不排除在某些问题的政策侧重点会有所不同。从治国理念来说，梅普都强调强国与国家利益，但梅德韦杰夫在强调上述理念的同时，又特别强调公民的自由。2008 年 5 月 7 日，梅德韦杰夫在宣誓就职的演讲中说："人权和自由在我们的社会被认为是最高的价值，正是这两点决定着所有国家活动的意义和内容。"他认为，"自己最重要的任务是继续发展公民自由，为自由和具有责任感的公民实现自我价值和国家繁荣创造宽泛的条件。"据可靠的说法，梅德韦杰夫的就职演说是由他本人撰写的。2008 年 11 月 5 日，梅德韦杰夫所作的首个总统国情咨文中，又特别强调指出，宪法所保障的个人自由和民主体制的成熟程度是俄罗斯今后发展的源泉。他还说，通过宪法来扩大经济与商业自由，形成中产阶级、发展中小企业与建立创新经济。

　　从经济社会发展思想来看，梅德韦杰夫主张更自由化一些。俄罗斯经济评论网 2008 年 2 月 11 日的一篇评论说："梅德韦杰夫被认为是普京亲信中自由化程度最高和反西方色彩最低的人物。商界精英和西方都在实施自由化方针上对他寄予厚望。"美国媒体说："梅德韦杰夫具备相对有力的准自由主义经济和政治资格。"[①] 波兰学者罗戈札认为："梅德韦杰夫是具

---

　　① ［美］《东西双边关系》，2008 年 1 月号。

有自由派形象的体制内的人。"① 国内外对梅德韦杰夫的上述评价，除了考虑了梅德韦杰夫本人的一些历史因素外（如他没有克格勃背景，在私营企业工作过，他性格较温和与一直强调法治及人的自由等），还与近一个时期以来发表的一些值得引人关注的言论有关。他在克拉斯诺亚尔斯克经济论坛上曾说：政府应减少对国有企业的干预，要让专业的管理者，而不是官员来管理企业。还说："大部分在（国有企业）董事会里的官员都不应担任董事。应该由国家雇佣的真正的董事来替代他们，照看国家的利益。"他还表示：国家机构在国家经济生活中扮演的不少角色都应移交给民营部门。西方对此评论说，这一主张与普京在经济上的政策是有区别的。

2009 年 9 月 10 日，梅德韦杰夫在俄罗斯报纸网发表长篇文章，概述了他对俄罗斯未来 10 年的看法。他在文章中说："效率低下的经济、半苏联式的社会领域、脆弱的民主、人口负增长的趋势以及动荡的高加索，这些即使对俄罗斯这样的大国来说都是非常严重的问题。"普遍认为，梅德韦杰夫的文章，对俄罗斯的现状作出了精确的"诊断"，并明确了未来的发展方向。

应该看到，在经济社会发展的实际过程中，俄罗斯还是存在不少需要解决的经济社会难题。

1. 经济结构调整、经济发展模式的改变，难度很大。就是说，从目前的资源出口型向以高新技术、人力资本为基础的创新型经济转变，是个长期和复杂的过程。

2. 创新型经济的发展难以在短期内见效。普京要求在今后 12 年内将更换现在俄罗斯所使用的全部技术和几乎是所有型号的机器与设备。俄罗斯发展创新型经济前几年就已提出，并也采取了一系列政策措施，但效果并不显著。

3. 通胀问题已引起国内外普遍关注。2007 年通胀率为 11.9%（2007 年年初俄罗斯确定的目标是 8% 以内）。

通胀问题不解决，不仅影响投资，还影响社会的安定，最终会影响经济的稳定发展。

---

① 参见《中国社会科学院院报》2008 年 2 月 21 日。

4. 设备陈旧，经济粗放型发展，竞争力差，这些是老问题，又是需要一个较长时间才能解决的问题。但目前在向创新型经济转变的条件下，俄罗斯更感到这些问题的迫切性。不少学者认为，俄罗斯自 2000 年以来，虽然经济一直在快速增长，但令人担忧的是，俄罗斯经济仍是"粗糙化"即初级的经济，工艺技术发展缓慢。

5. 贫富差剧拉大。1992 年 10% 最富有的居民收入比 10% 最贫困的居民收入高出 8 倍，1993 年为 11 倍，1994 年为 14 倍，2007 年提高到 17 倍。如果包括不动产、股票、利息等资产收入，这个差距为 21. 1 倍。[①] 据俄罗斯科学院人口社会经济问题研究所的计算，这个指标实际上大约为 30∶1。

6. 由于人口减少（2006 年比 1992 年减少近 600 万）俄罗斯面临劳动力短缺问题。

7. 全球金融危机对俄罗斯经济的影响不能低估。为此，我们将在本章第五节进行专门论述。

（三）金融危机对俄罗斯经济的影响

这次由美国次贷危机引发的全球金融危机，对与世界经济有密切联系的俄罗斯经济产生了巨大的冲击。

1. 2008 年是俄罗斯经济形势复杂的一年。

在 2008 年，受金融危机冲击，最终导致整个经济形势恶化。根据俄经济发展部公布的材料，2008 年 GDP 同比增长 5. 6%（2007 年为 8. 1%），工业产值增长 2. 1%（2007 年为 6. 3%）。另外，还应看到，金融危机对俄罗斯实体经济已产生严重影响。从 2008 年 10 月开始，俄工业生产不仅已处于停滞状态，并且第四季度同比下降了 8. 2%。在一些工业部门，已开始宣布减产。

2. 对 2009 年与稍长一点时间俄罗斯经济的影响。

俄罗斯虽然采取了一些应对全球金融危机的措施，但仍面临着十分复

---

① ［俄］《公报》，2008 年 2 月 13 日。

杂的经济形势，全球金融危机对俄罗斯经济的冲击在 2009 年和今年最后一个时期的冲击比 2008 年要大得多。2008 年 11 月 18 日俄塔社的一篇报道说，梅德韦杰夫总统在会见伊热夫斯克当地媒体时表示："我不想在这里给什么承诺，我唯一能说的是：明年将会非常困难。""一些大国的领导人有点惊惶失措……因为不清楚金融危机的底线在哪里，而且也不清楚危机何时才能结束。"

笔者认为，俄罗斯在 2009 年或稍长一点时间，其经济形势取决于以下 5 个相互联系、相互影响的因素。

一是全球经济发展态势。2008 年 11 月 24 日闭幕的亚太经合组织领导人发表的《利马宣言》，提出 18 个月克服金融危机。这与国际货币基金组织做过的预测相吻合。不论哪种估计，俄罗斯经济在今后一个时期与其他国家一样，其经济将会继续受到金融危机的冲击。

2009 年 5 月 27 日，联合国公布的《2009 年世界经济形势与前景》的报告指出，2009 年世界经济将下滑 2.6%，2010 年将出现轻微的复苏，从全球范围来看，最好的情况是在 2010 年实现 2.3% 的增长率，最坏的情况是增长率只有 0.2%。报告还预计今年欧元区国家经济将下滑 3.7%。十分明显，以上对全球经济以及各主要国家经济增长预期预测，都要比 2008 年低得多。据国际货币基金组织 7 月份的报告预计，2009 年世界经济将下降 1.4%，这比 5 月份联合国公布的世界经济下滑 2.6% 要低得多。但普遍认为，不论美国还是欧洲经济形势仍然严峻，全球经济恢复之路依然漫长。

二是国际市场能源与原材料价格的水平。这将是影响俄罗斯 2009 年与今后一个时期经济的一个最为直接的重要因素。因上述产品的出口，对俄罗斯经济增长的贡献率为 40%，有些年份达到 70%。普京执政 8 年仅油气出口带来的收入就达万亿美元。我们在前面已提到，2009 年的全球经济将更加严峻，这样，世界各国对能源与原材料的需求将会降低。金融危机爆发后油气价格不断下挫。到 2009 年，从各种因素综合分析，油气价格大幅度回升到原来的高价位是不可能的。近一个时期以来，油价虽有上升，但并不稳定。进入 2009 年 7 月份以后，国际原油价格不断下跌。7 月 10 日美国西得克萨斯轻质原油（WTI）近月期货价格跌破 60 美元/桶。中间又攀升到 70 美元/桶。到 2009 年下半年 WTI 原油预期为 69.5 美元，2010 年为 72.42 美元。[①]

三是金融体系稳定性问题。俄罗斯的银行数量很多，1995 年有 2500 多家，1998 年金融危机后淘汰了一大批，到 2008 年年底还剩下 1108 家，但银行实力不强。从 2003—2007 年 5 年，银行体系资产规模增长了 5.3 倍，银行资本增长了 4.9 倍。尽管增速很快，但银行部门的总规模并不大。到 2008 年 11 月 1 日银行系统总资本金额为 1088 亿美元，占 GDP 的 8.1%，总资产量为 8245 亿美元，占 GDP 的 61.4%。俄罗斯 2007 年的 GDP 约为中国的 39%，但银行系统的资产只相当于中国的 11.3%。另外，俄罗斯银行信誉较差，一旦出现金融风波，容易引发金融市场的动荡。据《俄罗斯报》2009 年 3 月 11 日一篇文章说，乐观地估计，受金融危机的影响，到 2012 年俄银行可能剩下 500—600 家，悲观的估计只剩下 200 家。2009 年 6 月 26 日俄研究金融问题的专家开会，讨论银行系统的资本重组问题。会议指出：由于通胀、高利率、新增信贷不足以及大宗商品价格暴跌等问题使企业面临压力，银行不良贷款可能会在年底前达到信贷总额的 20%。

四是实体经济的情况。俄罗斯实体经济面临不少困难。一是企业债务负担沉重。2008 年年底企业外债总额为 4883 亿美元，2009 年年底，应偿还 1600 亿—2000 亿美元。2009 年 8 月 19 日俄《报纸报》文章指出，俄抗危机能力在大国中最弱，主要原因有二：（1）俄公司债务太重，金融危机后，信贷市场紧张，同时又要还债，投资大大减少。（2）大部分经济与预算收入依赖能源等原料，这部分产品几乎占 90%。俄燃料能源系统产值占全国的 30% 以上，上缴税收 50%，外汇收入 65%。不久前世行进行了一次民意调查，以问卷方式对世界范围内的企业经营环境情况作了比较，其中俄罗斯企业认为：高税收、融资困难和缺乏具备必要技能劳动力是影响企业的三大问题。[②] 俄罗斯联邦政府下属国民经济学院院长 B. 马乌认为，"企业外债的增加成了最严重的问题，特别是其中大部分债务实质上

---

① 参见《国际石油经济》2009 年第 8 期，第 86 页。

② 《俄罗斯报》2009 年 8 月 4 日。

是准政府的。许多借款企业与国家有着密切的联系，并且以'利润私有化，亏损国有化'的逻辑运营。金融市场也是如此接受它们的"。① 二是受金融危机影响，俄经济已陷入滞胀。以俄罗斯支柱产业的油气部门来讲，自2008年9月以来，对该部门的投资已减少20%—30%。国家对能源的地质勘探工作已暂停。2009年1月俄石油开采量同比下降3.6%，2月份下降6%。俄罗斯技术公司总裁谢尔盖·切梅佐夫向议员们说："军工企业中只有36%的战略机构的财务和经济状况能被视为稳定的。""军工部门中约有30%的机构有破产迹象。"2009年1—7月，俄工业产值同比下降14.2%。据俄罗斯经济发展部9月份公布的材料，工业生产要到2011年才开始回升，估计2011年工业增长率为1%—2%，2012年为1.5%—3%。

五是外贸形势。全球经济未走出危机，对俄对外经贸合作形势必然产生消极影响。2009年外贸额为5707亿美元，比上年下降了35.3%。外贸大幅度下降使关税收入减少50%。外贸顺差比上年减少了1434亿美元。贸易顺差大幅度下降，对俄罗斯的外汇储备与财政收入都会产生严重影响。

总的来说，这次金融危机给俄经济的冲击是很大的，它发展经济的基本条件有了很大变化，反映其过多依赖能源支撑其经济发展的"荷兰病"表现得十分明显。2009年GDP下降了7.9%。2010年GDP比上年增长4.0%，工业产值增长8.0%。这一年被认为是转折年。普京估计2011年GDP增长4.2%，他认为，到2012年年初俄罗斯经济应该恢复到危机前的水平。

至于对俄罗斯经济在较长一个时期发展的预测，自全球金融危机以来俄罗斯从官方到研究单位也很少公布这方面的材料，更多的是对2009年与2010年的经济发展预测。据2009年9月俄罗斯经济发展部提出的今后三年预测，在有利的经济形势下，2010年俄罗斯GDP有望增长3%或更高，2011年将增长3%，2012年将增长4.3%或3.8%。但在2009年俄罗斯公布了2008年制定的《到2030年前俄罗斯能源战略》文件中，从今后

---

① 《俄罗斯研究》2008年第6期，第11页。

俄罗斯能源发展的种种不同条件对经济长期发展作了预测，提出了三种方案（见下表）。

俄罗斯 GDP2011—2030 年年均增长率

方案	2011—2015 年	2016—2020 年	2021—2025 年	2026—2030 年
1	6.3	6.4	5.6	4.8
2	6.8	6.9	6.0	5.2
3	6.1	6.2	5.3	4.4

资料来源：根据《到 2030 年前俄罗斯能源战略》编制。

根据上述经济发展的预测，随着俄罗斯经济的发展，其经济在世界经济中所占的份额将不断提高，由 2006 年的 2.6%，分别提高到 2015 年的 3.3%、2020 年的 4.3% 和 2030 年的 5%。俄罗斯的人均 GDP 到 2015 年将为 2005 年的 2 倍，2020 年为 3 倍、2030 年为 4.5 倍。

在这里要指出的是，以上对 2030 年前俄罗斯经济发展前景所作的量化预测，也只是一种仅供参考的数据。对于在很大程度上依赖国际能源等原材料市场的俄罗斯来说，对其经济发展的长期预测的难度是很大的。

（四）今后将集中精力抓经济现代化

2009 年 11 月，俄罗斯总统梅德韦杰夫提出的国情咨文报告，正式提出俄将以实现现代化作为国家未来 10 年的任务与目标。他提出的现代化是"需要全方位的现代化"的概念。梅德韦杰夫说："我们将建立智慧型经济以替代原始的原料经济，这种经济将制造独一无二的知识、新的产品和技术，以及有用的人才。我们将创造一个有智慧的、自由的和负责的人们组成的社会，以取代领袖思考和决定一切的宗法式社会。"但其中经济现代化是个极其重要的内容。

俄罗斯经济转型 20 年期间，俄罗斯粗放经济增长方式并未发生实质性变化。梅德韦杰夫总统在《前进，俄罗斯!》一文中指出："我们大部分企业的能源有效利用率和劳动生产率低得可耻。这还不是很糟糕。最糟糕的是，企业经理、工程师和官员们对这些问题漠不关心。""低效的经济，半苏联式的社会环境……所有这些对于像俄罗斯这样的国家来说，都是很大的问题。"俄罗斯经济现代化主要问题是要着力解决由资源型向创新型转变，否则不可能保证俄罗斯经济可持续稳定发展。

（原载陆南泉等主编：《苏东剧变之后——对119个问题的思考》中册，新华出版社2012年版，第818—842页。）

第三编

苏联经济体制改革

斯大林模式究竟是怎样形成的

斯大林逝世后一直到苏联剧变前，虽然经历多次改革，但苏联基本上仍保持着斯大林模式。对这一模式形成的原因，一直存在不同的看法。历史地、客观地说清楚这个问题，有利于对斯大林模式本质的认识。

一　先从斯大林模式的主要内容与特征谈起

（一）主要内容

斯大林模式是指斯大林按照他的社会主义观在苏联建立的社会主义制度，人们一般称为斯大林模式或苏联模式，或表述为斯大林—苏联模式。它是在 20 世纪二三十年代形成的，后来不断巩固与发展。斯大林模式是一个统一的完整的体系。它包括的主要内容是：

1. 决定社会经济基础和生产方式性质的是生产关系的性质，而生产关系的组成中，起决定性作用的是生产资料占有方式，即生产资料归谁所有的问题。在斯大林看来，苏联建立的公有制有两种形式：一是以国有企业为代表的全民所有制，被认为是社会主义公有制的最高形式；二是以集体农庄为代表的集体所有制，它是公有制的低级形式，应该尽快向全民所有制这一最高形式过渡。国有企业是社会主义公有制的最高形式的理论，实际上并不来源于马克思主义，而是来源于斯大林主义。从斯大林的苏联社会主义实践中可以看到，在国有制条件下，支配生产资料的不是社会的人，劳动者并没有取得他们用于集体劳动的生产资料的个人所有权，支配生产资料的是党、国家和斯大林。

2. 从政治上来讲，斯大林模式主要包括实行一党制，主要问题都由党决定；党政合一，党国合一；实行不受法律限制的无产阶级专政；贯彻民主集中制原则过程中，实际上搞的是没有广泛民主（包括党内民主）基础的集中制，把权力集中在少数人手里，最后集中在斯大林一个人手里；对文化、意识形态严加控制，斯大林垄断了马克思列宁主义的解释权。在这些条件下形成的是高度集权的政治体制模式，最后发展成斯大林个人极权主义乃至专制主义。斯大林搞的个人极权主义，"其要害是实行个人极权制、领导职务终身制、指定接班人制、党政不分制、干部等级授职制和党政官僚特权制"。①

3. 在社会主义建设与社会改造过程中，在强大的阶级斗争压力下，用强制乃至暴力的手段，实行称之为斯大林的超高速工业化与农业全盘集体化的道路。

4. 以公有经济为基础和以产品经济观为理论，建立起与高度集权的政治体制模式相适应的高度集中的、指令性的计划经济体制模式。

5. 在民族问题上，历史实践表明，斯大林实际上是把联邦制度变形为事实上的单一制，斯大林执政时期，随着政治权力日益集中在中央，集中在斯大林一个人手里，各加盟共和国的独立自主权大大削弱，民族自决权的原则实际上流于形式。1990 年召开的苏共中央二月全会指出，斯大林时期的联邦制"就实质来说是单一制的国家制度的模式"。② 苏联"这个国家一直是采取单一形式进行统治，民族和地方利益并不是考虑问题的原则"。"每一个民族都有自治权……在苏联整个历史中，这理论只是一种幻想。"③

6. 斯大林模式在对外关系方面，往往表现为实行扩张与霸权主义。斯大林的扩张与霸权主义有以下几个明显特点：一是在国际主义和世界革命的旗号下进行；二是重点放在意识形态方面，斯大林把他的社会主义观强加给别人，让别国接受，俯首听命；三是国内高度集中的经济体制是其推

---

① 高放：《苏联制度宏观研究论纲》，见宫达非主编：《中国著名学者苏联剧变新探》，世界知识出版社 1998 年版，第 80 页。

② ［苏］《真理报》1990 年 7 月 15 日。

③ ［美］小杰克·F. 马特洛克：《苏联解体亲历记》（上），世界知识出版社 1996 年版，第 33 页。

行霸权主义最为有效、最稳妥的手段。

7. 一系列赖以形成斯大林模式的理论：如"一国社会主义"；不受法律限制的无产阶级专政；"阶级斗争尖锐化"；国有企业是社会主义公有制的最高形式；社会主义是产品经济；个体农民是"最后一个资本主义阶级"；等等。

这里需要指出，我们上面所列举的构成斯大林模式的一些主要方面，它们相互之间有着密切的联系，相互促进，相互制约，互为条件。

（二）主要特点

随着对苏联社会主义模式研究的深入，对斯大林时期确立的斯大林模式的认识也有了很大变化，占主导地位的看法是，它是社会主义的严重变形和扭曲。这里仅介绍一下苏联国内有关人士的看法。布坚科认为："根据现在的全部情况，是否应当这样说才是正确的：由于30年代末我国历史性建设新社会的特点，苏联建成的社会主义是斯大林式的，即国家行政，国家官僚、兵营式的社会主义，而不是科学共产主义奠基人所预见的社会主义。"① 有些学者把斯大林模式视为"国家社会主义"、"早期社会主义"或"封建社会主义"。戈尔巴乔夫认为，斯大林时期在苏联建成的社会主义，"占上风的是僵硬的、甚至残酷的极权主义制度。这种制度当然是在演变的，在斯大林死后，它的残酷性略有削弱，变得缓和些。但实质依然故我"。"归根到底，大家看到，苏联所实现的'模式'不是社会主义社会的模式，而是极权主义社会的模式。这对所有认真追求人类进步的人来说，都是值得进行思考的一个严肃的问题"。②

为了有利于更深刻地认识斯大林模式的主要特点，苏联在1989年《有关社会主义的现代概念》专题讨论会上，有的学者从列宁晚期著作中描绘出来的轮廓，把列宁的社会主义模式的主要特征归纳为以下几点：

在国家计划范围内，为了劳动者的利益利用价值规律和商品货币

---

① 转引自［苏］尤里·阿法纳西耶夫编、王复士等译：《别无选择》，辽宁大学出版社1989年版，第764页。

② ［俄］米哈伊尔·戈尔巴乔夫著：《对过去与未来的思考》，新华出版社2002年版，第19、29页。

关系；

　　根据劳动的质和量付给报酬的原则；

　　允许多元化的社会主义所有制形式存在；

　　承认合作社是社会主义生产的一种形式；

　　在防止官僚机构为所欲为的条件下保持"坚强有力而灵活的"国家机关，人民对它的监督；

　　考虑劳动者利益的多样性；

　　实行生产者同公民之间的横向联系而不一定非通过国家不可，允许建立社会主义的公民团体；

　　劳动者积极参加管理国家和社会事务；

　　坚持不懈地扩大民主；

　　在多民族国家条件下公正地解决民族问题。①

　　学者有关斯大林模式主要特点的看法较为一致，或者说大同小异。《消息报》政治评论员鲍文认为，需要彻底改革的斯大林模式最明显的特征是：

　　——在生产资料广泛、彻底公有化基础上政治权力和经济权力最大的硬性集中；

　　——社会实践划一，不考虑地方条件的多样性、群众利益的分散性以及精神、智力领域不可避免的、有益于发展的多元化；

　　——经济过程行政命令式的管理方法，忽视价值规律；注重粗放式经济增长，极力追求数量和有损于质量的标准（虽说质次仍以量大为好）；

　　——明显地收缩，党和国家生活民主准则形式化，不实行公开性，抛开"下层"和党员基本群众通过重大决议；从肉体上消灭被怀疑为对"领袖"、对政治制度不规矩者；

　　——文化贫困，社会科学瘫痪，历史自我意识、自我批评衰退，为现实辩护，在意识形态上编造神话，令人苦恼的、毒害社会生活的言行

---

①　参见［苏］《真理报》1989 年 7 月 18 日。

不一。①

　　这里不能不提到苏联学者 B. 基谢廖夫的看法。他认为，斯大林模式的突出特点是：

　　"——全面集中管理社会生活的所有领域，将行政命令方法与国家恐怖手段相结合，直至组织大规模镇压和建立强制性劳动的集中营；

　　——粗放和浪费的经济和政治机制，在这种机制下，完全取消了依据社会效益来评价成果；

　　——否认从前的民主化形式的价值，取消群众管理和民主制度的形式；否认自治思想，政权的神圣化直至到个人崇拜；

　　——社会生活甚至不受形式的民主程序控制；把党和国家的机关结为一体；执行机关监督选举机关；执法机关脱离法律和社会，其结果是独断专行。"他接着指出："所有这些变形的'兵营式共产主义'的特点，与马克思、恩格斯、列宁为之奋斗的自治社会主义和社会解放的理念是格格不入的。"②

　　我们仅从上面的材料可以看到，对斯大林模式主要特征的看法，从本质上讲是一致的，都认为，斯大林搞的社会主义，与马克思、恩格斯所设想的是不相同的。这表现在：从政治上说，在马克思、恩格斯看来，无产阶级在夺取政权后，近期目标是发展民主，使无产阶级与广大劳动群众成为国家和社会的真正主人。而长远的目标是，运用无产阶级国家的权力，消灭阶级与阶级对立存在的条件，使得社会成为"每个人的自由发展是一切人自由发展的条件"的"联合体"。这也是马克思、恩格斯的社会理想。这个理想的核心是人道主义。在马克思主义经典作家看来，共产主义与"真正的人道主义"是画等号的。从所有制说，马克思主义的基本理论是：取代资本主义的新的社会主义生产方式将是实现劳动者与生产资料所有权的统　，它是"联合起来的社会个人所有制"。马克思认为：这种所有制具有以下两个方面相互密切相关的本质内涵：一是劳动者集体共同占

　　① 参见［苏］尤里·阿法纳西耶夫编、王复士等译：《别无选择》，辽宁大学出版社 1989 年版，第 724—725 页。

　　② 同上书，第 492 页。

有和使用生产资料，任何个人均无权分割生产资料；二是在用于集体劳动的生产资料中，每个劳动者都享有一定的生产资料所有权。这就是"在自由联合的劳动条件下"实现劳动者与生产资料所有权相统一的具体形式。可见，不论从政治还是从经济上看，斯大林模式与马克思主义经典作家设想的都相距甚远，它不可能到达科学社会主义的彼岸。

二　斯大林模式的形成原因

关于斯大林模式形成的原因，在过去很长一个时期，往往用已经形成的传统观点来加以解释，如苏联是世界上第一个社会主义国家，如何建设社会主义，建立什么样的体制无先例可循；由于资本主义国家对苏联的包围，苏联是处于世界资本主义汪洋大海中的一座"孤岛"，苏联不得不用特殊的方式发展自己，壮大自己。这种观点来源于《联共（布）党史简明教程》。其实，这种看法只是表面上有一定的道理，但是经不起推敲。第一，列宁的新经济政策，把发展重点放在解决苏俄农民—农业问题上，这是抓住了俄国问题的核心和要害。在农民占大多数、农业处于小生产占优势的自然经济国度里，社会主义建设如果不能合理地解决这一难题，就谈不上社会主义的健康发展。第二，新经济政策并不是单一地只解决农民—农业问题。它是在解决核心问题的基础上，平衡发展国民经济。当然，这种平衡发展决不排斥适当地发展国防工业，在一段时间里，甚至加大国防工业的发展力度也是允许的。但是无论如何，不能"倒立行走"，始终把发展国防工业当作"龙头老大"。苏联的这一教训是极其沉重的，值得一切社会主义国家认真地汲取，决不要重蹈覆辙。第三，苏联在世界上也决不是什么"孤岛"，它有世界 1/6 的土地，两亿多人口，它在十月革命刚刚胜利后就打败过 14 国武装干涉。如果按照新经济政策思想继续进行社会主义建设，那么随着经济的发展和壮大，苏联抵御外国入侵的实力只能是越来越强，而不是单纯地"被动挨打"——如斯大林所说的那样。[1]

---

① 参见陆南泉、姜长斌为《苏联兴亡史论》（修订版）一书撰写的《导论》（该书由陆南泉等主编），人民出版社 2004 年版，第 16 页。

斯大林模式的形成，决不能简单地从客观因素去研究，实际上有其复杂的原因，是各种因素综合作用的结果。

1924 年 1 月列宁去世后在苏联党内发生的三次大论战：关于列宁主义的大争论；关于一国能否建成社会主义的大争论与关于如何建设社会主义的大争论。不论从理论方面，还是从权力斗争方面看，这场大论战都可以被看作是斯大林模式的准备阶段。由于斯大林在理论、政治与组织三条战线上都获得了胜利，这为他抛弃新经济政策，为其建立斯大林模式提供了基础性条件。因此可以说，停止实行新经济政策，接着实行农业全盘集体化，这是标志着斯大林模式开始建立的阶段。苏联工业化运动与 30 年代的大清洗，斯大林逐个击败了他的对手，是斯大林模式的最终形成时期。普遍认为，农业全盘集体化、超高速工业化与政治大清洗三大社会运动，是构成斯大林模式的三大社会支柱，也是形成斯大林模式的主要因素。

考虑到斯大林模式的形成有个历史过程，并且围绕三大运动还存在其他方面的一些因素，都对形成斯大林模式有着重大影响。为此，我们下面进行一些较为具体的分析。

（一）1924—1929 年围绕新经济政策的党内斗争

这期间苏联党内展开的大论战涉及多方面的内容，但主要是围绕如何建设社会主义问题为中心的，而其中尤为突出的问题是新经济政策，要解决的问题是按列宁提出的新经济政策建设社会主义，还是回归到军事共产主义道路上去。争论的结果是：

第一，虽然列宁一再指出军事共产主义时期的不少政策超过了限度，多次加以批判性地总结，但应看到，俄共（布）领导层和一般党员干部中仍然不少人把这个时期实行的那套高度集中的、用行政命令的、排斥商品货币关系的经济体制视为长期有效的。这也是以斯大林为首的新领导下决心取消新经济政策，向军事共产主义政策回归的一个不可忽视的因素。

第二，随着新经济政策的中止，布哈林被击败并清除出党，斯大林的主张逐步成了党的指导思想，这标志着斯大林的经济体制模式的初步确立，因为这时布哈林等人竭力维护的列宁提出的一系列正确主张已最后被否定，按照新经济政策建设社会主义，建立经济体制的可能性已被排除。

也就是说，又回到了"军事共产主义"向社会主义"直接过渡"方式上来了。

第三，1929 年斯大林提出的"大转变"有着深刻的含义，涉及各个领域，也可以说全方位的"大转变"，包括经济、政治、意识形态领域的"大转变"。斯大林在 1924—1929 年党内斗争中的胜利，这个"大转变"的胜利，其影响十分深远，他在结束新经济政策的同时，就大胆地提出了自己发展社会主义的一套政策，从而为建立斯大林体制模式开辟了道路。

第四，社会主义两种模式（军事共产主义模式与新经济政策模式）、两种社会主义观念的斗争，从这个时期起显得特别明朗，并在整个苏联历史发展过程中没有停止过，尽管表现的形式与斗争激烈的程度有很大不同。苏联各个阶段状况的变化一般都与两种模式斗争结果有关。但同时也不得不承认，斯大林的社会主义观，他逐步确立起来的体制模式，在苏联解体前，虽然遭到多次冲击，但长期居统治地位。

第五，也正是在这个时期，苏联社会主义开始变形。可以认为，1924—1929 年是斯大林主义奠定前提的时期。[①] 这时的斯大林主义"是比较简单的、有点庸俗的、没有被理解透的马克思主义"。"当时革命人民中明显地有两派：一派虽然有些左的情调，但仍可称为革命现实主义派、革命民主派；另一派是左倾革命派、兵营共产主义派。早期斯大林主义更多依靠的是后一派革命群众。""兵营共产主义派则是那些被抛弃在最低层、比较封闭的劳动群众，他们憎恨现存社会，具有很大的破坏性。涅恰也夫分子就认为，'我们的事业就是可怕的、彻头彻尾的、无处不在的、无情的破坏'。他们想借助'火和剑'，借助强大的暴力来完成自己的事业。当时有一个革命领袖说过：'如果太阳只照亮资产阶级，那就把它弄灭!!'""斯大林主义把这种否定的价值和冒险主义方针固定下来了，并且提升为理论及党和国家的政策。"[②]

---

① 斯大林于 1922 年 4 月担任总书记，但独立领导全党工作是在 1924 年 1 月到列宁逝世之后。
② 转引自《国外社科信息》1992 年第 4 期。

（二）工业化运动对最后形成斯大林模式具有特别重要的意义

如果说，1929 年全面中止新经济政策和斯大林思想占主导地位标志着斯大林模式得以初步确立，那么，斯大林工业化方针的全面贯彻和到战前的 1941 年，不只是斯大林工业管理体制、经济体制模式全面建立并已扎了根，而且，斯大林社会主义模式已全面建立并扎了根。这是因为：第一，在工业化运动期间，斯大林不只在苏联创造了"世界上所有一切工业中最大最集中的工业"，并且成为"按照计划领导"的"统一的工业经济"；① 第二，在工业化运动过程中，对整个经济的计划性管理大大加强了，行政指令的作用大大提高了；第三，1929 年全盘农业集体化的快速推行，农业也受到斯大林经济体制的统制；第四，工业化运动时期，斯大林不仅一个一个地打败了他的政敌，并且接着在 30 年代搞大清洗，最后形成了高度集权的政治体制模式，并把这一模式一步一步地推向极端，斯大林成了独揽大权的最高统治者，他凭借手中掌握的权力与专政机器，使全党、全国人民服从于他一个人，从而使社会主义遭到了极大的扭曲。

（三）农业全盘集体化使农业成为斯大林模式的一个重要内容

从斯大林根本改变对农民的看法为起点，随之而来的是根本改变农民的政策，推行农业全盘集体化运动，其结果是，不仅仅把占人口最多的农民与国民经济中居重要地位的农业纳入了斯大林统制经济体制之中，而且意味着苏联正在朝斯大林整个社会主义模式迈进。为什么这样讲，因为十月革命前的俄国，虽然已经走上了资本主义的发展道路并过渡到垄断资本主义，但在认识到这一点的同时，必须清醒地看到，俄国仍然是一个小农经济占优势并且农业水平相当落后的国家。

如何把占人口多数的农民与十分落后的农业引向社会主义的道路，以什么样的态度与政策对待农民与农业问题，是十月革命胜利后布尔什维克党面临的一个极为重要的问题，也成为苏联社会主义改造与建设中的一个中心问题。也正因为问题如此重要，在十月革命后，不论在军事共产主义

---

① 参见《斯大林全集》第十卷，人民出版社 1954 年版，第 258 页。

时期，新经济政策时期，还是在工业化运动时期，农民问题都成为苏联党内、各政治派别民间斗争的焦点。在展开农业全盘集体化运动过程中，农民问题自然就更加突出了，围绕这个问题的斗争更加尖锐了。列宁在对军事共产主义时期"直接过渡"的理论与实践进行批判性总结之后，对农民问题看得更清楚与深远了，他指出："从世界无产阶级革命发展的整个进程来看，俄国所处的时代的意义，就是在实践中考验和检验掌握国家政策的无产阶级对待小资产阶级群众的政策。"①

十分遗憾的是，异常复杂、对苏联具有关键性历史转折意义的农业集体化问题，"由于斯大林的无能的冒险主义领导更加复杂化了，现在来描写这段历史是很痛苦的"。②

在斯大林普遍集体化的思想指导下，在强大的政治压力下，用粗暴的命令和暴力强迫农民与中农参加集体农庄。1933 年 1 月，联共（布）中央宣布："把分散的个体小农经济纳入社会主义大农业轨道的历史任务已经完成。"

斯大林之所以用强制与暴力的办法加速农业集体化，其主要目的有：控制粮食与取得资金；全面建立社会主义的经济基础；消灭"最后一个资本主义阶级"的个体农民；最后形成完整的斯大林模式。

从体制角度来看，农业集体化中的问题有：

1. 反映生产关系一个重要内容的经济体制，十分突出地超越了生产力的发展水平。从斯大林整个经济体制形成过程来看，生产关系脱离生产力发展水平，使形成的经济体制不符合客观实际，这是带有普遍性的问题，但农业集体化显得最为突出。

2. 农业集体化运动过程中行政命令、强制与暴力的作用充分发挥，把商品货币关系作用的范围压挤到最低限度。戈尔巴乔夫在下台后出版的著作中指出："在斯大林时期，工业化是靠强迫劳动，靠利用集中营的囚犯，同时也是靠农业的破产来实现的。对农业来说，集体化实际上成了新的农

---

① 《列宁全集》第四十二卷，人民出版社 1987 年版，第 4 页。

② ［苏］罗·亚·麦德维杰夫著，赵洵等译：《让历史来审判》（上），人民出版社 1981 年版，第 141 页。

奴制。"①

写到这里，我想说，斯大林对待农民的政策，发展农业的模式，不可能是符合科学社会主义本质要求的，它极大地败坏和践踏了社会主义的名誉。

（四）30 年代的"大清洗"是导致斯大林模式形成与巩固的一个重要因素

斯大林模式的形成过程，也是与围绕社会主义发展道路、方针与政策所展开的政治斗争紧密联系在一起的过程，也就是说，它是在苏联特殊历史条件下在复杂斗争过程中形成的。20 世纪 30 年代的"大清洗"又最为集中地反映了政治斗争对形成高度集权政治体制的影响，这种政治体制又反过来使高度集中的计划经济体制日益巩固与发展。这样保证了斯大林模式的巩固与进一步发展。我们在这里，也只是从这个角度来简要地论述 30 年代在苏联发生的"大清洗"。

我们通过对工业化与农业集体化运动的研究，十分清楚地看到，这两个运动不只是通过行政命令进行的，而是在相当程度上借助强制和暴力，从而导致社会关系和党群关系紧张，引起党内外的强烈不满。仅 1930 年 1—3 月全苏发生了 2200 多起骚乱，大约有 80 万人参加。② 斯大林为了坚持推行他的工业化与农业集体化运动的各项政策，在 20 世纪 20 年代末，用压制、批判等办法，已把一个一个的党内反对派打下去。1929 年联共（布）中央批判"布哈林右倾投降主义集团"之后，党内已不存在公开的反对派，但这并不意味着党内不同意见与矛盾就不存在了，而在斯大林高压政策的情况下，以别的形式表现出来。这就使得 20 世纪 30 年代"公开的"政治审判与秘密的镇压事件大量出现，并且规模越来越大，镇压的手段也越来越残酷。这就构成了 20 世纪 30 年代的"大清洗"运动。"大清洗"运动不仅是实现工业化与农业集体化的重要政治保证的手段，也是最终形成斯大林模式不可分割的重要因素。从 1934 年年底到 1938 年秋的近

---

① ［俄］米哈伊尔·戈尔巴乔夫著，徐葵等译：《对过去与未来的思考》，新华出版社 2002 年版，第 35—36 页。

② 姜长斌等：《读懂斯大林》，四川人民出版社 2001 年版，第 206 页。

4 年时间里，"大清洗"运动高潮迭起。但这里需要指出的是，第一，斯大林的镇压并没有到 1938 年就结束了。大量材料证明，在斯大林逝世之前，镇压一直未停止过；① 第二，斯大林的镇压并不是从 1934 年才开始的，在此前已经出现了。现在大家都用"30 年代大清洗"这个概念，主要是因为这个年代特别是其中的 1937—1938 年，镇压运动规模之大使苏联所有的人震惊。这简直是突然降临在苏共党和国家头上的某种莫名其妙的可怕的灾难。

斯大林的"大清洗"涉及各个阶层的人，既包括原反对派领导人及其成员，也包括苏联党、政、军的高层领导人与广大干部与人民群众。不论是"大清洗"的规模之大还是手段之残酷，都可以说是苏联历史上的最可怕的悲剧。

至于现在来争论"大清洗"运动被镇压与迫害的人数是几百万还是几千万，这不具有重要意义。就算是几百万人，难道还少吗？难道斯大林的所作所为是党和人民为建设社会主义必须付出的代价吗？至于有人说，被斯大林镇压的人中有真正的反革命，但这是极个别的情况，这些人在那被关在监狱和流放集中营里的苏联人民洪流中不过是沧海之一粟罢了。②

我们要回答的问题是，斯大林"大清洗"运动的目的是什么？我们赞成这样的看法，不要把它说得太复杂了。斯大林的目的是为了保持自己无限的权力，斯大林的内心里充满着渴求权力的强烈欲望。在 20 世纪 30 年代初，他的影响已经很大了，但他所想要获得的是无限的权力和对他绝对的服从。同时他也很清楚，要做到这一点肯定会遭到和他一起在革命和国内战争年代造就的党与国家领导人的反对。弄清这个原因，就不难解释为什么"大清洗"首先冲向中央领导干部了。

与此同时，由于斯大林工业化和农业集体化政策出现的种种措施对党和国家造成的困难，斯大林与党的基本骨干领导之间的关系有了大的变化。党中央许多有威望的活动家到了 1934 年（虽然晚了一点）意识到，

①　如 1949—1951 年发生的所谓"列宁格勒事件"和 1952 年 11 月发生的"医生谋杀案"等。

②　参见［苏］罗·亚·麦德维杰夫著、赵洵等译：《让历史来审判》（上），人民出版社 1981 年版，第 959 页。

对于党来说，斯大林作为领导人已是不需要的了。正如十七大所反映的情况说明"党内正在形成的不正常现象使部分党员，特别是列宁时期的老干部十分忧虑。大会的许多代表，首先是知道弗·伊·列宁'遗嘱'的那部分同志认为，已到了把斯大林从总书记岗位上调到另一岗位上的时候了"。① 对任何事情都非常敏感的斯大林，对党的领导层中的这种情绪变化不可能不觉察到。在这种背景下，1934 年 12 月 1 日，基洛夫在列宁格勒被害，斯大林抓住这个时机，开始了"大洗清"运动。而爱记仇、疑心重的斯大林，在这个运动中就创造了"人民的敌人"这个宽而广的概念，为自己破坏法制与践踏民主大开闸门，消灭反对他政治的敌人和他所怀疑的人。在这个过程中，斯大林在更大程度上巩固了自己的权力与影响。与此同时，在全国造成一种政治斗争十分尖锐的非常局势，以便利用这种局势把权力更加集中在自己手里，在这集中权力的过程中，斯大林竭力把自己打扮成是挽救局势的"救星"。

斯大林搞"大清洗"，用"人民的敌人"等种种罪名消灭"敌人"，其另一个重要目的是为他在工业化和农业集体化运动中由于政策失误而造成的严重政治与经济困难寻找"替罪羊"。20 世纪 30 年代的"替罪羊"主要是中央领导层。这样做一方面可以把造成国内困境的原因推给"人民的敌人"的领头人，说成是由于他们破坏党的政策的结果；另一方面，随着这些"人民的敌人"被消灭，对斯大林搞极权统治和个人迷信创造了更为有利的条件。

上面简单的分析表明，斯大林 20 世纪 30 年代的"大清洗"运动，一个中心目标是把一切权力集中在他手里。

这次"大清洗"运动结束了夺权过程。由于大规模的镇压，集中制发展到了专制主义，使全党全国服从于斯大林一个人的意志，按照他的思想在苏联建设斯大林模式的社会主义。到了这个时候，凡是限制斯大林个人权力的制度都将被抛弃，凡是他不喜欢的人都将被撤职或消灭。应该看到，20 世纪 30 年代的"大清洗"把苏联发展到了一个严重的历史转折时

---

① 转引自［苏］罗·亚·麦德维杰夫著、赵洵等译：《让历史来审判》（上），人民出版社 1981 年版，第 251 页。

期，不论是社会主义建设理论还是实践，都已遭到严重的扭曲。麦德维杰夫远在1974年就谈到，这场"大清洗"可能断送十月革命的成果。他指出，"那是一场沉疴重病，其严重后果的现实危险性在于有可能把十月革命的许多成果完全断送"。① 不幸被他言中了，由于"大清洗"使得斯大林个人专权的形成和巩固，并导致最后形成斯大林模式，而这个模式在斯大林之后又未进行根本性的改革，这样，斯大林模式最后成为20世纪80年代末90年代初苏联发生剧变的根本性、主导性原因。换言之，斯大林模式的失败是20世纪社会主义遭到严重挫折的根本原因。

（五）俄国长期实行专制制度、集权与扩张等历史传统，对斯大林建立高度集中的经济体制潜移默化地产生着影响

要对苏联十月革命之后出现的种种重大问题有个深刻理解，就必须把这些问题的研究，与十月革命前俄国在漫长的发展历史过程中形成的传统联系起来考察，特别是分析斯大林模式形成的原因，显得尤为重要。

从俄国发展的历史可以发现，革命前的俄国曾是一个长期集权统治的国家。当世界资本主义进入垄断阶段以后，列宁还一再称俄国是"军事封建帝国主义"，是"军事官僚式的帝国"。在经济上，在十月革命前，俄国的资本主义经济还带有浓厚的封建关系。这就是说，俄国虽已进入垄断资本主义即帝国主义阶段，但在经济与政治方面仍保留着浓厚的封建传统的特点。俄国的资本主义在相当的程度上是在封建主义体制中运行的。正如列宁所说的：俄国的"现代资本帝国主义可以说是被前资本主义关系的密网紧紧缠绕着"。② 在这种政治经济条件下，沙皇长期实行的是专制制度，国家最高权力操纵在沙皇一人手中。因此，在分析斯大林模式形成原因时，必须考虑到影响很深的历史传统因素。正如列宁在十月革命胜利5年以后还指出的，苏维埃国家机构仍是"从沙皇制度那里接收过来的，不过稍微涂了一点苏维埃色彩罢了"③，它们"仅仅在表面上稍微粉饰了一

---

① ［苏］罗·亚·麦德维杰夫著、赵洵等译：《让历史来审判》（下），人民出版社1981年版，第740页。

② 《列宁选集》第二卷，人民出版社1995年版，第644页。

③ 《列宁选集》第四卷，人民出版社1995年版，第755—756页。

下，而从其他方面来看，仍然是一些最典型的旧式国家机关"①。斯大林所继承的俄国历史传统，最主要是沙皇的集权与扩张。当然，这种扩张是以世界革命名义的扩张。而所有这些，都要求有个以高度集中的政治经济体制为主要内容的统治模式，依靠它把政治经济权力集中在少数人乃至斯大林一个人手里。

（六）斯大林个人品性对产生斯大林模式的特点，不可能不起作用

斯大林作为苏联最高领导人，执政长达 30 年，因此，斯大林个人品性对斯大林模式形成的影响是不能不考虑的。就是说，如果忽视或否定了特别是领袖人物对历史发展的作用，就会忽视斯大林个人的品性特点对苏联形成的体制模式的特点所起的影响。我们在这里也正是从这个角度分析问题的。

详细摘录斯大林传记中有关对他描述的材料，在这里是不必要的。笔者只想根据斯大林在苏联社会主义革命与建设中的实践，来考察他个人对体制模式形成产生的影响。

不少学者认为，坚毅、刚强和政治敏感反映了斯大林个人品性的一个方面，而粗暴任性、强烈的权力欲，冷酷无情、崇尚暴力，主观片面、妒贤嫉能和孤僻，是反映斯大林个人品性的另一个方面。斯大林是苏联历史上一个十分重要的人物，也是十分复杂的人物，因此，他的个人品性对体制模式形成所产生的影响也表现在很多方面。

斯大林的粗暴使他容易犯滥用权力、破坏法制等错误，从而使政治体制中的这一弊端不断发展。

斯大林的强烈权力欲，使得他不惜一切地破坏民主集中制原则，独断专行，排除不同观点的人，甚至从肉体上加以消灭。斯大林在工作中不需要顾问，只需要执行者。他要求下属对他完全服从、听话，百依百顺、完全遵守奴隶般的纪律。他不喜欢那些有自己见解的人，他用特有的粗暴把这样的人推开。斯大林的独断专行，不仅表现在领导工作方面，并且在对很多学科的命运问题上，也毫不犹豫地扮演了最高仲裁者的角色。对待遗

---

① 《列宁选集》第四卷，人民出版社 1995 年版，第 779 页。

传学是这样，对待语言学是这样，对待社会主义政治经济学也是这样。还要指出的是，斯大林对不同意他观点的学者，不只是极不尊重，而且加以粗暴的污辱、嘲弄。譬如，对经济学家雅罗申柯对政治经济学教科书提出的意见，斯大林说他"是在跟着布哈林的尾巴跑"，① 是发了疯的马克思主义者。当雅罗申柯请求委托他编写社会主义政治经济学教科书时，斯大林说，这个请求"不能认为是严肃的，至少是因为他这种请求充满着赫列斯塔科夫②的气味"。③ 看来，斯大林在科学领导中需要的也是一种以奴隶主义对待理论的工作者。

斯大林的主观片面，不能听取不同意见，导致产生一系列错误的有关社会主义理论，如随着社会主义建设取得进展阶级斗争更加尖锐的理论，把阶级斗争视为社会发展的唯一动力，排斥商品货币关系……这一切，对斯大林的社会主义观、道路和体制模式的选择有着十分重要的影响。

斯大林崇尚暴力、冷酷无情，导致大规模的镇压。1934 年 7 月斯大林与英国作家威尔斯谈话时说："一种社会制度被另一种社会制度所代替的过程，在共产党人看来，并不简单的是自发的和平的过程，而是复杂的、长期的和暴力的过程。"④ 在"大清洗"运动中，滥杀那么多无辜，对斯大林来说，并不构成什么道德问题，他从不检讨自己，从不后悔，而他考虑的只是为了不间断的"革命"和扩大自己的权力而拼命向前，不惜用火和剑粉碎任何反抗，哪怕是最轻微的反抗——即使来自最亲密的战友。后来，实践向人们表明，斯大林逐步对强制与暴力当作偶像加以崇拜。在斯大林看来，革命、所有制的改造、工业化、农业集体化、文化管理等，都是强制暴力的同义语。现在回过头来看，斯大林之所以在很多场合下赞赏伊凡四世、彼得一世、叶卡捷琳娜二世是"伟大而英明的统治者"，也就不奇怪了。斯大林甚至还认为，伊凡四世专权和残酷得还不够，伊凡雷帝在处死人之后总是后悔和忏悔个没完，这表现得不果断，说彼得一世"对

---

① 《斯大林选集》下卷，人民出版社 1979 年版，第 594 页。
② 赫列斯塔科夫是果戈里的讽刺喜剧《钦差大臣》中的主角。他是一个招摇撞骗、虚伪轻浮、厚颜无耻的典型人物。
③ 《斯大林选集》下卷，人民出版社 1979 年版，第 603 页。
④ 同上书，第 361 页。

外国人过分纵容",① 国门开得过大，听任外来影响向国内渗透。

斯大林妒贤嫉能也是他个人品性中的不可忽视的一个弱点。他一方面把与他同代的革命领导人通过各种手段排挤出去，垄断了对列宁主义的解释权，另一方面竭力压制知识分子，特别是党内知识分子。斯大林的文化素质不高，没有受过系统教育，不懂外文，而在他的周围有不少智慧非凡和具有突出才能的、受过高等教育的人。在这样的环境里，斯大林有着无止境的想领导一切的欲求，而却是才能有限，因此不能不感到自己作为政治活动家、理论家和演说家都有许多不足之处。正是这一点产生了他的嫉妒心以及对任何真正有教养的党内知识分子心怀仇恨。这也是为什么许多人成为斯大林的敌人并不是因为他们反对苏维埃政权，反对党和反对斯大林，而是因为按对革命贡献来说完全可以与斯大林平起平坐的，甚至比斯大林有更大贡献的人。②

在苏联国内再版300多次，译成31个国家的文字，在世界共发行了约4.7亿册的《联共（布）党史简明教程》中也反映出斯大林个人的品性。这部书的主要观点无疑是属于斯大林的。该书的特点是：伪造历史、教条主义、公式化和民族主义（在不少情况下变成大俄罗斯沙文主义）。这方面的情况很多人都熟知，不需要进一步论述。但要指出的是，在苏联历史科学中经常出现为沙皇的许多侵略战争辩解，不能不说与斯大林的影响有关，并在斯大林的对外政策中不时地有反映。

（七）对马克思主义采取教条主义有关

这里，结合作为斯大林模式的一个重要组成部分的高度集中的计划经济体制形成原因，分析一下斯大林如何教条地对待马克思主义理论。

一定的经济体制模式是由一定的经济理论决定的。计划经济的理论源于马克思、恩格斯有关未来社会是不存在商品货币、市场的社会的理论。列宁在实行新经济政策前也与马克思、恩格斯持相似的看法。他们都把社

---

① 参阅《斯大林研究》1995年第5辑。
② 参见［苏］罗·亚·麦德维杰夫著、赵洵等译：《让历史来审判》，人民出版社1981年版，第532—533页。

会主义经济视为一种产品经济。但到了实行新经济政策时期，列宁改变了上述看法。后来，在工业化、农业集体化过程中，一直到斯大林经济体制模式的最后形成的历史时期，有关商品货币关系的理论，尽管中间有所变化与发展，也有不少争论，但总的来讲，把社会主义经济视为商品经济和承认价值规律、市场对经济起调节作用的观点，一直不占主导地位，并不断遭到批判。而产品经济观，即否定社会主义经济是商品经济，否定价值规律、市场的调节作用的观点，一直居主导地位。从而，也就牢牢地成为斯大林计划经济体制的理论基础，也就成为斯大林逝世后苏联难以对经济体制进行根本性改革的一个重要原因。

　　恩格斯对未来社会没有商品货币设想时，就指出，这种设想，带有一般的、大概的、草图的性质。列宁在总结军事共产主义后，果断地改行新经济政策，并认为，新经济政策就是要充分利用商品货币关系。他在货币、商品等问题上的看法有了很大的变化。列宁一开始就从允许小生产者由贸易自由做起，而对大资本的生产资料则运用国家资本主义的一些原则，要求国营企业实行商业性质的经济核算制。但后来很快被实践证明，在生产力水平低下的小生产占优势的俄国，必须后退，从而"……在国家的正确调节（引导）下活跃国内商业"。① 这里可以看出，列宁在实行新经济政策开始阶段强调利用商品货币关系与发展商业，主要出发点是当时存在大量小生产者等多种经济成分，为了建立国营经济与非社会主义的一种联系方式，那么在所有制改造任务完成之后，即在社会主义经济基础建成后如何对待商品货币关系与商业等问题，列宁没有做出明确回答。但列宁毕竟否定了长期存在的、社会主义与商品货币关系不相容的观点，这不能不说是个重大进步。这也为党内坚决拥护新经济政策的领导人正确理解与对待市场关系提供了理论依据，如布哈林指出："过去我们认为，我们可以一举消灭市场关系。而实际情况表明，我们恰恰要通过市场关系走向社会主义。"② "市场关系的存在——在某种程度上——是新经济政策的决

---

① 《列宁选集》第四卷，人民出版社1995年版，第614页。
② 《布哈林文选》上册，人民出版社1981年版，第441页。

定因素。这是确定新经济政策实质的重要标准。"①

　　但斯大林不从俄国实际情况出发，积极主张取消商业，他说："国家、国营工业不经过中介人直接成为农民的商品供应者，而农民也不经过中介人直接成为工业、国家的粮食供应者，这有什么不好呢？"② 很清楚，斯大林这里说的取消"中介人"就是指取消商业，商业没有了，就不存在商品流通了，那也就不存在商品货币关系了。这种思想是他对商品经济的错误看法的必然反映。在斯大林看来，资本主义的根就"藏在商品生产里"，③也正是这个原因，斯大林也急于结束新经济政策，急于搞农业全盘集体化，尽快消灭在他看来迫使苏维埃从事商业和商品流通的小生产者。就这样，斯大林在工业化与农业集体化过程中，坚持要消灭商品货币关系，坚持产品经济观，以此理论为基础，一步一步地建立起了高度集中的指令性计划经济体制。这个体制的特点可简单归结为：管理权限的高度集中化；管理方法的高度行政化。

　　这里顺便要指出的是，斯大林在教条地对待马克思主义的同时，往往对马克思主义还采用实用主义的态度。正如尤·波利亚科夫在列宁诞辰120周年前夕举行的讨论会上指出的："斯大林主义的一个特点是……根据自己的需要加以剪裁，以便首先能够证明他的学说的正确。为了达到这个目的，有些事要略而不计，有些事巧而掩饰，有些事要秘而不宣，有些事则干脆一笔勾销。"斯大林在推行他的政策或提出理论时，"最不光彩的就是，这一切都是打着列宁主义的旗帜做的"。④

　　　　　　　　　　　　　　　　　（原载《探索与争鸣》2010 年第 2 期）

---

① 《布哈林文选》下册，人民出版社 1981 年版，第 392 页。
② 《斯大林全集》第十二卷，人民出版社 1955 年版，第 43 页。
③ 《斯大林全集》第十一卷，人民出版社 1955 年版，第 196 页。
④ ［苏］《党的生活》1990 年第 7 期。

斯大林战后缘何不思改革

　　"二战"期间，德国侵略者使苏联遭受巨大损失：完全或部分地破坏和烧毁了 1710 座城市和 70000 多大小村庄，使大约 2500 万人无家可归，毁坏了 31850 家工厂及其他工业企业，破坏了 65000 公里铁路，4100 座火车站，炸毁 13000 座桥梁，洗劫并完全破坏了 98000 个集体农庄、1876 个国营农场、2890 个机器拖拉机站。最为严重的是损失了 2000 万人。[①]

　　战争胜利后，人们强烈地希望能有一个和平、稳定的环境，重建国家经济与家园，尽快地提高物质文化生活水平。人们意识到这种愿望的实现，就不能简单地再回到战前的状况，而必须在对战前的各种政策进行深刻反思与认真总结的基础上，并根据战后出现的新情况和新形势，对社会主义发展方向、目标与实行的政策等方面，进行重大调整。这必然涉及包括经济体制在内的斯大林模式的改革。实际上在战前最后确立的斯大林经济体制模式，其严重弊端在这一体制形成过程中就已明显地暴露出来了。战前，苏联的经济问题与人民生活的困难已非常明显。战争的严重破坏，使问题发展到极其尖锐的程度。在战争时期这些困难暂时被掩盖起来了，但战争结束后，这些问题自然就会很快凸显出来。另外，还要看到，在战争时期，苏联与美、英、法等西方发达资本主义国家是反战同盟国，自然会发生各种交往，这对苏联中上层人士的思想不可避免地会产生影响。从下层士兵来讲，由于战争需要他们越出国界，并与盟国的士兵接触来往，

---

　　① 参见〔苏〕B. T. 琼图洛夫等编、郑彪等译：《苏联经济史》，吉林大学出版社 1988 年版，第 211 页。

还与国外的人民来往，从而看到了也了解了外部世界的真实情况。战争结束后，这些士兵回国后，很自然地相聚在小饭馆与小酒店，议论在国外的所见所闻，后来被人们称之为"小酒店民主"。[①] 这也反映了人们渴望改革的心理，人民期待着改革机会的出现。

从改革的客观条件看，当时取得战争胜利的苏联，在国际上的地位大大提高了，它的地位是空前地巩固。苏维埃政权在战争时期产生的凝聚力尚未消失。斯大林个人的威信因战争的胜利空前提高。如果斯大林能正确地对待这个情况，利用这个有利条件，以战争胜利为契机进行改革，那么，苏联就会出现崭新的局面。

但遗憾的是，斯大林不仅不思改革，而且继续强化战前的体制。下面我们分析一下经济体制方面的情况。

战争胜利后，在经济体制方面，采取的主要措施是废除战时实行的管理体制，以适应和平时期经济发展的需要。这主要有：取消国防委员会，扩大苏联部长会议与国家计划委员会在改组经济、技术进步与加强生产集约化基础上进一步发展经济的权力；把国家领导国民经济的基本职能划分为三种，并由三个经济机构执行：编制国民经济计划并监督其执行，这由国家计划委员会改组为苏联部长会议国家计划委员会（苏联国家计委）负责；物资技术供应，这由苏联部长会议国家国民经济供应委员会（苏联国家供应局）负责；将新技术应用于国民经济，这由苏联部长会议国家经济应用新技术委员会（苏联部长会议国家新技术委员会）负责；扩大各部权力。各部有权在规定的工作人员数的范围内批准企业与建筑单位行政管理机构的结构编制，可以在工资基金构成中变动某些工作人员的工资等级。同时扩大加盟共和国在管理和编制计划方面的权力。那些保证地方需要的许多部门的工业企业、联盟都交给共和国管理；进行价格改革，主要是取消补贴制度与提高许多重工业部门产品的价格。从 1949 年 1 月起，规定了新的批发价格，使整个工业部门的批发价格平均提高 50% 以上；扩大企业支配利润的比例，主要是改变战争时期企业利润全部上缴的制度。改革后，基本建设费用中企业自有资金所占的比重和计划规定的企业自有流动

---

① 转引自张盛发著：《斯大林与冷战》，中国社会科学出版社 2000 年版，第 86 页。

资金均有很大的增加。在 1949 年基本建设投资比 1948 年总共增长 59.4% 的情况下，经济机构用于基本建设投资的自有资金的比重提高了 185.5%。

十分明显，以上一些措施，只是恢复战前的体制。这里还要指出的是，战时的某些管理体制并未及时取消，如对 1940 年颁布的处罚旷工和迟到的命令，1941 年颁布的《关于军工企业工人和职员擅离企业的责任法》（该法规定擅离企业者处于剥夺 5—8 年自由刑罚），到 1948 年 5 月才正式宣布废除，但实际一直存在到 1956 年。仅 1948 年，因擅离企业而根据 1941 年法令被判刑的就达 24000 人。根据 1940 年法令被追究刑事责任的 1947 年为 215000 人，1948 年为 250000 人。在铁路和水上运输部门，特别法庭一直存在到 1948 年 5 月。[①] 斯大林在战后仍坚持原来的体制，并不断强化，其主要原因有：

第一，斯大林把战争的胜利归结为苏维埃社会制度的优越性。他在 1946 年 2 月 9 日《在莫斯科市斯大林选区选举前的选民大会上的演说》中指出："苏维埃社会制度比非苏维埃社会制度更有生命力、更稳固，苏维埃社会制度是比任何一种非苏维埃社会制度更优越的社会组织形式。"[②] 斯大林在这个演说中，还列举了战前 1940 年苏联可以用来进行战争的经济基础。[③] 苏联之所以能在短短的 13 年取得这些物质条件，在斯大林看来最为重要的有两条：一是依靠了苏维埃的国家工业化政策；二是依靠了农业集体化。尽管农业集体化对农业生产力造成的严重破坏是无可争辩的历史事实，但斯大林在这个演说中却说："毫无疑问，如果不实行集体化政策，我们就不能在这样短的时期内消灭我国农业历来落后的状况。"[④] 农业集体化的成就，就是从第二次世界大战时期来看，主要也是体现在保证大量农产品征集到国家手里，满足战争的需要。还必须要指出的是，斯大林在这一演说中，用回忆的方式，继续批判党内反对工业化与农业集体化政

[①] 转引自张盛发著：《斯大林与冷战》，中国社会科学出版社 2000 年版，第 89 页。

[②] 《斯大林选集》下卷，人民出版社 1979 年版，第 492 页。

[③] 指的是 1940 年生产了 1500 万吨生铁，1830 万吨钢，1.66 亿吨煤，3100 万吨石油，3830 万吨商品谷物，270 万吨籽棉（见《斯大林选集》下卷，人民出版社 1979 年版，第 495 页）。

[④] 《斯大林选集》下卷，人民出版社 1979 年版，第 497 页。

策的人，说这些人"一贯把党拉向后退，千方百计想把它拉到'通常的'资本主义的发展道路上去"。他们所做的全部工作，"都是在追求一个目的，即破坏党的政策并阻碍工业化和集体化的事业。但是党既没有在一些人的威胁面前屈服，也没有在另一些人的号叫面前屈服，而是坚定不移地、不顾一切地前进。党的功绩就在于它并没有迁就落后分子，不害怕逆流而进，始终坚持着党内主导力量的立场"。[①] 为什么工业化与集体化早已完成，到了 1946 年斯大林要讲这么一通话呢？十分明显，目的有二：一是通过战争的胜利，证明他搞的工业化与集体化是完全正确的，不可怀疑的；二是通过工业化与集体化形成的经济体制模式是十分有效的，因此也是不能改变的。从而，在战后苏联排除了对高度集中的、指令性计划经济体制改革的可能性，丧失了改革时机，并且使体制更加僵化与凝固化。

　　第二，战后，斯大林个人迷信大大发展，达到了神化的程度。战争之所以取得胜利，主要是四个因素作用的结果：一是苏联的反法西斯战争是正义的战争；二是广大苏联人民与苏联红军（从广大指战员到一般士兵）强烈的爱国热情，誓死保卫祖国的决心；三是战前已建立起来的实际上主要是适合战争需要的战备体制；四是不应忽视参与反法西斯战争中的盟国的作用，这既有西方发达资本主义国家，还有像中国等那样落后的国家。没有这些国家和人民的全力支持，苏联取得战争的胜利将会困难百倍。至于斯大林的功劳，虽然有不同评价，但大量史料表明，对苏联军队取得反法西斯德国的历史性胜利，主要归功于斯大林善于领导的看法是站不住的。由于斯大林在 1941 年春对军事战略形势所作的不正确估计，对战争一开始造成的严重损失，已被历史证明。造成这一严重失误的根本原因，正如前海军人民委员 H. T. 库兹涅佐夫在回忆录中指出的，还是斯大林的领导制度问题，他写道："斯大林有一种追求无限的权力的欲望，他把军事工作掌握在自己手里。在战争的情况下，即使个别人可能在极其关键的时刻伤亡，制度应当保证作战行动不能中断。但当时我们却没有这样的制

---

　　① 《斯大林选集》下卷，人民出版社 1979 年版，第 497 页。

度。战争到来的时候，我们这方面是没有准备的。"① 在这种情况下，那些掌握着确凿情报材料的机构与权威人士，没有可能向斯大林证明当时局势的危急程度，更没有权力去采取足够的措施，防止这种危险局势的出现。赫鲁晓夫在苏共二十二大所作的报告中谈道，战争突然爆发之后的最初几天，斯大林实际上是临阵脱逃。据赫鲁晓夫证实，斯大林得悉苏军遭受重创的溃败之后，认为已经彻底完蛋了，苏联已无可挽回地失去列宁所创造的一切了。后来斯大林实际上长时间没有领导作战，而且根本不予过问，只是在一些政治局委员去找他并要求他应当毫不迟延地采取措施扭转前线的局势之后，他才重新领导作战。不仅所有的苏联元帅，而且当时苏共中央主席团委员莫洛托夫、马林科夫、卡冈诺维奇、伏罗希洛夫和布尔加宁都出席了苏共二十二大，但他们没有认为必须去更正赫鲁晓夫的讲话。② 赫鲁晓夫揭示的上述情况，也许像莫洛托夫等重要领导人，在当时不便反驳赫鲁晓夫，但是，在后来苏联出版的《莫洛托夫访谈录》中证实上述情况是事实。③ 下面我们看看访谈录是怎样讲的：

战争爆发的头几天，"他（指斯大林——本书作者所注）两三天没有露面，待在别墅里。不用说，他难过得很，郁郁不乐，人们全都不自在，他尤其如此。"

1941年6月22日，"大家来到斯大林别墅，请他发表告人民书，但遭到断然拒绝。众人遂请莫洛托夫……"莫洛托夫回答："是的，是这样，大致是对的。"

丘耶夫问："（大家）提议让斯大林领导红军最高统帅部，可是他拒不接受。"莫洛托夫回答："他拒绝了，这当然是对的。"④

---

① 转引自〔苏〕罗·亚·麦德维杰夫著，赵洵等译：《让历史来审判》（下），人民出版社1981年版，第765页。

② 参见〔苏〕罗·亚·麦德维杰夫著，赵洵等译：《让历史来审判》（下），人民出版社1981年版，第780页。

③ 访问者是丘耶夫，是一位历史学教授，从1969—1986年17年间，前后访问了139次。根据录音访谈后的整理实录而成书，于1991年在莫斯科出版。

④ 〔苏〕丘耶夫著、军事科学院外国军事研究部译：《莫洛托夫访谈录》，吉林人民出版社1992年版，第394、395页。

　　过去有关斯大林在反法西斯战争一开始的表现，曾有过上面那种情况的传说，但谁会相信，在中国一直把这说成反革命造谣。正如有的同志说的，要不是百分之二百的斯大林主义者莫洛托夫出来证实，谁会相信这些有万分之一可能会是事实呢？[①]

　　我们在指出斯大林在战争中所犯严重错误时，需要指出的是：（1）绝不是要贬低苏联人民与红军建立的伟大功勋，而在斯大林时期这一伟大功勋被贬低了。恢复历史的本来面目，使苏联人民的功勋显得更伟大了。（2）并不是完全抹杀斯大林在战争中的作用。不少苏联军事领导人与学者认为，到了1943年春苏联红军打了一次大败仗之后，这才使斯大林能够较正确地了解苏德战场力量对比的真实情况。1943—1945年斯大林对军队所下达的指示是比较深思熟虑和比较正确的。（3）在斯大林个人迷信的情况下，对于广大普通的人民群众与士兵来说，已造成了斯大林的名字和人民对他的信任，在相当程度上成为团结人民、赢得胜利的希望。不仅如此，按照对任何个人迷信的逻辑，军事上的一切失误与失败，必然归咎于其他将领，而一切成功与胜利都与斯大林名字联系在一起。因此，对许多当年高呼着斯大林名字去作战的苏军士兵与军官来说，要重新认识斯大林、改变对斯大林的看法自然就不那么容易的了。而相反，战争的胜利，不仅掩盖了斯大林的所有错误，不论是战前的还是战争时期的，并且使得斯大林的个人迷信比战前大大发展了，把斯大林神化了，把斯大林模式也神化了。个人迷信的基础是高度集权，而高度集权的政治经济体制，又促进了个人迷信的不断发展。完全可以说，个人迷信已是苏联制度的一个组成部分。所以，战后，斯大林不可能考虑政治经济体制改革，而更多考虑的是进一步强化高度集中的体制，这也是强化他所需要的统治制度，从而使国家政治权与经济权作为他的个人工具，把无产阶级专政变成他的个人专政。

　　第三，从斯大林思想深处来看，战后他并没有离开战备的政策。第二次世界大战结束后，对苏联来说，已并不存在来自外部的现实的战争危险。因此，完全有可能来调整它战时的经济结构，压缩军费开支。由于战

---

　　①　参见严秀著：《半杯水集》，福建人民出版社2001年版，第222—231页。

后苏联人民生活极度困难，斯大林不得不在这些方面作些调整。如1946年武装部队人数从1100万减到280万人，直接的军费开支在国家预算支出中的比重，从1945年的54.3%降到1946年的24%，1947年的18%。但随着冷战的开始和战时联盟的瓦解，苏联的军事预算与军队编制也随之增加。据苏联官方的材料计算，战后第一个五年计划时期（1946—1950年）国民经济军事化吞没了近1/4的国民收入。战后第一个五年计划规定，机器制造业和金属加工工业产值要比1940年增加115%，在规定工业总产值增长72%的情况下，机器制造业要增长135%，这些指标提前超额完成了。1952年，党召开十九大前夕，在为大会准备的文件中谈到苏联的成就时说："国防工业取得了相当的成就。1950年与1940年相比，航空工业增长了33%，武器工业增长了75%，造船工业增长了140%，在战后五年间按计划总产值，航空工业完成102.8%，武器工业完成了103.1%，造船工业完成106.2%。生产能力、工人数都在增长。"[①] 这个五年计划期间用于整个工业的基本建设投资额中，用于"甲"类占87.9%，"乙"类仅占12.1%。而轻工业只完成计划规定的80%多，未达到战前的水平。农业情况最糟。1950年农业产值只相当于1940年的99%。粮食产量为8500万吨（原计划是1.27亿吨），在第五个五年计划头3年（1951—1953年），农业计划方面一项指标也未完成。

战后，苏联普通老百姓的生活虽有一定改善，但仍处于极低的水平，远未摆脱贫困乃至饥饿，市场供应严重不足。

战后斯大林继续推行经济军事化的政策，尽管与苏联加强国防任务的必要性有关，特别面对美国拥有原子弹的情况下，需要考虑加强军事工业。但问题是，面对国内人民生活极其困难的情况下，应该把握发展军工生产的度的问题，超过了一定的度，就不仅破坏了整个国民经济的平衡发展，人民生活的改善，而且也超出了防御的界限。纵观战后到斯大林逝世前，苏联实际上一直把经济纳入战备的轨道，这不能不说，这与斯大林对世界形势的错误估计，与思想上根深蒂固的扩张思想有关。在第二次世界

---

① ［俄］尼·西蒙诺夫：《20—50年代，苏联军事工业综合体：经济发展的速度、结构、生产和管理组织》，俄罗斯政治百科出版社1996年版，第192页。

大战尚未结束前的 1945 年 4 月，铁托率领南斯拉夫政府代表团访问莫斯科时，斯大林在其别墅宴请代表团中的共产党人时讲，"如果斯拉夫人团结一致，那么将来谁也不敢碰他们一下。对，连碰一下也不敢！""所以斯拉夫人应该团结起来。"他还接着说："战争结束了，再过 15—20 年，我们也会恢复起来，然后再打仗！"①

战备经济必然要求经济体制的高度集中化，把物力、财力和人力集中用于军事部门。在这种情况下，斯大林为了保证军事工业的优先发展，与美国进行军备竞赛，他不可能改革高度集中的经济体制，而是实行强化这种体制的政策。

第四，进一步统制农业与加强对农民的榨取。自斯大林推行工业化与农业集体化运动之后，可以十分清楚地看到，农业、农民与农村情况一直处于极端困难状况，在"二战"期间和战后第一个五年计划时期显得更加突出，特别是饥荒日益严重。而斯大林不仅没有采取措施来缓解饥荒，反而以更为严厉的手段惩处因不堪饥荒而"越轨"的农民乃至小孩。根据苏联内务部长的报告，仅 1946 年 12 月一个月内就有 13559 人（包括 12 岁以下的儿童）因"偷窃"集体农庄的粮食"被追究刑事责任"。1949 年 8 月，国营农场一名女教师因生活走投无路，杀死了自己的三个孩子，等等。② 1946—1947 年，乌克兰发生大饥荒，出现过人吃人的惨事。饿得发疯的妇女杀死亲生的孩子，吃孩子的尸体……③

谁都清楚，农村中出现的严重困难，主要是集体农庄制度。造成 1946 年有 75.8% 的农庄付给庄员的报酬每天少于 1 公斤谷物，而 7.7% 的农庄却无谷物可支付。在俄罗斯联邦，不能给庄员提供粮食品的占 13.2%，在俄罗斯一些州，不能按庄员劳动付给谷物的占 50%—70%。④ 集体农庄庄员普遍失去了对劳动的兴趣，不出工的现象很普遍，出了工也不出力。很明显，集体农庄制度面临危机。这个时期，苏联农村传播着解散农庄的消

---

① ［南斯拉夫］米·杰拉斯：《同斯大林的谈话》，吉林人民出版社 1983 年版，第 89 页。

② ［苏］沃尔科戈诺夫：《斯大林》下卷第 578、469—470 页；资料来源：《苏联中央国家十月革命档案馆第 9401 全宗》第 2 目录第 98 卷宗第 7 项第 380 页、第 319 卷宗第 192—198 页。

③ 参见张岱云等译：《赫鲁晓夫回忆录》，东方出版社 1988 年版，第 334 页。

④ ［俄］《祖国历史》1998 年第 3 期。

息。1945 年 7 月苏共中央的一位监察委员会在库尔斯克州视察后报告说：
"关于集体农庄解放的消息……现在在集体农庄庄员中广泛流传。"① 农庄
庄员对上面来视察的干部，总是询问农庄解散的问题。一次，一个庄员对
区里来的干部说："是不是说很快解散集体农庄？如果没有集体农庄，我
们生活会更好，也会给国家带来更多的好处。"② 另外，甚至还有许多人相
信，解散集体农庄的倡议来自最高权力机关的斯大林本人。有人还说，在
莫斯科成立了研究解散农庄的委员会，并还有人说已经签署了解散集体农
庄的命令。也有人分析，斯大林不会解散农庄，如果他要解散农庄，也是
美国和英国施加压力的结果……为什么当时苏联农村如此盛传解散农庄的
消息呢，又说得有鼻子有眼像真的那样。其实原因也很简单：一是大家都
已清楚地看到集体农庄制度从产生一开始就显得毫无生命力，成了影响农
业发展的主要障碍；二是农民生活实在过不下去了，希望寻找新的出路。
当时有很多人提出，战争胜利了，农庄的主要使命（向国家上缴大批粮
食）已经完成了，现在应该解散农庄了。简言之，解散农庄的传言，是广
大农民强烈愿望的一种反映。

　　遗憾的是，农民这种要求改革集体农庄的强烈愿望不仅没有实现，并
且斯大林还采取措施来进一步控制农业，巩固与发展集体农庄制度，达到
统制全国经济的目的。斯大林的具体做法是：

　　首先，对新并入苏联版图的波罗的海沿岸三国（立陶宛、拉脱维亚和
爱沙尼亚），于 1947 年 5 月，按 20 世纪 30 年代的模式开展农业集体化运
动，到了 1950 年 4 月，完成了集体化。

　　其次，实行继续压榨农民的政策。战后，资金从农村往城市"流入"
不仅没有减少，相反增加了。在货币的实际币值明显贬值的情况下，农产
品收购价格却几乎没有提高。集体农庄必须把自己的大部分产品比农产品
的实际成本还要低得很多的价格交售出去。更有甚者，在斯大林生前最后
几年，在苏联形成了一种分派国家征购计划的不良制度。农庄都无力完成
上缴计划。这样一来，农庄都欠了大量税款，从而使粮食收购变成了余粮

---

① ［俄］《祖国历史》1998 年第 3 期。

② 同上。

征集制性质。另外，1946 年 10 月，苏联成立了直属部长会议的集体农庄事务委员会。该委员会向各共和国各州派驻"不属地方领导的中央检查员"，其目的是强化对集体农庄的直接指挥。

第三，批判"包产小组"，合并集体农庄。当时主管农业的中央政治局委员安德列也夫在 1947 年 2 月在联共（布）中央作了农业问题的报告，主张对农业体制加以改革，主要内容是集体农庄在分配收入时，应当计算工作的收成（在工作队中则计算小组的收成），使收成较高的工作队和小组的庄员相应地获得较多的报酬，收成较低的工作队和小组的庄员获得较低的劳动报酬。这一改革的主要目的是克服分配中的平均主义，促进劳动生产率和单位面积产量的提高。在这一改革思想的推动下，苏联从 1947 年至 1950 年，在不少地区曾试行"包产到组"，在乌克兰得到广泛推广。但由于这种改革，与斯大林的大农业、公有制程度越高越先进和对农业的全面统制的思想相抵触，这种"包产到组"的改革很快遭到批判。说它在经济上、组织上与巩固集体农庄的利益相违背，"会使农业工作误入歧途"。[①] 马林科夫在联共（布）十九大上的工作报告中也批判说："在集体农庄的劳动组织问题上，某些领导人采取了不正确的路线，在集体农庄内培植独立的小组，取消了生产队；这种做法实际上是反对谷物业耕作的机械化，结果引起了集体农庄的削弱。"[②] 由于"包产到组"试验的夭折，安德列也夫随后也被撤职。与此同时，在全苏范围内开展大规模的集体农庄合并运动。到 1951 年 1 月 1 日，农庄总数就从战前 30 万个，合并为 12.3 万个。到了斯大林逝世的 1953 年合并运动暂告一个段落。

战后苏联农业发展情况表明，斯大林的上述种种措施，并没有促进农业生产力的发展，而是进一步造成农业生产力的破坏。1953 年苏联的粮食产量仅为 8250 万吨，低于沙皇时代最高水平的 1913 年的 8600 万吨，按人均计算的产量则低 19%。

第四，由于斯大林对外部世界认识的错误并实行了错误政策，战后使苏联走向"闭关锁国"的经济发展道路。

---

① ［苏］《真理报》1950 年 2 月 19 日。
② 《苏联共产党第 19 次代表大会文件汇编》，人民出版社 1955 年版，第 58 页。

在对待社会主义国家关系问题上，提出建立社会主义阵营，并建立"经济互助合作委员会"（简称"经互会"）。在对待资本主义世界关系上，提出了资本主义总危机理论与两个平行市场理论。这样，不仅使苏联难以正确认识外部世界，特别是西方资本主义世界，并且还使苏联自我封闭起来，使它的经济体制模式不断凝固化，并且还强迫其他社会主义国家接受，即阵营化。因为在斯大林看来，苏联的经济体制模式是唯一合理的、是所有社会主义国家普遍适用的。在这种背景下，斯大林怎么能改革在战前建设起来的体制模式呢！

（原载陆南泉等主编：《苏联真相——对 101 个重要问题的思考》上册，新华出版社 2010 年版，第 493—502 页。）

赫鲁晓夫时期经济改革的评析

赫鲁晓夫上台时面临着十分复杂的局面和艰巨的任务。正如苏联著名政论家费奥多尔·布尔拉茨基指出的，放在当时赫鲁晓夫面前的斯大林所留下的苏联是："越来越贫困的、实际上半崩溃的农村、技术上落后的工业、最尖锐的住房短缺、居民生活的低水平、数百万人被关押在监狱和集中营、国家与外部世界的隔绝——所有这一切都要求有新的政策的彻底的变革。于是，赫鲁晓夫——正是这样（像人民期望的那样）成了新时代的先驱者。"① 赫鲁晓夫如何解决面临的种种难题，只能通过更新政策与改革才能找到出路。而为此，赫鲁晓夫首先要做的是消除政治恐怖，让人民过正常的生活。为此采取的措施有：清除贝利亚，为政治领域进行整顿清理创造前提条件；清理冤假错案，全面平反昭雪；采取组织措施，改组国家安全机构与健全司法制度；反对斯大林个人崇拜，这是进行改革绕不过的一步。"非斯大林化"是赫鲁晓夫上台后必须解决的一个重要问题，也是赫鲁晓夫执政时期的一个主要标志。

赫鲁晓夫执政期间对农业制度进行了改革，对工业和建筑业实行了大改组，并围绕改革展开了经济理论讨论，还对政治体制进行一些改革。可以说，赫鲁晓夫为战后苏联第一个改革者，在苏联与东欧各国产生深刻的影响，但由于改革在指导思想与政策等方面的失误，使改革未取得成功，导致了国民经济的混乱，并产生了严重的后果。

---

① ［苏］尤里·阿法纳西耶夫主编、王复士等译：《别无选择》，辽宁大学出版社1984年版，第584页。

一 赫鲁晓夫时期经济改革的历史作用

总的来说，赫鲁晓夫时期的经济体制改革未取得成功，但它在苏联改革史上留下了不可磨灭的痕迹，仍有不少方面是应加以肯定的。

（一）给苏联社会留下深刻影响的改革起始时期

作为苏联历史上第一个改革者的赫鲁晓夫，在他对斯大林过度集中体制弊端有所认识的基础上，在批判斯大林个人迷信开始解冻后，下决心在各个领域进行了改革，这对苏联产生了深刻的影响。戈尔巴乔夫在其执政时期以及下台后，多次谈及这一历史时期改革的积极意义。[①] 他在庆祝十月革命 70 周年大会上的报告中说："在 50 年代中期，特别是在苏共二十大之后，变革之风吹到国家上空，人民振奋起来，活跃起来，变得更大胆，更有信心。批评个人迷信及其后果，恢复社会主义法制要求党及其以尼·谢·赫鲁晓夫为首的领导拿出很大的勇气。开始摧毁以前对内对外政策中的刻板公式。开始试图摧毁 30—40 年代所确立的发号施令和官僚主义的管理方法，赋予社会主义以更大的活力，强调人道主义理想和价值观，在理论和实践中恢复列宁主义的创造精神。苏共中央九月全会（1953年）和七月全会（1955 年）决议的核心是力求改变经济发展的先后次序，使联系与劳动成果挂钩的个人利害关系的刺激因素起作用。于是着重注意了农业的发展、住房建设、轻工业、消费领域和满足人的需要有关的一切。"他在《改革与新思维》一书中指出："苏共第二十二次代表大会是我们历史上的一个重大里程碑。它对社会主义建设的理论和实践作出了很大贡献。会上和会后都曾作出过大力的尝试，想使国家走上正轨，想推动我国摆脱对斯大林的个人崇拜在社会政治生活中所产生的各种消极因素。"[②] 戈尔巴乔夫在下台后发表的著作中说："由于苏共 20 大而对'个

① 戈尔巴乔夫和苏联大多数官方人士、学者以及西方学者一样，对赫鲁晓夫时期的改革既有积极的评价，也提出了尖锐的批评性看法。在本章下一节分析赫鲁晓夫时期改革不成功原因时，我们将会引用戈尔巴乔夫等人的一些分析。

② ［苏］米·谢·戈尔巴乔夫著、苏群译：《改革与新思维》，新华出版社 1987 年版，第 47 页。

人迷信'进行的批判……变革开始了，整个社会气氛改变了。这是摆脱极权主义的第一步。""赫鲁晓夫是改革的先驱者。他第一个推动了改革进程。""赫鲁晓夫留下的主要东西就是使斯大林主义失掉了声誉……这是改革得以开始的前提和条件之一。因此，我承认，改革①是同赫鲁晓夫所做的事是有一定联系的。一般说，我对他的历史作用是有较高评价的。"② 西方学者斯蒂芬·科恩在为麦德维杰夫等所写的《赫鲁晓夫的执政年代》一书所作的序中说："赫鲁晓夫执政的年代，是苏联进行了真正的政治和社会改革的时期。尽管这些改革充满矛盾，而且毕竟是有限的，但在实际上，苏联社会生活的每一领域无不受到1953年至1964年这段时期变革的影响：大恐怖的结束，千百万监押在集中营的囚犯获释，为限制一些最恶劣官僚习气和特权所采取的措施；公众的觉悟，知识界越来越多地参与政治。一系列经济和社会福利的改革；以及导致我们今天所谈的'缓和'的外交政策的变化，等等。这个常常被称为'非斯大林化'的改革过程，有许多值得注意的特点，其中远不只是它的发生没有引起长时间的暴力或动乱和往往出人意料这两点。"他还批评说，西方一些研究苏联问题的学者，由于"他们被斯大林二十五年的恐怖专制主义统治及其强加给社会和官场的畏惧、尊奉、僵化的形象所束缚，也被他们自己头脑中固定不变的'极权主义'的苏维模式所禁锢，感到难以想象任何重大、持久的变化。他们否认或者看不到，在赫鲁晓夫作为苏联领导人当权的整个时期内，这种变化已经发生，而且进行改革确是赫鲁晓夫的本意"。③

有关评论赫鲁晓夫的论著卷帙浩繁，众说纷纭，莫衷一是。但笔者认为，不论是赞誉还是诋毁，但有一条是不能否认的：赫鲁晓夫顶住了巨大的压力勇敢地站出来揭露了斯大林，破除个人迷信，成为苏联第一个改革者，使苏联历史上翻开了新的一页，活跃了气氛，振奋了人心，给苏联历史上留下了谁也不能抹杀的深深的印痕。美国前总统尼克松的一段话是有

---

① 系指戈尔巴乔夫在20世纪80年代中期自己推行的改革。——笔者注。

② ［俄］戈尔巴乔夫著、徐葵等译：《对过去和未来的思考》，新华出版社2002年版，第41、42、44页。

③ ［苏］罗伊·A. 麦德维杰夫等著、邹于婴等译：《赫鲁晓夫的执政年代》，吉林人民出版社1981年版，第1—2页。

道理的。他说："在第二次世界大战以后的年代里，没有一位世界领袖人物的成败能像赫鲁晓夫的成败如此急剧地和决定性地改变历史的进程。"①这就是为什么笔者在论述赫鲁晓夫时期改革的意义时，首先是从他的改革对改变苏联历史进程的影响这个大视角来考察的。苏联不少学者也指出，当时赫鲁晓夫的改革，是符合社会发展已经成熟的需要的，改革对当时官僚化的苏联引起了一场"地震"，在国内和国际关系方面都产生了"良好的变化"。

（二）推进了经济理论的发展

在斯大林时期，个人崇拜严重地束缚着人们的思想，僵化的教条主义盛行，在理论上不可能与时俱进。应该说，在赫鲁晓夫围绕经济体制改革展开的经济理论讨论十分活跃，特别在商品货币关系等主要问题上，苏联学者提出了不少新的看法。尽管经济理论的发展受历史条件的影响，仍有很大的局限性，但毕竟是对多少年来不容有半点怀疑的斯大林经济理论一次巨大的冲击，让人们有可能根据实际已变化了的情况去探索理论和发展理论，可称得上是苏联在经济理论的一个重要的发展时期。赫鲁晓夫时期展开的经济理论大讨论，它的重要意义还在于：一是为苏联以后的经济改革做了一定的舆论和理论的准备；二是赫鲁晓夫在苏联这么一个大国推行改革政策，又积极提倡改革理论的讨论，这对东欧一些国家相继在 20 世纪 60 年代中期实行经济体制改革有着十分重要的影响。

（三）提出社会主义各国可以有不同的体制模式

随着经济体制改革与理论的发展，赫鲁晓夫提出，各国的社会主义建设可以走不同的道路，可以有不同的体制模式。我们在谈到反对斯大林个人迷信的意义时应指出，它有助于人们认识到斯大林——苏联模式不是唯一正确的模式。而在开展体制改革过程中，赫鲁晓夫意识到，苏联长期以来把自己建设社会主义的道路及体制模式，视为样板，不允许别国偏离一步，否则就动辄批判、开除甚至加以镇压的做法是不可取的。赫鲁晓夫于

---

① ［美］尼克松著、刘湖译：《领袖们》，知识出版社 1984 年版，第 230 页。

1963 年 8 月，正当世界各国共产党和工人党同声谴责南斯拉夫背离社会主义复辟资本主义之际，赫鲁晓夫赴南访问，他在访问期间公开发表演说指出：南斯拉夫是一个"先进的"社会主义国家，在那里，不是"空谈革命"，而是"具体建设社会主义"，南斯拉夫的发展是"对总的国际革命工人运动的具体贡献"。①

　　南斯拉夫是社会主义国家率先改革的国家，它第一个宣布摈弃斯大林模式。人们都可以看到，尽管南斯拉夫所进行的改革有不少问题，有些问题还十分严重，并且也没有形成一个成熟的体制模式，最后也没有逃脱垮台的命运，但在斯大林的寒冬时期走了自己改革之路，确实是第一枝报春花。

（四）经济体制改革本身也有一些应予肯定的方面

　　我们讲，在赫鲁晓夫下台时，从苏联出现的种种社会经济问题来看，他的改革的确是不成功的。苏联经济发展的"伟大十年"是在赫鲁晓夫下台前有人制造出来的一个根本不存在的神话。这些说法是符合客观情况的。但是，赫鲁晓夫在改革经济体制过程中，也确有一些值得肯定的东西。拿农业制度改革来说，在 1958 年前的一些改革思路与政策措施，肯定的方面应该是多一些。这主要反映在：第一，赫鲁晓夫一上台紧紧抓住了农业的改革，无疑是个正确而又果断的决策。这样做，使苏联躲过了很可能会出现的粮食危机和全国性的饥荒。第二，通过对农业计划制度的改革来扩大农场、农庄的经营自主权，提高物质利益原则的作用和大规模垦荒等思路，是符合当时农业发展客观要求的，特别对解决苏联当时最为关心的粮食增产问题，起了积极作用。1953 年苏联粮食产量为 8250 万吨，1954 年为 8560 万吨，1955 年 10370 万吨，1956 年为 12500 万吨，② 1957 年为 10260 万吨，1958 年为 13470 万吨。这期间，粮食产量除个别年份虽出现过下降的情况外，总的来说，呈现增长的趋势。也正是在这个期间，

---

　　① 参见赫鲁晓夫 1963 年 3 月 30 日在南斯拉夫维累涅市群众大会上的讲话。

　　② 这是 1956 年以前苏联历史上的最高产量。产量中一半以上产自新的开垦区。苏联学者指出："若不是多亏新开垦的处女地获得丰收，苏联在 1956 年几乎肯定要发生饥荒"（见［苏］罗伊·A. 麦德维杰夫等著、邹子婴等译：《赫鲁晓夫的执政年代》，吉林人民出版社 1981 年版，第 63 页）。

"使赫鲁晓夫赢得了农业内行的声誉"。① 还应该说，这对赫鲁晓夫在1957年苏共中央六月全会上战胜马林科夫、卡冈诺维奇和莫洛托夫反对派并一致同意继续留任第一书记，都起了不可低估的作用。

至于经济改革的另一个重要内容即工业和建筑业的大改组问题，苏联自己的评价是，这不能算是一次改革，而"只是一次不成功的试验"。在赫鲁晓夫下台后不久，苏联《真理报》发表的社论中批评1957年的大改组是"没有经过周密思考、没有仔细权衡、没有经过实际试验的改组"。②

以上的评价，总的来说也是符合实际的。但1957年的大改组，它力图解决部门与地区管理之间的矛盾，虽然未取得成功，但赫鲁晓夫搞经济行政区建立国民经济委员会的办法，毕竟是一种试验，为后人提供了经验教训，如何使部门管理与地区管理有机结合，如何提高地方的权限来发挥其管理经济的主动性，与此同时中央又不失控，这对所有当今处于经济转轨的国家来说，仍是一个有待解决的最为复杂的问题之一，至今都尚在寻觅解决的途径，从苏联来说，勃列日涅夫执政后，又恢复了部门管理原则，但在他执政后期，又发现部门管理原则存在一系列问题，后来又成为阻碍工业和建筑业发展的一个重要因素。正是这个原因，广大学者在勃列日涅夫执政后期对此又展开了热烈的讨论，对部门管理原则提出了尖锐的批评意见，这也证明，在工业和建筑业中改变高度集中的部门管理原则有其必要性。

二　赫鲁晓夫时期改革未取得成功的原因

导致赫鲁晓夫时期的经济改革未获得成功，其原因是多种多样的。涉及的问题很多，这可以从多方面去分析。

---

① ［苏］罗伊·A. 麦德维杰夫等著、邹子婴等译：《赫鲁晓夫的执政年代》，吉林人民出版社1981年版，第38页。

② ［苏］《真理报》1964年11月8日。

　　（一）首先要从赫鲁晓夫反斯大林的局限性谈起。不认识这一点，就难以对赫鲁晓夫时期改革出现的种种问题有个深刻的理解。现在人们对赫鲁晓夫在苏共二十大反斯大林已有一个共识，即"赫鲁晓夫揭露的、批判的并力图战而胜之的是斯大林，而不是斯大林主义。也许，他真诚地相信，整个问题也就是这样，只要揭露斯大林，他就解决了使社会从过去的极权主义桎梏中解放出来的全部问题"。① 赫鲁晓夫并不理解，揭露斯大林仅是走上革新社会道路的第一步，而更重要的是对斯大林模式，必须在经济、政治、社会精神生活等方面进行根本性的重大改革。"赫鲁晓夫的主要错误认识就在于此，而他至死也没有摆脱这个错误认识。总的来看，他真的相信，揭露了斯大林个人，他就完成了任务，完成了自己的使命，虽然对消除我们社会生活各个方面（经济、文化、意识形态、整个社会上层建筑）出现的深刻的变形现象没有做任何一点事情。""我在读他的回忆录时感到震惊的是，他或者对一些明显的事情完全视而不见，或者是顽固地相信那些老的谎言，即使是他后来的经验已揭穿了这些谎言的时候仍然如此。例如在他回忆录中，他似乎一本正经地说，在挑选领导人问题上，用哪一个人取代另一个人的问题可经常提到代表大会和中央委员会去解决。没有这一点，'我不知道党会变成什么样的党'。"② 赫鲁晓夫揭露斯大林问题的局限性，还表现在对苏联历史发展过程中一些重大问题的错误认识，"赫鲁晓夫主张，绝不能为在'公审'时被'公开定罪'的斯大林的激烈反对者，如季诺维也夫、加米涅夫、季可夫和布哈林等人平反，就像不能给让人不得安宁的魔鬼列夫·托洛茨基恢复名誉一样。他认为，斯大林在这些案子中消除了对尚处于在幼年时期的共产党国家进行破坏的'极左'和'极右'分子是正确的。而且在他看来，对农民残酷地搞集体化，以及二十年代末、三十年代初对一部分知识分子的镇压，也都是必要和正当的。"③ 西方学者认为，赫鲁晓夫对斯大林的指控在三个重大方面有

---

　　① ［俄］格·阿·阿尔巴托夫著、徐葵等译：《苏联政治内幕：知情者的见证》，新华出版社1998年版，第139页。

　　② 同上书，第139—140页。

　　③ ［苏］罗伊·A.麦德维杰夫等著、邹子婴等译：《赫鲁晓夫的执政年代》，吉林人民出版社1981年版，第22—23页。

明确的局限性。"首先，这种指控集中在斯大林'对党的干部'以及其他政界精英'实行大恐怖'问题上。它反映了赫鲁晓夫在50年代作为恢复活力的共产党领袖执政以及他的改革主张的局限性；它只字不提在斯大林统治下无辜屈死的数百万老百姓。其次，赫鲁晓夫把斯大林的罪恶暴行说成是从1934年开始的，这等于为斯大林于1929—1933年间推行的、给农民带来极大痛苦的集体化运动辩护，把它说成是令人钦佩的必要措施；同时，这也等于宣布不准讨论关于1929年以前党内反对派对斯大林主义的选择这一禁令继续生效。最后，赫鲁晓夫把滥用权力说成仅仅是斯大林以及'一小撮'帮凶（这些帮凶已被揭露并受到惩办）的罪过，从而回避了广泛追究刑事责任并给予惩罚的问题。他硬说（至少是公开表示过），幸存下来的政治局委员都是无罪的。"①

上述的局限性，决定了赫鲁晓夫不能从斯大林体制模式的根本性弊端这个角度去思考问题和进行改革。

赫鲁晓夫对斯大林问题认识之所以存在严重的局限性，这与赫鲁晓夫是斯大林时代的产儿，是斯大林体制形成与发展时期的产儿有关。正如阿尔巴托夫说的，赫鲁晓夫的"主要问题在于他本人就是那个时代的产物，斯大林主义的产物"。因此，要靠他来"清除斯大林主义遗产方面做更多的事，他多半是根本做不到的"。这样，"在政治上他变成了'在原地跑步'。"② 对此，麦德维杰夫分析说："赫鲁晓夫同时又是斯大林的门生，是斯大林时代的一个产物，那个时代训练了他在政治上的灵巧熟练，也为他留下一部具有残酷无情、审慎从事以及那种可以置某些明显真理不顾之机敏颖悟的遗产。"③ 因此，就产生了赫鲁晓夫这位"非同寻常的、带有悲剧性的双重意识的矛盾人物。他在苏共二十大所作的关于揭露斯大林镇压的报告，这是在政治上走出的出色的一步，它在很多方面决定了斯大林去世后的过渡时期事态发展方向。他想要同斯大林主义分手，但不是同这

---

① ［美］斯蒂芬·F. 科恩著、陈玮译：《苏联经验重探》，东方出版社1987年版，第116页。

② ［俄］格·阿·阿尔巴托夫著、徐葵等译：《苏联政治内幕：知情者的见证》，新华出版社1998年版，第141页。

③ ［苏］罗·亚·麦德维杰夫著、肖庆平等译：《赫鲁晓夫大传》，中国文联出版公司1988年版，第4页。

种制度分手。他虽同这种制度的创造者决裂，可是他崇拜由这位创始者所创造的世界。这种矛盾无法解决，但他不懂得这个道理"。[1] 赫鲁晓夫一方面"给了社会一点儿自由，后来他自己拧紧了龙头"。正如他在自己的回忆录中说的："苏联领导决定开始解冻时期，并自觉地走去的时候，大家，也包括我在内，同时对解冻感到担心：'会不会因解冻而出现冲向我们的洪水，这就将很难处理。'""在赫鲁晓夫的活动中有许多与他的生活道路的特点（从政治意识形态上说他是斯大林派的活动家，在他的良心中也有斯大林制度的罪恶的阴影）以及他的个性相联系的矛盾。他往往是进一步，退两步。这儿碰碰，那儿撞撞。"[2] 这些都说明，赫鲁晓夫执政期间，在体制改革和重大国内外政策方面出现的摇摆、前后不一贯、不彻底性和动摇性的原因，不能归结为纯属他个人的弱点（如虚荣心）和实用主义（争权）。

（二）与上述因素相联系，赫鲁晓夫时期的改革，从来没有离开斯大林体制模式的大框架。他在改革过程中，往往是一只脚向民主迈进，另一只脚却陷入了教条主义和主观主义的泥潭。[3]

由于赫鲁晓夫个人的经历，他在反斯大林过程中，也能感悟到战后新时代将会到来，但他又无力自觉地把握住战后时代转换的重要契机，深刻地转变斯大林留下的不能再继续推进社会经济进步的体制。很明显，他只能是个过渡性人物，而不是能担当推进苏联社会大步前进、改变旧体制的代表新生力量的人物。

从经济理论上讲，为了进行改革，虽然取得了一定进展，但赫鲁晓夫时期并没有摆脱斯大林"左"的教条主义。拿讨论得最多的商品货币理论来说，到1961年通过的《苏共纲领》，也只是说它具有新内容和加以充分利用而已，根本没有人提出经济体制改革要以市场经济为方向，强调的还

---

① ［俄］亚·尼·雅科夫列夫著、徐葵等译：《一杯苦酒——俄罗斯的布尔什维克主义和改革运动》，新华出版社1999年版，第202—203页。

② ［俄］戈尔巴乔夫著、徐葵等译：《对过去和未来的思考》，新华出版社2002年版，第43—44页。

③ 参见［苏］尤·阿克秀金编、李树柏等译：《赫鲁晓夫——同时代人的回忆》，东方出版社1990年版，第3页。

是指令性计划。在所有制问题上，赫鲁晓夫同样是片面追求"一大二公三纯"。在他执政时期，急于消灭手工业合作社，向单一的全民所有制过渡；在赫鲁晓夫的倡导下，人们搞起扩大集体农庄规模的事来，有的地方甚至把三十来个，甚至更多的农村合并成一个大集体。也就是说，成立了根本无法管理的集体农庄。"合并集体农庄，而且常常是胡来的令人不快的合并，这也是集体化的继续，确切地说是集体化的大功告成"；1958 年砍掉农村个人副业，认为它影响了公有农业经济发展。这种错误思想，"是赫鲁晓夫对农民，也是对全体人民犯下了滔天大罪"；① 在"左"的思想支配下，赫鲁晓夫超越社会发展阶段，急于向共产主义过渡……

　　政治体制改革的局限性，也使得赫鲁晓夫经济体制改革难以从传统体制中解脱出来。应该说，赫鲁晓夫在揭露斯大林问题过程中，没力图推进苏联政治民主化进程，他针对斯大林政治体制存在的弊端，提出了反对个人集权、加强党的集体领导、加强法制、反对个人专横行为、反对干部终身制和提出实行干部任期制等。这些改革措施在赫鲁晓夫执政的头几年（1958 年前）取得了一定进展，但到执政后期，有的改革措施并没有贯彻到底，有的被赫鲁晓夫自己破坏，譬如，他自己搞集权乃至个人迷信，又如，他通过干部制度的改革，并没有建立起一套民主、科学的选拔干部制度，"他挑选干部越来越不按德才兼备的原则，而按忠实于人，叫干啥就干啥的原则"。② 产生这种情况虽有多种原因，但主要的是赫鲁晓夫时期的政治体制改革没有从根本上触动其要害即权力过度集中。按照熟知苏联内情的阿尔巴托夫说法，"赫鲁晓夫完全是有意识地不想放弃从斯大林时期继承下来的政治制度的，因为他作为党的头头知道这样做会直接威胁到他自己的利益，因为他想象不出用以取代这种制度的其他方法。如果你不想在政治和经济体制中实现深刻的变革（而赫鲁晓夫是不想的），掌握权力就会越来越变成目的本身。他不想放弃过去的政治制度。如果将从斯大林那里继承下来后，当年斯大林建立它们正是为了确保'个人专政'（尼基

----

① ［俄］亚·尼·雅科夫列夫著、徐葵等译：《一杯苦酒——俄罗斯的布尔什维主义和改革运动》，新华出版社 1999 年版，第 16 页。

② 引自解密档案材料，俄联邦总统档案全层 3 号全宗，67 号目录，223 号案卷。

塔·谢尔盖耶维奇在回忆录里用了库西宁的这个概念，看来，这个概念深深地印在他心上——显然他不了解这个概念的全部含义）的许多机制原封不动的保留下来，那么领导党和国家就可能简单得多和方便得多了。他还欣赏对他本人的颂扬，当然不是斯大林时期的那种凶险的血腥的个人迷信，但毕竟是十分有害的"。① 著名苏联历史学家麦德维杰夫与阿尔巴托夫在这个问题上有共同的认识。他说：赫鲁晓夫"本人肯定没把扫除他前任所建立的那种政治体制当成自己的任务，相反，为了巩固他自己的权力以及实施某些政治和经济上的改革，他还充分利用了这种体制的独裁主义结构"。②

以上分析说明，赫鲁晓夫执政时期，不论是经济体制改革还是政治体制改革，都没有改变斯大林模式的大框架，高度集中的指令性计划经济与高度集权的政治体制交织在一起，互为需要，从而成为阻碍体制改革的一个重要因素。

（三）经济体制改革本身存在一系列问题。（1）从改革思路来讲，为了克服传统体制的弊病，在改革开始阶段，首先应把中心放在改革经济机制和调整经济关系上，即要调整好国家与企业的关系，扩权让利，重视商品货币关系与经济杠杆的作用，而1957年的工业和建筑业大改组把中心放在调整经济管理组织形式上，只是把经济管理的重心由中央转到地方，管理机构从条条搬到块块，即只是在条条与块块、中央与地方的关系方面兜圈子。由于与上述原因相联系，大改组的结果只是从一种行政手段转为另一种行政手段，即从中央的行政指令方法转向地方的行政指令方法。另外，由于改组的核心是取消部门管理原则，因此花大力气分析了部门管理存在的种种问题，但并没有注意部门管理的客观合理的内核，并努力在改组中解决地区管理与部门管理如何合理地结合的问题。（2）从改革的步骤来看，1957年大改组确实是未经充分准备，仓促上阵，事先也未经过试验。正如一些苏联学者指出的："这样全面的工业改革，不言而喻是一项

① ［俄］格·阿·阿尔巴托夫著、徐葵等译：《苏联政治内幕：知情者的见证》，新华出版社1998年版，第140页。

② ［苏］罗·亚·麦德维杰夫等著、肖庆平等译：《赫鲁晓夫传》，中国文联出版公司1988年版，第2页。

十分复杂的工作，应该经过几个州若干年试点后，再在全国范围内推广。报刊上对改革计划的种种分析，不能代替实际的尝试。"① 改组的结果使企业下放过了头，权力分散过了头，例如，大改组后，使中央管辖的工业产值在全苏工业产值中的比重大大下降，从而削弱了国家对国民经济必要的集中统一领导和计划管理，致使地区的"分散主义"和"本位主义"泛滥，"差不多在每个管理局中都有分散力量的情况。"② 赫鲁晓夫在打破原来的部门管理体制的同时，并没有建立起一套新的管理体制。（3）从改革方法来看，赫鲁晓夫往往凭个人的主观愿望，依靠行政命令强制推行改革，特别是到后期，随着赫鲁晓夫领导地位的确定，他的头脑日益膨胀起来，个人专断，唯意志论日益增长。苏联学者布拉尔茨基发表的文章中分析说，赫鲁晓夫的改革是不彻底的和低效益的。其原因是由于他用传统的行政方法、官僚主义方法搞改革，不重视人民群众的作用，没有发动劳动人民为改革而斗争。③ 这个说法是有道理的。这里特别要指出的是，赫鲁晓夫对农业心血来潮的改革和对农业发展政策的瞎指挥尤为突出，他不顾条件地扩种玉米，取消农民的个人副业，停止采用草田轮作制，通过政治压力在短期内改组了机器拖拉机站……这些都对农业的发展带来了极其不利的影响。

（四）从政治角度来看，由于赫鲁晓夫的改革，涉及大量的人事变动，侵犯了很多人的利益，对此事没有充分考虑，也未做出应有的安排。在这方面赫鲁晓夫面临的挑战是十分严峻的，例如，他要取消领导干部终身制，对于党的选举产生的各级领导机关（从地方到中央委员会）成员，采取按一定比例经常更换的制度。每次选举时，苏共中央委员会及其主席团成员至少更换 1/4，1962 年苏联最高苏维埃的代表在选举中更换了近70%；④ 他还取消了高级干部（如州委书记、中央委员、报纸主编等）的相当可观的月薪"津贴"，对局级干部不再配备司机，不再提供可以随意

---

① ［苏］罗伊·A. 麦德维杰夫等著、邹子婴等译：《赫鲁晓夫的执政年代》，吉林人民出版社 1981 年版，第 103 页。

② ［苏］《消息报》1963 年 11 月 3 日。

③ 参见［苏］《文学报》1988 年 2 月 24 日。

④ ［苏］《真理报》1962 年 4 月 25 日。

到任何地方去的专车；在工业和建筑业大改组时，引起大量领导干部的调动；在农业改革过程中，由于赫鲁晓夫的鲁莽和急躁，改组了从农业部、大中农业机构、农学院到试验站的整套政府结构。让农业部离开莫斯科，迁到农村，农业部工作人员失去了在莫斯科舒适的办公室，与此同时，各加盟共和国也采取了类似的做法。并且，从苏联农业部长到各加盟共和国农业部长，都由一个国营农场的场长来担任。一年之内，2200 名工作人员中有 1700 名接到了调离的通知，其中大部分是职务较高的领导人。农业院校也迁到了农村。不论是农业部还是农业院校的工作人员，由于农村条件差，造成了大量农业工作人员包括农业专家的流失……赫鲁晓夫上述种种做法中，有关反特权的措施有其积极意义，但必然引起原来受益者的反对。至于在农业改革中的一些做法，既导致了农业困难，又遭到了农业部门干部的反对。

以上情况说明，赫鲁晓夫在改革过程中，触犯了很多人，在客观上树立了一批"政敌"或"反对派"。在这种情况下，即使是正确的改革方案，也难以贯彻和取得成功。

（五）赫鲁晓夫个人的性格，尽管对改革的失败不起主要作用，但也是不可忽视的因素。苏联著名政治家布尔拉茨基写道："赫鲁晓夫不仅是环境的牺牲者，而且也是其性格的牺牲者。急性子、过于匆忙、容易激动，这是他无法克服的缺点。"他还引证 1956 年赫鲁晓夫和布尔加宁访问英国期间，在苏联大使馆举行招待会上，丘吉尔对赫鲁晓夫说的话："赫鲁晓夫先生，您在着手大规模改革，这当然好！我只是想劝您不要操之过急。靠跳跃两步跨越鸿沟是相当难的，还可能会坠入沟中。""我（布尔拉茨基——笔者注）冒昧地试着以个人名义补充一句：当你没有看清，准备跳到哪个岸上时，是不能跨越鸿沟的。"[1]

---

① 转引自［苏］尤里·阿法纳西耶夫编、王复士等译：《别无选择》，辽宁大学出版社 1989 年版，第 606 页。

　　（六）不可忽视的国际压力。赫鲁晓夫要推进体制改革，阻力不只来自国内保守势力和传统的意识形态，还有来自国际的压力。1956年苏共二十大揭开斯大林盖子后，西方国家利用斯大林问题大肆攻击社会主义制度，在资本主义国家的共产党陷入了严重困境；而在东欧，一些原社会主义国家出现了混乱，发生了波兰和匈牙利事件；中苏两党因在斯大林问题上产生不同看法，加上其他因素，导致历时10年之久的有关建设社会主义道路和国际共运的意识形态的大论战。这种压力，使赫鲁晓夫反斯大林个人迷信和改革时而出现动摇。阿尔巴托夫谈到这一问题指出："共产主义运动中的困难使得赫鲁晓夫转而放慢而不是加速去克服斯大林主义，放慢而不是加速去进行改革，首先是实行国家政治生活的民主化。""在赫鲁晓夫和当时的整个领导对东欧一些国家，尤其是匈牙利和波兰政治危机做出的反应中，这一点表现得更为明显。"而中国因素对赫鲁晓夫在这一转变中，也起了不小的作用。中国先后发表一论、再论《无产阶级专政历史经验》两篇文章和"九评"，在当时形势复杂和思想混乱的条件下，"中国的宣传就可能在一些问题上把我们吓住，迫使我们处于守势，促使我们采取前后不一贯的或者完全错误的立场。"①

　　这里顺便就有关中苏大论战的问题说几句。1989年5月邓小平在会见戈尔巴乔夫时说："经过二十多年的实践，回过头来看，双方都讲了许多空话。""多年来，存在一个对马克思主义、社会主义的理解问题。""马克思去世以后一百多年，究竟发生了什么变化，在变化的条件下，如何认识和发展马克思主义，没有搞清楚。"②从邓小平的谈话中可以看出，中苏大论战脱离了已经变化的历史实际，论战双方尽管都以"真正的马克思主义"自居，而实际上并没有弄懂什么是马克思主义，什么是社会主义。大论战是一场"空对空"、"左对左"的论战，后来发展到中国"极左"。从总体来说，赫鲁晓夫不是右，而是"左"，这样就形成了中国的"极左"对赫鲁晓夫的"左"。后来，又给赫鲁晓夫扣上了修正主义帽子。邓小平

---

　　① ［俄］格·阿·阿尔巴托夫著、徐葵等译：《苏联政治内幕：知情者的见证》，新华出版社1998年版，第66、133页。

　　② 《邓小平文选》第三卷，人民出版社1993年版，第291页。

曾对法共领导人马歇说："我们的错误不是个别的错误，我们的错误在于以我们的标准去评判别人的实践和是非，违反唯物辩证法。"在这样的背景下，对赫鲁晓夫进行浅层次的、不触及斯大林模式要害的改革横加批判，"九评"连赫鲁晓夫在改革经济体制过程中提出物质刺激、利润原则、改变官僚主义的农业计划制度等在内，都说成是在苏联复辟资本主义，是修正主义。大论战，无疑对苏联当时正在进行的经济改革会产生影响。对中国的影响是，强化了斯大林模式，理论上更加教条化。更为不幸的是，大论战和农村开展社教运动实际上为文化大革命做了理论、舆论和政治准备，把中国最后带入"文化大革命"的十年浩劫，全国上下到处抓大大小小的"赫鲁晓夫"。

如果要说大论战的积极意义，也许可以说，使中国彻底摆脱了苏联的控制，打破了苏共在国际共运中的霸主地位。邓小平讲："我们一直反对苏共搞老子党和大国沙文主义那一套。他们在对外关系上奉行的是霸权主义的路线和政策。"[1]"我们反对'老子党'，这一点我们是反对得对了。"[2]

三 赫鲁晓夫下台的真实原因

过去有人说，赫鲁晓夫下台是中国"九评"批倒的。但实际上并非如此。以下史实从一个侧面也可说明这一点。在赫鲁晓夫下台后，中共中央对此立即进行研究，并做出决定，派周恩来率党、政代表团赴莫斯科参加十月革命47周年庆典，了解一下情况，试探改善中苏关系的可能性。1964年11月9日，周恩来和苏共新领导会谈时，苏共中央主席团委员米高扬说：过去苏共是集体领导的，在同中共中央分歧问题上，苏共中央内部甚至在细节上也是没有分歧的。后来，周恩来询问赫鲁晓夫下台的政治原因，苏共新领导没有立即答复，只是到了第三次，即最后一次会谈时，苏共新领导用了20分钟时间泛泛地答复周恩来说：苏共二十次代表大会、第二十一次代表大会和第二十二次代表大会通过的路线和苏共纲领是正确

---

① 《邓小平文选》第二卷，人民出版社1994年版，第319页。
② 《邓小平文选》第三卷，人民出版社1993年版，第237页。

的，不可动摇的。赫鲁晓夫主要是在国内工作的某些方面，以及在工作作风和领导方法方面犯了一些错误。① 这说明，苏共方面认为，赫鲁晓夫在中苏关系方面并没有错，当然，大论战也不是影响赫鲁晓夫领导地位的原因。

赫鲁晓夫下台的真正原因，苏斯洛夫在 1964 年召开的苏共中央十月全会上所作的主题报告中作了说明。他列举了赫鲁晓夫一系列的严重错误。但在苏共中央全会召开前，苏共中央主席团曾委托主席团委员波利扬斯基起草苏共中央主席团向苏共中央全会的报告。之所以没有采用波利扬斯基起草的报告而最后采用苏斯洛夫的报告，其主要原因有：一、波利扬斯基起草的报告虽较全面、深刻和尖锐，但有些错误的责任很难说完全由赫鲁晓夫一人承担，中央主席团其他成员也难脱干系，出于策略考虑，未加采用。而苏斯洛夫的报告方案较温和，只是概括地、粗略地罗列了赫鲁晓夫的主要错误；二、苏斯洛夫的报告方案回避了对外政策方面，特别是在同与各国共产党关系方面的错误。而波利扬斯基起草的报告，涉及对外（包括对各国共产党国家）的关系，并还在总体上肯定苏共反华政策的前提下，也承认对华政策中的某些错误。两份报告虽有差别，但基本内容的观点是一致的。并且，这两份报告的一开头，都强调苏共二十大的各项决议和党的纲领所确定的路线是正确的。这里，我们着重从体制、经济等苏联国内问题，分析赫鲁晓夫下台的真正原因。

（一）从政治体制角度看，赫鲁晓夫所犯的严重错误是背离列宁主义集体领导原则，把无限的权力集中在自己手里，但又不善于、不正确地运用这权力。这样就造成以下的状况：对带有根本性的重大的内外政策问题，中央集体无法进行自由地、切实地讨论。赫鲁晓夫公然无视党与政府领导集体的意见，不再考虑其他领导人的主张，不把任何人放在眼里，力图建立他的个人专政；赫鲁晓夫自以为绝对正确，骄傲自满，毫无根据地企图充当马克思列宁主义的伟大理论与实践家；他把一切成就不是归功于党，而是全部归功于他个人；他到执政后期，尽量摆脱苏共中央及其主席

---

① 参见王泰平主编：《中华人民共和国外交史》（第二卷），世界知识出版社 1998 年版，第 259—260 页。

团的监督；在工作中，不尊重别人，只要别人谈谈自己的看法，立即就被打断，经常怒气冲冲地吼叫，极端粗暴、为所欲为、任性、心胸狭隘和热衷于发号施令；赫鲁晓夫的个人迷信虽未最后形成，正处于形成过程中，处于复发阶段；……一句话，在苏共中央"形成了一种令人不能容忍的局面，使得中央主席团不能正常地进行工作"。① 正是在这种情况下，苏共中央主席团不得不下决心让赫鲁晓夫离开领导岗位。

　　写到这里不禁要问，赫鲁晓夫上台后就把很大精力花在反对斯大林个人迷信，揭露其独裁政治产生的严重弊端问题上，后来，他为什么在不少方面又走斯大林的老路呢？斯大林的一些不良品质又在赫鲁晓夫身上得到哪些反映呢？在波利扬斯基起草的报告中，对此作了一些分析。事情的发生亦是有个过程的。斯大林去世后，苏共"一面揭露对斯大林的个人迷信，一面遵循列宁的警告，并没有立即委托给赫鲁晓夫同志无限的权力。初期他仅仅领导苏共中央，担任中共第一书记。在这一时期，尽管他犯过一些错误和失误，总的说来还是相当谨慎地使用权力，尊重领导人集体的意见。因此，当1957年推举部长会议主席人选时，党中央委员会提名赫鲁晓夫，认为他在这方面也会正确地使用权力。他当时的行为没有引起人们的担心。此外，当时允许这种权力集中还出于一些国内和国外形势的考虑"。"我们党及其中央委员会，在推举赫鲁晓夫同志担任苏共中央第一书记和苏联部长会议主席之后，不断地对他表示关注，使他能够出色地履行这些崇高的职责，少犯错误，少出差错，使他的威望不断提高和巩固。的确，由于苏共中央委员会和全党的努力，为他树立了不小的威望。""应当承认，赫鲁晓夫同志在初期似乎还能理解这些事实真相，对自己的威信所以不断提高似乎还有自知之明。""大概正因为如此，我们的警惕在某种程度上放松了。""当时的形势也助长了这个问题的发展。我指的是派别活动分子——对斯大林个人迷信的拥护者向党发动进攻的那个时期。当然，他们也向赫鲁晓夫同志发动了进攻。我们在反击的过程中，按照斗争的逻辑，不得不说许多赞扬赫鲁晓夫的话，而且那时又不能批评他。看来，他由此得出关于他本人的、完全不正确的结论。"这里可以看到，在高度集

---

①　引自俄罗斯联邦总统档案馆3号全宗，67号目录，223号案卷。

权的政治体制没有被触动的情况下，在党内没有民主、对最高领导缺乏监
督机制的条件下，起初沿着正确路线前进的赫鲁晓夫，之所以会背离这条
路线，"这首先是权力过分集中在一个人手中的结果"。"权力集中在一个
手中，势必潜伏着产生严重危险的可能性。"① 亚·尼·雅科夫列夫对此说
道："人是脆弱的：绝对的权力使人绝对腐败。"② 说得多有哲理啊！

（二）从经济体制改革角度看，由于改革未取得成功，使得经济状况
呈现恶化的趋势并出现了混乱的局面。下面根据波利扬斯基的报告材料作
些分析。③

1. 一些国民经济综合指标下降。根据苏联科学院经济研究所提供的材料，
社会总产值从 1956 年到 1963 年 8 年间，增长速度降低了一半（详见下表）。

表 1 社会总产值下降情况

年份	年均增长率（％）
1950—1953	10.6
1953—1956	11.1
1956—1959	8.9
1959—1962	6.9
1962	6.0
1963	5.0

---

① 引自解密档案材料，俄联邦总统档案馆 3 号全宗，67 号目录，223 号案卷。

② ［俄］亚·尼·雅科夫列夫著、徐葵等译：《一杯苦酒——俄罗斯的布尔什维主义和改革运
动》，新华出版社 1999 年版，第 18 页。

③ 表 1、表 2 和其他材料，引自解密档案材料，俄联邦总统档案馆 3 号全宗，67 号目录，223 号
案卷。

国民收入指标也出现了下降，直到 1964 年年初，在 8 年中国民收入增长速度降低了 2/3（详见下表）。

表 2　国民收入下降情况

年份	年均增长率
1950—1953	11. 0
1953—1956	12. 0
1956—1959	8. 9
1959—1962	6. 9
1962	6. 0
1963	4. 0

2. 一些重要的质量指标不断恶化。以固定资产的利用指标为例，在七年计划①的四年当中，整个国民经济中的上述指标降低了 9%，而在农业当中甚至降低了 21%。劳动生产率也不断下降。1950—1955 年，工业中劳动生产率年均增长 7.8%，而在七年计划的年份里，工业劳动生产率年均增长实际下降到 5.6%，1962 年为 5.5%，1963 年为 5.2%。而按中央统计局的汇总材料来看，劳动生产率增长计划已经超额完成了。

工业中的"第一部类"与"第二部类"之间的比例更加失调。到 1963 年这种比例失调已经达到创纪录的水平。当年，"第一部类"的增长速度为 10%，比"第二部类"的 5% 高出 1 倍。

---

① 1959 年召开的苏共二十一大通过的 1959—1965 年国民经济七年发展计划。

3. 农业生产形势严峻。按七年计划规定，1959—1963 年农产品的年均增长速度应为 8%，而实际上，前 4 年的年均增长速度为 1.7%，1963 年则为负增长，按价值计算的总产量低于 1958 年的水平。5 年中，国营农场的农产品成本理应降低 2.1%，实际上却提高了 24%。严重缺粮和缺饲料，导致大量屠宰牲畜，结果是使肉、油、蛋及其他产品严重缺乏。到 1964 年，肉类产品在各地几乎普遍出现长时间脱销。在 1963 年苏联国内甚至连面包供应部发生了严重的困难。为此，赫鲁晓夫甚至建议实行粮食凭卡供应制度。后来动用了 860 吨黄金，从加拿大和美国进口粮食，另外还动用了国家的国防储备粮，才未实行凭卡供应粮食制度。

通过农业改革提高农业工作人员对物质利益的关心问题，也未能得到很好的解决。1958 年，集体农庄一个人一天的劳动报酬所得的货币与实物报酬合计为 1.56 卢布，而到 5 年后的 1963 年，仅增加到 1.89 卢布，5 年期间一共增加 36 戈比，即一个人每年才增加 7 戈比。

从赫鲁晓夫执政后期来看，苏联经济的发展状况表明，远没有达到改革所预期要达到的目的。"赫鲁晓夫迈着笨拙的步子急急忙忙地去追赶美国，结果以出丑告终。"

以上我们仅从体制角度分析了赫鲁晓夫下台的真实原因，应该说，这也是主要原因。但赫鲁晓夫对外政策的一些失误，对他下台也不是没有影响。赫鲁晓夫喜欢出国访问，在对外活动中竭力让外交部、外交官靠边站，力图通过他本人去解决很多国际问题。还有一个特点，他出国喜欢携带家眷及大量随行人员。1959 年赴美访问，随行人员为 150 人，带上了夫人、儿子、女儿、女婿，并带去一大批礼物。在赫鲁晓夫执政的后七年当中，"苏维埃国家在无任何重大理由和根据的情况下，已经三次陷入战争的边缘"。[①]

总之，到赫鲁晓夫执政后期，他已处于极其困难的境地。"当时许多人都已感到赫鲁晓夫及其政策已经到了穷途末路、空转打滑、毫无作为的地步，虽然他离开了习惯了的斯大林政策的此岸，但无论如何也不能找到

① 这是指 1956 年苏伊士运河危机、1958 年的"柏林问题"危机和 1962 年的加勒比海危机——笔者注。

彼岸。换句话说，他失掉了人们对他的信任和个人的声望……因此，在关键时刻到来时，他没有得到任何人的支持，几乎引起了所有人的愤怒。"
"鲜明的对比是，1964 年没有一个人上街维护赫鲁晓夫，而 1991 年成千上万的人起来支持戈尔巴乔夫和叶利钦，赤手空拳的群众挫败了世界上最强大的军队和秘密警察力量。"[①]

　　赫鲁晓夫是个矛盾人物，至今在我国学术界对他的评价仍存在不少分歧，直到今天，甚至还有人把苏联发生剧变的原因归结为由于 30 多年前赫鲁晓夫揭露与批判了斯大林的个人迷信。这岂不是说中国通过改革从斯大林—苏联体制模式中解脱出来，是走错了；这岂不是说中国应该坚持斯大林—苏联模式，这才是正确的。看来，"历史至今还没有对他（赫鲁晓夫——笔者注）勇敢走出的一步做出全面的和应有的评价"。[②] 对赫鲁晓夫仍需要深入的研究。

（原载陆南泉著：《苏联经济体制改革史论——从列宁到普京》，
人民出版社 2007 年版，第 214—235 页。）

---

　　① ［俄］格·阿·阿尔巴托夫著、徐葵等译：《苏联政治内幕：知情者的见证》，新华出版社
1998 年版，第 139、141、142 页。
　　② ［俄］亚·尼·雅科夫列夫著、徐葵等译：《一杯苦酒——俄罗斯的布尔什维主义和改革运
动》，新华出版社 1999 年版，第 11 页。

勃列日涅夫时期经济体制改革的评析

1991 年年底苏联发生剧变以来，我国对苏联剧变原因的研究日益深入，出版了不少论著。但随着这一问题研究的深化就发现，对勃列日涅夫时期与苏联兴亡关系的研究，远不如像研究斯大林、赫鲁晓夫与戈尔巴乔夫时期那么重视和深入，似乎这个时期与苏联社会主义兴亡关系不是很密切。形成这种情况的原因主要有两个：首先，长期以来，勃列日涅夫时期给人们的表象是稳定。一些人认为，勃列日涅夫时期的改革是苏联历史上最为稳妥的改革。而人们没有看到，这种稳定在勃列日涅夫执政的相当一个时期里意味着停滞。勃列日涅夫提出"稳定"的口号，实际上是静止不动。正是由于这个原因，人们也就忽略了这种稳定所掩盖的在当时苏联社会正在日益发展着的种种矛盾。从而，人们在研究苏联社会主义兴亡问题时，忽略了这一时期的重要性。之所以产生这种稳定的表象，与勃列日涅夫执政 18 年在苏联国内并没有发生历史性的重大事件有关，这个时期像一部平淡的历史剧，形不成高潮，不像斯大林时期那样，重大事件一个接一个，高潮迭起：从战时共产主义过渡到"新经济政策"、超高速工业化、农业全盘集体化，伴随党内激烈的斗争而来的大清洗……一直到高度集权的斯大林体制模式的形成与发展，无不一一成为研究苏联社会主义兴亡的重要问题。也没有像赫鲁晓夫执政时期那样发生过在苏共二十大作震撼世界的反斯大林个人崇拜的秘密报告，进行过 1957 年的工业与建筑业的大改组，展开了经济体制改革的理论大讨论，他又是苏联历史上第一个改革者，还提出超美口号和埋葬资本主义的豪言壮语……至于戈尔巴乔夫时期，由于苏联的剧变发生在他执政的年代，也就很自然地引起了极大的关注，对他提出的改革新思维，"人道的、民主的社会主义"，"全人类的价

值高于一切……人类的生存高于一切"① 等观点,这些都成为学术界研究
苏联社会主义兴亡问题的热点与争论的热门话题。其次,1991 年年底苏联
剧变后,人们研究的重点自然放在世界上第一个社会主义国家苏联为什么
消亡了,要着力探索消亡的深层原因。但在某个时期某些人更多看到的
是,勃列日涅夫是兴盛的标志,这主要指的是:从 20 世纪 60 年代下半期
苏联经济保持了较快的发展速度,到了 70 年代初苏联战略核武器达到与
美国持平衡的水平,苏联已成为一个能与美国平起平坐的超级大国,与美
国争霸,真是不可一世。从经济实力来看已跃居世界第二位,仅次于美
国。所以,在有些人看来,勃列日涅夫执政年代是"苏联综合国力最强大
的鼎盛时期"。既然是"最强大的鼎盛时期",那么在研究苏联衰亡问题
时就容易忽略这个时期。也正是由于这个因素,在苏联剧变后,当作为苏
联继承国的俄罗斯国际地位大大下降的情况下,有着大国情结与强烈民族
主义的俄罗斯人,对苏联历史上在建立强国地位有着重要作用的领袖总有
着怀念之情,这就是为什么勃列日涅夫在当今俄罗斯人中间保持较好的声
誉。据 2006 年俄罗斯权威民意调查机构——列瓦达中心的民意调查显示,
一半人认为勃列日涅夫在苏联历史上是个正面的角色。但是,在学术界特
别是历史学家看来,勃列日涅夫执政时期是苏联最后走向垮台的罪魁祸
首,面对这种巨大的反差,越来越多的有识之士认识到,必须对勃列日涅
夫执政时期进行深入研究,分析这一时期稳定背后的真相,为稳定付出了
什么代价,这种稳定是怎样一步一步地转向停滞,最后成为走近衰亡的一
个重要历史时期的。以上这些问题的研究与总结其教训,不仅对正在努力
重新崛起与实现现代化的俄罗斯来说,具有现实意义,对正在深化改革的
中国来说也是十分值得研究的问题。

　　本研究着重针对勃列日涅夫时期经济体制改革停滞不前的原因与
后果。

　　勃列日涅夫执政 18 年,对经济体制改革了 18 年。这一时期的经济改
革,可以说是一次较为系统和涉及面较广的改革。改革的准备工作要比赫

---

　　① [苏]米·谢·戈尔巴乔夫著、苏群译:《改革与新思维》,新华出版社 1987 年版,第 184
页。

鲁晓夫时期做得充分。在改革的头几年，不论在农业还是工业方面都取得了一定的效果，但总的来说，改革没有达到预期目的，也没有实现改革的总目标，即改革后形成的体制模式，仍然是效率低、浪费大、过度集中的一种体制。

勃列日涅夫时期的经济体制改革，从总体情况来说，处于一种停滞状态。如果说，赫鲁晓夫时期的改革是在"条条"与"块块"之间兜圈子，那么勃列日涅夫时期的改革，则是在增加几个还是减少几个指令性指标之间扭来扭去，改革始终迈不开大步。形成这种情况，有其十分复杂的原因。由于改革的停滞不前，产生了一系列十分严重的社会经济后果。勃列日涅夫时期，一方面消耗苏联积存的种种潜力，另一方面又不断地产生种种社会经济疾病和积累大量的问题与矛盾，从而是使苏联走近衰亡的时期。从勃列日涅夫执政 18 年的改革过程与出现的种种问题来看，确实它在很多方面再次向人们展示了斯大林—苏联模式所存在的带有制度性的弊病，是非常值得我们深思的。笔者在本文力图从较宽的视野来评析上面提到的一些问题。

一　设计的改革原则与目标未能实现

1965 年勃列日涅夫推行新经济体制所设计的改革原则与目标，在贯彻执行一段时间后，逐步后退，以致最后未能实现。

（一）企业自主权问题未能取得实质性的解决

经过改革，企业自主权有了一定程度的扩大，但并未得到实际解决，企业的地位并未发生根本性的变化。据苏联调查，大多数经理认为，改革的主要问题是，企业权限太小，就是企业条例中规定的一些权限经常遭到上级机关的侵犯。这一直是苏联改革过程中存在的主要矛盾之一。苏联著名学者 A. 阿甘别基扬发表的一次调查报告中说：被调查的 1064 名大企业经理中，有 80% 的人认为，各级机关仍然像以前一样，侵犯企业权力，

90％的经理认为，企业权力太小，今后必须从根本上扩大企业权力。① 列宁格勒工业重型机器研究所处长、在工业部门工作 40 年、最后任生产联合公司总经理的 Г. 库拉金，在谈到实行新经济体制后企业实际上仍处在身不由己的地位时写道：目前经理们仍然"感到自己像一个突然面临一整排军官们指挥的士兵，而当其中一个军官下达'前进'的命令时，另一个军官却高喊'卧倒'！……"② 扩大企业自主权的问题得不到实际解决的主要原因有：第一，从计划制度来看，尽管减少了下达给企业的指令性指标，但一些主要指标仍由国家控制。再说，减少下达指令性指标的数量，这毕竟只是量的变化，并没有使计划制度发生质的变化。第二，改革以来，企业的法律地位在理论上和实际上都未得到解决，现在企业实际上仍面对几十个"婆婆"，各上级机关不时地发出各种指示或某些禁令，但对企业执行它们的种种指示所需要的资金和条件却不加过问，而且对执行它们的指示的后果也不负任何责任。苏联报刊发表不少文章，要求从法律上切实解决企业地位问题，制止各机关任意指挥企业的做法，并强烈要求每个企业只能有一个上级领导机关，其他单位都只能是平等的伙伴关系。第三，没有解决企业实现经营自主权的客观条件。高度集中的管理体制，极大地限制了企业经营自主权和主动性。

（二）经济方法在领导经济中作用十分有限

之所以用经济方法来领导经济的设想未能实现，是因为经过 18 年的改革，并没有改变计划仍然按老一套行政指令方法进行。这样各种经济杠杆的作用往往被忽视。加上苏联长期存在的随意给企业下达指标的做法，就使计划难以符合市场需要等客观条件。苏联对经济改革过程中存在的问题，一般也是通过一些强制性的条例、法令等行政措施解决。由于这个原因，造成了在国民经济各部门中各种指示和规章数以千计，无数烦琐的规定简直难以使人弄清情况。在这样的条件下，经济方法在经济管理中的作用必然会受到很大限制。

---

① ［苏］《真理报》1973 年 11 月 13 日。
② ［苏］《工业生产的经济与组织》1975 年第 5 期。

（三）国家、企业和个人三者利益仍处于矛盾状态

苏联在勃列日涅夫时期，经过改革，国家、企业和个人三者利益关系有了一定改善，但在不少场合下，这三者之间仍然是矛盾的，并没有很好地协调起来。从企业和职工的关系来看，主要是通过物质刺激制度来促进劳动者个人的生产积极性。经济改革后，苏联虽然建立了名目繁多的奖金，奖金在职工工资中的比重从改革前1965年的8.7%，提高到改革后的16%左右，但奖金对职工的生产积极性并没有起多大作用。这首先，由于长期以来没有真正解决奖金与企业的最终成果挂钩问题。其次，由于在奖金方面存在很多矛盾，而日益出现了平均主义的倾向，奖金慢慢成为固定的附加工资。另外，一些企业领导人，经常利用职权和非法手段捞取奖金。这些都使得奖金难以起到调整企业和职工的利益关系。从国家与企业的关系来看，由于目前行政方法领导经济仍然盛行，这就往往造成行政领导不顾社会与企业之间存在的矛盾，强制企业违背自己的切身利益去从事行政领导认为社会需要的各种经济活动。其结果是，使企业活动在经济上的动机消失了，过多的是行政杠杆起作用。

以上分析说明，1965年改革时确定的一些原则，并没有顺利地实现，一些问题也未得到解决，因此，改革也就不可能达到预期的目标，收效不大。到勃列日涅夫执政后期，认为1965年的改革已经失败的议论多了起来。有的学者在《真理报》公开发表文章说："往往可以听到这样的议论，似乎经济改革已经失败，不得不放弃这一改革。"[1] 西方学者对勃列日涅夫时期经济改革的评价比较一致：一方面认为，1965年的经济改革完全是必要的；另一方面认为，这次改革和后几年实行的改革措施所带来的变化，只是触动了经济计划和管理的具体制度安排，但没有触动苏联经济运转机制，更多的是改变了计划和指标等表现形式。谈到改革成效时，西方的一般结论是：收获甚微。1977年12月在美国中央情报局全国国际情况估计中心编写的研究报告《苏联经济的组织与管理——无止境地寻找灵丹妙药》和美国牛津大学客座教授W.布鲁斯亦持类同看法，认为苏联1965

---

[1]　［苏］《真理报》1977年11月10日。

年的经济改革，其效果是微乎其微的。造成这种情况的原因何在？这有待于进一步研究改革中遇到的阻力和理论问题之后，才能更好地理解。

二　经济体制改革停滞不前的原因

勃列日涅夫时期经济体制改革停滞不前，难以跨大步，总是在过度集中的指令性计划体制框架内进行修修补补，原地踏步，没有也不敢触动传统计划体制的一些本质性问题。阿尔巴托夫对勃列日涅夫时期的体制改革所作的总体评价是："到这个时期，我国社会在斯大林专制的艰难年代中保存下来的向前发展的潜力看来已经耗尽。而苏共二十大所激发的，而在随后的岁月中被保守主义的灭火队竭力加以扑灭的那股新的热情也已逐渐泯灭。1964年上台的领导人甚至不想去使国内政策恢复活力。经济方面的改革也是短命的，很快被我国历史上最盛行的无所不在的行政命令和官僚主义的管理作风和管理方法所代替。"① 勃列日涅夫时期体制改革停滞不前是很多复杂因素共同作用的结果。

（一）必须充分考虑到苏联已建成发达社会主义是勃列日涅夫改革的大背景

勃列日涅夫在1967年11月第一次宣布：苏联已经建成发达社会主义。② 后来，把发达社会主义与逐渐发展为共产主义社会联系起来。关于这一点，勃列日涅夫在1977年10月4日所作的"关于苏联宪法草案及全民讨论的总结"报告中作了论述。他说："发达社会主义的社会才有可能着手进行共产主义建设。"他解释说："苏联现在已经建成了发达的社会主义，也就是说，新社会达到这样一个成熟阶段：根据社会主义内在和固有的集体性原则对全部社会关系进行的改造即将完成。从这里可以看到社会主义规律发挥作用的广阔天地，以及社会主义生活各个领域显示其优越性的广阔天地。从这里可以看到社会制度所具有的有机的完整性和活力，以

---

① ［俄］格·阿·阿尔巴托夫著、徐葵等译：《苏联政治内幕：知情者的见证》，新华出版社1998年版，第266页。

② 《勃列日涅夫言论》第三集，上海人民出版社1974年版，第190页。

及它在政治上的稳定性和牢不可破的内在统一性。从这里可以看到各个阶级、各个社会集团和各民族在日益接近，人们在我国结成了历史上崭新的国际主义的社会共同体——苏联人民。从这里可以看到新的社会主义文化的诞生和新的社会主义生活方式的确立。"① 自勃列日涅夫提出苏联已建成发达社会主义并要向共产主义过渡这一理论后，可以说，有关发达社会主义的论著充斥着苏联的出版物，真可谓连篇累牍。强调苏联发达社会主义社会的成熟性、社会的一致性和矛盾的统一性。有鉴于此，苏联所需要的是发达社会主义的自我完善。可见，在此背景下，勃列日涅夫不可能也不认为需要进行大的改革，更不用说根本性的改革。

（二）改革一开始就强调在不影响集中统一计划的原则下进行

我们如果仔细地研究勃列日涅夫执政后所通过的各项有关经济改革的决议、决定，就可以发现，在推行各项改革措施时，都强调不能影响国家集中统一计划的原则。1965 年全面推行新经济体制的有关决议中指出："统一的国家计划对所有企业、组织的活动，对苏联人民的集体劳动，发挥保证和指导作用。""进一步改进工业的计划领导，是解决这些任务的最重要的条件。"② 到了 1977 年苏共中央五月全会上勃列日涅夫还强调："经济管理上的集中制是必要的，也是合理的。"③ 从采取的一些改革措施来看，有的措施是为了加强管理的集中。如建立联合公司，虽有多方面的目的，但其中重要的一条是为了使经济更加集中和加强集中管理。

另外，再从勃列日涅夫上台之初推行新经济体制的客观条件来分析，也容易使改革朝着原来设想的原则的相反方向发展。在赫鲁晓夫下台时，苏联经济面临很多困难，经济紧张并混乱，市场供应严重不足，经济结构严重不合理等。就是说，当时苏联国民经济中的薄弱环节很多，改革的任务又非常广泛，在这样的情况下，要解决这些问题，往往就会较多地利用行政手段，加强集中控制。这样，使扩大企业自主权、更多地利用经济方

---

① 《勃列日涅夫言论》第十三集，上海人民出版社 1981 年版，第 300—301 页。

② 《苏联共产党和苏联政府经济问题决议汇编》第五卷，中国人民大学出版社 1983 年版，第 684 页。

③ 《勃列日涅夫言论》第十三集，上海人民出版社 1981 年版，第 130 页。

法的经济改革方向，容易朝着相反的方向发展，出现倒退的现象。

（三）改革引起的权力之争使不少改革措施难以落实

经济改革首先关系到实行改革的人，因此势必要涉及各种系统各级领导之间的权力再分配。在苏联，由于官职、地位和权势与物质利益是密切结合的，因此，改革实际上也会导致物质利益的再分配。

从苏联中央最高领导层来看，现行的管理体制虽有不少问题，但在这种体制下，可以通过国家计委、价格委员会、供应委和财政部等这样一些中央经济机关，把全国的经济大权控制在自己手里。苏联害怕进行根本性的改革，会从根本上破坏以高度集中计划原则为基础的经济管理体制，从而影响到资金聚集到国家预算中来，减少国家集中调配全国的物资和资金的可能性。而传统的、高度集中的管理体制，可使全国国民经济各部门都隶属于党和国家机关的指令之下，这尽管大大限制了人民实行民主管理的可能性，影响了地方和广大生产者的积极性和主动性，极大地阻碍了经济的发展，但却是实行集中控制经济的有效方法。

从各管理机关与企业的关系来看，自改革开始后，围绕权力问题的斗争和争论从未停止过，经常在报刊上互相指责和质问。矛盾的焦点是，企业要求扩大经营管理的权力，认为权力小是妨碍提高积极性和经济效率的主要障碍，而计划管理等机关则认为，企业工作没有搞好，主要不是由于权力小的问题，指责企业是用客观原因来掩盖自己由于经营不善而带来的损失。苏联报刊经常透露：许多主管部门反对对它们的权力给予任何法律上的限制，一直喜欢发号施令，"俨然以管理机关自居"，竭力反对扩大企业权力。

从执行决议来看，由于涉及权力和利益问题，往往议而不决，决而不行，行而无效。例如，在苏联，长期以来存在破坏供货合同的现象。1973年，由于破坏合同而引起的财产纠纷事件比1965年增加了50%，每4个供货单位中就有1个破坏合同。为了加强经济纪律，在1974年3月公布了有关企业不执行合同必须罚款及其主要领导人不能获得奖金的规定，但由于遭到企业经理和一些主管部门的抵制和反对，一直到1978年1月，即经过了4年多的时间才开始执行上述规定。在这个过程中又经过不断修改，留下了很多空子，使这一规定起不了多大作用。

20 世纪 70 年代初，苏联决定通过合并企业和撤销管理局的办法来建立生产联合公司，把原来的四到六级工业管理体制改组为二到三级，这使改革进入了一个新的阶段。苏联原计划要在 1975 年在工业中普遍建立联合公司，但到 1975 年年底，联合公司的产值只占工业总产值的 24.4%。1976 年苏共通过的决议中，又明确规定，到 1980 年要完成建立联合公司的任务，但到 1980 年联合公司的产值还不到工业产值的一半。从联合公司的建立与发展过程中可以清楚地看到，争夺权利的斗争也日益发展并尖锐化。苏联的各个领导层，从自己切身的利益关系考虑，想方设法地阻止建立联合公司。这种斗争表现在以下方面：

1. 企业领导人不愿意放弃领导独立企业的权力。

通过合并中小企业建立联合公司的办法，首先触动企业领导人的利益。因为，参加联合公司后，按条例规定，这些企业在法律上失去了独立性，即失去了法人的地位，从而变成了公司的分支机构或车间。这种情况下，原来这些企业的经理、厂长，不过是一个车间主任而已，权力大大受到削减。因此他们竭力想保持原来的地位。苏联报刊公开批评这些领导人不愿失掉自己独立的做法，是为了维护"个人威望"，"要保'当家人'的地位"，不愿失去"直接接触上级领导的权力"，等等。

另外，尽管苏联一再强调，加入联合公司的原企业领导人和专家，不会受到物质上的损失，但实际上往往发生由于企业合并而使得他们的劳动报酬降低的情况。

上述情况，使企业领导人对加入联合公司采取抵制态度；不少企业就是在参加联合公司之后，仍然闹独立性，不愿失去法人地位。据透露，组建联合公司以来，一直有 50% —60% 的企业在参加联合公司后仍保持独立性。这样，实际上联合公司把一切技术、经济活动和法律上的活动权继续交给原工厂的经理来行使。苏联当局认为，"这一切只能看作是对建立生产联合公司基本思想的抛弃"使联合公司徒有形式。

2. 总管理局的领导人怕丢掉领导职务而不甘心撤销总局。

随着撤销总管理局这一措施的实施，就会有大批干部调动，甚至发生大换班。例如，原煤炭工业部各管理总局这一中间环节就有 59 个，建立联合公司后缩减为 7 个。这一层的管理人员要从 8000 人减到 750 人，其中，相当一部分是领导人。这样改组以后，势必有不少领导人会丢掉领导职务。另外，苏联一再强调，在现代化的生产条件下，要求有高度科学文化的专家来当领导。尽管目前苏工业管理部门的领导人很多是具有专业知识的，但仍然有一部分是凭资格或某些社会关系而占据领导岗位。对这些人来说，原来在脱离生产的总局还可混得下去，但一旦到生产第一线领导一个直接指挥生产的联合公司就困难了。还有一些党政干部必然要被调离原来的工作，另做不熟悉的工作。因此，取消总局，自然会引起这层领导人的不满和反对，直至对抗。

3. 部不愿交出自己的企业和权力。

按规定，建立联合公司后，工业各部在管理和计划方面的权限要缩小，部的主要任务是"集中力量解决部门发展远景和提高生产效率的根本问题，以及完善计划体制和管理方法"等。另外，有不少联合公司是跨部门的，因而有些企业就会转到另外的部门去。再加上原独立企业参加联合公司后，产值的重复计算减少了，最后从整个部的角度来看，总产值指标会降低，这会影响基金的提成。这些因素，都使得部不积极建立联合公司，对制订联合公司的总方案工作也一再拖延。

4. 地方行政机关怕丢掉自己的企业而反对联合公司。

联合公司是以生产同类产品的部门为原则而建立的，往往是跨地区的。大的联合公司可以包括一个州、一个边疆区、一个共和国甚至全国范围内的一个部门的全部或几乎全部的企业。各级地方行政机关都无权插手联合公司的事情。这样，地方利益受到很大影响。如原属地方的生产日用品的企业，缴纳的周转税大部分属于地方财政收入，而当企业参加联合公司后，地方的财政收入就要减少。据苏媒体透露，这一矛盾在闹得厉害的时候，财政部不得不对地方机关采用财政补贴的办法来缓和矛盾。又如，地方企业参加联合公司后，就会有部分产品运出本地区，地方机关失掉了支配权。再有，地方机关过去经常利用手中的权力，从其所在地区的企业捞取各种实惠，像占有企业用自己的基金建筑的住宅（尽管这是违反企业条例的），经常让这些企业为本地区完成某些工作，等等。由于这些非常实际的利害关系，地方机关不愿失掉这些企业。苏联报刊在谈到地方机关阻碍建立联合公司的态度时认为，它们有时比主管部门"还要顽固"，一再提出要与狭隘的本位主义和地方主义作坚决斗争。

苏联中央领导层为了提高经济效率和精简管理机构，面对出现的各种阻力与矛盾，还是硬着头皮，在不断修修补补的情况下继续推行建立联合公司的方针，对于那些危及这一方针的人，往往要给予政治制裁，直至赶下台。而在一般情况下，中央领导集团就用党性、服从国家利益以及加强政治工作等办法，来说服中下层干部，尽力糅合矛盾，适当调整分享的权力以减少阻力。但是，上述种种矛盾，在官职和物质特权不可分的体制条件下，是很难克服的，谁都不会轻易放弃能带来利益的权势。

（四）行政官僚机构对改革的阻碍作用

十月革命胜利之后，列宁曾设想让全体劳动群众参加政治、经济的管理工作，充分实行无产阶级民主，防止苏维埃政权复活为官僚专制制度。但由于各种原因，民主管理没有实现。加上在政治上不注意发挥民主，久而久之，就不可避免地使各级党和政府机关里官僚主义、等级制度发展起来，使一部分人处于特权地位，或者像列宁指出的，使一些人以自己有权"不予批准"而自傲。

苏联到了勃列日涅夫时期，经过几十年发展起来的这一套管理体制，已是根深蒂固，盘根错节，极大地妨碍了改革的步伐。苏联自己在总结 10 多年来的经济改革时也认识到：当初"那种相信几项决议就能改变几十年来形成的经济体制的想法是何等天真"，"多么幼稚可笑！"

与上述有关的另一个问题是，苏联管理机关工作人员长期以来已习惯了的靠行政命令领导经济，不根据客观经济规律办事的工作方法，一时难以改变。因为，学会用经济方法领导经济毕竟不是一件容易的事，这在客观上也会影响经济改革。

还应该指出，10 多年来的经济改革，在上层的行政管理机构中，不仅在工作作风和方法方面没有多少变化，并且，改革也没有达到精简机构和人员，减少行政开支的目的。1971—1975 年，国家行政机关的工作人员增加了近 22%，而全国同期就业人数只增加了 16%。国家预算中支出的行政管理费，从 1965 年的 13 亿卢布增加到 1982 年的 28 亿卢布，增加了

1. 15 倍。

以上情况说明，原来的旧体制和旧机构，不时地对经济改革起着阻碍作用。

（五）理论障碍

在理论方面，主要障碍来自根深蒂固的"左"的教条主义。苏联各届领导，往往以"马克思主义的正统"自居并对其持"左"的教条主义态度。勃列日涅夫也显得十分突出。在这种背景下，也就很难根据变化的情况发展理论，提出新看法。理论对体制的改革有着十分重要的影响。体制模式实质上是由理论决定的，即有什么样的指导理论及体现这一理论的、运用在政治与经济体制上的原则，就有什么样的体制模式。理论问题关系到体制政策的总目标和总方向，决定着苏联社会主义制度。因此，要想改革，首先要有理论勇气，打破旧思维的禁锢。在长达18年之久的勃列日涅夫时期，对赫鲁晓夫时期理论上开始出现的一点活跃气氛，像灭火队一样很快地把它压下去了。纵观勃列日涅夫执政18年的思想理论，从大的方面即社会主义模式来看，是坚持斯大林的那一套，并且，斯大林式的社会主义在勃列日涅夫执政期已处于"成熟"，即更加"定型"和更加"僵化"。这也是"左"的教条主义发展的必然结果。

社会主义社会本来是充满生机、丰富多彩、不断发展与变革的社会，它并没有一个固定不变的模式与"最终规律"可循。马克思主义经典作家历来反对无产阶级政党在建设社会主义方面"提出任何一劳永逸的现成方案"。恩格斯曾说过："我们是不断发展论者，我们不打算把什么最终规律强加给人类。关于未来社会组织方面的详细情况的预定看法吗？您在我们这里连它们的影子也找不到。"[1] 他还指出："所谓'社会主义社会'不是一种一成不变的东西，而应当和任何其他社会制度一样，把它看成是经常变化和改革的社会。"[2] 列宁对社会主义的看法也是经常变化的，特别在新经济政策时期，当他看到了一些新的情况后，对社会主义的看法发生了很

---

[1] 《马克思恩格斯全集》第二十二卷，人民出版社1965年版，第628—629页。
[2] 《马克思恩格斯全集》第三十七卷，人民出版社1971年版，第443页。

大变化。1989 年 5 月，邓小平同志会见戈尔巴乔夫时说："绝不能要求马克思为解决他去世后上百年、几百年所产生的问题提供现成答案。列宁也不能承担为他去世以后五十年、一百年所产生的问题提供现成答案的任务。真正的马克思列宁主义者必须根据现在的情况，认识、继承和发展马克思列宁主义。"① 但遗憾的是，苏联在 1936 年宣布建成社会主义社会之后，就把斯大林模式的社会主义固定化，把苏联二三十年代搞社会主义的一套做法，都视为所有社会主义国家必须遵守的"共同规律"和识别真假社会主义的主要准则。在这种条件下，苏联要通过改革来改革苏联本来就非常需要改革的斯大林模式的社会主义就非常困难了。

勃列日涅夫时期"左"的教条主义反映在许多方面，但鼓吹建成发达社会主义的理论是十分卖力的，而批判"市场社会主义"是最起劲的，在批判时，常常挥舞政治大棒。这对体制改革影响最大和最为直接。与"市场社会主义"关系最为密切的是涉及商品关系理论问题。勃列日涅夫时期，在商品货币关系理论问题上有了一些进步，不再简单地把商品货币关系与资本主义画等号，而是强调要利用商品货币关系。但有关这一问题的理论未取得实质性进展，基本观点是：

第一，商品货币关系不是社会主义经济属性，表明社会主义本质特征的是直接社会关系，商品关系是处于从属地位的。

第二，直接社会关系是社会主义经济的内容，而商品关系是形式。

第三，在强调必须利用商品货币关系的同时，又强调它的"新内容"、"新特征"。就是说，市场机制的一切作用都要通过计划来实现。

第四，与第三点相联系，不恰当地强调商品货币关系的特殊性，忽视共性，从而导致否定价值规律的调节作用。

可以说，在勃列日涅夫时期，占主导地位的商品货币关系理论是"新内容论"，其主要含义是：

第一，承认商品是使用价值与价值的矛盾统一，因而也是具体劳动和抽象劳动的矛盾统一。但上述矛盾不再反映私人劳动和社会劳动的矛盾，无论具体劳动还是抽象劳动都是直接社会劳动的表现形式。

---

① 《邓小平文选》第三卷，人民出版社 1993 年版，第 291 页。

第二，社会主义劳动具有直接社会性。这种社会直接性还处于比较低级阶段。它不能直接以劳动时间表现自己，还必须通过非本质形式——货币形式来实现。因此，商品货币关系存在的原因，不应当到直接社会劳动之外，而应当从直接社会劳动内部来寻觅。

第三，社会主义制度下的商品货币关系，不是存在于计划之外，也不是与计划并存，而是社会主义阶段有计划发展的一种形式。与商品货币关系的"新内容论"相适应，价值规律以及与之相关的一些范畴也都具有了计划性，市场也成了"有组织有计划的市场"。

"新内容论"的实质是，把商品货币关系与市场机制的作用纳入社会主义的计划体系之中，具有计划性的特点，从而从根本上否定了价值规律与市场机制在经济中的调节作用。

在对"市场社会主义"展开批判之后，少数学者如利西奇金、列昂节夫主张市场调节的观点，也就销声匿迹了。在这种理论条件下，经济体制改革不可能有重大进展。只能在传统的集中计划体制的范围内进行修补。鲍文提到 1965 年改革以失败告终及原因时指出，是不坚决、措施不彻底和不能把事情进行到底的做法害了我们。我们用一只手给了权利，却又用另一只手收了回来。我们通过了新的法律，可是旧的指令还照样保留。[①]

还要指出的是，由于把斯大林模式的社会主义神圣化、僵化和国际化，不允许对改革理论自由讨论，对马克思主义采取"左"的教条主义态度，不只是在苏联难以实行改革，而且还严重阻碍其他社会主义国家的改革。在东欧国家中最早着手改革的是南斯拉夫，始于 20 世纪 40 年代末 50 年代初，当时提出改革的重要目标之一是建立不同于苏联的斯大林模式，这是对斯大林模式的最早的一次冲击。其结果是人所共知的，在斯大林的指使下，各国共产党对所谓"铁托分子"与"民族主义分子"展开批判与清洗。当时斯大林明确指出："低估苏联经验，在政治上是极其危险的，而且对马克思主义者来说这是不容许的。"[②] 到了 20 世纪 50 年代中期，东欧一些国家在发现搬用斯大林模式出现问题后，就准备进行改革。1956 年

---

① ［苏］《新时代》1987 年第 5 期。
② 《南苏关系 1939—1973 年》，第 357 页。

匈牙利提出改革要求，力图摆脱斯大林模式来振兴社会主义，遭到了苏联的镇压，造成了匈牙利悲剧，扼杀了改革和各种变革。后来到20世纪60年代，匈牙利又进行悄悄地改革，并取得一定的成效。但在当时的条件下，要进行整体的深入的改革是不可能的。1968年捷克斯洛伐克的改革，就是力图摆脱斯大林模式，被勃列日涅夫加以镇压。当时在捷克斯洛伐克是以经济学与社会学领域出现的新思想来制定体制改革方案的，即提出"制定捷克斯洛伐克改革模式的基本先决条件是社会主义政治经济学的非教条化，社会主义政治经济学家们早在60年代初就已清醒地认识到：若不打破旧的理论教条，要改变苏联型的传统计划体制，是不可能的。因此，经济学家进行的这场公开讨论，其目的就是要有效地克服斯大林主义的正统思想。所以，这场讨论从一开始就不存在有利的先决条件"。[①] 就是说，苏联是决不允许的。这些，都使东欧各国贻误了改革的时机，不得不继续实行不能适应本国国情的斯大林模式。

在生产资料所有制问题上，勃列日涅夫在整个改革过程中，一直坚持全民所有制是最高形式和最先进形式的观点，并认为，经济改革不涉及改变所有制形式问题。

在经济改革过程中，关于企业地位与领导经济的方法问题，在理论上也没有深入展开讨论，因此亦没有发生实质性变化，仍坚持用行政方法管理经济。

（六）政治体制的倒退制约着经济体制改革

经济体制的改革要求进行相应的政治体制改革。勃列日涅夫时期在进行经济体制改革过程中，不仅没有触动政治体制，还出现了不少倒退，政治体制朝着集权化方向发展。这突出表现在以下几个方面。

1. 恢复并逐步加强党政集中领导体制。

（1）党政不分，以党代政大大发展。

在勃列日涅夫时期特别在后期，党政不分、以党代政的情况日益严

---

① ［捷克斯洛伐克］伊日·科斯塔：《捷克斯洛伐克社会经济发展概要》，山东人民出版社1984年版，第125页。

重。表面上各政治局各委员人都对自己主管的领域负责，一切决策都由政治局做出，但实际上政治局做出决策，也往往是形式上的，主要还是由党的最高领导勃列日涅夫等少数几个人决定。特别是随着勃列日涅夫地位巩固与加强之后，更是大权独揽。1977年苏共中央5月全会决定，勃列日涅夫以总书记身份兼任最高苏维埃主席团主席。同年10月7日，最高苏维埃非常代表会议上审议通过了《苏维埃社会主义共和国联盟宪法（根本法）》。按新宪法增加的一些条款，勃列日涅夫同时又兼任国防委员会主席，这样，他就总揽了党、政、军的大权。这种党政不分、以党代政的体制，不只反映在勃列日涅夫这个最高领导人一个人身上，苏联党的很多领导人兼任苏维埃与政府部门的重要职务。另外，在党政领导的组织机构上也得到充分体现。苏共党中央机关设置的与政府部门相应的部门比过去更多了，如国防工业、重工业、机器制造、化学工业、食品工业和农业等部门，在加盟共和国党中央委员会和地方党委也出现了类似的情况。这导致各级党组织往往对一些具体经济问题作决议与发指示，从而大大削弱了苏维埃与政府部门的领导作用。

勃列日涅夫坚持党政不分的政策，其理论根据来自斯大林。他在1977年苏共中央五月全会上决定兼任苏维埃主席团主席的讲话就可以说明这一点。当时他解释说："这绝非是一个徒具形式的行动"，"这首先是共产党领导作用不断提高的表现"，"苏共作为执政党……在我们的日常工作中，中央政治局许多成员直接处理国家的内政外交事务"。换言之，因为苏共是执政党，因此苏共领导人可以处理苏联国内外所有事务。十分明显，这种观点，直接承袭斯大林在苏共十八大报告中的下列提法："党的干部是党的指挥人员，而由于我们是执政党，所以他们也就是国家领导机关的指挥人员。"

苏联长期以来未能正确处理好党政关系，在勃列日涅夫时期党政不分、以党代政进一步发展，这虽由多方面的原因造成，如有关党政关系一直缺乏正确的理论指导，因此也就没有确定党政关系的原则。在实际工作中，过多强调苏共执政党的地位等。但最主要的原因还是与斯大林高度集中的体制模式紧密联系在一起的。高度集权，在客观上要求党统揽党政大权。高度集权的体制模式不进行根本性改革，党政不分的体制也难以改革。

（2）个人集权加强，独断专行现象严重。

随着勃列日涅夫领袖地位和权力基础的巩固，个人集权日益发展。应该说，勃列日涅夫执政初期形成的"三驾马车"之间的关系，一开始也不是三者之间的力量与权力处于均等状态，作为总书记的勃列日涅夫利用一切机会提高自己的政治地位，扩大权力。苏共中央 1972 年 12 月全会上对由柯西金主管的"新经济体制"作了否定性评价之后，勃列日涅夫把在经济方面的决策权控制在自己手里，随后又控制了外交权，这样，使柯西金的地位大大下降。1977 年解除了波德戈尔内最高苏维埃主席团主席职务并宣布他退休。这样，勃列日涅夫的权力大大膨胀，决策权高度集中。据不少材料披露，像 1979 年年底出兵入侵阿富汗这样的重大事情，只是由勃列日涅夫、乌斯季诺夫、葛罗米柯和安德罗波夫四人商量后作出决定的。①从这一件事就可看出勃列日涅夫时期个人专权的情况。

由于个人集权的加强，党内民主日益流于形式。在勃列日涅夫时期，虽然中央全会、政治局会议、书记处会议和苏共代表大会按规定举行，但并不意味着党内有真正的民主生活。戈尔巴乔夫在 1987 年举行的苏共中央一月全会上讲："让我们坦率地说，多年来，党和人民关心的许多迫切问题没有被提到全会日程上来。同志们都记得，虽不止一次地举行时间很短和形式化的中央全会，许多中央委员在其整个任期内没有可能参加讨论甚至提出建议。中央全会这种气氛也影响到地方党委和党组织的工作作风。"一切重大问题不是经过认真和充分讨论决定的，这种情况在勃列日涅夫时期显得更加突出。沃尔戈诺夫所著的《七个领袖》一书中说：政治局讨论问题的程式，如由谁发言，如何发言等，事先都由党中央机关秘书班子作好仔细安排。令人难以想象的是，政治局委员们事实上经常不是进行讨论，而是相互念自己的助手们为他们写好的 2—3 页讲稿。大家总是表现出"英雄所见略同"，照例不会发表同事先由起草班子起草的决议草

---

① 详见［俄］格·阿·阿尔巴托夫著、徐葵等译：《苏联政治内幕：知情者见证》，新华出版社 1988 年版，第 274—279 页。

案有多少出入的意见。① 戈尔巴乔夫在他的回忆录《生活和改革》一书中说：在那个时期政治局有些会议，开会的时间只有 15—20 分钟，用于集合就坐的时间往往比用于讨论工作的时间还多。即使是十分重大的问题，也很难进行认真的讨论。主持者惯用的言辞是，"同志们已作过研究，事先交换过意见，也向专家作过咨询，大家还有什么意见？"在这种情况下，还能提什么意见？② 在苏共二十七大上不少代表对勃列日涅夫执政年代缺乏民主提出了尖锐的批评。另外，这种政治气氛还表现在对不同观点包括学术观点动辄批判和扣政治帽子。勃列日涅夫时期批判"市场社会主义"就是一例，它严重地阻碍了经济体制改革的进行。这个问题下面作专门论述。

　　2. 个人崇拜盛行。

　　个人集权、缺乏民主必然产生个人崇拜。随着勃列日涅夫个人权力的膨胀，个人崇拜也泛滥起来。勃列日涅夫在这方面采取的方法很多，如用编造历史来夸大其在战争中的作用，通过各种宣传工具，大肆宣扬其工作中的政绩，给自己颁发各种勋章奖章，军衔不断晋升，从 1975—1977 年 3 年内，他由中将一跃而为苏联元帅。如果翻开 70 年代中期的苏联报刊，对勃列日涅夫令人作呕的颂扬言论到处可见。1976 年年底在为勃列日涅夫庆祝 70 诞辰时，掀起了颂扬的高潮，为此，《真理报》开辟了 7 天的专栏。而率先颂扬勃列日涅夫的是基里延科，他称勃列日涅夫为"我们党的领袖"，当时阿塞拜疆第一书记阿利耶夫称勃列日涅夫为"我们时代的伟大人物"。③ 那些阿谀奉承、恭维勃列日涅夫的言论更多："党和人民热爱您，列昂尼德·伊里奇。他们爱您，是由于您的仁慈和热忱，是由于您的智慧和对列宁主义的无限忠诚。您的一生，您的智慧和天才赋予您获得并融化党和国家领导人的宝贵品质的能力，这些品质是我们这个时代伟大人物，我们党和我国各族人民的领袖的特殊品质。"④ 吹捧的调子越来越高，如有人称勃列日涅夫是"真正列宁式的领导人"，"党和国家的英明领

① 转引自《东欧中亚研究》1998 年第 1 期。
② 同上。
③ ［苏］《巴库工人报》1976 年 11 月 25 日。
④ 《国外社会主义研究资料》，求实出版社 1983 年版，第 1 期。

袖"，"英明的理论家"。这里还要指出的是，以勃列日涅夫名义发表的几本小册子《小地》、《复兴》、《垦荒地》等，获列宁文学奖。其发行量之大也是惊人的，截至 1981 年年底，平均每两个苏联人就有一册。[①] 1978年 11 月 12 日《真理报》宣传说：苏联人在"读、重读、废寝忘食地研究勃列日涅夫的著作"，因为这是"无穷无尽的思想智慧和泉源"。还有些报刊吹捧这些著作是"党的巨大瑰宝"、"政治才略的教科书"，是"令人爱不释手的诗篇"等。而这种做法所起的作用是极其恶劣的。阿尔巴托夫说，这像"全民演出了一出荒诞的戏"，人们"都并不信以为真。这大大加深了人们对政权的不信任感，加强了不关心政治和玩世不恭的消极风气，腐蚀了人们的思想和灵魂。从象征的意义上说，这个插曲犹如我国历史上我们为之付出了很大代价的这段可悲的时期树立了一块墓志铭。这是名符其实的停滞时期。其登峰造极之时我认为是 1975—1982 年"。[②]

这里可以看到，勃列日涅夫为制造对他的个人崇拜和个人迷信是费尽了心机。个人迷信是个人集权的必然产物，它反过来也为巩固与发展个人集权创造条件，相互促进。这样发展的结果是，在勃列日涅夫时期的政治体制朝高度集权方向一步一步地迈进，一步一步地深化，使得斯大林时期形成的高度集权的政治体制变得"成熟"即更趋凝固化、僵化。这种"'成熟'在掩盖着、钝化着矛盾的同时，就已孕育着、潜伏着危机！"[③]

3. 干部领导职务终身制等体制的弊端日益严重。

应该说，赫鲁晓夫执政时，他看到了传统体制下的干部制度存在严重弊端，因此他在这方面作了不少改革，目的是要废除像干部领导职务终身制等腐朽的制度，使社会的发展富有活力。但他在这一领域的改革，也出现了一些问题，如发生过干部大换班，变动过于频繁等。勃列日涅夫上台后，注意力集中放在赫鲁晓夫时期干部制度改革所出现的问题上，并没有考虑到传统的干部制度存在的严重弊端。因此，勃列日涅夫执政后以稳定政局等为由，很快就恢复了传统的干部领导职务终身制，干部任免制。这

---

① 《苏联东欧问题》1983 年第 2 期。

② ［俄］格·阿·阿尔巴托夫著、徐葵等译：《苏联政治内幕：知情者的见证》，新华出版社1998 年版，第 346 页。

③ 宫达非主编：《中国著名学者苏联剧变新探》，世界知识出版社 1998 年版，第 294 页。

方面的倒退，其消极作用十分明显。

　　首先，干部领导职务的终身制，使新生力量难以成长，难以在年富力强时进入重要的领导岗位。在赫鲁晓夫执政年代，中央委员连选连任者占49.6%，到二十二大，中央委员连选连任者上升为79.4%，二十五大时上升为83.4%，二十六大为90%以上。勃列日涅夫时期，中央政治局、书记处的变动更小，18年中只换下12人。[①] 1981年召开的苏共二十六大选出的中央政治局和书记处，是二十五大的原班人马，这是苏共历史上没有过的。1976年至1981年两届加盟共和国党的代表大会期间，共和国党中央第一书记，除死亡和正常工作调动外，没有1人被撤换。[②] 由于干部领导职务终身制、任命制，重要干部由"一号人物"来决策，一些重要岗位的领导干部不可能由年轻干部去担任。勃列日涅夫后来提拔和担任重要领导职务的人员的情况就说明这一点。如苏联国防部长格列奇科1976年去世时为73岁，而接替他的乌斯季诺夫当时已经69岁；苏联交通部长科热夫1975年去世时为70岁，接替他的索斯诺夫为67岁；造船工业部长托马1976年去世时为69岁，接替他的叶戈罗夫当年也是69岁。勃列日涅夫兼任国家元首之后，竟选择比他大5岁的库兹涅佐夫担任自己的副手。1976年吉洪诺夫任苏联部长会议副主席时已72岁。[③]

　　其次，终身制的一个必然结果是领导干部老化。1952年苏共中央政治局委员平均年龄为55.4岁，书记处成员为52岁，到赫鲁晓夫下台前夕的1964年，政治局委员平均年龄为61岁，书记处成员为54岁。到1981年苏共二十六大时，政治局委员平均年龄为70岁，书记处成员为68岁，核心成员的平均年龄高达75岁。最高领导层的老化，同样反映在地方党政机关。戈尔巴乔夫在1981年1月中央全会的报告中说："一系列党委的书记和成员，地方、共和国和全苏一级苏维埃和经济机关的工作人员，往往好几十年没有发生必要的干部变动，没有增添新人。"干部的普遍老化，是苏联社会死气沉沉、保守、僵化和各种消极现象出现的一个不可忽视的

---

　　① 参见刘克明、金挥主编：《苏联政治经济体制七十年》，中国社会科学出版社1990年版，第549页。

　　② 参见《苏联东欧问题》1983年第2期。

　　③ 同上。

因素。这个问题，从勃列日涅夫本人就可充分说明这一点。大家知道，勃列日涅夫于 1974 年 12 月在符拉迪沃斯托克附近的军用飞机场刚送走美国总统福特就感到不适，他患了大脑动脉粥样硬化症。第二天前往蒙古，从那里乘火车返回莫斯科时又发生了第二次中风，从此，他病得很重，病了很长时间。阿尔巴托夫在他的回忆录中说：从这时起，勃列日涅夫还活了 8 年，并在干部领导职务终身制的体制下，他还"统治了" 8 年。在这 8 年中，他的病情不时地有某些好转，但他一直没有能恢复到哪怕是自己正常的工作状态。他极易疲倦，无兴趣处理手头该解决的问题，说话越来越困难，记忆力越来越衰退。在他生命的晚期，就连起码的谈话内容和礼节性的应酬话也要别人替他写好，没有这种"小抄"他简直无法应付。① 对此，博尔金作了以下的描述："很多人都非常清楚，勃列日涅夫不能继续领导党和国家，中央政治局会议越开越短。勃列日涅夫茫然坐在那儿，并不十分清楚自己身在何处，会议室里都有谁，应该做些什么。经常出现这种局面，他坐在那儿，读着助手们用特制大号字母打字机打出的简短讲稿，有时读错行，前言不搭后语。他大概自己也意识到这一点，用忧伤的目光望着在场的人。为了尽快做出结论并提出提案，结束这种折磨人的场面，契尔年科出面结束会议，大家急忙通过各种议案，怀着不安的心情离开政治局会议室。"② 在勃列日涅夫后期的 8 年中，他已失去了工作的能力，"已经无力正常执行领导者的起码职责"。③ 这在当时的苏联上层都很清楚，但在传统的集权体制下，在干部领导职务终身制的条件下，只有等到勃列日涅夫去世他才离开苏联最高领导的职位。这正如阿尔巴托夫说的："现行的机制、传统和现实的政治环境实际上排除了'正常'接班的可能性。"④

　　第三，干部领导职务终身制、任命制产生的另一个严重弊端是不正之

---

① 参见［俄］格·阿·阿尔巴托夫著、徐葵等译：《苏联政治内幕：知情者的见证》，新华出版社 1998 年版，第 267—268 页。

② ［俄］瓦·博尔金著、李永全等译：《戈尔巴乔夫沉浮录》，中央编译出版社 1996 年版，第 30 页。

③ ［俄］格·阿·阿尔巴托夫著、徐葵等译：《苏联政治内幕：知情者的见证》，新华出版社 1998 年版，第 266—267 页。

④ 同上书，第 267—268 页。

风盛行。在勃列日涅夫时期，苏联高层领导人是否退休，并不取决于年龄与是否有才能，而是取决于与苏联主要领导人的关系。正如利加乔夫指出的："在勃列日涅夫时期，党的领导干部是否退休，主要取决于与某些政治局委员和列昂尼德、伊里奇本人的关系。这种程序（确切些说是无程序）必然要加重地方领导人对中央领导机关的依赖性。就问题的实质来说，一切都取决于个人的好恶程度，换句话说，是否退休问题在于主观方面。所以出现这种情况，那些忘我工作的书记，由于没有注意到在中央和中央委员会的个人关系，当到退休期限时便处于'无人过问状态'。"[1] 可以说，在勃列日涅夫时期，在干部任用问题上，任人唯亲、搞裙带关系已发展到极其严重的程度。这样，使不少干部不是把精力用于如何做好工作，而是搞投机钻营，那些吹吹拍拍、讨好上级、唯上是从、在上层寻找保护伞的干部越来越多。还要特别指出的是，勃列日涅夫还对其家属与沾亲带故的人都给予"照顾"，让这些人升官、捞取私利。他女儿的最后一个丈夫丘尔巴诺夫令人头晕目眩地青云直上。在屈指可数的几年内当上中将：从一名平平常常的民警政治工作者一跃为内务部第一副部长；他被选入党的高层机关；获得了奖赏、汽车和别墅。勃列日涅夫的儿子被提拔为外贸部第一副部长。他的弟弟也当上了副部长。这两个人都有酗酒的恶习。[2]

4. "特权阶层"扩大化、稳定化和思想僵化。

勃列日涅夫时期政治体制倒退，使得苏联社会早已存在的"特权阶层"进一步扩大与稳定，这一阶层的人思想更趋僵化，这也是成为阻碍整个体制改革的一个重要因素。是的，"特权阶层"并不是勃列日涅夫时期才出现的，而在斯大林时期就逐步形成起来，像政府别墅、特殊门诊、医院、休养所和疗养院、配备司机、专用汽车等，"早在30年代所有这些已经形成完整的制度。根据这个制度的等级——政治局委员、政治局候补委员、中央书记、中央委员、人民委员、总局的首长，等等——每一级都有

---

① 参见［俄］格·阿·阿尔巴托夫著、徐葵等译：《苏联政治内幕：知情者的见证》，新华出版社1998年版，第341—343页。

② 同上。

自己的一套特权。战争之前享有这种特权的人范围相当小，但特殊待遇本身是非常优厚的，特别是同人民生活相比更是如此。"① 在战后，对苏联上层领导人的配给制达到了非常精细的程度。特别是各种商品的购货证与票券大大发展了，逐渐成了高中级负责干部家庭正常生活方式的一部分。高级将领在这方面越来越起带头作用。有些将军胆大安为到这种地步，以致向来对这种腐化行为眼开眼闭的斯大林不得不出来纠正，命令把某些人逮捕。但特权并没有消失，后来很快地扩大了，在斯大林时期达到登峰造极地步的是所谓钱袋，即领导人的工资附加款，这个附加款可以从几百卢布到几千卢布，取决于职位高低，装在信袋里秘密发给。一个部长可拿到相当于 1960 年改革后的 2000 卢布，如果考虑到通货膨胀和不纳税，这个数目相当于不久前苏联总统规定的工资的两倍。②

不少西方学者也都认为，苏联的特权阶层早在斯大林时期就已经形成。③ 他们把特权阶层的特权归结如下：名目繁多的津贴：免费疗养和特别医疗服务；宽敞的住宅和豪华的别墅；特殊的配给和供应：称号带来的特权；等等。对苏联上层领导来说，高薪并不是主要报酬，远为贵重得多的是上层所享有的特权。他们一切的获得主要靠特权。因此，不论苏联的任何时期，作为特权阶层的一个基本特征是一样的，即他们是掌握各级党政、军领导机关的领导权。这个领导权是实现特权的基础。

至于形成这个特权阶层的原因，笔者认为，阿尔巴托夫提出的分析是很有道理的。他说：特权阶层的形成，"这是斯大林故意采用的政策，目的在于收买党和苏维埃机关上层，使其落入某种连环套之中。这是一种路线，旨在借助于直接收买，借助于灌输丢掉职位就丢掉特权，失掉自由甚至生命的恐惧思想，从而保证官员们绝对听话，并积极地为个人迷信服

---

① ［俄］格·阿·阿尔巴托夫著、徐葵等译：《苏联政治内幕：知情者的见证》，新华出版社1998 年版，第 311 页。

② 参见［俄］格·阿·阿尔巴托夫著、徐葵等译：《苏联政治内幕：知情者的见证》，新华出版社 1998 年版，第 311—312 页。

③ 参见陆南泉等编：《国外对苏联问题的评论简介》，求实出版社 1981 年版，第 81—83 页。

务"。① 另外，他还指出："社会的贫困本身实际上使特权不可避免。"② 那种把由于斯大林时期因"国内物质条件还不富裕"作为形不成特权阶层的理由，是值得商榷的。

当然，斯大林时期与勃列日涅夫时期特权阶层是有区别的。首先，由于勃列日涅夫时期实际上没有进行政治体制改革，干部领导职务搞任命制与终身制，干部队伍较为稳定，因此，"特权阶层"也比较稳定。而斯大林时期，虽然形成了"特权阶层"，但它是不稳定的。这是因为斯大林一方面给予上层人物大量的物质利益和特权，另一方面又不断地消灭这些人。首当其冲遭受斯大林屠杀的便是这个"特权阶层"。其次，由于勃列日涅夫时期的僵化和官僚主义的发展，各级领导机关干部数量大大膨胀，与此同时，特权阶层的人数也随之增加。据俄国学者估计，当时这个阶层有50万—70万人，加上他们的家属，共有300万人之多，约占全国总人口的1.5%。③ 对特权阶层人数估计不一。"英国的默文·马修斯认为，连同家属共有一百万人左右。西德的鲍里斯·迈斯纳认为，苏联的上层人物约有四十万，如果把官僚集团和军事部门的知识分子包括进去，约七十万人。苏联持不同政见者阿·利姆别尔格尔估计，今天苏联的特权阶层有四百万人，另一些人估计不少于五百万人。"④ 第三，斯大林时期，"特权阶层"主要使命是维护、巩固斯大林的体制模式。而勃列日涅夫时期，特权阶层的主要使命是抵制各种实质性的改革，维护现状，使斯大林式的社会主义更加"成熟"。这也是使这个时期体制改革停滞不前的一个重要因素。看来，不能以斯大林时期特权人物不稳定和人数可能没有像勃列日涅夫那么多为根据，得出只是到了勃列日涅夫执政后期才形成"特权阶层"的结论。这个结论是不符合苏联历史发展情况的。因为特权人物不稳定，今天是这一批人，明天是另一批人，人数这个时期多一些，那个时期少一些，但总是存在这么一个阶层的人，这些人，用苏联人的话来说就是列入"花

---

① ［俄］格·阿·阿尔巴托夫著、徐葵等译：《苏联政治内幕：知情者的见证》，新华出版社1998年版，第312页。

② 同上书，第310页。

③ 转引自陈之骅主编：《勃列日涅夫时期的苏联》，中国社会科学出版社1998年版，第15页。

④ 陆南泉等编：《国外对苏联问题的评论简介》，求实出版社1981年版，第82页。

名册"的人，即那些被党的首领选来掌管最重要的职位的人。

在社会科学方面，烦琐的理论研究成风，僵化的教条主义盛行，有创造性的思想被排除出社会科学领域，而肤浅的、唯意志论的推断却成为只能注释而不容反驳的真理。

我们之所以用较多的篇幅，论述勃列日涅夫时期政治体制种种倒退现象，主要是为了深刻地认识到，在苏联集权政治体制条件下，不进行政治体制改革，企图单一地进行经济体制改革是不可能取得实质性进展的，其结果只能是政治体制不可避免地对经济体制改革起制约作用，例如，由于不进行政治体制改革，官僚主义和官僚机构对改革的阻碍乃至破坏作用日益明显。在勃列日涅夫时期，"一个具有代表性的特征，这就是官僚主义、本位主义、机关专权和独断得到了史无前例的所谓双倍的泛滥"。"所有的决定都是由最上层做出的，与此同时，'上边'却不能真正采取任何一个决定——其中每一项决定要经过几十次甚至几百次协商。此外，领导人任何一项决定做出后，在贯彻时又受到机关的专横的阻挠。""几乎没有人对某件事真正承担责任。""官僚主义的管理机关膨胀到令人难以置信的规模。"① 据俄罗斯一社会科学研究所提供的材料，这一时期苏党政领导机构做出的决议得到执行的充其量不到 1/10。② 官僚主义的盛行，勃列日涅夫本人表现得尤为突出。阿尔巴托夫在其回忆录中，列举了不少事例，其中有关科技革命问题最为生动。在 20 世纪 60 年代末，考虑到苏联加速科技发展的紧迫性，苏共二十四大后，政治局做出决定，准备专门就科技革命问题召开一次苏共中央全会。会议的准备工作与通常一样委托一个委员会负责，该委员会由数名中央书记组成。同时，还成立一个工作组，准备会议材料，其中包括起草总书记的报告。经过许多个月紧张的工作，终于拟就了一份篇幅长达 130 页的总结性文件。文件于 1973 年 5 月按期交基里延科等三位书记。自然，这份文件交给了勃列日涅夫，但长久没有下文，召开讨论科技革命的中央全会的整个思想石沉大海了。到了 1982 年勃列

---

① ［俄］格·阿·阿尔巴托夫著、徐葵等译：《苏联政治内幕：知情者见证》，新华出版社 1998 年版，第 301 页。

② 《东欧中亚研究》1998 年第 1 期。

日涅夫逝世后一个专门委员清理他的档案时，发现了这个文件。之后，再转到戈尔巴乔夫手里。但科技体制改革拖延了 20 年，从而使科技进步问题大大加重了。①

（七）因循守旧、求稳抑变思想支配下对传统经济体制不可能采取根本改变的方针

纵观勃列日涅夫 18 年的体制改革，不难发现，改革一直是在因循守旧、求稳抑变的思想支配下进行的。为什么上述思想占据了支配地位，大致有以下三个因素：

首先，从近几年来出版的有关勃列日涅夫传记等有关材料看，对他的评价基本上是一致的。他的家庭成员以及他周围的人们强烈地表现和反映出小市民的气质、小市民的思维方式和心理状态，甚至小市民的某些"天性本能"。② 总的来说，勃列日涅夫是个平庸之辈，文化水平不高，不爱学习，思想上与理论上保守僵化，性格上软弱，特别爱好虚荣与阿谀奉承，生活上贪图安逸，爱好打猎与开高级轿车，工作上不勤奋刻苦，长期从事政治工作。他最大的一个弱点是，几乎完全缺乏经济知识，对新生事物简直就是个过敏反应症患者。还应指出，勃列日涅夫思想守旧，缺乏经济知识，还与他不爱学习理论有关。他的助手给他写讲话稿时，对他们说："写简单点，不要把我写成理论家，否则，不管怎么样，谁也不会相信这是我写的，他们将会嘲笑我的。""他常常把复杂的、独出心裁的段落勾掉（有时他甚至删去经典作家的引语），并解释说：'有谁会相信我读过马克思著作呢！'③ 勃列日涅夫作报告的一贯风格是："四平八稳，既无高潮，也无水平，尤聊之味，一本正经。"④ 对这样的人，不可能期待他不时地出现新思想，不断地改革传统的体制。

---

① 详见〔俄〕格·阿·阿尔巴托夫著、徐葵等译：《苏联政治内幕：知情者见证》，新华出版社 1998 年版，第 216—218 页。

② 〔俄〕格·阿·阿尔巴托夫著、徐葵等译：《苏联政治内幕：知情者见证》，新华出版社 1998 年版，第 337 页。

③ 同上书，第 333、162 页。

④ 米夏埃尔·莫罗佐夫著、张玉书等译：《勃列日涅夫传》，生活·读书·新知三联书店 1975 年版，第 370 页。

其次，勃列日涅夫的专长是搞组织工作，操纵权力可谓得心应手。在他上台初期，他的很大一部分精力用于积极培植亲信，在排除异己方面很快取得进展。到20世纪60年代末他的地位已十分巩固，权力已大大扩大，在最高领导层中他的权力与地位已明显地高于其他人。之后，到了70年代中期，随着苏联国力的增长特别是军事力量的膨胀，勃列日涅夫对苏联当时的形势估计十分乐观，并不认为苏联需要什么改革，还是认为传统的高度集中的计划经济体制是十分有效的，对柯西金的经济改革政策表现不满。据苏共中央机关的干部回忆当时勃列日涅夫对柯西金的经济改革报告说过以下的话："看他想出什么来了，改革、改革……谁需要这个改革？而且，谁懂得改革。现在需要的是更好地工作，这就是全部问题之所在。"① 到了1974年勃列日涅夫成为一个病人之后，更不能指望他来推动改革，整个体制改革像勃列日涅夫的身体和国家一样，朝着停滞方向发展，不断地滑坡。

第三，如果说赫鲁晓夫只反斯大林不反斯大林主义，那么，勃列日涅夫既不反斯大林又不反斯大林主义。在勃列日涅夫执政18年里，越来越清楚地看到，把掌握权力看作是目的的本身，他不想改变斯大林建立起来的政治体制，因为没有这个体制就难以保证他"个人专政"或者说个人专权和特权。而政治体制的不触动，它不与经济体制改革结合起来，就必然对经济体制改革起不到促进作用，相反，会日益成为经济体制改革的阻力，这已为所有转轨国家的实践证明。

在勃列日涅夫时期，因循守旧、求稳抑变的思想占主导地位。对此，阿尔巴托夫指出："应该看到这一时期有一种越来越清楚的现象，那就是大部分领导人倾向于倒退。"② 因此，体制改革必然难以推进，这在经济体制改革方面，明显地表现为对传统体制不是采取根本改革的方针，以下情况可以说明：

一是改革的保守性，即改革是修补性的，没有从根本上去变革旧体

---

① 转引自《东欧中亚研究》1998年第1期。

② ［俄］格·阿·阿尔巴托夫著、徐葵等译：《苏联政治内幕：知情者的见证》，新华出版社1998年版，第364页。

制。改革的指导思想是：在不改变国家集中统一的计划原则下，适当扩大企业权限，逐步采用经济方法管理经济，加强企业和职工的物质刺激。改革的主要措施都是以不影响高度集中的经济体制为前提的。在改革前和改革过程中，没有对旧体制的弊病从根本上进行系统的、批判性的总结，使改革的目标符合商品经济原则。这样，必然使改革在不根本改变原有模式的前提条件下，集中在管理方法上下功夫，作些改进。与此相关，往往把完善指令性计划体制作为改革的基本目标。结果是，18 年的改革，在理论上并未克服没有指令性就没有计划的简单化概念；在实践中，国家仍然通过集中下达的指令性计划控制企业生产经营活动。勃列日涅夫时期，仅在由国家计委编制下达的工农业生产计划中，就包括了约 4000 个产品品种，占工农业总产值的 80%—90%；生产资料通过国家计划实行统一调拨的部分占 95% 以上；企业利润的 83% 左右由国家直接或间接地支配。在这样的条件下，企业不可能成为商品生产者，独立自主地经营，从而使经济核算徒具形式。

二是改革缺乏坚决性，遇到阻力和困难就动摇、退缩，通过的改革决议不能执行，导致改革原地踏步。最为典型的例子是，当改革出现了一些问题之后，一些人对改革提出了疑问和反对，在此情况下，对 1965 年全面推行"新经济体制"时经常使用的"改革"一词，在 1971 年的苏共二十四大后，就不准用了，而改用"完善"一词。在改革过程中，这种摇摇摆摆的做法，当然不可能使改革取得良好的效果。

三是改革缺乏综合性。在苏联传统的体制模式下，计划、物资、价格、财政、信贷、基建、劳动工资等体制，相互之间有着密切的联系，是一个完整的整体。对旧体制的改革如果不综合配套地进行，这不仅难以取得预期的改革效果，并且还会产生很多矛盾。在勃列日涅夫时期，苏联的经济体制改革本身是不配套的，如为了搞活微观经济，就不断扩大企业自主权，宏观调控体制虽做出了一些相应的改革，但并没有解决各级部门还是采取老一套的行政方法干预企业活动、实行烦琐监督的做法，这必然会引起许多矛盾。另外，经济体制改革也没有与政治体制改革、社会关系与社会政策调整、改变人们传统的思想等同时进行。这样做的结果是，经济体制改革遇到的阻力越来越大，人们的积极性难以调动，改革也难以取得人们的支持。改革缺乏综合配套，还表现在勃列日涅夫时期"并没有一个可行的全面的改革总思路，也不够清楚如何使我们自己从过去的变形中摆脱出来，同样地也没有足够理解这项任务的艰巨性与复杂性"。① 这样，改革的这种局限性，时间一长，就必然被旧的政治体制和思想捆住，以致改革最后被窒息。

求稳抑变，也反映在勃列日涅夫在苏共二十五大报告中有关对改革的态度。他说："中央委员会反对仓促轻率地改组管理机构和改变已经形成的经营管理方法。剪裁之前，不是像俗话所说的量七次，而是八次甚至十次。"过去，我们有些人在评论这段话时，只看到勃列日涅夫对改革的慎重一面，而忽视了其保守的一面。改革遇到的各种阻力，使勃列日涅夫时期讨论一项改革决议时，往往议而不决，决而不行，行而无效。

（八）革命口号下的帝国野心需要高度集中的体制

如果以苏美关系作为苏联对外政策的主要内容来考察，应该说，在勃列日涅夫执政初期，由于国内与国际诸多因素的制约，出现了一定的缓和，到 20 世纪 70 年代前半期缓和有了较大发展。对东欧国家的政策，主要是加强控制。特别在 1968 年苏联入侵捷克斯洛伐克之后，出现了作为控制东欧各国的理论"勃列日涅夫主义"，特别是"有限主权论"与"国际专政论"等，像悬在东欧各国头上的一把利剑。对第三世界则是加强争夺与渗透，当然是在支援这些国家革命、民族独立的口号下进行的。在对华政策方面，继续推行反华路线，在中苏边境增兵，加强对中国的军事威胁。就勃列日涅夫时期对外政策整个内容来看，从 20 世纪 70 年代中期起，缓和政策所取得的成效逐步丧失，到勃列日涅夫逝世的 80 年代初，已经从缓和进入第二次"冷战"。苏联学者把这一时期的缓和称之为"短命的和不走运的缓和"。② 究其原因，主要与苏联对外政策的总弱点有关，"即对外政策过分意识形态化，以及在保障安全方面过分注重军事因素，

---

① ［俄］洛·阿·阿尔巴托夫著、徐葵等译：《苏联政治内幕：知情者的见证》，新华出版社1998 年版，第 266 页。

② 同上书，第 223 页。

这导致了军事政策和国防计划不再受政治控制"。① 苏联的扩张、争霸世界的政策，有其根深蒂固的根源，从沙皇到斯大林，都推行扩张政策，后者的特点是以推进世界"革命"的名义进行的。往往把帝国奢望和野心隐蔽起来，有时让人们"在天真的革命浪漫主义与大国实用主义乃至厚颜无耻之间很难划清界限"。② 勃列日涅夫在这方面继承了斯大林的传统。就是在对美搞缓和政策时，勃列日涅夫时期的苏联最高领导层亦是一种策略或谋略，缓和政策的目的是在麻痹以美国为首的西方国家的同时，加快发展苏联自身的力量。这种缓和策略被西方称之为仅仅有利于苏联的"单行道"。随着经济、军事实力的增加，苏联在勃列日涅夫时期特别在后期，扩军、争霸政策大大发展了。苏联对别国不断进行军事干涉就是例证。阿尔巴托夫指出，这个时期，"在安哥拉之后，我们沿着这条显得已经蹚平的道路大胆前进，实际上是沿着干涉升级的阶梯前进。这些阶梯就是——埃塞俄比亚、也门、一系列非洲国家（我不想涉及近东问题，它十分复杂，应该由专家研究），最后是阿富汗。"这样做的结果是，"在 70 年代下半期我们自己对一系列国家的事务实行军事干涉和'半干涉'的政策，我们国家变成了一个扩张主义的侵略国家，促使大量国家起来反对我们自己，并且给缓和带来严重的打击。实际上我们是在给美国极右派伴奏。"而推行扩张、争霸政策，必然使苏联"以史无前例的速度实施许多军事计划。在这些年内我们全力以赴地狂热地卷入军备竞赛的旋涡，很少考虑这样做会导致什么样的经济后果和政治后果"。③

这里还要指出的是，在勃列日涅夫时期，不只通过武装干涉进行扩张，还通过"军援"和"经援"搞扩张渗透，对第三世界更为明显。据统计，1970—1979 年，苏联对第三世界的"军援"达 474 多亿美元，"经援"达 116 多亿美元，占 1955 年以来苏联"军援"、"经援"总额的

---

① ［俄］洛·阿·阿尔巴托夫著、徐葵等译：《苏联政治内幕：知情者的见证》，新华出版社1998 年版，第 269 页。

② 参见［俄］洛·阿·阿尔巴托夫著、徐葵等译：《苏联政治内幕：知情者的见证》，新华出版社 1998 年版，第 273 页。

③ ［俄］格·阿·阿尔巴托夫著、徐葵等译：《苏联政治内幕：知情者的见证》，新华出版社1998 年版，第 273、279 页。

87.6%和63.9%。苏联在第三世界的军事人员从1965年的3635人，增加到1979年的15865人（不含侵略阿富汗的驻军），增加4.4倍。苏联还通过同第三世界国家签订包含军事合作内容的条约（共签订12个，有2个已被废除）企图控制这些国家，并有40多个军事基地。[①]

　　苏联推行扩张、争霸的对外政策，就必须大力发展军事工业，使"军工综合体已膨胀到不受政治控制的程度"。[②] 这对经济力量远远低于美国的苏联来说，高度集中的计划经济体制是保证其扩军的重要条件。苏联通过这种体制，把大量的资金集中在国家手里。在勃列日涅夫时期，苏联国家预算收入占国民收入的比重呈不断上升的趋势，1966年占51.3%，1970年占54.1%，1975年占60.1%，1980年占62.2%，勃列日涅夫逝世的1982年提高到67.4%。[③] 另外，苏联为了把更多的资金集中到国家预算中来，预算收入的增长速度要比国民收入的增长速度快得多。20世纪70年代末80年代初几年的情况充分说明了这一点：1979年苏联国家预算收入增长率为5.9%，而国民收入的增长率为2.2%，1980年这两个指标的增长率分别为7.5%和3.8%，1981年为5.9%和3.8%，1982年为10.1%和2.6%。[④] 把那么多的财政资源集中在国家手里，便于集中用于发展军工及和军工密切有关的工业部门。在勃列日涅夫时期，如以工业投资为100，那么其中甲类工业一般要占85%—88%。国家掌握了大量资金，还保证了迅速增长的军费支出的需要。1965年苏联军费为326亿美元（占当年国民收入的15.2%），1981年增至1550亿美元（占当年国民收入的21%），比1965年增长3.75倍。[⑤] 勃列日涅夫就是这样把苏联在军事实力上推向"鼎盛"时期的。

　　再从与东欧国家的关系来看，从两个方面影响勃列日涅夫时期的改革：一是因为苏联高度集中的体制，是苏联在这些国家范围内进行政治、

---

　　① 参见《苏联东欧问题》1983年第3期。

　　② ［俄］格·阿·阿尔巴托夫著、徐葵等译：《苏联政治内幕：知情者的见证》，新华出版社1998年版，第280页。

　　③ 陆南泉等编：《苏联国民经济发展七十年》，机械工业出版社1988年版，第636页。

　　④ 同上书，第637页。

　　⑤ 参见《苏联东欧问题》1983年第3期。

经济控制的手段。在政治上，保证这些国家按同一的政策与方向发展，不允许其背离斯大林的政治体制模式。在经济上按统一的计划经济的模式行事，使东欧一些国家的计划与苏联的计划挂上钩，以便保证经互会国家之间双边的计划合作得以实现，使这些国家的经济力量与苏联联结在一起。苏联害怕的是，一旦在体制方面进行大的改革，东欧一些国家会立即跟上，尽快摆脱斯大林的体制模式，最后会导致失去对东欧国家的控制，从而也就失去了苏联的"切身利益范围"。这也是 1968 年"布拉格之春"之后，勃列日涅夫大大放慢体制改革进程的一个重要因素。因为，"在 60 年代末，我们为在捷克斯洛伐克的冒险付出了很大的代价。它在助长国内的保守趋势中起了重要作用，这种趋势最终导致了一个停滞时期"。[①] 二是因为像勃列日涅夫这样的领导人，对"社会主义大家庭"国家的政策，是由根深蒂固的意识形态模式决定的，即根据他们自己认识的什么是社会主义和什么不是社会主义标准，来判断某个社会主义国家的改革政策是否背离了社会主义，是否是对苏联式的社会主义的背叛和罪行。基于这种传统思维方式，勃列日涅夫在决定入侵捷克斯洛伐克时，就以断定那里出现了"修正主义"作为派兵入侵根据的。据当时苏联驻捷克斯洛伐克大使契尔年科回忆，勃列日涅夫曾讲过，如果捷克斯洛伐克"修正主义"取得胜利，他就只好辞去苏共中央总书记的职务。因为，"要知道，大家会认为是我把捷克斯洛伐克丢掉了"。[②] 这种根深蒂固的意识形态，在苏联持续了很长的时间，"只是到了 80 年代末期，我们才最后停止认为自己有权垄断真理，停止把自己看作'唯一真正的社会主义'，停止对邻国和盟国的内部事务的干预"。[③]

　　对勃列日涅夫时期改革停滞原因的分析，说明"斯大林体制既产生了自己品牌的经济和管理思想，也产生了自己类型的经济管理人员"[④]（整个中央管理层都包括在内）。

---

　　① ［俄］格·阿·阿尔巴托夫著、徐葵等译：《苏联政治内幕：知情者的见证》，新华出版社 1998 年版，第 184 页。

　　② 同上书，第 188—189 页。

　　③ 同上书，第 68 页。

　　④ 同上书，第 296 页。

三　体制改革停滞产生的严重经济后果

改革的停滞带来的社会经济的停滞。勃列日涅夫时期的停滞，具有以下明显的特点：第一，是全面的停滞，这自然有个发展过程；第二，在人类社会不断发展、特别在 20 世纪 60 年代末世界上开始了新的科技革命的条件下，这种停滞并不是意味着原地踏步，而是出现了倒退；第三，停滞的结果，使苏联逐步地迈向衰败。利加乔夫认为，这个时期的苏联，"已处在通往社会经济绝境的轨道上"。①

这里，我们主要分析经济改革的停滞带来的严重经济问题。

（一）经济增长率明显递减和停滞

1965 年勃列日涅夫在推行新经济体制时，一个十分明确的目的是：力图通过改革来扭转当时已出现的经济增长速度下降的趋势。但结果是，18 年的改革，不仅没有解决经济增长速度下降的局面，反而使经济增长速度大幅度下降。在 1971—1985 年的三个五年计划时期，国民收入的增长速度下降了一半以上。其他一些综合经济指标也出现了类似的情况。

在勃列日涅夫执政的第一个五年计划期间，即推行"新经济体制"的第一个五年，经济效果较好，与此前的五年计划期间相比，经济发展速度呈普遍上升的趋势。但是以后的时期，特别到 80 年代初，速度已下降到使苏联"几乎临近停顿的程度"。② 勃列日涅夫逝世的 1982 年，国民收入比上年仅增长 2.6%。戈尔巴乔夫在苏共中央二月全会（1988 年）上的报告指出：80 年代初苏联经济缓慢的增长速度在很大程度上也是在不正常的基础上，靠一些临时性的因素达到的。这指的是靠当时国际市场上的高价出售石油，大量生产和出售对人体健康有害的酒精饮料达到的，如排除这些因素，差不多有 4 个五年计划期间，国民收入的绝对额没有增加。十分明显，这一状况，给苏联带来的困难是相当严重的。戈尔巴乔夫认为，如

---

① 《政党与当代世界》1992 年第 8—9 期。
② ［苏］米·谢·戈尔巴乔夫著、苏群译：《改革与新思维》，新华出版社 1987 年版，第 14 页。

果经济增长速度低于4%的话，苏联一系列刻不容缓的社会经济任务难以实现。

　　这里，我们完全从量这个角度即增长速度来考虑勃列日涅夫时期出现的经济停滞趋势，即经济增长速度大大放慢了。问题是，这个低速增长，也并不能反映勃列日涅夫时期经济的实际情况，其中国际市场石油价格猛涨起了很大的作用。人所共知，1973年爆发了中东战争。之后，阿拉伯石油输出国组织"欧佩克"为对付西方国家，把石油价格提高了15倍。苏联当时作为世界主要石油输出国之一，借机大量出口石油，据统计，1974—1984年苏联仅从出卖石油与石油产品获得的收入，最保守的估计也达到1760亿外汇卢布，折合2700亿—3200亿美元。① 这笔巨额"石油美元"对当时苏联渡过经济难关起着重要的作用，在很大程度上掩盖了经济停滞和下滑的严重性，缓解了种种矛盾。有人说，这里不存在掩盖不掩盖的问题，因为石油产量和出口量的激增是客观事实。但是，问题在于，石油价格上涨15倍这比石油产量和石油出口量的增加速度不知高出多少倍。据苏联统计资料，石油产量从1974年的6.5630亿吨增加到1984年的8.7620亿吨，增长了33.5%。1974年石油与石油产品出口量为1.1620亿吨，1985年为1.6670亿吨，增长了43.5%。② 非常明显，如果这个时期不是石油价格飞速地上升，单靠石油产量与出口量的增加，绝不可能获得如此大的"石油美元"。正如马龙闪研究员指出的："这笔收入在以总产值指标衡量经济发展的条件下，也掩盖了苏联70年代中后期经济的停滞与衰退，它像雨后天空的彩虹一样，给苏联经济以虚幻的繁荣。待短暂的彩虹逝去，依然是飘散着片片乌云的天空。"③ 对此问题，阿尔巴托夫分析说：当时苏联应该把这种赚取的石油外汇视为一个喘息时机，并充分有效地利用这个时机推进改革，使国民经济走上正轨，但苏联并没有这样做，这"主要是由于石油财富突然从天上落到了我们手里，于是我们就冻结了把经济改革推向前进的尝试，取消了研究科技革命的中央全会"。他接着

---

　　① 参见陈之骅主编：《勃列日涅夫时期的苏联》，中国社会科学出版社1998年版，第195—196页。

　　② 由于1984年的数字未能找到，这里石油与石油产品出口量用的是1985年的数字。

　　③ 转引自陈之骅主编：《勃列日涅夫时期的苏联》，中国社会科学出版社1998年版，第196页。

又指出："在 70 年代末 80 年代初，不论是我还是我的许多同事都不止一次地想到，西伯利亚石油挽救了我国经济。而后来开始得出结论，这个财富同时又严重破坏了我国经济，它使我们不可饶恕地丢失了许多时间，长久地推迟了已经成熟甚至过分成熟的改革。"[1] 他还说："那时我们把载能体出口无限度地增长，从这里找到了摆脱一切灾难的灵丹妙药。那时没有一个人（包括我自己）懂得不是挣来的财富最容易使人腐败这句古老的谚语，不但适合于个人，而且也适用于国家。"[2]

以上情况说明，在判断苏联 20 世纪 70 年代初以来的经济情况时，应该看到，1973 年以来因石油飞速涨价而获得的巨额"石油美元"并不能反映当时苏联经济的正常发展状况。

在勃列日涅夫时期，农业问题亦十分突出。勃列日涅夫执政 18 年，农业虽有进展，但并没有从根本上解决农业问题。投资大、效益低，生产稳定性差、波动幅度大，仍是苏联农业的基本特点。勃列日涅夫时期对农业投资是十分巨大的，它比美国多 4 倍。但巨额的农业投资，并没有保证苏联农业稳定的发展。从农业产值 5 年的增长速度来看，是大幅下降的趋势。即由"八五"（1966—1970 年）计划期间的 21%下降到"九五"（1971—1975）计划期间的 13.3%，"十五"（1976—1980 年）计划期间的 9%，而 1981 年则是 - 2%。勃列日涅夫执政 18 年，就有 10 年减产。有些年份减产幅度很大，如 1975 年比 1974 年减产 5560 万吨，1979 年比 1978 年减少 5790 万吨。粮食产量也经常达不到计划规定的指标。1976—1980 年，计划规定年均粮食产量为 2.17 亿吨，而实际是 2.0505 亿吨，1981—1985 年计划规定的年均产量为 2.4 亿吨，而实际产量为 1.803 亿吨，比计划相差 6000 万吨，其中 1981—1982 年为 1.7249 亿吨。更为严重的是，1979—1982 年出现连续 4 年歉收，这是创历史纪录的。农业的上述情况，完全打破了苏联粮食生产的一般常规：在三年中，一年丰收，一年平年，一年歉收。农业连续多年的不景气，给苏联整个国民经济的发展带

---

[1]　［俄］格·阿·阿尔巴托夫著、徐葵等译：《苏联政治内幕：知情者的见证》，新华出版社 1998 年版，第 300—301 页。

[2]　同上书，第 299 页。

来了严重的影响，它越来越成为经济增长率下降的重要因素之一。例如，1979 年粮食产量与农业产值分别比上年下降 26.4% 和 3.1%，这使当年的国民收入增长率下降为 3.4%，由于 1981 年农业大歉收，迫使苏联制订 1982 年计划时，国民收入的计划增长率只规定为 3%。粮食连年减产，导致苏联不得不靠进口来满足其国内的需求。在勃列日涅夫执政的 1973 年，苏联在历史上第一次成为粮食净进口国。这一年净进口 1904 万吨。后来，粮食进口上了瘾，就像吸毒者上了海洛因的瘾一样。① "1981—1982 年，由于购买小麦太多，震惊了世界市场，各国纷纷表示愤怒：俄罗斯简直是在吃穷人的粮食。但是，事已至此，粮价虽然贵两倍，还是进口大量粮食。"② 农业占用大量资金，生产落后，还限制了其他部门的发展，仅粮食每年大约需要进口 3000 万吨。进口食品和食品原料所花的钱，约等于每年外贸进口总额的 20%，成了苏联仅次于机器设备进口的第二项大宗商品。这种情况，使得苏联外汇更加拮据，亦难以保证对国内经济发展起重要作用的技术设备的进口，从而也影响着整个国民经济，特别是一些关键部门的发展。农业不景气，还限制了经济结构的调整。苏联一直在设法加速"乙类"工业的发展，但苏联轻工业原料的 2/3 和食品工业原料的 80% 来自农业，这样，甲、乙两类的比例和工农业之间的比例关系，很难得到改善，农业的连续多年歉收，直接影响市场供应和人民生活的提高。使得一部分有支付能力的需求不能实现，从而使储蓄迅速增长。在勃列日涅夫执政时期零售商品流转额与储蓄的增长速度很不协调，如 1970—1981 年期间，零售商品流转额增长了 82.7%，其中食品商品零售流转额增长了 56%，而同期居民的储蓄存款则增长了 2.56 倍。这显然是今后通货膨胀的重要潜在因素，并给以后的改革造成障碍。为此，勃列日涅夫在 1982 年多次讲话中谈到，食品问题已成为苏联"最紧迫的政治和经济问题"。

---

① 参见［俄］格·阿·阿尔巴托夫、徐葵等译：《苏联政治内幕：知情者的见证》，新华出版社 1998 年版，第 239 页。

② ［俄］瓦·博尔金著、李永金等译：《戈尔巴乔夫沉浮录》，中央编译出版社 1996 年版，第 28 页。

苏联农业落后还突出反映在效率低下。农业劳动生产率 1976—1980 年平均只及美国的 20%—25%。正如西方报刊所评述的："苏联农业生产的效率低得出奇"，低效率是苏联农业"赶不掉的恶鬼"。①

（二）粗放的经济增长方式和低效的经济难以改变

前面我们主要从量的角度，分析了在勃列日涅夫时期由于经济改革的停滞所造成的经济增长速度的大滑坡。但如果从质的角度分析，这一时期的经济问题显得更加尖锐。经济质量与效率低以及高浪费等问题长期得不到解决，一个重要的原因是，经济增长方式长期不能改变，而制约经济增长方式改变的主要原因是苏联传统的过度集中的指令性计划经济体制。因为，一定的经济运行机制决定着相应的增长方式，而经济运行机制基本上是由经济体制决定的。从微观经济层面讲，在苏联传统的计划经济条件下，无论是国有企业还是集体企业经营机制都不是按市场经济的要求进行的，它对市场的敏感性与适应性很差，投入多产出少的情况比比皆是；从资源配置层面讲，在传统的计划经济条件下，资源配置是由指令性计划决定的，这必然导致经济结构不合理并且长期难以调整，造成资源的巨大浪费；再从宏观层面讲，在传统的计划经济条件下，政府对宏观经济调控的主要方法是直接的行政命令，而不是间接的经济方法。这样也就排斥了市场的作用，使官僚主义的唯意志论盛行，往往造成重大的政策失误和经济损失。这说明，落后的经济增长方式从一个重要的方面反映了苏联—斯大林模式的社会主义生命力的脆弱性，它是苏联在与资本主义竞争中被击败的一个重要因素。因此，在分析勃列日涅夫时期改革停滞所带来的经济后果时，有必要较为详细与深入地探讨改革停滞是如何阻碍经济增长方式由粗放型转向集约型的问题。

---

① 转引自陆南泉、周荣坤：《当前苏联经济面临的主要问题》（见苏联经济研究会编：《苏联经济体制问题》，时事出版社 1981 年版，第 364 页）。

（三）经济结构更加畸形，抑制人民生活水平的提高

由于在勃列日涅夫时期的经济体制改革过程中，一直在批判"市场社会主义"，资源配置主要靠行政指令，排除了市场的调节作用，加上与美国搞军备竞赛，使得苏联在军事实力方面很快达到"鼎盛"和"顶峰"。但它导致了勃列日涅夫时期经济更加畸形。[①] 以轻、重工业的比例看，勃列日涅夫执政初期，曾一度拉平甲、乙两类工业的增长速度，但在"九五"与"十五"计划期间，这两类工业增长速度的差距又拉开了，即由1966—1970 年间的 1.04：1 扩大到 1971—1980 年的 1.28：1，这一差距较1951—1960 年间的 1.2：1 和 1961—1970 年间的 1.18：1 都大。在重工业内部，与军工密切相关的部门发展更快，如在 1971—1980 年，机器制造业产值增长了 1.7 倍（年均增长率为 10.4%），比工业总产值的增长速度（78%）高 1.2 倍。而同期的仪表制造业产值增长了 3.3 倍，其中电子计算机增长了 9 倍。[②] 这一时期片面发展重工业，同样是以牺牲人民消费品生产为代价的。因为，当时苏联经济实力的水平，它做不到"既要大炮又要黄油"。长期以来，苏联市场紧张，社会主义经济一直被称为"短缺经济"。勃列日涅夫在苏共"二十六大"上也谈道，许多地方"向居民供应食品的困难依然存在"，抱怨"许多消费品，特别是纺织品、皮鞋、家具、电视机的生产计划，年复一年地没有完成。在质量、装潢、品种方面没有取得应有的进步"。在勃列日涅夫执政后期，"商品短缺，通货膨胀十分严重，以致人们寻找短缺商品的时间比工作时间还要多"。[③] 由于苏联军备竞赛对经济的长期发展产生严重影响，因此，在勃列日涅夫之后的时期，市场供应越来越紧张。据西方学者估计，如果苏联把它的军费预算削减 25%的话，它的国民生产总值和消费的增长率几乎可增长 1 倍。

---

① 关于这一问题见笔者拙文：《军备竞赛对苏联经济的影响》（《人民日报》1984 年 2 月 7 日）。

② 参见陆南泉、周荣坤：《当前苏联经济面临的主要问题》一文（苏联经济研究会编：《苏联经济体制问题》，时事出版社 1981 年版，第 370—371 页）。

③ ［俄］瓦·博尔金著、李永金等译：《戈尔巴乔夫沉浮录》，中央编译出版社 1996 年版，第 26 页。

写到这里，不禁想到了由斯大林亲自审定的、1954 年出版的苏联《政治经济学》教科书中，对两个重要的社会主义经济规律下的几十年来被人们奉为经典的定义。一个是基本经济规律，教科书引用了斯大林在《苏联社会主义经济问题》一书的论述：社会主义的基本经济规律的主要特点和要求就是："用在高度技术基础上使社会主义生产不断增长和不断完善的办法，来保证最大限度地满足整个社会经常增长的物质和文化的需要。"1958 年修订的第三版的定义有所修改，定义为："社会主义基本经济规律的特点就是在先进技术基础上使生产不断增长和不断完善，以便充分地满足全体社会成员经常增长的需要并使他们得到全面发展。"这里把最大限度地满足改为充分地满足。事实证明，苏联社会主义生产的目的，更多的是为实行扩张政策需要的扩军备战的需要，广大人民的物质与文化需要一直不是放在发展生产的首要目的上，既谈不上最大限度满足全体社会成员的需要，也谈不上充分满足。另一个是国民经济有计划按比例发展的规律。可以毫不夸大地说，70 多年经济发展实际情况表明，苏联社会主义经济的发展却是有计划不按比例地发展。不论是农、轻、重的比例还是工业内部的比例，都是不协调不平衡的。这些决定了斯大林—苏联社会主义模式如不进行根本性的改革，它是不可能健康发展的，是不可能持续发展的，而出现由停滞、全面停滞到衰退一直到垮台是不可避免的。

四　两个值得深入思考的问题

这一节，力图在对勃列日涅夫执政时期体制改革进行以上各章分析的基础上，对某些重要问题提出看法。考虑到勃列日涅夫执政长达 18 年，涉及的问题很多，这里仅就两个主要问题提出笔者的意见。

（一）勃列日涅夫时期的主要特征是：停滞和积聚危机因素并走近衰亡

这是笔者对勃列日涅夫时期做出的历史定位。下面对这一看法作出分析。

如果以主要领导人来划分苏联历史发展阶段的话，如果把安德罗波夫和契尔年科短暂执政时期撇开不算，那么，勃列日涅夫时期是苏联解体前的最后一个历史时期。戈尔巴乔夫上台执政后，在对苏联国内情况进行分析之后，把勃列日涅夫执政的时期，概括为停滞时期，这是一个总体的评价。当时任苏联部长会议主席的雷日科夫在苏共中央六月全会（1987年）的报告中说：勃列日涅夫时期的改革，实际上是"惰性和停滞不前的力量当时占了上风，一切都回到了旧的轨道"。戈尔巴乔夫在1988年召开的苏共第十九次代表会议上所作的报告中指出："我们对过去那些年里的扭曲和停滞的深度和严重性估计不足。许多东西过去根本不知道，只有现在才看到，各经济领域的松松垮垮状况比原来估计的要严重。"在他的《改革与新思维》一书中还指出："经济中的障碍和停滞现象不可能不反映在社会生活的其他方面。消极现象严重地触动了社会领域。"① 把勃列日涅夫执政年代视为停滞时期，这一总体评价，在苏联和俄罗斯的领导到学术界较为一致。如阿尔巴托夫指出：如果用很高的政治和经济标准来评价，那么我们可以认为从赫鲁晓夫下台到勃列日涅夫逝世的整个年代是停滞时期。在这些年内（这毕竟是18年），我国没有出现过沿着使我们的社会得到总的改善的道路前进的任何不可忘却的历史性里程碑。"② 当然由于勃列日涅夫执政时间长达18年，在这18年中，有着错综复杂的情况，在各个阶段也有所区别。对此，阿尔巴托夫接着指出："考虑到历史遗产的重负和斯大林专制年代形成的社会特点，而采用较为具体的标准来衡量，那么这18年就可能不是那么单一，不是那么全然灰暗无光。其中60年代下半期和70年代初期，开始在工业中实施某些改革，在农村贯彻某些重要决定，这是国民经济相当顺利发展的时期。"③ 我以为，阿尔巴托夫上述两段话并不矛盾。如果从总的发展趋势看，如果把苏联作为一种社会主义制度的变迁的角度去分析，勃列日涅夫执政的18年，完全可以说是停滞和衰颓时期，僵化的保守的思想占统治地位，在很多方面"悄悄地重新斯大林主义化"。④ 就是说，苏联作为一种社会主义制度并没有朝着进步与完善方向迈出大的步子，总体上讲，

---

① ［苏］米·谢·戈尔巴乔夫著、苏群译：《改革与新思维》，新华出版社1987年版，第16页。

② ［俄］格·阿·阿尔巴托夫、徐葵等译：《苏联政治内幕：知情者的见证》，新华出版社1998年版，第265页。

③ ［俄］格·阿·阿尔巴托夫、徐葵等译：《苏联政治内幕：知情者的见证》，新华出版社1998年版，第265页。

④ 同上书，第190页。

仍然是斯大林时期形成的那一套模式。应该指出，近来，我国对勃列日涅夫时期的研究有了很大进展，如有些学术论著明确指出：在勃列日涅夫这 18 年中，"苏联积累了大量政治、经济和社会问题，导致国家政治生活和经济发展的全面停滞。从最近十多年来苏联和俄罗斯发表的许多材料来看，我们可以确定地说，勃列日涅夫年代是苏联走向衰亡的一个关键性的转折时期"。"它为以后苏联的解体准备了条件。"[①] 笔者认为，看到了勃列日涅夫时期的主要特征是停滞，是在走近衰亡，这是抓住了这一时期的本质，从而也就找到了它在苏联历史上的确切定位。

如果对这个 18 年的某个具体领域的情况看，例如经济发展情况，虽各个阶段有差别，但总的来说呈逐步下降的趋势。[②] 从军事实力的发展来看，与经济发展情况不同，它则是在 20 世纪 70 年代上半期开始大大膨胀起来的，这期间，苏联战略核武器迅速发展，争得了与美国相等的超级军事大国地位。这就是被一些人称之为苏联"鼎盛"时期的主要标志。

这里，还想再次强调，我们是从历史发展的大趋势，从对苏联以后的衰亡产生的影响，从苏联社会主义制度是前进了还是停步不前等角度，来确定勃列日涅夫时期在苏联历史上的地位的，并提出这个时期是以停滞和积聚危机因素并走近衰亡为主要特征的看法。我们并不否认这 18 年的前期与后期存在的差别，要找差别的话，不但前期与后期之间存在，18 年间各年的情况亦都会不同。这里笔者也只对勃列日涅夫时期提出一个总的看法。

考虑到勃列日涅夫时期苏联走向衰亡和 20 世纪 90 年代末发生剧变所起的重要作用，而对这一时期在苏联历史上所处地位看法不尽一致，我认为，今后应重视对这一历史时期的研究。过去，对勃列日涅夫时期研究不那么重视和深入，其主要原因有二：首先，长期以来，勃列日涅夫时期给人们的表象是稳定。曾有一个时期有些人认为，勃列日涅夫时期的改革是

---

①　徐葵：《勃列日涅夫年代：苏联走向衰亡的关键性转折时期》（见《东欧中亚研究》1998 年第 1 期）。

②　详见本文第三部分。

苏联历史上最为稳妥的改革。① 而人们没有看到，这种稳定在勃列日涅夫执政的相当一个时期里是意味着停滞。正如有人指出的："勃列日涅夫提出'稳定'的口号，成为稳定的化身和形象，如果我们把稳定理解为静止不动的话。"② 正是由于这个原因，人们也就忽略了这种稳定所掩盖的在当时苏联社会正在日益发展着的种种矛盾。从而，人们在研究苏联剧变原因与其兴亡发展过程问题时，忽略了这一时期的重要性。之所以产生这种稳定的表象，与勃列日涅夫执政 18 年在苏联国内并没有发生历史性的重大事件有关，这个时期像一部平淡的历史剧，形不成高潮，不像斯大林时期那样，重大事件一个接一个，高潮迭起：从战时共产主义过渡到"新经济政策"、国家工业化、农业全盘集体化、伴随党内激烈的斗争而来的政治大清洗、肃反扩大化……一直到高度集权的斯大林体制模式的形成与发展，无不一一成为研究苏联的重要问题。也没有像赫鲁晓夫执政时期那样发生过在苏共二十大作震撼世界的大反斯大林个人迷信的秘密报告，进行过 1957 年的工业大改组，展开了经济体制改革的理论大讨论，他又是苏联历史上第一个改革者，还提出超美口号和埋葬资本主义的豪言壮语……至于戈尔巴乔夫时期，由于苏联的崩溃发生在他执政的年代，也就很自然地引起了极大的关注，对他提出的改革新思维，"人道的、民主的社会主义"都成为学术界研究苏联兴亡与改革问题的热点与争论的热门话题。长期以来，勃列日涅夫时期呈现在人们面前稳定的表象，很容易使人忽视这一时期研究的重要性。其次，1991 年年底苏联崩溃后，人们研究的重点自然放在世界上第一个社会主义国家苏联为什么消亡了，要着力探索消亡的深层原因。但在某个时期某些人更多看到的是，勃列日涅夫是兴盛的标志，这主要指的是：从 60 年代下半期苏联经济保持了较快的发展速度，到了 70 年代初苏联战略核武器达到与美国持平衡的水平，苏联已成为一

---

① 1985 年 6 月 10—15 日，在南京召开的"勃列日涅夫及其以后时期苏联政治经济体制改革"学术讨论会。在会上一些学者认为，勃列日涅夫时期的改革基本是成功的，成效是显著的，不能否定（详见《苏联东欧问题》1985 年第 5 期）。当时在会上，笔者提出了不同的看法，强调勃列日涅夫时期的社会经济发展的停滞不前。

② ［俄］格·阿·阿尔巴托夫著、徐葵等译：《苏联政治内幕：知情者的见证》，新华出版社1998 年版，第 309 页。

个能与美国平起平坐的超级大国，与美国争霸，真是不可一世。所以，勃列日涅夫执政年代是"苏联综合国力最强大的鼎盛时期"。既然是"最强大的鼎盛时期"，那么在研究苏联剧变与衰亡过程时就容易忽略这个时期。

这里要指出的是，我们讲，研究勃列日涅夫时期具有重要意义，是因为这个时期在稳定这个表象掩盖下，苏联社会主义社会逐步积累了大量的社会、政治与经济问题，一步一步由停滞走向全面停滞的社会，极大地消耗了苏联的各种潜力，从而使勃列日涅夫执政年代对苏联走向衰亡有着重大影响。

（二）悄悄地重新斯大林主义化是勃列日涅夫时期的又一个重要特征

经济改革的停滞，政治体制的倒退，带来的另一个严重后果是，在勃列日涅夫时期苏联社会又开始了"悄悄地重新斯大林主义化"。这是笔者借用了阿尔巴托夫回忆录中的一个提法，因为这个提法很符合实情。"我之所以把这个重新斯大林主义化的过程称之为悄悄的过程，就是因为它不是用一个正式的法令、一项专门的决定去推行的，它是渐渐地、一步一步地把社会生活笼罩起来的，一个阵地一个阵地巩固起来的。那些想要回到斯大林主义的人，则是有意识地加以推动。"① 应该说，重新斯大林主义化在勃列日涅夫时期并不是困难的事，因为：一是正如我们在分析赫鲁晓夫改革失败原因时已谈到的，在赫鲁晓夫时期虽然捅了一下斯大林，特别是斯大林个人迷信，但是并没有从根本触动斯大林主义或斯大林时期形成与发展起来的体制。就是说，赫鲁晓夫在苏共"二十大"作报告时，对斯大林时期的苏联社会主义制度存在的问题是想得很肤浅的，可以说还根本没有触及制度性问题。二是植入苏联社会的斯大林主义，它经历了很长一个历史时期，为了让它生根采取了各种手段，包括最极端的大规模的恐怖行动，从而使其在苏联根深蒂固。三是在斯大林时期，不只形成了以斯大林主义为基础的体制，并在这个体制下培养了适应和积极维护这个体制的领导干部。这些干部，同时又握有种种特权，他们离开了这个体制很难工

---

① ［俄］格·阿·阿尔巴托夫著、徐葵等译：《苏联政治内幕：知情者的见证》，新华出版社1998年版，第191页。

作，又会失去特权与利益。因此，在勃列日涅夫时期，"正如我们所看到的，领导层中很多很多人仍然持旧的、斯大林主义观点。他们要在任何一个别的社会政治体制下为自己寻找一个位子即使说不是完全不可能，那也是很难的。这些当权者除了往下面贯彻'上头'的意旨外，不会做任何其他事情。"在上述条件下，在苏联社会"形成了一种独特的局面。只要最高领导一停止施加压力，使社会实现非斯大林主义化的种种努力，整个社会意识形态和社会设制几乎无须下达新的补充指示就会自动恢复原状，就像被按倒的不倒翁一样，只要手一松开，它马上便直立起来，或者像自行车一样，如果你不再用脚蹬，它就向一侧倒下去"。① 所以，正如有人指出的："断言我们似乎告别了斯大林主义，此话说早了，太早了。"②

勃列日涅夫为重新斯大林主义化，主要通过一些行政措施对站在反斯大林主义立场上的人施加压力，但又不采取或很少采取极端的手段，如逮捕判刑等。"一般的做法是革职，给予严厉的党纪处分，直至开除党籍，以及用越来越巧妙的手段搞臭和迫害持不同政见者，包括公开诋毁中伤他们，送入精神病医院，乃至驱逐出境，剥夺苏联国籍，等等。"③

勃列日涅夫在重新斯大林主义化方面，首先的步骤是恢复斯大林作为"伟大领袖"的名誉，最简单的办法是 1965 年利用纪念卫国战争胜利 20周年庆典，提及中央委员会总书记斯大林为首的国防委员会。后来，利用撰写各种各样的有关第二次世界大战的回忆录把斯大林重新抬出来。官方要求回忆录也好还是"二战"史也好，要符合当时的苏共路线、方针与政策的需要。这样，连十分重要的朱可夫回忆录中，也要把有损于斯大林形象的内容删去，如从书的原稿中砍掉有关 1937 年斯大林对红军高级指挥

---

① ［俄］格·阿·阿尔巴托夫著、徐葵等译：《苏联政治内幕：知情者的见证》，新华出版社1998 年版，第 190 页。

② ［俄］亚·尼·雅科夫列夫著、徐葵等译：《一杯苦酒——俄罗斯的布尔什维主义和改革运动》，新华出版社 1999 年版，第 323 页。

③ ［俄］格·阿·阿尔巴托夫著、徐葵等译：《苏联政治内幕：知情者的见证》，新华出版社1998 年版，第 191 页。

人员实行镇压的一章。[①]

　　与此同时，"思想限制的范围扩大了，成为迫害对象的人数增加了，社会的政治、精神和道德氛围明显地变坏了"。"'合法性'的界限和可以在体制之内采取行动的范围变得越来越窄了，人们明确无误地知道不久前还准许说的话和曾在崇高讲坛上讲过的话也被置于禁止之列了。"[②]

　　这期间，"秘密警察"机关作用加强了，鼓励大家告密，检查私人信件，偷听电话谈话多了起来。"苏共中央的高级负责人，甚至中央书记，在自己的办公室谈到尖锐的话题时，也常常看一看电话机，做出一种明显的手势——把手指按在嘴上，并转到另一个话题。"[③]

　　至于文化、社会科学领域的情况，并不比其他方面好些，拿经济科学来说，勃列日涅夫时期实际上在走回头路，精力集中在研究传统的政治经济学，不切实际地去拨弄从马列主义奠基人著作中摘出来的一连串抽象原理，而且主要是用他们最粗俗的、纯粹斯大林式的诠释来研究。[④] 这种斯大林式的诠释，早已成为被推销得贬了值的理论，还在强迫人们接受，而对"市场社会主义"的批判不断升级，并纳入了政治经济学教科书。[⑤] 对主张更多发挥市场调节作用的学者如阿甘别基扬和札斯拉夫斯卡娅等，成为围攻的对象，并迫使他们远离莫斯科去新西伯利亚。

　　当然，我们说勃列日涅夫时期重新斯大林主义化，最主要的内容还是表现在政治、经济体制的僵化和"成熟化"方面，即这一时期的体制的基本方面仍然是斯大林时期留下的传统体制模式。另外，我们说重新斯大林主义化，决不意味着勃列日涅夫时期与斯大林时期一模一样。而基本含义

---

　　① 朱可夫元帅的回忆录完整的未经删改的版本现在已经问世。自1937年5月至1938年9月，遭到斯大林镇压的有近半数的团长，几乎所有的旅长和师长、所有的军长和军区司令员、军区军事委员会委员和政治部主任；大多数军、师旅的政工领导干部，近1/3的团政委，以及高等和中等军事学校的许多教员（参见格·阿·阿尔巴托夫著、徐葵等译：《苏联政治内幕：知情者的见证》，新华出版社1998年版，第202—205页）。

　　② ［俄］格·阿·阿尔巴托夫著、徐葵等译：《苏联政治内幕：知情者的见证》，新华出版社1998年版，第191—192页。

　　③ 同上书，第317页。

　　④ 同上书，第220页。

　　⑤ 1975年苏联出版的《政治经济学》教科书专门列有批判《市场社会主义》的内容。

是指"要保持和重建斯大林时期的秩序和机制"。①

以上我们从体制、社会、政治与经济等方面，分析了胸前挂满勋章的勃列日涅夫，在1982年闭上双眼时给苏联带来的严重后果和后人难以接受的"遗产"。

（原载陆南泉著：《苏联经济体制改革史论——从列宁到普京》，
人民出版社2007年版，第354—420页。有删改。）

---

① ［俄］格·阿·阿尔巴托夫著、徐葵等译：《苏联政治内幕：知情者的见证》，新华出版社1998年版，第213页。

戈尔巴乔夫上台后缘何要对体制进行根本性改革

　　勃列日涅夫时期由于改革的停滞导致整个社会经济的停滞。安德罗波夫与契尔年科作为勃列日涅夫之后的两位领导人，在对待改革和个人品行、素质等方面存在很大差别，但他们有共同点：一是执政时间都很短（安德罗波夫执政 14 个月，任总书记时已 68 岁，而契尔年科执政仅 13 个月，任总书记时已 73 岁）；二是都年老体弱，身患疾病；三是由于勃列日涅夫时期留下的大量社会经济问题，他俩在主观上都力图通过改革缓和与改善社会经济状况。但由于受条件的限制，在改革方面难有大的作为。这样，使得在勃列日涅夫时期已积累的大量社会经济问题，显得更加严峻。

　　我们还应看到，在年老多病的契尔年科于 1985 年 3 月 10 日去世时，苏联历史上出现了何等严重的创伤：从 1982 年 11 月到 1985 年 2 月（仅短短的二年零四个月），先后三个年老多病的苏联最高领导病亡，这严重地伤害了苏联人民的感情，极大地损害了苏联这个社会主义国家的形象。在 1985 年 3 月初，即在契尔年科逝世前几天，两次在苏联电视屏幕上播出气息奄奄、行将就木的契尔年科在别人搀扶下跟跟跄跄来到电视摄像机前面的情景，这不仅使苏联人感到厌恶，而且它还向全世界告示：苏联这个社会主义社会确实到了可称之为"极度萧条衰退时期"，也是"苏联处于衰退甚至濒死状态"的一个证明。[①] 至于人们频繁地、接连不断地到红场向苏联党和国家领导人告别，广大苏联人民一次又一次承受的屈辱和被沉痛情感的折磨，这对于为了自身的权利可牺牲国家利益的最高领导层来说，对于为了巩固斯大林苏联体制模式以达到维护最高领导层自身权利来

---

　　① ［俄］格·阿·阿尔巴托夫著、徐葵等译：《苏联政治内幕：知情者的见证》，新华出版社1998 年版，第 391 页。

说，又算得了什么！

但社会总是要向前发展的，人们要变革的思想与愿望是抵制不住的。广大苏联人民总是要设法摆脱斯大林体制模式的。

一　戈尔巴乔夫其人

戈尔巴乔夫1985年3月11日任苏共中央总书记，1991年12月25日向全国发表电视讲话，宣布辞去苏联总统职务，前后执政近7年。考虑到对戈尔巴乔夫执政时期与对他本人的评价，至今有不同的看法，并且分歧甚大。为此，我们一开始对戈尔巴乔夫在任苏联最高领导人之前的情况作一简单介绍。

戈尔巴乔夫1931年3月2日出生于斯塔夫罗波尔边疆区克拉斯诺格瓦尔杰伊斯克区普里沃利诺耶村的一个农民家庭。这里气候温和，青山绿水，风景优美。

第二次世界大战结束后不久，15岁的戈尔巴乔夫就开始了自己的劳动生涯，在机器拖拉机站当农机手。在斯塔夫罗波尔时，18岁的戈尔巴乔夫就获得了"劳动红旗"勋章。接着，通过斯塔夫罗波尔市的推荐，他于1950年，即19岁时，被送到莫斯科大学学习，攻读法律专业。这样，戈尔巴乔夫离开闭塞、狭窄的农村来到了完全是另一个天地的城市，而且是苏联的政治、文化中心的莫斯科。在这里，为他更多地了解苏联和外部世界提供了极好的机会。

在斯大林执政时期的1952年10月，21岁的戈尔巴乔夫加入了苏联共产党。应该说，对戈尔巴乔夫来说，选择这个时间入党，并没有特殊的含义。50年代初，苏联掀起了一场吸收新党员的运动，这时期入党的人，大部分是像戈尔巴乔夫那样的年轻人。

1955年，戈尔巴乔夫以优异的成绩从苏联最有名的以莱蒙诺索夫命名的国立莫斯科大学法律系毕业。毕业后，他离开了首都莫斯科重返故乡。但这时与1950年来莫斯科时不同，戈尔巴乔夫不再是单身一人，陪同他一起去斯塔夫罗波尔的还有其夫人赖莎·马克西莫夫娜·基托连娜。她是哲学系的毕业生。这位苗条迷人、富有哲理的夫人，对戈尔巴乔夫有不少影响。

戈尔巴乔夫回到故乡后，先从事共产主义青年团的工作。这是苏联成为党的职业干部通常走的道路。从 1955 年起，他在斯塔夫罗波尔边疆区先后任共青团斯塔夫罗波尔市委第一书记、宣传鼓动部副部长。在赫鲁晓夫执政时期的 1956 年，即召开苏共二十大开始批判斯大林时，戈尔巴乔夫任共青团斯塔夫罗波尔边疆区第二书记，两年后提升为第一书记。

1962 年 3 月，戈尔巴乔夫改做党的机关工作，具体说担任斯塔夫罗波尔地区农庄、农场生产管理局党的负责人，同年 12 月被任命为苏共边疆区委党机关部部长。戈尔巴乔夫在大学学的是法律专业，为了适应农业工作的需要，他立即在斯塔夫罗波尔农业学院学习，于 1967 年学完了他的函授课程，并获得了农业经济学家的资格。在苏联，函授所学课程与通常的全日制和非全日制的课程完全相同。因此，所获得的资历亦是相同的。戈尔巴乔夫获得农业经济学家的资格，对他以后的晋升无疑是重要的。同年，赖莎·戈尔巴乔娃已是 34 岁，有了一个名叫伊莲娜的女儿。这时赖莎已完成了副博士论文，并获得了副博士学位（相当于西方的哲学博士）。她的论文题目是《集体农庄农民日常生活中出现的新情况——以在斯塔夫罗波尔区进行的社会调查为基础》。这个调查材料，对帮助戈尔巴乔夫了解农民，充实和认识党的工作起了不少作用。

具有 8 万多平方公里和约 280 万人口的斯塔夫罗波尔边疆区，费·达·库拉科夫长期担任区党委的书记，戈尔巴乔夫在这里结识了他。库拉科夫十分赏识戈尔巴乔夫。1962 年 12 月，他让戈尔巴乔夫任该区的区委机关部的部长，这是主管边区全部党员干部的重要职务，加上该区又是个重要产粮区，因此，这一新的任职无疑对戈尔巴乔夫今后发挥更大的作用有着重要的意义。1964 年，库拉科夫调往莫斯科，很快就担任了苏共中央主管农业的书记，即成了主管全苏农业的党内最高领导人。在库拉科夫调往莫斯科的第二年即 1966 年 9 月，戈尔巴乔夫就担任了斯塔夫罗波尔市党委第一书记。从 1968 年 8 月起，戈尔巴乔夫任苏共斯塔夫罗波尔边疆区委第二书记，1970 年 4 月任该区委第一书记。这一任职，标志着他已成为苏联党的高级领导的一个成员，可望在下届党代会上成为中央委员。不出所料，在 1971 年召开的苏共二十四大上被选为中央委员。

戈尔巴乔夫在斯塔夫罗波尔边疆区任党的主要领导职务期间，主要集中力量抓农业。在1970年年初，他就在这一边疆区推行以产定奖的制度，试验作业队的制度，根据产量与成本计算劳动报酬。到20世纪70年代中期，该边疆区已有1500个机械化作业队，1976年在全区推广作业队制度。根据当时报纸报道，实行作业队制度的水田和旱田的收成，要比未实行作业队制度的分别高出50%和30%—40%。1977年，戈尔巴乔夫又试行"伊帕托夫方法"。伊帕托夫是这一区的一个地名。新方法与作业队方法刚好相反，把收割机与农业运输车辆全部组织起来，在全国组成大的机动队。在这一年，斯塔夫罗波尔边疆区农业获得好收成。当时执政的勃列日涅夫为此给予了祝贺。戈尔巴乔夫为何从原来提倡实行作业队方法突然转而推行"伊帕托夫方法"，主要是作业队方法受到当时中央一些领导人的反对。戈尔巴乔夫本人的兴趣还是在作业队方法上。几年以后的变化就证明了这一点。若干年后，当戈尔巴乔夫成为重要领导人时，《消息报》1983年9月29日发表文章否定了"伊帕托夫方法"。同年，《消息报》又发表消息说，戈尔巴乔夫仍然推荐在农业中实行作业队方法。

1978年7月，库拉科夫逝世。在红场为他送葬的没有当时的主要领导人勃列日涅夫、柯西金、苏斯洛夫和契尔年科等。而致悼词的却是当时还只是一个普通中央委员的戈尔巴乔夫。后来，据可靠消息说，这是因为库拉科夫是自杀的。葬礼之后的第4个月，即1978年的11月，戈尔巴乔夫接替库拉科夫，任苏共中央主管农业的书记，当时他年仅47岁，这比当时的政治局委员的平均年龄要小14岁。据西方一些苏联问题学者分析，调戈尔巴乔夫来莫斯科的是当时主管苏共意识形态的苏斯洛夫，因为他也曾一度在斯塔夫罗波尔边疆区任党的第一书记。在苏斯洛夫看来，戈尔巴乔夫的长处是：受过良好教育，有能力，是俄罗斯人。大家指望年轻的戈尔巴乔夫把力量集中于农业，改变农业的落后面貌。

1979年，戈尔巴乔夫当选为政治局候补委员，一年之后又当选为政治局委员和中央委员会书记，主管农业。当时他离50岁还差半年。

1982年勃列日涅夫逝世后，安德罗波夫任苏共中央总书记。

戈尔巴乔夫对安德罗波夫执政时期决心推行改革的政策，持完全支持的态度。他还积极支持安德罗波夫提倡的反对贪污腐化等经济犯罪的整顿纪律的运动。

1983年9月，长期患肾病的安德罗波夫病情恶化，住在孔策沃医院的一间既可当卧室又可当办公室的病房里，这时戈尔巴乔夫担任了政治局与医院病房之间的联络官的角色。这就是说，苏联其他重要领导人已不太容易见到安德罗波大了。这个机遇，无疑对加强和巩固戈尔巴乔夫的地位起了作用。再说，由于过去安德罗波夫因治疗肾病常去高加索基斯洛沃茨克温泉疗养院养病，作为当地党的领导人的戈尔巴乔夫自然要亲自迎接这位要人。这样，他们两人之间早就有了相识和相互了解的机遇。西方学者认为："假若戈尔巴乔夫是远在北方的摩尔曼斯克的党首脑，他肯定就不可能登上总书记的宝座。"① 在苏联的政治体制条件下，这种说法不无道理。

这里顺便提一下，戈尔巴乔夫任总书记后提出的很多新思维，其中不少是他自己的独创，但也应看到，有不少是安德罗波夫在世时早已提出的。因此，在研究戈尔巴乔夫的新思维时，如果完全与安德罗波夫隔裂开来，完全算作是戈尔巴乔夫的，那是不公正的。1984年2月安德罗波夫去世，由契尔年科任苏共中央总书记。尽管由于复杂的政治原因戈尔巴乔夫没有成为总书记，但戈尔巴乔夫实际上已成为苏联党的第二号人物。

契尔年科逝世后，决定继承人的问题，不再像安德罗波夫逝世时那么复杂了。但这也并不是说一帆风顺。1985年3月10日，即契尔年科逝世的当天晚上，召开了政治局委员的会议。在契尔年科逝世前的几个月，一直由戈尔巴乔夫主持政治局会议，虽然他不坐在会议主席的座位上，而坐在主席座位的一侧。在这次的政治局会议上，戈尔巴乔夫提出的一个最主要问题是，什么时候召开苏共中央全会？什么时候选举苏共中央新的总书记。当然，戈尔巴乔夫说得很简单，"什么时候召开全会？"别的没讲，因为全会当然是主要选举新的总书记。戈尔巴乔夫提出问题后，自己回答说："我认为，明天就应召开中央全会，不要拖延……"但有人立刻做出反驳："有必要这么急吗？"但是这种反驳没有得到支持，大家同意不能推迟举行中央全会。这么大的国家没有苏共中央总书记无法正常运转，因为

---

① ［德］克里斯蒂安·施密特·豪尔著、吴红杰等译：《戈尔巴乔夫——俄罗斯的旋风》，工人出版社1987年版，第65页。

在当时的党—国家领导体制下，大部分权力集中在总书记手中。3 月 11 日下午 3 点，再次召开苏共中央政治局会议。戈尔巴乔夫宣布："现在我们要讨论有关总书记问题。5 点将召开中央全会，在两小时之内我们应讨论完这个问题。"在这次会上，葛罗米柯马上从自己的座位上站了起来，要求发言，开始说："我已详细考虑过了，我建议米哈伊尔·谢尔盖耶维奇·戈尔巴乔夫为苏共中央总书记的职务候选人。"这次政治局会议与 3 月 10 日的气氛不同了，力量的分配变得很明显，这种情况下对抗不能给任何人带来任何好处，并且此时，政治局委员必须表明是"赞成"还是"反对"。结果所有的人都表示"赞成"。顺便说一下，后来有些传闻，说政治局会议的表决是分散的，猜测谁表示赞成谁表示反对。这都不是事实。接着下午 5 点召开中央全会，葛罗米柯代表政治局建议选举戈尔巴乔夫，大家支持这一提议，谁也没有发言。一致选举戈尔巴乔夫为苏共中央总书记。[①] 当天莫斯科时间 18 时 09 分，苏联宣布了这一消息。从此，戈尔巴乔夫作为苏联第八位领导人的地位得到了确认。

当时苏联人对新领导有很多期望，希望戈尔巴乔夫能够领导苏联进入一个新的时代，能够振兴苏联，重建苏联。

戈尔巴乔夫执政后，要做的事太多了，一大堆社会经济问题和国际关系问题要解决。从何着手？戈尔巴乔夫在 3 月 11 日就任总书记的中央全会的讲话中明确提到："今后仍将采取果断措施来进一步整顿秩序，清除生活中的不良现象和任何侵犯社会和公民利益的现象，加强社会主义法制。"之后，戈尔巴乔夫就开展反贪污腐化和反酗酒运动。与此同时，他全力以赴抓改革。

二　戈尔巴乔夫上台面临着严峻的形势

应该说，戈尔巴乔夫上台执政时的苏联，不论从哪个角度来讲，都面临着十分复杂的局面，特别是国内经济形势已显得非常严峻。由于勃列日涅夫时期经济长期处于停滞状态使苏联逐步走近衰亡，后虽经安德罗波夫

---

① 参见《政党史与当代世界》1992 年第 8—9 期。

的努力，经济有所好转，但复杂的经济形势并没有发生大的变化。在勃列日涅夫逝世后苏联从高层领导到普通群众的上上下下，都在耐心地等待变化，等待安德罗波夫有所作为。利加乔夫说："因为我明白，国家已处在通往社会经济绝境的轨道上。应该真正地干一番事业，把国家拉到正道上去。"① 安德罗波夫逝世后，上来了一个年老多病的契尔年科，让人们大为失望。契尔年科逝世后，苏联人民有理由期待一个年富力强的人上台执政，带领他们摆脱困境，振兴苏联。

到了戈尔巴乔夫上台的 1985 年，苏联正处于历史性的关键时期，形势已迫使新领导人做出抉择：要么进行根本性的改革，对国内外政策做出重大调整，以达到振兴苏联的目的；要么对失去生命力的斯大林—苏联体制模式，像前几任领导那样进行修修补补，继续维持现状，最后使社会经济状况进一步恶化。1985 年戈尔巴乔夫上台后，下了决不拖延改革的决心，并在后来提出根本改革经济体制的方针。戈尔巴乔夫做出了后一种选择，并且态度十分坚决，他上台后，一再反复强调改革的必要性与紧迫性。在任总书记后不久的 1985 年召开的苏共中央四月全会上所作的报告中指出："由于管理体制不完善，繁文缛节的规章制度和泛滥成灾的表报文件，工作条件变得极为复杂。摆脱这种状况的出路只有一条，就是必须采取刻不容缓的强有力措施解决一揽子的管理问题。"②

为了向苏联人民进一步更具体和实际地说明改革的必要性，根据瓦·博尔金③的说法，戈尔巴乔夫上台后所组成的领导班子，"最初采取的行动之一就是组织力量对 80 年代中期国内的社会经济状况做出详细的分析。这无疑是一个正确的决定。它可以使人深刻理解国内形势，做出客观结论，提出摆脱社会近几年所陷入的绝境的途径。之所以必须研究经济、财政、科学、文化教育与情况，还因官方统计往往为'迎合'过去的领导人，总是把形势说得一派大好""这种分析由苏共中央机关的一批专家、许多大学科研机构、苏联科学院、统计机关联合进行。参加材料总结工作

---

① 《政党与当代世界》1992 年第 8—9 期。
② ［苏］《真理报》1985 年 4 月 24 日。
③ 系戈尔巴乔夫领导班子的成员。

的有阿·格·阿甘别基扬院士、安·伊·安奇什金院士、斯·谢·沙塔林院士、В. П. 莫任院士、斯·阿·西塔良院士、国家计委及其他政府机关和党的机关负责人。提交给总书记的分析报告得出的结论证明，国家正处在生产危机和严重的社会紧张局势的边缘。形成这种局势的原因是，以前的国家领导人对社会经济问题和工艺问题没有足够的重视，没有采取必要的措施改变局势。"①

我想，有关20世纪80年代中期苏联国内社会经济状况的分析材料，是戈尔巴乔夫在1987年出版的《改革与新思维》一书的重要素材，会充分加以利用，也是为戈尔巴乔夫在该书中论述有关改革问题提供了根据。他在书中说：

"我认为，要想了解苏联进行改革的起源和实质，必须注意下面这一点：改革不是个别人或一批人心血来潮的结果。如果是这样的话，任何号召、任何全会甚至党代表大会都不可能发动人们投入这项工作，而今天这项工作却在我国全面展开，并且投身这项工作的苏联人一天比一天多。"

"改革是迫切的需要，是从我国社会主义发展的深刻进程中产生的。我国的社会主义社会迫切需要进行变革，可以说，为了变革，它历尽了艰辛，而拖延改革就会在最近时期造成国内局势的加剧，直截了当地说，这种局势包藏着发生严重的社会经济和政治危机的威胁。"

"不抱偏见的诚实态度使我们得出一个必然的结论：国家正处于危机前的状态。这一结论是在1985年4月举行的中央全会上做出的，这次全会标志着转向新的战略方针，转向改革，给改革的构想提供了依据。"

"所积累的新问题既迫切又严重，……这就要求采取革命性行动，宣布对社会进行革命性改革。"

改革不能迟缓，"我们不能，也没有权利耽误，哪怕是耽误一天"。②

下面，我们较为具体地谈谈戈尔巴乔夫上台执政时面临的问题，有助于我们悟出戈尔巴乔夫强调改革紧迫性和提出根本改革体制必要性的缘由

---

① ［俄］瓦·博尔金著、李永金等译：《戈尔巴乔夫沉浮录》，中央编译出版社1996年版，第407页。

② ［苏］米·谢·戈尔巴乔夫著、苏群译：《改革与新思维》，新华出版社1987年版，第11—12、20、54页。

来。应该说，分析勃列日涅夫时期由于改革停滞产生的严重社会经济问题，后来并没有改变，而是还在发展，苏联的制度处于"濒死状态"。戈尔巴乔夫面临的主要难题是：

1. 面临的仍是斯大林高度集中的指令性计划经济体制模式。

这种模式早已失去动力机制，成了阻碍社会经济发展的主要阻力。对刚上台的戈尔巴乔夫来说，他要深思的一个问题是，为什么斯大林体制模式在此后经过多次改革没有发生实质性变化，现在是应该解决如何对待体制改革问题的时候了。1985 年 6 月 11 日戈尔巴乔夫在一个讨论科技进步的特别会议上说，苏联在经济体制改革问题上，"已绕了多年的圈子，反复衡量怎么办才更好，但实际前进很少。看来是由于害怕采取坚决措施而犯错误，有时是明显的保守主义作怪。今天我们遇到的实质上还是 10 年前产生的问题，但变得更加尖锐了。我们越来越明显地感到，再也不能容许在这次工作中有消极情绪和惰性了。"也是在 1985 年 6 月，戈尔巴乔夫在乌克兰工业中心、前勃列日涅夫派的堡垒——第聂伯罗彼特罗夫斯基，对彼得罗夫斯基冶金厂的工人们说："可以提这样一个问题，我们是进展得太快了吗？否，我们甚至一次都未能在苏共中央委员会中讨论过这个问题。一个不同的，也就是说一个更加折中的方案是我们所难以接受的。时代要求我们这样做，除此之外，别无选择。"①

2. 经济增长率与经济效益日益下降的趋势得不到遏制。

在勃列日涅夫时期，苏联经济增长率递减趋势已十分明显，但之后这种趋势并没有得到遏制。例如，1976—1980 年苏联社会总产值年均增长率为 4.2%，而 1981—1985 年下降为 3.3%；同期由 4.3%下降为 3.2%，社会劳动生产率由 3.3%下降为 3.1%。②

另外，经济效益日益下降的问题可以说贯穿苏联经济发展的全过程。尽管在勃列日涅夫时期曾一再强调经济的发展方式要从粗放型向集约化转变，但都停留在口头上。这方面的材料很多，这里引用戈尔巴乔夫 1985

---

① 转引自［联邦德国］克里斯蒂安·施密特·豪尔著、吴红杰等译：《戈尔巴乔夫——俄罗斯的旋风》，工人出版社 1987 年版，第 126 页。

② 引自陆南泉：《从"三个代表"重要思想分析苏联剧变苏共垮台的原因》，见《上海行政学院学报》2004 年第 2 期。

年 4 月 11 日向苏共中央政治局提交的材料就可说明这一点。

"在食品工业中，手工劳动占 60%，劳动生产率比资本主义国家要低 60%—70%。1300 家干酪、奶类、黄油生产厂家，200 家肉类生产工厂，103 家罐头厂和 60 家淀粉——果酱生产厂没有净化装置。"

"在 1190 万个农产品储藏仓库中只有 1/3 安装了冷藏设备。只有 19% 安装有通风设备。在制糖企业中只有 20% 的企业拥有仓库。140 家肉类联合企业没有冷库。生产现代化机器的部门只能保证需求量的 55%。"

"由于这一切，农业原料的损失约为 30%。在采购和运输牲畜的过程中，损失 10 万吨，在采购和转运过程中，土豆的损耗量为 100 万吨，甜菜损耗量为 150 万吨，已捕捞的鱼类损耗量为 100 万吨。由于缺乏必需的包装材料，造成了大量鲜果及蔬菜的腐烂。"

"仅俄罗斯就有 2 亿平方米的住房面积急需大修或者拆除。大量简易住宅尚未拆除。自来水及排水设施的负荷已达到极限。还有 300 多座城市根本没有自来水和排水设施。俄罗斯联邦各城市的街道与马路几乎有一半没有铺设硬路面。"①

客观地讲，到了戈尔巴乔夫上台的 1985 年，当苏联领导正视现实的时候，国家确实已陷入了困境，已处于危机边缘。正如戈尔巴乔夫指出的："粗放发展的惰性就把经济拉进了死胡同，使发展停滞下来。国民经济的财政状况更加紧张。大量石油及其他燃料动力和原料商品投放世界市场的做法，不仅无济于事，而且还使疾病内延了。卖这些东西得到的外汇主要用解决日常任务，而不是用于经济现代化和克服经济的技术落后状况。"②

由于经济效益下降和严重浪费，"形成了荒谬的局面。苏联在钢、原料和燃料动力资源生产方面规模巨大，早已无可匹敌，同时却由于浪费、无效的利用而又缺少这些东西。苏联的粮食生产方面在世界上名列前茅，但却要每年购进几百万吨谷物作饲料。按每个人平均计算的医生、医院床

---

① 转引自［俄］阿·切尔尼亚耶夫著、徐葵等译：《在戈尔巴乔夫身边六年》，世界知识出版社 2001 年版，第 40 页。

② ［苏］米·谢·戈尔巴乔夫著、苏群译：《改革与新思维》，新华出版社 1987 年版，第 15—16 页。

位最多，但同时在医疗服务中存在严重缺点，服务质量下降。我们的火箭以惊人的准确性找到哈雷彗星并飞上金星，而在取得这一科学和工程思想的重大胜利的同时，却在发展国民经济的需要而采用科学成就方面明显落后，我们的许多家用电器落后于现代水平"。"发展速度眼看着急剧下降，全套质量指标恶化，不愿接受新的科技成果，生活水平提高缓慢，食品、住房、消费品和生活服务方面遇到困难。"①

在分析经济效益时，戈尔巴乔夫一上台，在多次讲话中尖锐地批评在苏联长期存在的基本建设中投资效益低的问题并没有好转，例如，他在1985 年召开的苏共中央四月全会上指出："许多项目建设周期过长，使不少物资被冻结，使生产能力增长停滞，国家不能及时得到需要的产品。固定生产基金交付使用计划完成得不能令人满意。"②

3. 农业继续衰退。

我们在分析勃列日涅夫时期苏联状况时指出，在 1979 年到 1982 年出现了农业连续 4 年的下降的局面，但这种趋势，在 1983 年到 1985 年并未得到控制。1983 年苏联谷物产量为 1.92 亿吨，1984 年为 1.73 亿吨，1985 年为 1.92 亿吨，就是说，这 3 年没有一年达到苏联"十一五"（1981—1985 年）计划规定年均谷物产量为 2.4 亿吨的指标。农业的继续衰退，对苏联社会经济的消极影响也在不断发展：迫使苏联大量进口食品和食品原料，这类产品的进口额在 1983 年、1984 年和 1985 年分别占苏联进口总额的 20.5%、22.5% 和 21.2%，其中 1984 年粮食进口占苏联进口总额的 8.2%；③ 阻碍了国民经济的调整；使市场供应更加紧张；使苏联外汇资金更加短缺。

4. 与美国经济实力的差距呈拉大趋势。

20 世纪 70 年代中期以前，由于苏联在经济增长速度方面对美国一直占有优势，因而，苏联与美国经济实力的差距是不断缩小的。但从 70 年代中期经济处于停滞之后，苏美两国的差距不仅没有缩小反而出现了扩大

---

① ［苏］米·谢·戈尔巴乔夫著、苏群译：《改革与新思维》，新华出版社 1987 年版，第 16—17 页。

② ［苏］《真理报》1985 年 4 月 24 日。

③ 引自陆南泉等编：《苏联国民经济发展七十年》，机械工业出版社 1988 年版，第 662、666 页。

趋势。根据苏联官方的统计资料，如 1980 年苏联的工业产值、农业产值与工业劳动生产率分别为美国的 80%、85% 和 55%，而到 1985 年这三项指标没有变化。国民收入指标 1980 年苏联为美国的 67%，而到 1985 年降为 66%，差距扩大了一个百分点。苏联农业劳动生产率从 1966 年到 1984 年，一直停留在美国的 20%—25% 水平上。[①] 失去速度优势，这对苏联来说，不能不是严重问题。这说明苏联已很难赶超美国。正如戈尔巴乔夫说的：由于经济的停滞，"一个以前大力追赶世界上最发达国家的国家，开始明显地失去一个又一个阵地"。[②] 苏联把失去速度优势视为涉及确保国家"战略生存"的问题。

1987 年 3 月 19 日，美国中央情报局和国防部情报局，联合向美国国会联合经济委员会的国家安全经济小组委员会提交了一份现状分析报告。据这个材料分析，从 1976—1985 年这 10 年，国民生产总值的年平均增长率，除美国低于苏联之外，其他发达西方国家都高于苏联，这也进一步说明问题的严重性。

5. 越来越难以对付世界新技术革命的挑战。

"科技一直是推动生产力发展的一个重要因素，而这一作用，对现阶段的苏联经济来说显得更为重要。因为，当前苏联经济的发展不能再依赖于传统的粗放经营方式，即靠大量投入人力、物力和财力的办法了，而必须依靠科学的发展。据计算，如果苏联今后继续靠粗放经营方式来发展经济，走拼消耗的道路，要达到计划规定的经济增长率，那么，每个五年计划的燃料和原材料的开采量需要增加 10%—15%，基建投资总额需增加 30%—40%，需为国民经济补充 800 万—1000 万劳动力。很明显，苏联根本不存在这种可能性。"[③]

苏联科技力量的潜力很大，并有很多新技术发明，但长期以来，新技术成果在国民经济中得到应用的很少，而且周期很长。对此，戈尔巴乔夫在 1987 年召开的苏共中央六月全会的报告中说："最令人不安的还在于，

---

①　[苏]《1985 年苏联国民经济统计年鉴》，莫斯科财政与统计出版社 1986 年俄文版，第 581 页。

②　[苏]米·谢·戈尔巴乔夫著、苏群译：《改革与新思维》，新华出版社 1987 年版，第 14 页。

③　《戈尔巴乔夫言论选集》，人民出版社 1987 年版，第 89 页。

我们在科技发展上开始落后"，科技停滞"不是由于缺乏科学成果，主要是国民经济接受新事物不积极"。在苏联，阻碍新技术成果及时应用的原因很多，但主要还是经济管理体制方面的因素。

由于管理体制严重阻碍着科技的进步，从而影响着经济的发展。苏联机械化水平提高得缓慢，生产中手工劳动比例一直很大：20 世纪 80 年代中期，苏联从事手工劳动的还约有 5000 万人，工业中从事手工劳动的工人约为 1/3，建筑业为一半以上，农业则为 3/4。[①]

据有关材料估计，在 20 世纪 80 年代中期，苏联与西方发达国家相比，科技水平要相差 15—20 年。据苏联电子工业部部长科列斯尼科夫估计，苏联一直加以重点加速发展的计算技术，现在要落后西方 8—12 年。

面对上述情况，戈尔巴乔夫在上台不久的 1985 年 6 月 11 日，就召开了全苏科技进步问题会议。他在报告中明确指出："应该使经济最大限度地适应于科技进步，保证所有国民经济环节从切身利益上关心科技进步。""要切实保证在加速科技进步方面取得成绩的劳动集体处于优越地位，要使生产陈旧过时，缺乏效率的生产变得无利可图。"[②]戈尔巴乔夫要求把加速科技进步问题放到党的工作的中心位置来考虑。

6. 社会危机因素在增加。

勃列日涅夫执政后期出现的种种社会问题，在他逝世后，虽经安德罗波夫短期执政时期的整顿，但并没有好转。经济中出现的种种障碍和停滞不可能不反映到社会领域中来。因此，戈尔巴乔夫上台后，不仅不断地揭示经济领域的危机现象，还一再指出，要揭露社会领域中的各种严重问题。他在庆祝苏联十月革命 70 周年的报告中和《改革与新思维》一书中都指出，当时苏联在社会与精神道德领域出现了许多异常现象：

苏联人民对讲坛上讲的东西，报纸上和教科书中说的东西，不那么相信了；

社会道德开始堕落，酗酒、吸毒和犯罪等现象日益增加。莫斯科市登记的吸毒者就有 3600 名；

---

① 《戈尔巴乔夫言论选集》，人民出版社 1987 年版，第 93 页。
② ［苏］《真理报》1985 年 6 月 12 日。

下流无耻、低级趣味和精神空虚的文化、艺术流行；

政治上的奉承、大量授予奖赏、称号和滥发奖金，往往取代了对人及其生活和劳动条件的真正关心。苏联报刊说，勃列日涅夫执政时期是一个"拍马屁和阿谀奉承"的时代；

贪污、盗窃、行贿现象日趋严重；

在社会科学领域几乎见不到创造性的思想。

这里特别要指出的是，当时苏联社会与广大群众对党的信任程度大大下降，对苏联长期以来存在的官僚主义体制已经十分厌恶了。我们前面提到的在短短的两年零四个月先后有三位老年多病的苏联最高领导人病亡，这远远不只是刺疼了广大人民的心，而是让广大人民群众对苏联的未来丧失了信心。人们往往用嘲弄讥笑、编政治笑话讽刺老人政治。例如，召开党代表大会时，会议主持宣布说："代表大会全体起立，现在把总书记抬进来。"意思是说，苏共总书记已老得不能动弹了。所以，大会主持人宣布议程时说：一、全体起立；二、把总书记抬进来；三、由播音员宣读总书记报告……而此时，苏联的宣传机器和领域层成员却到处"展示"苏共中央总书记充满力量的活动——在电视荧屏上，在选举活动中，在他每天"发出的"呼吁书、答记者问、声明里，"使我们大家显得像在傻瓜的国家里"。①

7. 面临着复杂的国际环境。

从世界全局范围来讲，1985 年戈尔巴乔夫上台时，当时的世界是这样的："这是一个充满希望的世界，因为人们以前从来没有为了文明的进一步发展而如此全面地装备起来。然而，这也是一个危机四伏与矛盾重重的世界，这些危机与矛盾促使人们说：这几乎是历史上最令人忧虑的一段时期。""当代世界是复杂的、多种多样的、变化多端的，贯穿着各种对立倾向，充满着矛盾。"②

从苏联当时所处的外部环境来看，也是十分不利的。长期以来推行与

---

① 参见［俄］阿·切尔尼亚耶夫著、徐葵等译：《在戈尔巴乔夫身边六年》，世界知识出版社 2001 年版，第 26 页。

② 米·谢·戈尔巴乔夫在《苏联共产党中央委员会向苏共二十七次代表大会提出的政治报告》，见［苏］《真理报》1986 年 2 月 26 日。

美争霸世界的政策，竭力争夺势力范围，这样使得苏联与美国的军备竞赛不断升级。冷战的后果是使苏联不堪巨额军费的重负，经济被拖垮。"对苏联来说，冷战意味着苏维埃经济和政治制度的全部缺点和弊病的无法遏制的、强有力的增长和加深。国家事实上变成了冷战的工具，冷战吞噬了国家几乎 80% 的智力、思想、政治和物质资源。"① 对东欧各国，大国主义、老子党的政策从来没改变，不准这些国家改革，干涉这些国家的内政。与此同时，东欧国家为了摆脱斯大林的模式，独立倾向在加强。与中国的关系，也刚刚开始改善。对第三世界的主权苏联不予尊重，往往加以干涉。1979 年入侵阿富汗，加剧与西方国家的对抗。正如戈尔巴乔夫所说的，苏联"是在国际局势日益紧张的形势下开始改革的"。② 很明显，上述国际环境，对戈尔巴乔夫在国内推行改革政策是极其不利的，因此必须调整对外政策，改变苏联在国际上的形象。对此，戈尔巴乔夫在以后的著作中指出："我们在开始改革时懂得，如果在对外政策方面不作任何改变，我们设想的国内改革也不会成功。"③ 这也是戈尔巴乔夫在对外政策方面提出政治新思维的原因。

戈尔巴乔夫根据 1985 年上台执政时所面临的主要问题，从改革特别是经济体制改革角度来看，从他执政初期的几次重要讲话来看，戈尔巴乔夫得出的重要结论是：

第一，"总的来说，我们的经济基本上是一种浪费型经济"；

第二，"目前的主要任务是寻求和发掘提高生产效率和产品质量的一切潜力"；

第三，要"对计划和管理，以及整个经济机制进行深刻的改造"。④ 也就是说要有战略性的转变，转向改革。

---

① ［俄］阿·切尔尼亚耶夫著、徐葵等译：《在戈尔巴乔夫身边六年》，世界知识出版社 2001 年版，第 13—14 页。

② ［苏］米·谢·戈尔巴乔夫著、苏群译：《改革与新思维》，新华出版社 1987 年版，第 169 页。

③ ［俄］米哈伊尔·戈尔巴乔夫著、徐葵等译：《对过去与未来的思考》，新华出版社 2002 年版，第 83 页。

④ 戈尔巴乔夫 1985 年 6 月 11 日在全苏科技进步问题会议上的报告（见［苏］《真理报》1985 年 6 月 12 日）。

三 对体制进行根本性改革的方针与进程

这里，先要澄清至今还存在的一些不准确看法，认为戈尔巴乔夫的改革是从政治体制开始的。但实际上，戈尔巴乔夫时期的改革是从经济领域开始的，当时的苏联主要领导人主要精力花在经济体制改革方面。戈尔巴乔夫在谈到这一问题时指出："最近几年我不止一次地受到批评，说我应该从经济开始，而把政治的缰绳拽住……像中国那样。我并非没有对经济问题的了解，更没有忽视。只要有看一下改革事件的记事表就可知道。从一开始多数中央全会讨论的正是经济改革问题。它占了我作为总书记的工作中，我的同事的工作中和政府机关工作中四分之三以上的时间和精力。"[①] 2004 年 5 月 31 日至 6 月 1 日，由中国国际交流协会和美国乔治·华盛顿大学联合召开的《苏联解体原因》研讨会上，美国斯坦福大学政治系副教授迈克尔·麦克福尔为会议提供的论文中谈及此问题时指出："回顾过去，一些历史学家认为，戈尔巴乔夫是一个民主革命者，他很少关心经济改革，相反他从一开始就在设法毁掉苏共，并在苏联实行民主化。没有比这更离谱的了。从戈尔巴乔夫担任苏共总书记以来，他就一直致力于实施经济改革。民主化不是目标，而是取得经济改革的一种手段。他进行经济改革的速度很慢。戈尔巴乔夫改革的第一批步骤与其他苏联改革类似，都是将提高现有体制的工作效率作为目标。他的第一个针对不良经济的重大改革政策是加速发展经济。实施经济改革需要中央强有力的控制。政治体系自由化还提不到议程上。这些最初的改革政策的目标并不是要改革管理苏联经济基础的基本体制，而是使现有体制运转得更好。"

以上简要的论述，主要说明两个问题：一是戈尔巴乔夫上台执政后，首先是从经济领域着手改革的；二是从他执政近 7 年的历史发展来看，戈尔巴乔夫本人与当时的领导班子在相当一个时期里，工作的着力点放在通过经济体制改革来解决严重的经济问题。

---

① ［俄］米哈伊尔·戈尔巴乔夫著、徐葵等译：《对过去与未来的思考》，新华出版社 2002 年版，第 78 页。

　　1985 年召开苏共中央四月全会，它是苏联新的历史转折点的标志。戈尔巴乔夫在这次全会上，作了《召开苏共例行第二十七次代表会议及有关筹备和举行代表大会的任务》的报告。谈及经济问题的主要点有：

　　第一，分析当时苏联的经济形势，指出勃列日涅夫留下的经济困难远远没有克服；

　　第二，困难发生的原因，主要是没有及时地对生产发展的客观条件的变化、没有对加快生产集约化和经营管理方法的变革的必要性做出应有的评价；

　　第三，解决困难的途径是，广泛采用科技革命的成果，使社会主义经营管理方式符合现代条件的要求，应当大大加速社会经济进步；[①]

　　第四，解决社会经济问题最终要靠改革。报告中明确指出："我们不管研究什么问题，不管从哪个方面来对待经济，最终一切都靠认真改进管理和整个经济机制。"[②]

　　这次全会后不久的 6 月 11 日，召开了全苏科技进步问题会议。戈尔巴乔夫在会议所作的报告中，强调要提高苏联经济质量与效率，从而要求使经济体制适应科技进步的要求，并提出，国家计委应变成集中大科学家和主要专家的国家科学经济机关。应大大减少集中下达的计划任务。[③]

　　1986 年 2 月苏共二十七大，首次正式提出"加速战略"和提出根本改革的方针。代表大会对过去一个时期（主要是勃列日涅夫时期）的内外政策（主要是国内政策）进行了总结，揭露和批评了这一时期存在的缺点和失误。在此基础上，提出了苏联今后一个时期（2000 年前）的战略任务以及实现这一任务的大政方针，以适应新形势发展的要求，力图使苏联经济的发展进入一个新的历史转折阶段。

　　苏共二十七大提出了根本改革体制的方针，但并没有、当然也不可能那么快地提出一个改革方案出来。戈尔巴乔夫在代表大会的报告中，只是规定了今后改革的大致方向：

_____

　　① 　在四月全会前的 3 月 21 日，苏共中央政治局举行了戈尔巴乔夫上任后的第一次例会，讨论并提出了动员全国力量实现经济集约化和加速经济发展的战略。

　　② 　［苏］《真理报》1985 年 4 月 24 日。

　　③ 　参见［苏］《真理报》1985 年 6 月 12 日。

——提高集中领导经济的效力，加强中央在实现党的经济战略的基本目标方面，确定国民经济的发展速度和比例、国民经济的平衡方面的作用。同时应当结束中央干预下级经济部门业务活动的做法；

——坚决扩大联合公司和企业的独立自主性的范围，提高联合公司和企业取得最大的最终成果所负的责任。为此，要使它们转向真正的经济核算、自负盈亏和自筹资金，使各集体的收入水平直接取决于工作效率；

——各级国民经济部门改用经济领导方法，为此要改变物质技术供应工作，完善价格形成、拨款与信贷制度，制定有效的反浪费办法；

——使管理工作具有现代化组织结构，并考虑到生产的集约化、专业化与协作化趋势。这指的是建立相关部门的综合体、跨部门科学技术中心、各种形式的经济联合公司、地区—生产联合公司；

——保证将部门的经济管理同地区的经济管理合理地结合起来，使各共和国和地区得到综合的经济发展和社会发展，安排合理的跨部门的联系；

——实现管理的全面民主化，提高劳动集体在管理中的作用，加强自下而上的监督，加强经济机关工作中的报告制度和公开制度。

戈尔巴乔夫在苏共二十七大的报告中还指出：苏联处于社会主义经济体制进行最重大的改组时期。这种改组已经开始进行。工业企业主要向两级管理制度过渡。从 1986 年开始，经济试验的新的经营方法在企业和联合公司中采用，这些企业和联合公司的产值占全部工业产值的一半。他还强调，对以前改革试验虽一直在进行，但苏联的改革是刚刚起步。[①]

苏共二十七大后，围绕扩大企业权限，调整国家与企业的关系，继续推行 1984 年安德罗波夫执政时已开始的改革试验，同时根据二十七大确定的改革方针，对试验的内容加以完善、充实和提高，并积极着手准备完整的改革方案。

苏共二十七大还通过了关于《苏联 1986 年至 1990 年和至 2000 年经济和社会发展基本方针》的决定。在这一决定中，专门有一部分论述"完

---

① 参见《苏联共产党第二十七次代表大会主要文件汇编》，人民出版社 1987 年版，第 45—46 页。

善国民经济的管理"的内容，并要求："在第十二个五年计划期间，所有经济部门都要改行新的经营方法。"①

　　1987 年苏共中央一月全会对改革进行大讨论和再动员。会议的主题是改革、民主和干部问题，要集中解决的问题是：苏联究竟要不要进行根本性的改革，并提出要实现根本改革就要依靠民主化和排除来自干部方面的阻力。这里人们会问：根本改革的方针已在 1986 年 2 月召开苏共二十七大的决议中通过，为什么时隔不到一年又重新讨论这个问题？主要原因是：二十七大后，一方面改革逐步取得进展，改革的试验工作在进行，另一方面又出现了不少改革阻力，在推进改革过程中，党内外各阶层特别是干部对改革的认识出现了不同的看法，不少人对改革持"等待"态度，有人"公开阻挠"改革。所以，戈尔巴乔夫在报告中指出："向好的方面的转变进展缓慢，改革工作比预想的更困难，社会中积存的问题的根源比原来预想的更深。"不少人对改革的复杂性"认识不足"，常常问："转变是否太急了？"② 针对这种情况，对根本改革的方针，必须再次进行大讨论，重新分析苏共中央四月全会（1985 年）之前党和苏联社会所遇到的问题，以及搞清产生消极趋势的原因，并在此基础上，统一认识，以便使已经开始的改革变得不可逆转，并且还需要指出改革的具体方向。

　　在这次全会上，戈尔巴乔夫一再强调民主的重要性。指出"民主不单纯是个口号，而是改革的实质。"③ 强调民主的主要目的有两个：一是通过民主化来排除改革的各种阻力，发展改革形势；二是通过民主化，充分发挥人的作用，以此来推动和实现改革。戈尔巴乔夫在提出民主这一重要性的同时，还强调发展人民自治问题。

　　在这次全会上，还首次正式提出了两个重要的理论观点：一是苏联社会正在积聚危机因素；二是由于过去政策的失误，在社会经济发展中，形成了"阻碍机制"。

　　如果说一月全会主要讨论究竟要不要进行根本改革问题的话，那么六

―――――――――

① 参见《苏联共产党第二十七次代表大会主要文件汇编》，人民出版社 1987 年版，第 311 页。

② 《戈尔巴乔夫关于改革的讲话》，人民出版社 1987 年版，第 124 页。

③ 参见《戈尔巴乔夫关于改革的讲话》，人民出版社 1987 年版，第 145—146 页。

月全会主要解决如何进行根本改革的问题，要提出改革具体原则和方案。戈尔巴乔夫在这次全会上作了题为《关于党的根本改革经济管理的任务》的报告。在报告中明确指出："今天我们将讨论改革一个根本问题。这指的是根本改革经济管理，即经营机制的体制的质变。"①

在六月全会上，通过了《根本改革经济管理的基本原则》和《苏联国营企业（联合公司）法》（以下简称《基本原则》和《企业法》）两个重要文件。接着，1987 年 7 月 17 日，苏联又通过了有关计划、价格、财政、银行、物资技术供应体制改革等 11 个决议。这样就与实施《企业法》相配套，形成了戈尔巴乔夫时期苏联经济体制改革完整的综合方案。

在 1987 年经济体制改革的整体方案形成之后，逐渐进入经济体制改革具体实施阶段。

后来改革的实践证明，从 1987 年下半年到 1990 年具体实施改革方案过程中，苏联出现了极其复杂的局面，发生了不少重要事件，使得经济改革困难重重。

1987 年 11 月，苏联政治书籍出版社和美国哈泼罗公司分别用俄文和英文出版戈尔巴乔夫的《改革与新思维》一书。当时轰动国际社会，它对苏联的改革与对外政策都有重要影响。按戈尔巴乔夫的说法，此书不是学术著作，也不是宣传性论著，但"是以一定的价值观念和理论前提为依据的。这多半是对改革，对我们面临的问题，对变革的规模，对我们时代的复杂性、责任和独特性的评述和思索"。从改革角度讲，戈尔巴乔夫说，要回答的问题有："何谓改革？为何需要改革？改革的实质和目的何在？改革摈弃什么和创造什么？改革进行得如何？它会给苏联和国际社会带来哪些后果？"② 戈尔巴乔夫的新思维有个形成过程，它是在此书出版前，把戈尔巴乔夫对苏联社会主义、改革和当今世界的各种想法、思考和观点加以系统，并提出了总的看法。如果对新思维的最主要内容做一个非常简要的归结，大体上说，包括以下含义：从国内来讲，提出对原有的体制必须进行刻不容缓的根本性改革，改革是"第二次革命"，改革"将发生第二

①《戈尔巴乔夫关于改革的讲话》，人民出版社 1987 年版，第 332 页。

② ［苏］米·谢·戈尔巴乔夫著、苏群译：《改革与新思维》，新华出版社 1987 年版，第 2 页。

次飞跃"，通过改革使社会主义有个新的面貌；从对外关系来讲，"新思维的核心是承认全人类的价值高于一切，更确切地说，是承认人类的生存高于一切"。①

特别要指出的是，如果在 1986 年至 1987 年党内斗争主要表现为叶利钦与利加乔夫之间的话，那么，后来，叶利钦把戈尔巴乔夫视为斗争的目标，斗争的主要内容在各个时期有所不同，但最后发展为如何对待苏共和苏联问题上。

1988 年 6 月 28 日—7 月 1 日，苏共举行第十九次代表会议。在会上戈尔巴乔夫作了《关于苏共二十七大决议的执政情况和深化改革的任务》的报告。从会议内容来看，提出了不少重要问题和有关社会主义与改革的理论。一直有这样一种看法：认为，由于戈尔巴乔夫在这次会议上提出了根本改革政治体制的任务，这样，苏联从这次会议之后，只搞政治体制改革而不搞经济体制改革了。实际上并非如此。

第一，我们可从这次会议的目的来分析。戈尔巴乔夫在会上的报告，首先是总结了从 1987 年 2 月召开苏共二十七次以来经济体制改革的基本情况，一方面指出，在经济体制改革方面的取得的进展，"已成功地阻止了国家滑向经济、社会和精神领域的危机"。另一方面指出，这并不意味着，到处都在全速地出现好转和革命性改造已经不可逆转。"还未消除造成障碍的深刻原因。"戈尔巴乔夫明确地指出："今天我们面临着许多复杂的问题。但它们之中哪个是关键问题呢？苏共中央认为，改革我们政治体制就是这样的问题。"他还讲："今天，改革的根本问题——经济改革、发展社会主义领域、教育人以主人翁的态度关心对待我国发生的一切——所遇到的障碍正是僵化的权力体制，这个体制的行政强制结构。""如果我们不改革政治体制，我们所有的创举，所有业已开创的大规模的事业将会停滞。""我们在精神领域做了许多工作，并且无论有多大困难都将进行根本的经济改革。但是，如果我们不改革政治体制，那么所有这一切都会付之东流。"仅从上述所引用的论述，可以十分清楚地说明，苏共第十九次代

---

① ［苏］米·谢·戈尔巴乔夫著、苏群译：《改革与新思维》，新华出版社 1987 年版，第 184页。

表会议之所以提出必须进行政治体制改革，其目的就是要保证经济体制改革的不可逆转。

第二，从政治体制改革要实现的基本任务和最终目的来看，它与经济体制改革要达到的目标也是相辅相成的。通过政治体制改革要达到塑造社会主义新形象的目的，使最终达到的目标与社会主义理想相接近。

戈尔巴乔夫把社会主义新形象最后归为是一种民主的和人道的社会主义。这是第一次提出了"民主的、人道的社会主义"概念。[①]

第三，苏共第十九次代表会议，并不只是保证经济体制改革出发讨论政治体制改革问题，而且还专门讨论了经济体制改革下一步如何推行的问题。戈尔巴乔夫在报告中谈及此问题时，用的标题是："始终如一地实行根本的经济改革。"他认为，应特别突出讨论"怎样实现根本的经济改革"。并提出："考虑到已经积累的经验，我们应当精心准备从 1989 年初开始完成物质生产领域各企业向新的经营条件的过渡。"[②]

我们上面的分析，主要是说，苏共第十九次代表会议的目的，不是让经济体制改革停下来，而是为经济体制改革的顺利进行扫除障碍。但后来，由于政治斗争的激化，政治过热，经济体制改革受到很大冲击，这也是客观事实。

1990 年 7 月 2—13 日，苏共召开了第二十八次代表大会。这次代表大会，是在苏联政治、经济形势十分尖锐、复杂，党内产生严重分歧的情况下召开的。会议总结了苏共二十七大以来苏联进行的经济与政治体制改革的经验、教训以及存在的问题，确定了在社会主义选择范围内进行体制改革与更新整个社会的政治方针，这指的是改革指导思想转向人道的、民主的社会主义。

1990 年 7 月，在苏共第二十八大上，经过激烈争论，在经济改革方面，又肯定了向市场经济过渡的经济改革总方向。二十八大还通过了《关于党进行经济改革和市场关系过渡的政策的决议》。决议指出："向市场关系过渡应该是进行彻底的经济改革和改善国民经济状况的主要内容。可调

---

① 参见［苏］《真理报》1988 年 6 月 29 日。

② 同上。

节的市场经济有助于实现'各尽所能，按劳分配'的原则，能鼓励人们进行生产效率高的、创造性的劳动，建立起一种保持生产者和消费者互利关系的有效机制，消除长期存在的商品匮乏和排队现象，杜绝投机倒把和影响经济的其他表现。"决议还强调："在遵守各共和国经济平等和主权的情况下发展统一的全苏市场。"①

1990年7月，戈尔巴乔夫在苏共二十八大上谈到苏联改革进程时，他认为：这个时期，苏联"已经进入改革的最重要阶段，下一步将是大规模的改革"。②

戈尔巴乔夫经济体制改革第二阶段，特别到了1990年，一个最为重要的特点是，围绕制订与讨论向市场经济过渡方案进行了激烈的政治斗争，成了争权夺利的工具。可以说，经济改革成了政治斗争的"人质"。在这个斗争过程中，随着叶利钦权力与影响的扩大，戈尔巴乔夫时常出现退让与妥协。

在1990年下半年，并没有出现戈尔巴乔夫在苏共二十八大所期望的大规模改革，经济改革实际上处于停滞状态，最后改革以失败告终，成了加速苏联发生剧变的一个重要因素。1991年经济改革之所以难以进行下去，其原因甚多，但从客观情况来讲，一个重要的原因是阻碍机制的作用越来越大。另外，直接原因是，这一年政治过热，争权夺利的斗争白热化，政治、经济和民族危机交织在一起，在此情况下，没有人也没有精力顾及经济改革。这一年发生的大事有：波罗的海三国要求独立；罢工、集会和游行示威不断；6月叶利钦当选为俄罗斯联邦总统；8月19日，苏联副总统亚纳耶夫宣布戈尔巴乔夫"由于健康原因无法履行其苏联总统的职责"，由他代理总统职务，并宣布苏联实行为期6个月的紧急状态法。这使苏联国内局势发生剧变。同日中午，叶利钦宣布紧急状态是"反动政变"，并号召举行"无限期大罢工"。8月22日凌晨，戈尔巴乔夫回到莫斯科，称赞叶利钦在粉碎夺权阴谋中起了显著作用；8月23日，叶利钦宣布封闭苏共中央总部，禁止在俄罗斯境内的苏军党组织活动，中止俄共活

---

① 《苏联共产党第二十八次代表大会主要文件资料汇编》，人民出版社1991年版，第167页。
② 同上书，第68页。

动，禁止苏联国家安全委员会和内务部党组织的活动；8月24日，叶利钦签署法令，承认波罗的海三个共和国独立；同日，乌克兰宣布独立，之后，一系列共和国先后宣布独立，就在这一天，戈尔巴乔夫宣布辞去苏共中央总书记，并提出苏共中央"自行解散"，"各共和国共产党和地方组织的前途自行决定"。……12月8日，俄罗斯、乌克兰与白俄罗斯的领导人共同签署了成立"独立国家联合体"协议，到12月21日，由原苏联15个加盟共和国的11个共和国的领导人共同签署了成立"独立国家联合体"的文件，正式宣布"苏维埃社会主义共和国联盟停止存在"，12月25日，戈尔巴乔夫向全国发表电视讲话，正式宣布他辞去苏联总统职务。

（原载陆南泉等主编：《苏联真相——对101个重要问题的再思考》中册，新华出版社2010年版，第959—976页。）

戈尔巴乔夫把解决人的
问题作为改革的指导思想

　　至今，对戈尔巴乔夫时期的改革和与此相关对其本人的评价，仍存在不同的看法，甚至有人认为，苏联剧变是戈尔巴乔夫领导集团"逐渐脱离乃至最终背叛马克思主义的结果"，说他是"叛徒"。本文并不准备对戈尔巴乔夫时期的改革及其本人加以全面评价，而只是对长期以来在研究戈尔巴乔夫时期被忽视的一个重要问题，即把解决人的问题作为改革指导思想进行评述。

　　戈尔巴乔夫执政时期，在推行体制改革的同时，一直在进行理论讨论，鼓励学术界大胆探索改革理论，使得在理论上有一个原则性的突破，以适应根本改革体制的需要。1986 年 2 月 25 日，戈尔巴乔夫在苏共第二十七大报告中强调："要改造经济机制，首先得改变思想，抛弃老一套的思维和实践模式。"①

　　从戈尔巴乔夫执政近 7 年的发展情况来看，戈尔巴乔夫提倡的新思维是一个较为完整的思想体系，涉及的领域十分广泛，"它实际上包括了当代所有的主要问题"。②新思维有关国内问题的内容，主要是围绕社会主义的一些主要原则问题，特别是根据根本改革体制而提出的一些新观点，这也是构成苏联体制改革的重要理论基础。

　　戈尔巴乔夫在整个执政期间，在其体制改革（不论是经济体制还是政治体制）过程中，一直强调人的地位和作用。从改革的实践过程看，戈尔巴乔夫其指导思想是要解决人的问题，强调人的作用，人的积极性和人的

---

① ［苏］《真理报》1986 年 2 月 26 日。
② ［苏］米·谢·戈尔巴乔夫著、苏群译：《改革与新思维》，新华出版社 1987 年版，第 6 页。

利益是改革的出发点。戈尔巴乔夫认为，社会主义思想的核心是人。斯大林时期所形成的社会主义，发生了严重的变形，实际上建立的是"专制极权和行政命令的官僚体制"。在这种体制模式下，人不被当作目的，而是当作手段来使用，也就是说，把人当作党和国家机器的"螺丝钉"。这样的结果是，必然在经济上产生人与生产资料、劳动成果的疏远；在政治上产生人与政权的疏远。为了克服上述弊端，通过改革，要使社会主义重新振作起来，发挥社会主义的潜力，克服人与所有制、与生产资料、与政治进程、与政权、与文化的疏远现象，从而需要明确人是问题的中心，明确社会主义"是真正的、现实的人道主义制度"，人是"万物的尺度"。

在戈尔巴乔夫时期的体制改革过程中，有关人、人权问题，提出了不少看法。

一　在经济体制改革方面

从经济体制改革来看，解决人与人权问题，其主要出发点是：首先要使经济面向人，面向社会，全部生产面向消费者的要求，目的是使苏联能创造出无愧于现代文明的劳动条件与生活条件，保证公民经营自由；其次是要保证劳动者变成生产的主人，使劳动者感到自己是全权主人，是真正的主人。

为了通过经济体制改革解决人、人权问题，调动人的积极性，使人民真正成为国家的主人，苏联特别强调了管理民主化和自治理论。

戈尔巴乔夫执政以来，民主管理、自治、自我管理等概念已越来越多地被人们接受。这是与他对上述问题给予的重视分不开的。苏共二十七大报告的第三部分，专门谈了社会进一步民主化和加深社会主义自治问题。苏联强调：不发扬社会主义民主，那么加速社会的发展是不可思议的，也是不可能的。要完成当前规模巨大而又复杂的任务，就要始终不渝地和不断地发扬社会主义的人民自治。

1987 年召开的苏共中央一月全会的主题也是发扬民主。戈尔巴乔夫强调：只有通过不断发展社会主义所固有的民主形式和扩大自治，才能在生产、科学和技术、文学、文化和艺术，在社会生活的各个领域中前进。只有通过这个途径，才能保障自觉遵守纪律。只有通过民主和借助民主，改革本身才有可能实现。

社会主义民主与自治是苏联制定企业法的指导思想，它在企业法中体现在许多方面，例如：

企业法规定：

"企业的活动是根据社会主义自治原则进行的，作为企业全权主人的劳动集体，独立自主地解决生产发展和社会发展的一切问题。"这是自治思想在企业活动原则和企业地位方面的体现；

"企业是社会主义商品生产者，劳动集体作为主人利用全民财产"，"企业是法人，具有独立的一部分全民财产和独立的资产负债表"。这里反映了企业与全民财产的关系。这是企业自治思想在所有制方面的体现；

企业"要在民主集中制、集中领导和劳动集体社会主义自治相结合的原则基础上进行管理"。企业领导人由选举产生，企业实行劳动集体大会（代表会议）制。在企业行政部门与劳动集体委员会意见不一致的情况下，问题提交劳动集体全体大会解决。这样，企业的权力中心由原来的行政转移到企业劳动集体，经理不再是主宰一切的领导人。这些内容，是自治思想在企业权力领导体制方面的体现。

戈尔巴乔夫还强调改革与推动民主和自治制度的紧密联系。1987年5月18日，他在回答意大利《团结报》编辑部问题时也强调了这一点，他说，苏联的"改革意味着深化社会主义民主和发展人民自治。这指的不是摧毁我们的政治制度，而是更充分、更有效地利用我们政治制度的可能性"。在民主问题上，"苏联国内的分歧主要涉及民主进程范围、程度和速度问题"。他还说："社会主义民主是我们改革的目的、条件和强大武器。"① 他在1987年召开的苏共中央六月全会的报告中提出，推行民主化方针是粉碎阻碍机制的主要措施。

关于自治问题，自苏共二十七大以来，已出现了各种不同的提法，如"人民的社会主义自治"、"社会主义自治"、"人民自治"、"企业自治"、"生产自治"和"劳动集体自治"等概念。尽管提法不同，从当时的各种

---

① 参见［苏］《真理报》1987年5月20日。

材料来看，实行社会主义自治的基础，从经济角度来看，那就是生产资料的公有制。在公有制条件下，每个劳动者与生产资料的关系应该是处于同等地位。随着生产资料公有制的发展，随着劳动者管理生产和组织自由劳动水平的提高，自治的经济基础必然会得到进一步的发展。从政治角度看，自治的基础是社会主义民主。自治也是民主不断发展的必然结果。从社会角度看，工人阶级在一切领域中的领导作用，工、农和知识分子在政治、道义和利益等方面的一致，是自治的社会基础。从精神角度来看，劳动人民信仰马克思列宁主义，在生活中起主要作用的是社会主义的精神文化，这些是自治的精神基础。另外，从经济管理角度来看，苏联企业实行的自筹资金和完全经济核算制，它亦为自治和整个社会政治生活的民主化打下了经济基础，这也是保证劳动集体与每个职工实现民主管理权的重要条件。

总的来说，戈尔巴乔夫强调民主与自治思想，其基本出发点是寻找发展群众在社会生活各个领域中创造活动的新途径，让千百万人以主人翁态度负责地、自觉地和积极地参与社会经济目标的实现。根本改变过去把人看作像技术设备、原料、能源这类管理客体的概念，而要把人作为劳动活动和经济活动有意识的主体。要认识到人、人的劳动积极性是生产力、生产关系和经济机制这三个组成部分的核心，并从这个基本观点出发，来改革经济体制，使人这个主体成为推动社会经济发展的主要动力。

从戈尔巴乔夫执政后期的经济体制改革来看，把解决人的问题与向市场经济过渡为取向的改革日益密切地结合起来。1990 年 10 月，戈尔巴乔夫以总统名义提交给最高苏维埃通过的《稳定国民经济和向市场经济过渡的基本方针》文件中指出："我国社会向市场经济过渡完全是由人的利益决定的"，"只有市场与全社会的人道主义方向相结合，才能保证人们的需要得到满足、财富的公正分配、公民的社会权利和社会保障、自由和民主的扩大"。

戈尔巴乔夫执政时期，在所有制理论方面的新观点也主要是与发挥人的作用、落实人权和向市场经济过渡紧密联系在一起的。

戈尔巴乔夫一再强调，解决人的问题与向市场经济过渡密切相关，而向市场经济过渡必须改革所有制，改革所有制又必须对传统所有制关系进行再认识。他认为，人道的、民主的社会主义经济的基本思想，只能在深入批判传统的经济管理体制基础上才能产生和形成，而传统经济管理体制的核心是所有制关系。

从解决人的问题、发挥人的积极性、使人成为生产资料的真正主人等角度来看，在生产资料所有制问题上，戈尔巴乔夫还特别强调完善经济管理体制与完善公有制是同一个过程，是不可分的。实现了生产资料社会主义改造任务之后，生产者取得主人的权利同成为真正和有主动精神的主人，这并不是一回事。因为，实现了社会主义革命的人民还需要长期熟悉自己作为整个社会财富最高的唯一的所有者的新的地位，这就需要在经济上、政治上和心理上熟悉、培养集体主义的思想和行为。另外，要使劳动者成为生产资料真正的主人，最重要的一条是要在完善经济管理体制方面做大量工作，即只有在那种充分调动生产者积极性的经济管理体制条件下，才能做到。因此，必须认识到，要完善和发展生产资料的所有制，就必须完善和发展经济管理体制。这两者是紧密结合的同一个过程。戈尔巴乔夫反复强调经济管理的民主化和社会主义自治，亦是为了使劳动者成为生产资料的真正主人，调动生产者的积极性。

二　在政治体制改革方面

在1988年6月召开的苏共第19次全国代表会议上，戈尔巴乔夫在其所作的报告中，把"改革与人权"单列一个问题加以论述，并第一次明确提出："全面充实人权，提高苏联人的社会积极性"，是苏联政治体制改革的"最终目的"，也是决定改革能在多大程度上实现的"主要标准"。[①]

这次代表会议指出，苏联政治体制与党的变形，主要表现在以下几个方面：

1. 广大人民群众没有实际参加解决国家和社会事务的权力。各种管理任务都由执行机关来完成，党政领导人的权力越来越大。由于低估和贬低了社会主义民主的作用，导致个人崇拜现象不断复发。

---

① ［苏］《真理报》1988年6月29日。

2. 部门管理机关的职能和结构上都过于膨胀，苏维埃和党的机关均难以对部门利益进行有效监督，结果是，这些部门管理机关往往把自己的意志强加给各经济单位和政治部门。而这些部门对自己做出的决定和行动的后果又不负经济责任。

3. 社会生活的过分国家化，国家调节扩大到了社会生活的极广泛范围。力图用详细的集中计划和监督生活的所有角落这种做法已经笼罩整个社会，变为人们、社会组织和集体积极性发挥的严重障碍。

4. 国家结构的官僚化和群众的社会创造精神下降，这导致社会思想单一化和停滞不前。

5. 传统的政治体制其运行机制不是靠法律而是靠行政命令，即靠强制的命令和指示。这在日常生活中表现为：口头上宣扬民主原则，而实际上却是独断专行；在讲台上宣扬人民政权，实际上是唯意志论和主观主义；在理论上大谈民主制度，实际上是践踏社会主义生活方式准则，缺乏批评与公开性。[1]

上述五个方面，集中到一点，那就是苏联传统的政治体制缺乏民主；没有把人、人权、人的社会价值放在首位，这是导致社会经济停滞不前的一个重要原因。

鉴于对传统政治体制的上述认识，苏联确定了以全面充实人权为主要方向的政治体制改革。

关于人权的内容，当时苏联学术界一般认为包括三个方面：一是指人的社会权利，要保障苏联人的平等权利和受社会的保护，如改善劳动条件，提高国民教育和保健卫生的质量，以及各种社会保障；二是指人的个人权利，这指的是整个法律制度来保证严格遵守公民的个人生活和住宅不受侵犯的权利，保障他们拥有打电话、通信、通邮和打电报的隐私权，法律应当可靠地保护人的个人尊严。规定对批评者进行迫害要追究刑事责任。由于这些条件，苏联决定不受理匿名信；三是指个人的政治权利。在过去的政治体制下，在这方面存在严重的问题，使人与政权、与政治疏远。个人的政治权利，最主要的是政治自由，给人提供对任何问题发表自

---

[1]　参见［苏］《真理报》1988 年 6 月 29 日。

己意见的机会。戈尔巴乔夫认为，只有这样，才能使公众对他所关心的任何问题进行讨论，并有可能在仔细考虑之后表示"赞成"还是"反对"。另外，还提出了信仰宗教的自由。戈尔巴乔夫指出："所有信教者，不管他们信仰哪个宗教，都是享有充分权利的苏联公民。"①

1990 年苏共中央二月全会通过了向党的二十八大提出的行动纲领草案，草案的第二部分，对有关通过改革如何解决人，充实人权问题，又作了进一步阐述。文件指出："党认为自己的主要目标是：使人真正处于社会发展的中心，保障人具备应有生活和劳动条件，保证社会公正、政治自由、个人能得到全面发展及精神焕发。社会的进步就是应该由这些来决定。""苏共主张尽快建立维护公民权利和自由的法律保障。""现在必须把这些权利固定下来，为它们奠定牢固的物质、法律和政治基础。"在这个草案中，苏共主张尽快使苏联公民得到以下权利：

第一，为公民的尊严与人身、为公民的住宅和财产不受侵犯、为通信和通话秘密提供可靠的法律保护；

第二，加强实现劳动权的保障，包括保证按劳动数量和质量及其最终成果付酬；建立扶持就业，对骨干的培训和进修、对被迫改变职业或工作地点的人提供必要的物质帮助的机制；

第三，发展和加强公民的政治权利，即参与社会和国家事务的管理，言论、出版、集会、游行、结社的自由。同时应严格遵守法律程序与苏联法律的要求；

第四，创作自由，像对待国家财产一样对待才能。党在大力鼓励文化领域多样化的同时将捍卫人道主义标准，保护社会不受假文化的侵犯。对社会主义来说，对文化采取商业态度是不能接受的；

第五，人的精神领域的自由自决，信仰和宗教自由。党在不放弃自己的世界观立场的同时将深入进行无神论者与宗教信仰者之间的对话，继续执行使各教派有可能在法律范围内进行自由活动的方针，使其为人们的相互谅解作出自己的贡献；

第六，提高法院捍卫公民权利的作用，建立进行护法活动的社会—国

---

① 参见［苏］《真理报》1988 年 6 月 29 日。

家委员会。

　　苏共二十八大通过的《纲领性声明》中又明确指出："党认为，保证苏联人良好生活条件是党政策的中心战略任务。""党主张：按照国际公认的准则实现人权；……人有权确定自己的世界观和精神需求以及信仰自由。"①

　　苏联围绕充实人权为主要取向的政治体制改革，基本趋向是：（1）坚持和发展民主化进程；（2）逐步向建立起公民社会和法制国家的目标前进。这包括两方面的内容：一是强调经民主程序制定的法律应在社会生活占统治地位，实现法律面前人人平等的原则；二是国家与公民之间相互拥有的权利应承担的义务，都必须按法律行事，换言之，应由法律来制约。苏联还强调立法过程的民主化与公开性，允许意见多元化，目的是排除政治权力的垄断。

三　在对外关系方面

　　长期以来，西方国家特别是美国，一直攻击苏联时期违反人权原则，说苏联是个"铁幕国家"，不允许国际信息的自由传播；指责苏联没有移民自由；认为苏联的法律惩治过严、过宽；还特别谴责苏联歧视和镇压不同政见者；等等。

　　戈尔巴乔夫上台后强调人、人权问题，在对外方面主要目的是改变苏联形象，改善与西方国家的关系，为国内改革创造良好的国际环境。为此，在人权政策上作了一些调整。例如，在 1988 年联合国《世界人权宣言》发表 40 周年之际，苏联不少报刊全文发表了这个宣言，进行了广泛报道与宣传；1989 年苏联宣布承认自 1948—1984 年期间 6 项人权条约，表示撤销过去对人权条约的保留意见；还表示，今后苏联的立法改革要与它签字的国际人权条约相一致；在实际行动中，也采取了一些措施：如1988 年苏共中央专门成立一个委员会，负责对 30 年代案件的重新审理，对大批冤假错案进行平反。戈尔巴乔夫亲自给著名的持不同政见者萨哈罗

---

　　①　［苏］《真理报》1990 年 7 月 15 日。

夫院士打电话，允许他回莫斯科居住，给予言论与行动自由，后者还被选为苏联最高苏维埃代表，大大放宽了移民的限制。提倡民主、公开性，允许公民对过去认为属于禁区的一些问题发表意见，等等。

从以上三个方面的情况分析说明，在戈尔巴乔夫推行改革过程中，人的问题在其改革中一直居重要地位，是他改革的指导思想。与此相联系，对人的问题的研究也越来越被重视，成为哲学研究的一个主题。人学曾一度兴起，苏联科学院成立人的问题综合研究学术委员会，建立了人的研究所，创办《人》杂志。

笔者认为，虽然戈尔巴乔夫时期的改革失败了，但他在改革期间，针对斯大林专制制度产生的严重问题，重视人与人权问题的理论探索，还是应该肯定的。他的这一改革思想与以人为本思想是一致的。

这里顺便谈谈戈尔巴乔夫改革与苏联剧变的关系。我认为，20世纪80年代末90年代初，苏联东欧各国先后发生剧变，根本原因或者说深层次原因是斯大林苏联社会主义模式丧失了动力机制，它的弊端日趋严重，成了社会经济发展的主要阻力，这种模式走不下去了，走进了死胡同。之所以发展到这种严重地步，主要原因有二：一是斯大林苏联社会主义模式的弊端带有制度性与根本性的特点；二是斯大林逝世后的历次改革，都没有从根本上触动斯大林苏联社会主义模式。这种制度模式，其问题与矛盾日积月累，最后积重难返，使危机总爆发，苏联东欧各国人民对其失去了信任。换言之，当这些国家人民看到世界发展的情况，发现自己的国家大大落后了，除了产生屈辱感外，人们要继续前进，振兴自己的国家，那就只好抛弃斯大林苏联社会主义模式，寻觅另一种社会发展道路。也正是这个原因，苏联东欧各国在发生剧变后，无一例外地都宣布彻底与斯大林时期形成与发展起来的苏联社会主义模式决裂，朝着经济市场化、政治民主化方向转变。

人所共知，戈尔巴乔夫上台执政时，苏联面临的是严重社会经济与政治危机的局势。戈尔巴乔夫力图通过改革来重建苏联，改变局面。但是，戈尔巴乔夫时期的改革失败了，从而加速了苏联剧变的进程。苏联剧变发生在戈尔巴乔夫执政时期，这是不争的历史事实，但有其十分复杂的原因。

　　笔者认为，在戈尔巴乔夫改革过程中，对苏联社会主义重新思考基础上提出的新看法，不能简单地完全否定。例如，上面提到的把解决人的问题作为改革的指导思想，都值得我们研究。

　　随着历史的发展，人们对戈尔巴乔夫及其改革的评价也在变化。2011年3月2日，时任总理的普京在祝贺戈尔巴乔夫80岁生日的贺电说："在我国甚至在国外，您都是以对世界历史进程产生显著影响并对加强俄罗斯的威望贡献良多的当代最杰出的国务活动家之一而闻名的。"同日，时任总统的梅德韦杰夫会见了戈尔巴乔夫，并授予他俄罗斯最高荣誉勋章——圣安德鲁勋章，并说："我认为这是对您作为国家元首所做大量工作的恰当评价，您在特别复杂，特别艰难的时刻领导了我们的国家。我们大家都清楚这一点。""这也是您领导的那个国家，我们大家的共同祖国——苏维埃联盟表示尊重的标志。"

（原载《经济观察报》2012年2月6日，略有删节）

戈尔巴乔夫改革失败原因与对苏东剧变的关系

　　1985 年戈尔巴乔夫开始执政后召开的苏共中央四月全会，标志着广大苏联人民对改革抱有希望的开端。虽然改革在某些领域和某个阶段取得了一些进展，一些改革政策及措施得到了实现，但从整个改革过程看，进行得并不顺利，在不少情况下改革处于"空转"状态。改革最后以失败告终，并成为苏联社会经济状况严重恶化和加速苏联剧变的重要原因之一。

　　本文主要分析戈尔巴乔夫时期改革失败的客观因素、主观原因与对苏东剧变的关系。

一　客观因素——阻碍机制与阻力对改革的影响日益增大

　　长期以来，笔者在分析戈尔巴乔夫经济体制改革失败原因时，一直特别重视阻碍机制（有人用障碍机制，这是翻译的问题。原文都是 механизмпрепяствия）对其改革所产生的影响，这决不是一个空洞的理论问题，而是在斯大林体制模式下长期成长起来的、在各个领域让人感觉到的、实实在在存在的种种阻力，并在此基础上形成的一种十分顽固的、一时难以克服的机制。笔者认为，这一阻碍机制，由于在斯大林逝世后的历次改革并没有对斯大林体制模式发生根本性的触动，因此，这一机制虽然对社会经济发展和改革产生影响，但并不突出。但到了戈尔巴乔夫时期，进行根本性体制改革时，情况就不同了，阻碍机制对改革所体现的阻力就开始强化并最后发展到政治冲突的地步。改革刚开始时，"党领导层的大多数持正统观点的人，总的来说承认有必要进行局部改革"。这是因为，这些人在改革刚开始认为，"这些变革的主要目的是进一步加强单一的权力、单一的所有制和单一的意识形态"。而当改革深化时，特别是从准备苏共第十九次代表会议起，这些人看到了改革的观念发生了大的改革，与此同时，对改革的"抵制也加强了，这种抵制马上显露了自己的布尔什维主义本性，即不能容忍异己思维"。①

苏共第十九次代表会议对经济体制改革作了估价，认为，改革虽有进展，但并没有达到不可逆转的地步，在会上戈尔巴乔夫指出，"改革的进展，是否意味着到处都在全速出现好转和革命性改造已经不可逆转了呢？不，并不意味着是这样。如果我们想分析一下现实的基础的话，那么我们应当承认：……我们还远未消除造成障碍的深刻原因"。② 这次会议的根本任务是要深入改革，使改革不可逆转。对此，《苏共中央二十七大决议执行情况和深化改革的任务的决议》中明确指出："改革进程是矛盾的、复杂的和艰难的，是在新与旧的对抗中进行的，虽然出现了积极倾向，取得了初步成果，但在经济、社会和文化发展方面还未发生根本的转折。阻碍机制还未彻底拆除，也未被加速机制所取代。经济在很大程度上仍是沿着粗放道路向前发展的。"

应该说，戈尔巴乔夫在改革一开始，就意识到改革的阻力问题，随着改革实际进程的发展，认识在逐步加深。他在苏共中央一月全会（1987年）首次提出了"阻碍机制"之后，在1987年出版的《改革与新思维》一书中又指出："改革就意味着坚决果断地破除已形成的阻碍社会经济发展的东西，破除经济管理中的陈旧制度和思维上的教条主义的清规戒律。改革会触及许多人的利益，触及整个社会。自然，要破就不可能没有冲突，有时甚至不能没有新旧事物之间的尖锐斗争。只不过是没有炸弹的轰鸣和枪弹的呼啸声而已。"③ 他还在各种场合谈到，围绕改革展开的斗争虽然不表现为阶级斗争的形式，但斗争却是很尖锐的。

（一）阻碍机制的含义与产生的原因

关于这个问题，从苏联领导人到学者，都没有给予一个统一的而明确

---

① ［俄］亚·尼·雅科夫列夫著、徐葵等译：《一杯苦酒——俄罗斯的布尔什维主义和改革运动》，新华出版社1999年版，第184—185页。

② ［苏］《真理报》1988年6月29日。

③ ［苏］米·谢·戈尔巴乔夫著、苏群译：《改革与新思维》，新华出版社1987年版，第58页。

的解释，但基本含义还是比较清楚的。

从戈尔巴乔夫在一月全会（1987 年）的报告来看，阻碍机制是指过去长时期内在理论、意识形态、政治、经济、组织等各个方面形成的一种阻碍社会前进的机制。后来，他对此又作了进一步的论述。他指出，三四十年代形成的管理体制，越来越不起作用，相反，阻碍作用不断增长，从而形成了阻碍机制。这一机制在政治方面，表现出这样一个奇怪现象：有教养的、有才干的、忠于社会主义制度的人民不能充分利用社会主义所提供的可能性，不能利用其实际参加管理国家事物的权利，经济中的阻碍机制及其社会意识形态的一切后果，导致了社会结构的官僚主义化和各级官僚阶层的"不断繁衍"，这些官僚阶层在整个国家、行政乃至社会生活中都具有不可估量的影响。

苏联驻华大使罗扬诺夫斯基在一次谈话中解释说，阻碍机制是过去的一套机制，不能刺激企业采用新技术和新东西。

莫斯科大学的 A. 布坚科教授撰写了若干篇专门分析阻碍机制问题的文章，他对产生阻碍机制的原因作了深刻分析。在他看来，阻碍机制这个术语虽在苏联是不久前才出现的，但这种现象本身却早已存在。阻碍机制是由那些不能使社会主义可能性得到充分发挥并束缚其优越性被顺利利用的经济、政治和意识形态的方式和现象，以及管理杠杆和体制组成的。

在社会主义条件下，并不是一定会产生阻碍机制。苏联出现这个机制，是有其原因的。它实际上是社会历史上形成的、行政和官僚对阶级统治的曲解的副产品。苏联不存在有人有意识地企图阻止苏联社会的发展，也没有人专门设计这种机制。在苏联，阻碍机制的基础是：

从政治关系看，由于苏联政权具有经过周密安排的职务上的等级制度，加上有一个保证国家对经济活动及社会生活的各个方面实行直接集中领导的系统，从而产生党和国家的职能实际上的相互重叠，难以分开，所有大权都集中在由上面任命的、不向人民汇报的行政领导阶层手中，在这种政治制度下，本位主义和官僚主义生长繁殖，使得无论是工人阶级还是全体人民都无法实现真正的民主政治，无法实现自己的国家主人的地位；

从经济关系看，称之为全民所有制形式的国家所有制是苏联政治制度的经济基础，但这种所有制只把劳动者看作是活劳动的体现者，而未能成为它的主人。在这种高度集中管理国家财产的条件下，这种所有制形式的空洞性越来越明显地暴露出来。在财产的分配、有效地使用和增加方面与生产者没有现实的利害关系；

从社会关系看，由于整个政治经济体制是以庸俗的社会各阶层根本利益一致的思想为依据的，因而对各个社会集团和阶层的利益不相同的观点持轻视和隐讳的态度。

对阻碍机制的基础作了以上的分析之后，布坚科教授得出的结论是："阻碍机制是僵化的经济形式、陈腐的政治组织体制、无效的领导方法和管理杠杆的总和，它阻碍着已成熟的矛盾的解决，使社会主义优越性得不到体现，束缚着社会主义的顺利发展并使其进步的速度放慢。"他的另一个重要结论是，"官僚主义是阻碍机制的主要社会力量"，为了解答这个结论，我们再引用另一位苏联学者莫佳绍夫有关分析官僚主义本质问题文章的观点（题为《从利益的不和谐到和谐》）[1]，也是有益处的。他的基本看法是：官僚主义者生活在一切都颠倒过来的"办公室"世界里，他们首先是为个人"谋前程"，在职务的阶梯上提升，当官以及每升一级就随之而来的物质福利和显示自己权力的机会。"当官威风"是官僚主义者相当流行的人生哲学。他们盲目相信硬性规定的形式主义化的行动以及现成的世界观和公式，就其本质来说他们是教条式的，对变革特别反感，并疯狂地加以反对。他们压制各种不听"上面"意见和富有创造精神的人，不相信劳动群众的经验和对国家大事的思考。

我认为，苏联的官僚主义是在斯大林时期的政治经济体制条件下形成和滋长起来的。当然不能说，所有的各级领导人，都变成了墨守成规为主要特征的官僚主义者，但也应该看到，患有不同程度官僚主义习气的人，却是厚厚的一层。所以，戈尔巴乔夫执政以来，一再抨击官僚主义是有道理的，它确实成了阻碍机制的主要社会力量。

阿巴尔金在 1987 年 5 月访华时，对阻碍机制也作了分析。他认为，所谓阻碍机制是指阻碍事物前进、相互作用的一系列因素，而不是个别的东西和因素。阻碍机制在苏联包括以下四个方面的内容：一是教条主义理

---

① 参见［苏］《真理报》1987 年 6 月 12 日。

论；二是在这个理论基础上产生的经济管理方法；三是苏联国民经济比例本身的失调；四是干部因素，主要是官僚主义。

（二）阻碍机制对改革体现出来的阻力

在戈尔巴乔夫推行改革过程中，改革遇到的阻力是多方面的，表现形式也是各种各样的。改革的阻力是阻碍机制的具体体现。正如戈尔巴乔夫所指出的："障碍机制的具体体现者在反抗，而无所事事，漠不关心、懒惰散漫、不负责任和经营不善也是一种反抗。"① 现在苏联"正在就改革遇到的障碍进行激烈的辩论。人们感到担心的是，苏共中央一月全会和六月全会（1987 年）的革新决议在实际贯彻中进展缓慢，困难重重"。②

1. 阻力来自中央领导层对改革的不同认识。

苏联从领导到学者，在公开场合一向否认苏共中央领导层存在一个改革的反对派。例如，苏联部长会议主席雷日科夫就说过："我们这里没有人从政治上反对改革方针。"③ 在不久前召开的第十九次全苏党代表会议上，苏共中央书记利哈乔夫在发言中说：党的高层领导"是团结一致的，既没有保守派，也没有改革狂"。又如苏联科学院世界经济与国际关系研究所所长普里马科夫在 1987 年 3 月访华时的一次发言中说，在苏联并没有改革的反对派。他举例说，在苏共中央一月全会上（1987 年）有 34 位代表发了言，没有一个发言者是反对改革的。我认为，普里马科夫所举的具体事例，也许是实情。但并不能以此证明，苏共中央领导层对改革的认识是一致的，在改革的做法、进程等方面的观点是相同的。据各种材料来判断，中央领导层在改革问题上的矛盾不仅存在，有时还表现得很尖锐。戈尔巴乔夫的每次报告和讲话，往往批评阻碍改革的保守势力。保守势力存在于各个阶层，其中也包括中央领导层。戈尔巴乔夫把保守势力作为抵制改革、反对改革的代名词用。保守主义者对当时苏联改革的认识是这样的：改革是整容修理，是粉饰门面，是对现有机制的某种"小调整"，现

---

① ［苏］米·谢·戈尔巴乔夫著，苏群译：《改革与新思维》，新华出版社 1987 年版，第 58 页。
② 戈尔巴乔夫在 1988 年召开的苏共中央二月全会上的讲话。
③ ［苏］《新时代》1988 年第 2 期。

有机制虽然运转不灵，但总还是在运转，而新机制会带来什么却不清楚。对保守主义者来讲，改革步子迈得大些，对旧体制作根本性的改革，对社会主义一些原则性问题进行反思，就意味着对马克思列宁主义的修正，放弃社会主义。

这里应该分析一下在 1987 年召开的苏共中央十月全会上发生的叶利钦事件。

在这次全会上，发言很踊跃，争论也很激烈。一些人认为当前改革步子过急，慎重考虑不够。有些人不赞成领导层的更换面过大，也有人反对急于改革物价。有些人提出要修改党史，即对苏共历史上的一些重大问题重新认识，但另一些人则认为这并非当务之急。总之，有不少人不赞成加快改革速度，而是要求放慢改革步伐。针对这一情况，戈尔巴乔夫在十月全会之后的"纪念十月革命 70 周年"的报告中指出："看不到保守势力的反对有所加强是不对的。"

1987 年 10 月 21 日，叶利钦在十月全会上也发了言，主要批评改革进程缓慢，收效不大，改革主要停留在制订方案、立法与制造舆论方面，缺乏实际行动。叶利钦的发言，被认为是犯了"政治性错误"，而先后被解除了莫斯科市委第一书记和苏共中央政治局候补委员的职务，改任为国家建委第一副主席。

我认为，苏联最高领导层在改革的一开始，在改革问题上的矛盾是非本质的，只是表现为对改革的速度、范围等看法不一。但随着改革的深入，分歧的性质也逐步发生了变化，这突出表现在改革指导思想上的差别。戈尔巴乔夫等认为，要进行根本性的改革，必须对社会主义一些重要原则进行再认识，这就必然涉及斯大林问题。另外，为了解决人的问题，发挥和调动人的积极性，又必须实行民主化和公开性原则。而另一些人则采取各种形式反对这样做，认为这会引起思想混乱，否定社会主义。他们还认为会从公开性的瓶子里放出资产阶级自由化的妖魔来。

2. 来自权利之争方面的阻力。

我们常说，改革涉及权利再分配，因此，往往会遭到一些人的反对、抵制。这是所有社会主义国家都会碰到的问题。但在各个国家不同的历史条件下会有不同的表现形式。从戈尔巴乔夫头几年的改革情况看，这方面的阻力主要表现在：

（1）地方党组织的领导人，他们中间不少人害怕根本性的改革而失去权利。十分明显，苏联今后的改革趋势是不断扩大企业权利，实行企业自治，加强经济民主管理，要求用经济方法管理经济。这样，必然扩大企业领导和行政领导的权利，而从事党的工作的干部的权利将大大缩小，所以，这些人对改革持不积极的态度。

（2）中央管理机关的阻碍作用。在苏联，经过几十年发展起来的高度集中的经济管理体制，已是根深蒂固，纵横交错，本身就是进行根本性改革的重要障碍之一。反映集权意志的原有的中央经济管理机关，十分习惯地、顽固地和本能地在起作用。它们在经济体制改革过程中，不断地反映出对经济集中控制的要求，不愿放弃自己的权力，总认为没有原来的一套领导方法，一切都会变得很糟，管理部门将不会正常发挥作用。这些也必将成为阻碍改革的一个重要因素。

（3）行政管理机关臃肿，人浮于事，是改革的一个重要障碍。现在苏联平均每6—7个工人中就有一个管理人员。在过去的旧体制条件下，逐步形成了庞杂的管理机制，习惯于行政命令的工作方法，文牍主义和官僚主义泛滥，往往不能切实有效地进行工作和解决问题。而这次根本性的经济体制改革，要大大精简行政管理机构和裁减行政人员。因此，人数如此众多的各级行政官员的权利将被剥夺，他们就接受不了；于是就紧紧抓住过去的东西不放，对改革，对新思维持消极态度。这些干部的信条是："宁可安安稳稳坐办公室挣150卢布，也不愿为500卢布累断了腰。"

这里，为了更清醒地认识这些干部对改革持消极态度的原因，要进一步分析这些干部的特点。在旧体制的长期培养下，出现了一大批富有惰性的干部。这些人习惯于机械地执行上级下达的任务、指标，履行公事，用行政命令领导经济。他们害怕为自己的行动承担责任。要改变工作方法，对这些人来说，是十分困难的。再从管理素质来说，具有积极的经济思维方法的领导干部只占1/4。

3. 阻力来自一部分企业领导人。

在勃列日涅夫时期，一直把企业领导人视为最支持改革的一个阶层。当时企业领导人要求扩权，反对上级对企业的种种限制。但现在进行根本性改革，企业要实行自负盈亏、自筹资金，大大扩大企业权限，使一部分企业领导人变得害怕起来，感到风险大，责任大，不希望进行大的改革。另外，还应看到，在企业这一级还有一个实际问题，即有不少企业经营条件不好，长期处于亏损状态，要自负盈亏在短期内不可能做到，这些企业领导人更害怕大的改革。

1987 年 5 月 25 日，苏联《真理报》用了一个整版的篇幅摘登了来自各阶层人士给苏共中央和戈尔巴乔夫的信。不少信中揭露了基层企业领导人抵制改革的做法：

一是把改革停留在口头上，等待，观望，有时用时髦的口号掩护自己，改革在企业处于空转状态，结果使企业失去宝贵的时间；

二是对中央有关改革决议的态度是："他们说得容易，他在那里说，我得在这里和工人一起干"；

三是对基层企业的民主选举，借口目前只是搞试验而显得毫无热情，搞选举也是往往流于形式，有时变成一场闹剧。

4. 阻力来自一部分劳动群众。

苏联报刊摘登的一位读者来信说："人民没有把党所开始进行的改革当作自己的切身事业，没有为实施改革承担责任。许多人对党的号召无动于衷，这似乎是一种普遍的气氛。"① 《旗帜》杂志主编巴格拉诺夫指出：人民是赞成改革的，然而不少人在等待着看看改革能取得什么结果。在苏联产生上述情况，可能有很多方面的原因。

一是随着改革的深入，越来越涉及千百万人的切身利益，涉及整个社会。但人们还没有很好地弄清楚已开始的改革的实质和意义，特别不清楚改革后自己在利益、社会地位方面将会发生什么变化，所以很多人持观望态度。

二是苏联长期以来，有相当一部分劳动者已习惯于吃"大锅饭"，搞平均主义的分配，习惯于在劳动中懒懒散散，不愿受劳动纪律的约束。改革必然要求改变上述情况，而这些人并不想很快改变原来的习惯。

三是因为目前苏联广大居民的生活水平，虽然赶不上发达的西方国

① 参见［苏］《共产党人》1987 年第 3 期。

家，但可以说过着较为舒适的生活，达到了小康水平。因此，人们不太想为多挣几个卢布而紧张地劳动，加上多挣了钱，也买不到自己需要的高质量商品。这样，也造成一些人对改革持消极态度。

四是由于人们还没有从头几年的改革中获得明显的实惠，这是非常重要的一个原因，它大大影响广大群众参与改革的积极性。戈尔巴乔夫执政以来，虽然一再强调要改善食品供应和住房条件，但进展缓慢。特别是食品供应仍令人失望，日用品供应也有很多短缺。总之，由于不少人对当前进行的根本性改革尚缺乏思想准备和充分的认识，因此，对改革的态度也各不相同。根据当时戈尔巴乔夫谈及人民对改革持不同态度的各种材料，有人加以归纳，大致有以下8种态度：

第一种态度是理解、拥护改革并"热情地投入工作"。

第二种态度是理解、拥护改革，但不主张"转得太急"。

第三种态度是"赞成改革，愿意参加改革"，但是"从纯消费的观点看待改革"，"用眼前的好处衡量改革"。

第四种态度是赞成改革，但"不知如何以新的方式工作"。

第五种态度是，"支持新办法"，但却认为"搞改革的不应该是他们，而是上面的某个地方，是另一些人，即党的机关，国家机关，经济机关，其他部门，协作企业，相邻的车间、畜牧场或者建筑工地。简而言之，是所有的人，唯独没有他们自己"。

第六种态度是公开反对改革，并真心认为彻底改革是向资本主义倒退。

第七种态度是"清楚地了解什么是改革"，"知道后果如何"，但却"不接受改革"。

第八种态度是"等待和观望"，甚至不相信改革能取得成功。

阿巴尔金认为，一部分群众对改革的消极态度，对改革是十分不利的。但要改变这种情况也是十分困难和复杂的，需要有个过程；另外改变消费结构和消费政策，使劳动者在消费方面有新的追求和刺激，不断地缩减社会消费基金，扩大付费范围等，这是更为复杂和要担风险的事。

5. 来自"左的"、僵化的理论和思想方面的阻力。

在改革过程中，戈尔巴乔夫一直在大力宣传新政治思维，要求人们改变旧观念、旧意识、旧习惯，并一再强调要抛弃教条主义、官僚主义和唯意志论的遗产。应该说，改革的头几年在这方面取得了不少的进展。阿甘别基扬认为，目前"精神领域的改革正以超越的速度发展着"。我认为，这个说法是符合当时苏联情况的。但这远不能说，经过头几年的斗争，已经克服了"左"的教条主义理论。应该看到，对苏联来说，教条主义理论、旧的观念和意识形态，一直是阻碍改革的一个重要因素，它还处处、时时地在起作用。苏共中央书记处书记雅科夫列夫在一次讲话中指出：改革已经两年多了，希望对社会上正在进行的过程和新观点的性质进行科学的分析和理解。然而，处在进步最前哨的社会科学有时却是保守主义的前哨和教条主义的保护者。他批评理论工作者落后于改革实践。① 由于教条主义和旧的传统观念的严重存在，一直有不少人对苏联几十年来第一次出现的思想观念上的社会主义多元论，毫无准备，很不习惯。戈尔巴乔夫对这些人作了以下描述："直到现在，我们还听到和读到我们的某些正人君子的严厉指责。有这样一个迂腐的'正人君子'，一边走一边用手指着两旁说，这里乱七八糟，那里不成体统，这里不足，那里不够。当有人开始做一件有益的，但不寻常的事时，这位假社会主义者就大喊大叫：你们破坏了社会主义基础！这也是改革中的一种实际情况。我们不得不同这些为'纯洁的'社会主义而斗争的斗士们进行耐心的争论，他们把社会主义抽象地理想化，认为社会主义是'一尘不染的'，我们不得不证明生活中没有这样的事。"②

　　讲到传统习惯，不能不提到苏联各阶层存在的严重依赖心理。各地方领导人什么事情都要找莫斯科解决。在一些劳动集体流行的思潮是：有领导，让领导去考虑，从而形成以下的连锁反应：工人说，让经理去考虑吧；经理认为，市委或者苏维埃执行委员会应当考虑，而市委和苏维埃执行委员会则指望中央机关。这种传统习惯，白白地浪费了时间，延误了改革的时机和进度。

---

　　① 参见［苏］《真理报》1987 年 11 月 28 日。

　　② ［苏］米·谢·戈尔巴乔夫著、苏群译：《改革与新思维》，新华出版社 1987 年版，第 116页。

戈尔巴乔夫为了消除改革的阻力，在整个经济体制改革过程中曾采取了一系列措施，如提倡新思维，推行民主化方针与公开性原则，不断调整干部队伍，经常分析改革形势与揭示矛盾，加强法制建设，努力解决涉及群众切身利益的问题以及推行政治体制改革等。

尽管戈尔巴乔夫为消除改革阻力与疏通改革之路采取了一系列措施，但是，经济体制改革最后仍然没有取得成功，这是因为，戈尔巴乔夫在改革过程中存在不少严重的失误。因此，要说明戈尔巴乔夫经济体制改革失败的原因，仅仅从戈尔巴乔夫上台时因阻碍机制已达到根深蒂固的程度这一个客观因素来分析是不够的。为此，我们还应集中分析改革失败的主观原因。

二 主观原因——一系列改革政策的失误

（一）在经济体制改革起始阶段，实行加速战略是走错的第一步

戈尔巴乔夫上台后，在推行经济体制改革的同时，不是着力地、及时地调整严重不合理的经济结构，而是实行加速战略，这是迈出错误的第一步。

长期以来，由于苏联片面发展重工业，特别是军事工业，从而形成了国民经济结构的比例严重失调，是一种畸形的经济。重工业过重，轻工业过轻，农业长期落后的状况，成了影响经济正常发展、改善市场供应、提高人民生活水平的一个重要因素。

十分明显，在这种条件下，在推行根本性的经济体制改革时，必须同时下大决心和采取重大战略性措施来调整不合理的经济结构，即在改变旧的经济体制模式同时应及时改变发展战略，使后者与前者相适应，并为前者创造有利的条件。

但是，戈尔巴乔夫在其执政后不久召开的苏共中央四月全会（1985年）上，在分析如何克服经济困难时，就提出了加速战略的思想。1986年2月召开苏共二十七大，正式提出并通过加速战略的方针。当时戈尔巴乔夫虽然强调，加速战略不是粗放的、纯数量的和速度上的加速，速度上的加速是要在集约化的基础上来实现。但从实质上来看，加速战略的重点

仍是速度。

现在回过头来看，戈尔巴乔夫的加速战略的主要失败和消极后果有：

第一，加速战略的主要目标，是增强苏联的综合国力，而并不是调整经济结构，缓解紧张的市场，满足人民生活的需要。正如苏联一些经济学家说的：苏联经济的发展政策仍是背离"一切为了人的福利"这个口号的，变形的国民经济结构"是背向人的"。

第二，从这几年的苏联经济发展现实来看，加速战略与经济结构的调整政策存在着尖锐的矛盾。由于加速的重点仍放在重工业，结果是国民经济比例关系更加失调，经济更加不合理，从而使整个经济增长速度上不去。

第三，加速战略的直接后果是，使消费品市场更加紧张，基本消费品在苏联市场上出现的是全面短缺，加上价格上涨，卢布贬值的情况下，只要有点风吹草动，就引起抢购风潮。这种经济状况，使广大群众感觉不到经济改革带来的实惠，从而对改革持消极态度，逐步失去信心，这又成为推进改革的一大困难。苏联一些学者在总结戈尔巴乔夫头几年来的经济体制改革时，普遍认为，没有把调整经济结构的政策与经济改革两者有机地衔接起来，而实行加速战略，这是一大失误，并认为，在结构政策方面戈尔巴乔夫已输掉了第一个回合。

（二）经济体制改革未从农业开始，影响了整个经济体制改革的顺利进行

根据苏联经济严重畸形的特点与市场供求关系的失衡，改革头几年，应把重点放在解决农业问题上。但戈尔巴乔夫并没有这样做。苏联农业问题的严重性表现在：

第一，长期以来，由于政策上的失误，苏联农业长期处于落后状态。尽管到了勃列日涅夫执政时，对农业投资大幅度增加，但因农业体制的问题，并没有保证农业的稳定发展。

第二，苏联在农业管理方面，一直忽视集体所有制的特点，从而不能使农业因地制宜地发展。这种管理体制，对农业生产所起的消极作用要比工业部门大得多，因此，改变农业管理体制显得更为迫切。

第三，市场供应紧张是苏联长期存在的一个尖锐问题。市场问题中，主要是消费品供应问题，而消费品中最为突出的是与居民生活密切相关的食品问题。居民对食品的要求得不到满足的情况日益严重。据估计，未能得到满足的食品要求近 500 亿卢布，这相当于全苏联食品产量的 1/3。苏联通过国营和合作社商业销售的食品有 1/6 是进口的。解决食品问题，消除它的尖锐性，也就会使社会的尖锐状况消除 70%—80%。

第四，还应指出，苏联要调整严重不合理的经济结构，加速轻工业的发展，尽快地增加消费品的供应量，这在很大程度上也取决于农业的状况。苏联轻工业原料的 2/3 和食品工业原料的 80% 来自农业。

戈尔巴乔夫执政后，虽然一再提及农业和食品问题，但问题在于，一是没有狠抓和实抓，口头讲得多；二是根本没有意识到，根据苏联当时经济情况特别是市场供应情况，经济改革先从农业开始的必要性。只是在 1989 年苏共中央三月全会才做出了农业改革的决定。时任苏联部长会议副主席的阿巴尔金认为，农业改革晚了 4 年。农业改革的滞后，给苏联经济发展和经济体制改革带来的后果是十分明显的。戈尔巴乔夫执政以来，粮食产量一直在 2 亿吨左右徘徊，1984—1986 年，农产品年均增产速度为 2.6%，而 1987—1989 年下降为 1.5%。1986—1989 年 4 年进口粮食 1.37 亿吨，年均进口量为 3430 万吨，另外，肉、糖、黄油、土豆和水果等进口量日益增加。由于农业改革没有先走一步，因而市场紧张等一系列重大社会经济问题也难以解决，挫伤了群众参与改革的积极性，改革的反对者也利用这一点，使大家厌烦改革。在苏共二十八大上，农业问题也成为不少代表严厉批评的对象，批评戈尔巴乔夫不重视农业。可见，农业问题的尖锐性、急迫性，在苏联一直没有缓解。

农业改革滞后，是苏联经济改革中的一大失误，后来为苏联许多人士所共识。所以笔者认为，戈尔巴乔夫上台后，应先从农业着手改革，这并不是要求搬用中国的做法，而在客观上确有其必要性。

（三）在经济改革过程中，没有注意解决"四个结合"问题

第一，经济发展与经济改革相结合问题。经济改革的目的是为了推动经济的发展，经济的发展则又可支持和推动改革，这两者必须妥善地结合。戈尔巴乔夫的改革没有促进经济的发展，反而使经济严重恶化，这必然影响经济改革的进行。

第二，改革中人民的近期利益和长远利益的结合问题。戈尔巴乔夫的改革，既没有给人民带来近期的利益，也没有使人民看到美好的未来，在此情况下，使人民对改革逐步失去信心。

第三，改革的迫切性与长期性相结合的问题。由于苏联面临严峻的经济形势，人们十分容易看到改革的迫切性，但不少国家改革历史证明，改革的困难与复杂性要比原来想象的大得多，因此，要充分认识到改革的长期性与艰巨性，使改革稳步前进。像苏联这样的大国，旧体制有 70 多年的历史，如果在改革过程中只看到改革的迫切性而忽视其长期性，容易出现失误，会提出一些不切实际的改革纲领。

第四，微观与宏观改革措施相结合问题。戈尔巴乔夫时期的改革，没有使微观与宏观改革措施衔接起来。微观搞活了，宏观调控措施又跟不上，出现宏观失控。在企业经营机制改革过程中，形成了这样的局面：一方面刺激生产的机制十分弱；另一方面刺激分配的机制的作用却加强。最后的结果是，生产没有发展，而货币工资却大大增加，加剧了通货膨胀，助长了企业小集团利益的膨胀。

出现的另一种情况是，由于宏观调控措施不恰当，难以使微观搞活，像国家订货一度成了变相的指令性指标，这又卡死了企业。

（四）政治体制改革从失控到迷失方向，使它对经济体制改革起不到促进作用

到了 1988 年，戈尔巴乔夫认识到经济体制改革的阻力主要来自政治体制，下决心进行政治体制改革，这一思路并没有错，问题是如何进行，如何能使政治与经济体制改革互相推动。可是，苏联 1988 年以后推行的政治体制改革，又搞得过激，一下子铺得太宽。结果是旧的政治体制被摧毁，新的又未运转起来，人们的思想倒被搞乱了。这样，正如戈尔巴乔夫自己说的：苏联这艘船成了无锚之舟。它飘落摇曳，大家也随着摇晃。政治体制改革过激产生的主要问题有：

第一，推行"民主化"无度，"公开性"无边，结果是，在全国范围内出现了无政府状态，中央控制不了地方，法律约束不了行动，劳动纪律

松弛，在推行各项政策时，往往出现令不行禁不止的局面。改革失去了稳定的环境，难以做到改革、发展与稳定三者关系的有机结合。这些情况，在很大程度上影响了社会生活的正常进行，既阻碍了经济的发展，也阻碍了改革。

第二，在实行党政分开的过程中，由于行动过快，缺乏周密安排，形成了权力真空。在实行党政分开的政治体制方针后，戈尔巴乔夫提出一切权力归苏维埃，同时还大大精简政府行政机关和裁减人员。苏联政府原有51个部，后减为28个部。这样一来，政府的权力大大削弱了，政府十分软弱。最后使经济、经济改革等重大问题，处于"三不管"的局面：党无权管，最高苏维埃无力管，政府无法管。

第三，在对待干部问题上出现了偏差。主要表现在三个方面：（1）在推行改革政策时，适当地调整干部是必要的，但戈尔巴乔夫执政后，干部调整过多，过于频繁。仅1988年一年，被撤换的各级领导干部达13000多人，其中部长级的60多人，共和国、州委一级的达30%—40%。苏联部长会议成员几乎全部撤换。（2）1987年召开的苏共中央一月全会，集中讨论了干部问题，目的是消除改革来自干部方面的阻力。但把干部的责任提得十分尖锐，使一部分干部精神很紧张，使他们不能以积极态度来对待各项决议。（3）在党的威信下降、党的权力削弱的情况下，有相当多的党的干部，无心工作，更多地考虑自己未来的前途。另外，又看到当时东欧国家政局剧变后党的干部受到冲击，面临失业威胁，更对自己的前途增加忧虑。这些因素，也严重影响着苏联经济改革的顺利发展。

第四，1988年推行政治体制改革后，戈尔巴乔夫对苏联政治形势的发展在相当程度上处于失控状态，被牵着鼻子走，不得不把主要精力花在处理不断出现的社会政治问题上。1988年一年，就开了八次中央全会，两次人民代表大会，两次最高苏维埃会议。在这样的情况下，不可能集中精力来抓经济和经济改革问题。另外，在批判旧的政治体制时，又过多地纠缠历史旧账，强调不留历史"空白点"，引发出一场又一场的大争论，在争论中，又缺乏正确引导，从而出现了对历史否定过头、人们思想混乱、党的威信急剧下降，最后导致苏共垮台，使改革失去了坚强的政治领导核心。对出现的民族问题的复杂性、尖锐性又估计不足。这些情况，对苏联解体都起了作用。

（五）戈尔巴乔夫把政治领域中实行的妥协策略，运用到经济体制改革中，导致经济改革踏步不前

从戈尔巴乔夫执政以来的情况看，他的政治策略是一种妥协策略，这是十分明显的。他利用一个极端来削弱另一个极端。在苏共二十八大，无论苏共纲领，还是他的政治报告，一方面尽量吸取激进派的观点，另一方面又吸收传统派的观点，从而保证以他为代表的主流派的纲领和主张得以通过。戈尔巴乔夫还善于使自己的今天与自己的昨天、明天妥协，即善于不断变化。他在政治领域中采用的妥协策略，在苏联存在各种政治势力、各种思想和流派的情况下，在社会严重动荡的情况下，对稳住他的领导地位，无疑是有用的。但是，这种妥协策略，运用到经济体制改革中来，就会带来十分有害的影响。

第一，要使经济体制改革取得成功，十分重要的一点是，正确的改革方针、方案和措施，一旦以决议的方式确定下来之后，就必须坚决地执行，不能因受到各种阻力而摇摇摆摆。这样会使改革缺乏连贯性和系统性，往往使改革半途而废。妥协策略的一个重要弱点是政策多变。在经济体制改革方面，这类事例甚多。如 1987 年通过的企业法规定，劳动集体是企业的全权主人，为此，企业要实行自治，企业领导人要选举产生，但因执行过程中产生了一些问题，不久就取消了自治制度和选举制度。又如，为了使企业成为真正独立的商品生产者，发展商品货币关系，规定要尽快改革价格制度。但由于遇到阻力而一拖再拖。为此，雷日科夫在苏共二十八大的工作汇报中指出："不管选择价格形成中的哪种方案，不进行价格改革就无法形成市场的道路。要是像 1988 年那样，表现出不坚决，再次把这样异常复杂但却是客观上必要的任务推迟'以后'去完成，这将是最大的错误。"妥协策略的软弱性还在改革方法上体现出来。按苏联原来的计划，1988 年提出零售价格改革若干方案，1989 年第一季度进行全民讨论。这次进行零售价格改革时，甚至有人主张全民表决。在苏联 70 多年传统体制下生活的人，他们大多数人的心态是："多挣钱、少干活、不涨价。"在这种情况下，通过全民表决来决定改革零售价格问题，其结果是可想而知的。

第二，使各项经济体制改革的决议内容本身包含着很多矛盾，很难在实际中推行。就《苏联所有制法》和《苏联和各加盟共和国土地立法原则》举例来讲，就是各种政治力量妥协的产物。因此，很多问题含糊不清，自相矛盾。以是否存在私有制为例，激进派认为，这两个法没有给私有制留下一席之地，改革难以进行；传统派则坚决反对出现私有制概念。为了调和这两种不同的立场，在所有制法中用了含有私有制含义的个人所有制和农户所有制等概念。但两个法律通过不久，就遭到很多人的异议，在苏共二十八大纲领声明中，不得不明确地使用劳动私有制的概念。

第三，政策多变使经济体制改革的方针变得模糊不清，使改革的积极支持者和拥护者弄不清改革的方向。这样，改革的拥护者日益减少，对改革领导人信任程度降低，甚至连一些有名的为改革出谋划策的学者，也感到摸不清戈尔巴乔夫经济改革的底牌是什么，究竟朝什么方向发展。

戈尔巴乔夫在经济体制改革方面的上述错误，使苏联经济在困境中越陷越深，是改革彻底失败的一个重要原因。

三　改革失败加速了苏联剧变的进程

有关苏联剧变与戈尔巴乔夫的关系问题，至今还存在不同的看法。有人认为，苏联发生剧变完全是戈尔巴乔夫的责任，说是戈尔巴乔夫对苏联社会主义叛变行为的结果，甚至说他是叛徒。在这里笔者只是从戈尔巴乔夫改革与苏联剧变关系进行简要的分析，提出一些看法，以求得批评指正。

（一）先从苏联剧变的根本原因说起

我认为，20 世纪 80 年代末 90 年代初，苏联东欧各国先后发生剧变，根本原因或者说深层次原因是斯大林苏联社会主义模式丧失了动力机制，它的弊端日趋严重，成了社会经济发展的主要阻力，这种模式走不下去了，走进了死胡同。之所以发展到这种严重地步，主要原因有二：一是斯大林苏联社会主义模式的弊端带有制度性与根本性的特点；二是斯大林逝世后的历次改革，都没有从根本上触动斯大林苏联社会主义模式。这种制度模式，其问题与矛盾日积月累，最后积重难返，使危机总爆发，苏联东欧各国人民对其失去了信任。换言之，当这些国家人民看到世界发展的情况，发现自己的国家大大落后了，除了产生屈辱感外，人们要继续前进，振兴自己的国家，那就只好抛弃斯大林苏联社会主义模式，寻觅另一种社会发展道路。也正是这个原因，苏联东欧各国在发生剧变后，无一例外地都宣布彻底与斯大林时期形成与发展起来的苏联社会主义模式决裂，朝着经济市场化、政治民主化方向转轨。[①]

（二）戈尔巴乔夫改革失败与剧变的关系

人所共知，戈尔巴乔夫上台执政时，苏联面临的是严重社会经济与政治危机的局势。戈尔巴乔夫力图通过改革来重建苏联，改变局面。但是，戈尔巴乔夫时期的改革失败了，从而加速了苏联剧变的进程。苏联剧变发生在戈尔巴乔夫执政时期，这是不争的历史事实，但发生在戈尔巴乔夫时期，这有其十分复杂的原因，主要是以下三个因素相互作用的结果。一是经济体制改革本身的严重错误，最后导致出现严重的经济危机；二是政治体制改革的严重错误，逐步迷失了改革的方向，使苏共失去了领导地位，从而在苏联失去了领导改革的政治核心力量，最后导致政治局势失控，出现大动荡；三是存在严重的阻碍机制。

关于阻碍机制问题我们在前面已作了较为详细的论述，到了戈尔巴乔夫时期其作用是不能低估的。

根据各种情况的综合分析，笔者认为，在梳理戈尔巴乔夫时期改革与苏联剧变关系问题时，应该做出以下两个不同层次的结论：

第一，戈尔巴乔夫改革的严重错误，特别是后期改革迷失方向，加速了苏联剧变的进程，是苏联剧变的直接原因。

第二，更应看到，苏联的剧变有其十分深刻的深层次的历史原因。正

---

① 这里提出的关于苏联和东欧各国剧变根本原因的基本观点，是作者从 1989 年以来一直坚持的看法，详见宫达非主编的《中国著名学者苏联剧变新探》一书，世界知识出版社 1998 年版，第 216—220 页。

如有些学者指出的，"如仅仅停留在戈尔巴乔夫改革错误这一直接原因去分析苏联剧变，只能是一种浅层次的认识"，因为："从历史的角度看，任何一件大事的发生总有它的基础的导因，这种基础因素是决定性的，是历史发展中带有必然性性质的东西，由于它们的存在，导致事物在一段时期内的结束。"因此，在指出戈尔巴乔夫在苏联剧变问题上负有不可推卸的责任的同时，应该看到，"这种责任只能是直接意义和浅层次上的，是表面上的，属于导因性质，它诱发了社会内部长期以来的根本矛盾，离开了这些根本矛盾，戈尔巴乔夫的作用便无法去理解，也不可能存在"。① 就是说，不要因为苏联剧变发生在戈尔巴乔夫执政时期，而忽略了苏联历史上长期积累下来的问题，忽略引起质变的诱因，忽略量变背后更为重要的起决定性作用的东西。弄清楚这个因果关系，才能对戈尔巴乔夫的改革失败做出全面的符合实际的总结，为我们提供的深刻教训。

（三）戈尔巴乔夫与东欧剧变的关系

1989 年下半年波兰第一个发生剧变，接着东欧各国像多米诺骨牌一样一个接一个地垮台。

有些学者把东欧剧变的原因归结为戈尔巴乔夫的人道的、民主的社会主义路线和对东欧的政策。这些结论是值得商榷的。

第一，要分析一下人道的、民主的社会主义是在怎样的条件下提出的。1985 年 3 月 11 日戈尔巴乔夫执政后，就着手进行经济体制改革，1986 年 2 月提出"根本的经济改革"方针。强调苏联的政策是在"有计划地全面地完善社会主义"的方针下进行的。但后来发现，经济改革遇到很大阻力，1987 年苏共中央一月全会对前几年推行的改革进程进行了分析，得出的一个重要结论是：改革的阻力在很大程度上是来自于对社会主义概念的教条主义理解而产生的保守主义思想。当时苏共认为，必须迅速改变社会意识，改变人们的心理与思维方式，否则改革就难以推进与取得成功。1987 年的下半年，戈尔巴乔夫的《改革与新思维》一书出版，接着，在庆祝十月革命 70 周年的大会上又作了题为《十月革命与改革：革

---

① 《当代世界社会主义问题》1992 年第 1 期。

命在继续》的报告。这期间，戈尔巴乔夫对传统的社会主义理论概念进行了分析与批判，提出改革的最终目的是使社会主义"具有现代化的社会组织形式"，充分揭示了社会主义制度的"人道主义本质"。从戈尔巴乔夫发表的论著与讲话看，有关社会主义的主要论点有：目前的社会主义概念还停留在20世纪30—40年代的水平上，而那时苏联面临的是完全不同于现在的任务；在苏联并没有完全贯彻列宁的社会主义思想；苏联改革的目的是从理论和实践上完全"恢复列宁的社会主义概念"。到了1988年6月，戈尔巴乔夫在苏共第十九次全国代表会议的报告中，首次提出了"民主的、人道的社会主义"这一概念。但这次代表会议的决议并未采用这一概念，即尚未被全党接受。1989年11月26日，戈尔巴乔夫在《真理报》发表了《社会主义思想与革命性改革》一文，系统地论述了"民主的、人道的社会主义"的概念。1990年召开的苏共中央二月全会，通过的向二十八大提出的苏共纲领草案中，才作为党的正式文件用了"走向人道的、民主的社会主义"概念。这个概念大致包括以下内容：人道主义与自由，强调人是社会发展的目的；公有化的和高效率的经济；社会公正；真正的人民政权；高度的文化素养和道德；主张和平与合作。

从上述分析看，"人道的、民主的社会主义"概念到1990年才正式形成，在苏联也仅在付诸实践之中，而东欧国家1989年就先后发生了剧变。当时人们并不十分清楚戈尔巴乔夫的人道的、民主的社会主义是什么含义。

第二，再分析一下戈尔巴乔夫对东欧的政策。1987年4月，戈尔巴乔夫访问捷克斯洛伐克的讲话，被认为是苏联对东欧政策转折性的标志。在这次讲话中，他谈了苏联对东欧国家政策的一些最主要的原则：在社会主义国家中，"谁也无权追求特殊地位"，"各国经济上应互助互利"，"政治上应以平等和相互负责为基础"，"各国党对本国人民负责，有权自主解决本国发生的各种问题"。这次讲话也谈了要"协调行动"，"关心共同利益"，"不能只关心自己利益"。与过去明显不同的是，戈尔巴乔夫明确宣布，东欧各国在国内建设上不必像过去那样把苏联的经验当作样板，可以从本国特点出发，制定自己的改革政策，不必遵守苏联制定的共同规律等。在外交上也不再强调一致行动。在庆祝十月革命70周年大会的报告中，他还首次把"和平共处原则"列为社会主义国家关系中"必须遵守的原则"。

可以说，戈尔巴乔夫对东欧政策的调整内容无可指责。2002 年 1 月 25—27 日，北京大学国际关系学院召开了《冷战后世界社会主义运动》学术讨论会。在会上，我向俄罗斯著名历史学家罗伊·麦德维杰夫教授提出一个问题：当东欧各国先后发生剧变时，当时的苏联、戈尔巴乔夫能做些什么？他回答说："可考虑的只能做两件事：一是提供大量经济援助；二是军事镇压。"他接着说，从客观情况来看，提供经济援助对当时的苏联来说是不可能的，因苏联本身经济处于极其困难状况。至于军事镇压，那是不可想象的事。这些都说明，当东欧各国广大民众起来斗争，要求抛弃强加在他们国家的斯大林苏联社会主义模式，寻觅新的社会发展道路时，不论是提供经济援助还是军事镇压都无济于事。戈尔巴乔夫在其后的著作中也写道："还有人说，我们失去了东欧的盟友，在没有得到补偿的情况下把这些国家'交出去了'。但是，我们把他们'交'给谁了呢？交给了他们自己的人民。那些在自由表达意愿的过程中选择了符合他们民族要求发展道路的人民。"有人提出，当时戈尔巴乔夫应"拯救"东欧各国，他回答说："'拯救'它只有一个办法了——开坦克进去（就像 1968 年在捷克斯洛伐克一样）……还有就是这样做会带来一切可能的后果，包括发生全欧战争。"[①]

实际上，东欧各国先后发生剧变后，在 1990 年召开的苏共二十八大上就讨论了这个问题：苏联，当然主要是戈尔巴乔夫应负什么责任，是不是苏联外交的惨败。时任外交部长谢瓦尔德纳泽在大会上发言时，有位代表向他发问的一个问题。外长回答说："如果我们的外交尽力不让邻国发生变化，如果因此而使我们同他们的关系恶化和激化，那才是惨败。苏联外交没有也不可能抱着这样一个目的：反对别国消除别人强加给它们的、与它们格格不入的行政命令制度和极权主义政权。这样做就会违反我们自己行动的逻辑和新政治思维的原则。再有，即使东欧发生的事不符合我们

---

① ［俄］米哈伊尔·戈尔巴乔夫著、徐葵译：《对过去与未来的思考》，新华出版社 2002 年版，第 259 页。

的利益，我们也决不会干涉这些国家的事务。这样的干涉是不可取的，因为我们今天不是在口头上，而是在行动上承认国家平等、人民主权、不干涉它们的事务，承认有自由选择的权利。采取任何别的立场，就是滑向十足的沙文主义和帝国大国主义，这是违背真正共产党人一贯宣布的那些原则的。"① 苏共中央国际部部长瓦·米法林代表"苏共国际活动"小组发言时指出："把多数东欧国家共产党失去领导作用同我们的改革联系起来，完全是无稽之谈。小组会列举了许多事实，证明苏共中央了解这些国家的潜在进程，并在不干涉内部事务和尊重各国人民选择权利原则的情况下，努力对局势施加影响。"足以说明问题的是，从 1986 年起，戈尔巴乔夫同东欧国家领导人举行了 103 次会晤，苏共中央其他领导人同他们举行了 147 次会晤。②

（四）对戈尔巴乔夫时期的研究应注意的问题

第一，戈尔巴乔夫的改革失败了，但不能因此对其在改革过程中、在对苏联社会主义重新思考基础上提出的新看法，采取简单的完全的否定。例如，戈尔巴乔夫一再强调，要把解决人的问题作为改革的指导思想，一切事情都必须从人出发。戈尔巴乔夫之所以把民主的、人道的社会主义与解决人与人权问题联系起来，这是因为传统体制的一个根本要害问题是践踏了人，不尊重人的社会价值和尊严，把人视为集权管理体制上的一个螺丝钉。这样，使广大劳动者疏远政权、公有制与管理，使人的精神与肉体处于麻木的半睡眠状态，导致思想的单一化和停滞不前，社会缺乏活力，从而产生异化，严重挫伤人民群众的积极性，生产效益低下，浪费严重，最终结果是使社会主义濒临危机，无法体现社会主义的优越性。这些理论观点，是值得我们去研究的。

第二，对戈尔巴乔夫的改革与其本人的研究，由于十分复杂，有些问题不能说已弄得十分清楚了，因此，在一些问题上存在一些不同的看法是

---

① ［苏］《真理报》1990 年 7 月 5 日。

② 《苏联共产党第二十八次代表大会主要文件资料汇编》，人民出版社 1991 年版，第 222—223、454 页。

十分自然的，也是不可避免的，再说，不同意见的争论，对深化研究也是有益的。戈尔巴乔夫执政近 7 年，在苏联历史上是一个十分重要的时期，正如俄罗斯总统普京于 2001 年 3 月 2 日向戈尔巴乔夫祝贺 70 寿辰的信中说的："应该把戈尔巴乔夫的名字与整个时代联系在一起。"站在这样一个高度研究这一时期的苏联与改革，有利于研究的深化。

那种把戈尔巴乔夫执政时期的改革，不论从整个国家来说，还是对戈尔巴乔夫个人来说，说成"改革早已成为一系列大大小小的背叛行为"，说戈尔巴乔夫"一次再次宣誓忠于社会主义，以此为烟幕，暗中实际上进行改变社会主义制度的准备"。① 在笔者看来，这些结论，并不符合戈尔巴乔夫执政近 7 年的过程中的行为。举一个简单的例子，戈尔巴乔夫到他执政最后一刻，还在为维护联盟作努力。1989 年年底以前，戈尔巴乔夫从未表明过有实行多党制的意向，后来，与叶利钦斗争过程中不断妥协，到 1990 年 3 月才同意修改宪法第 6 条。这怎么能说，戈尔巴乔夫的改革早已成为一系列背叛行为呢？的确应该理性地来研究戈尔巴乔夫执政时期的改革。

第三，讨论戈尔巴乔夫执政时期的各种重大问题，都应该本着"双百方针"的精神进行，不要把不同意见和不认为戈尔巴乔夫是叛徒的人，说成是"为一个社会主义的叛徒开脱和辩护"。② 这种扣政治大帽子的做法不利于开展正常的学术讨论，也达不到追求真理的目的。

（原载陆南泉等主编：《苏联真相——对 101 个重要问题的再思考》中册，新华出版社 2010 年版，第 1144—1164 页。）

---

① ［俄］尼·雷日科夫著、王攀等译：《大动荡的十年》，中央编译出版社 1998 年版，第 380 页。

② 《真理的追求》2001 年第 6 期。

斯大林模式社会主义的教训:
苏联剧变 20 年之际的再思考

　　1991 年 12 月 25 日戈尔巴乔夫宣布辞去总统职务,接着在 26 日苏联最高苏维埃共和国院举行最后一次会议,以举手表决的方式通过宣布苏联不存在的宣言。

　　转眼间,苏联发生剧变 20 年过去了。无疑它是 20 世纪最重大的历史事件之一,因为,这不只意味着一个超级大国崩溃,不单单标志着战后长达半个世纪之久的东西方“冷战”与苏美两极世界格局的结束,更为重要的是意味着长达近 70 年之久的苏联社会主义与战后建立的一大批东欧国家社会主义试验的失败。因此,这一事件比巴黎公社失败所包含的内容与提供的教训要丰富与深刻得多。这也是引起国内外关注的原因。我国学术界进行了很多研究,取得了很大进展。但亦应看到,至今在不少问题上特别在苏联剧变根本原因这一重要问题上存有不同看法,而产生分歧的深层原因往往与对斯大林模式社会主义不同认识及评价相关。在苏联剧变 20 年之后的今天,我们亦应该冷静下来,对斯大林模式社会主义进行再思考。同时,我们应根据当今中国的情况,认真思考从斯大林模式社会主义的失败中吸取什么教训。

一　有关苏联剧变根本原因若干问题的看法

(一)　先从剧变的含义谈起
　　在这里我用“剧变”一词,它所包含的内容有:(1)列宁亲手缔造的、有93年历史和拥有1800万党员的、在苏联已执政74年之久的苏联共产党，在短短的时间内被冲垮，丧失了执政党的地位；（2）存在69年之久的苏维埃社会主义共和国联盟解体，原有的15个加盟共和国宣布独立；（3）苏联解体后宣布独立的15个加盟共和国，无一例外地宣布彻底与斯大林时期形成与发展起来的高度集中的政治、经济体制决裂，朝着经济市场化、政治民主化方向的体制转型；（4）俄罗斯和其他从苏联独立出来各国，不再坚持原来的社会主义作为发展方向，体制改革也不再以对斯大林—苏联模式的社会主义制度的完善与发展，而是朝着人类社会创造的共同文明方向发展。

（二）中国对苏东剧变研究大体经历的三个阶段

第一个阶段，东欧开始发生剧变的时候，不少人认为，苏共是列宁创造的党，它的基础比较牢固，不至于发生剧变，但结果到1991年12月25日苏联就发生剧变。从波兰开始，一直到苏联垮台，我们一开始研究这个问题的时候，很多人认为这是西方"和平演变"的结果，是外因起主要作用，这是第一个阶段。

第一阶段时间很短，很快转入第二阶段。大家认识到，外因论，即用西方国家"和平演变"来说明苏联发生剧变的根本原因，从理论上站不住脚，也跟马克思唯物主义不相符合，因为起主要作用的肯定是内因。于是大家就从各个角度来研究苏东剧变的内在原因，有的从民族问题，有的从体制问题，有的从经济问题，有的从对外霸权、外交政策等角度研究这个问题。应该说取得了很大进展。

第三个阶段是从1996年开始，大家经过第二阶段研究后就意识到，从各个角度研究是必要的，但是总得找出一个根本性的、深层次的原因。从中央领导一直到学术界都提出这样的问题：苏联剧变是各种因素综合作用的结果，即是一种"合力"的结果，这亦是大家较为认同的看法，但问题是，如何根据历史唯物主义、辩证法，找出苏联剧变的带有根本性的、深层次原因，或者说起主导作用的因素。正如毛泽东同志指出的："任何过程如果有多数矛盾存在的话，其中必定有一种是主要的，起着领导的、决定的作用。"① 因此，在分析问题时，不能简单地把各种有关的因素，甲乙丙丁地加以罗列，不分主次，更不能采取实用主义的态度，对苏联剧变过程中呈现出的种种现象，任意夸大或缩小某个因素的作用。

（三）两种不同的观点

多年来，在探究苏联剧变的根本性、深层次原因问题上，国内学界一直存在两种观点，一种观点认为，苏共的蜕化变质是主因，而苏共蜕变往往又归咎于苏共个别领导人的叛变，特别是戈尔巴乔夫领导集团"逐渐脱离乃至最终背叛马克思主义的结果"，甚至说他是共产主义叛徒，有人把这一观点称为"叛徒论"；另一种观点则认为，斯大林—苏联模式的长期未进行根本性改革才导致苏联剧变的发生。笔者一直坚持后一种看法。就是说由于斯大林—苏联模式长期未能进行根本性的改革，这种社会主义制度已走不下去了，已走入死胡同。斯大林—苏联模式的社会主义，在政治与经济体制方面的弊端，带有制度性与根本性的特点。正如普京讲的："苏维埃政权没有使国家繁荣，社会昌盛，人民自由。用意识形态的方式搞经济导致我国远远落后于发达国家。无论承认这一点有多么痛苦，但是我们将近 70 年都在一条死胡同里发展，这条道路偏离了人类文明的康庄大道。"2010 年 5 月 7 日，俄罗斯总统梅德韦杰夫在接受《消息报》的访谈时说："坦率地说，苏联政权……只能被称为极权政权。在这个政权统治下，基本的权利和自由受到压制。"在保加利亚主政 35 年的日夫科夫，谈到苏东剧变原因时指出，最让人失望的是对社会主义本质问题没有完全弄清楚，在很大程度上理解为像斯大林著作中所定型的那样。而这种情况，在斯大林死后一直保留下来。这里指的是斯大林所确定的社会主义原则。而几十年来，社会主义就是按照那些为它后来的跨台奠定了基础的原则建立起来的。② 中国社科院前院长胡绳同志指出："20 世纪的历史经验，并不证明社会主义制度已经灭亡，但的确证明社会主义制度必须改革。在

---

① 《毛泽东选集》第 1 卷，人民出版社 1991 年版，第 322 页。

② 参见［保］托尔多·日夫科夫著、吴锡俊等译：《日夫科夫回忆录》，新华出版社 1999 年版，第 226—229 页。

20 世纪大部分时间通行的社会主义模式并不是唯一可能的模式，随着世纪的更替，新的模式正在促成社会主义的更生。"①

笔者认为，本来不应把讲体制的问题跟讲党的问题对立起来，因为，党的问题只有从制度层面去分析才能得出正确的结论。不从制度层面去分析党的问题，立即就会产生一个问题，苏共长期以来存在的严重弊端，如高度集权、缺乏民主与有效的监督机制、领导干部思想僵化、脱离群众、破坏法制、个人迷信和特权盛行、不断出现政策失误，等等，是由什么造成的？十分明显这些严重的弊端是在斯大林—苏联模式的社会主义制度基础上产生的，产生后又由这种制度保证上述弊端的长期存在并发展。因此当斯大林—苏联模式被抛弃时，必然也抛弃了由这种制度模式保证其生存的苏共。这里还应指出的是，正如前面已提到的，有人在分析党的问题时，实际上主要归咎于赫鲁晓夫特别是戈尔巴乔夫这两个社会主义"叛徒"，这并不符合史实。有人在文章中，提出了一个非常重要、令人深思的问题："一个有着将近 2000 万党员的大党，就这样在执政 74 年之后丢掉了执政地位，整个党也随之溃散。迄今为止，无论是在中央还是地方的历史档案中，人们都没有发现在敌对势力取缔共产党时遇到来自党的各级组织进行抵抗的记载，没有发现共产党员们有组织地集合起来为保卫自己的区委、市委或州委而举行的任何大规模抗议活动的记载，也没有发现人民群众为支持、声援苏共而采取任何有组织的记载。"遗憾的是，提出问题的作者并没回答这个问题。实际上，回答这个问题并不难，简单地说，那就是因为广大党员与人民对苏共以及由其领导的社会主义制度已出现信任危机。可以说，是人民抛弃了既没有民主又没有法制的斯大林—苏联模式的社会主义，与此同时亦抛弃了不是先进生产力、先进思想与人民利益代表的苏共。

（四）产生上述两种不同观点的深层原因

第一，对斯大林—苏联模式的社会主义的不同看法，从本质上来讲，从其主要的内容来讲这一模式是不是可以视为科学社会主义？我认为不

---

① 《胡绳全书》第 3 卷（上），人民出版社 1998 年版，第 275 页。

是,所以在我看来,必须通过根本性改革来改变这种模式,这是我的基本观点;另外一种人的观点是认为斯大林的模式,从本质上讲是可以视为科学社会主义的,所以他们往往为这个模式进行辩护。有人说,中国在改革过程中所出现的问题是偏离苏联模式的结果。谁要批判与否定斯大林模式就认为这是否定"无产阶级专政、社会主义基本制度、社会主义意识形态、共产党的领导"。甚至说,否定斯大林模式,是"意在否定社会主义制度,使中国走上苏联剧变的道路"。这是"力图把苏联已经发生的惨痛教训在中国重演"①,似乎中国只有走斯大林—苏联模式的社会主义的老路才能有前途。如果有人揭示斯大林在历史上的错误,就会批判你否定党的领袖,并认为这是导致苏联剧变的第一个原因。在另一些人看来,重新认识与批判斯大林在历史上犯下的种种错误乃至罪行,是历史虚无主义。

正当我国的改革处于深化与关系到我国实现伟大复兴的关键时期,有人为了维护从本质上、在主要方面不体现科学社会主义的斯大林模式,其观点甚至发展到不顾历史事实、不顾中国前途命运的地步。这在客观上必然阻碍中国的改革与中国特色社会主义道路进一步发展。这是第一个分歧点。

第二,与上一个问题相关,斯大林模式的社会主义是不是社会主义的基本制度?有人说反映斯大林苏联模式的制度和它的体制,在某些方面尽管有缺点,但是它毕竟是社会主义的基本制度。我认为,它并不能构成社会主义的基本制度。如果我们承认斯大林模式是一种基本的社会主义制度,等于给我们自己的改革加上一个紧箍咒,你要改革就要改造这个制度,那你就动不了了,一动就是修正主义,是反马克思主义。

这里,我们不妨看看斯大林—苏联模式的主要内容:

1. 决定社会经济性质起决定性作用的是生产资料占有方式。斯大林在苏联建立的公有制有两种形式:一是以国有企业为代表的全民所有制,被认为是社会主义公有制的最高形式;二是以集体农庄为代表的集体所有制,它是公有制的低级形式,应该尽快向全民所有制这一最高形式过渡。国有企业是社会主义公有制的最高形式的理论,实际上并不来源于马克思

---

① 刘书林等著:《斯大林评价的历史与现实》,社会科学文献出版社 2009 年版,第 2、5 页。

主义，而是来源于斯大林主义。从斯大林的苏联社会主义实践中可以看到，苏联那种国有制，支配生产资料的不是社会的人，劳动者并没有取得他们用于集体劳动的生产资料的个人所有权，实际上支配生产资料的是党、国家和斯大林。

2. 从政治上来讲，斯大林模式主要包括实行一党制，主要问题都由党决定；党政合一，党国合一；实行不受法律限制的无产阶级专政；贯彻民主集中制原则过程中，实际上搞的是没有广泛民主（包括党内民主）基础的集中制，把权力集中在少数人手里，最后集中在斯大林一个人手里；对文化、意识形态严加控制，斯大林垄断了马克思列宁主义的解释权。在这些条件下形成的是高度集权的政治体制模式，最后发展成斯大林个人集权主义乃至专制主义。斯大林搞的是个人极权主义。

3. 在社会主义建设与社会改造过程中，在强大的阶级斗争压力下，用强制乃至暴力的手段，实行称之为斯大林的超高速工业化与农业全盘集体化的道路。

4. 以公有经济为基础和以产品经济观为理论，建立起与高度集权的政治体制模式相适应的高度集中的、指令性的计划经济体制模式。

5. 在民族问题上，历史实践表明，斯大林实际上是把联邦制度变形为事实上的单一制，斯大林执政时期，随着政治权力日益集中在中央，集中在斯大林一个人手里，各加盟共和国的独立自主权大大削弱，民族自决权的原则实际上流于形式。

6. 斯大林模式在对外关系方面，往往表现为实行扩张与霸权主义。

7. 一系列赖以形成斯大林模式的理论：如"一国社会主义"；不受法律限制的无产阶级专政；"阶级斗争尖锐化"；国有企业是社会主义公有制最高形式；社会主义是产品经济；个体农民是"最后一个资本主义阶级"；等等。

我们上面所列举的构成斯大林模式的一些主要方面，它们相互之间有着密切的联系，互相促进，相互制约，互为条件。

随着对苏联社会主义模式研究的深入，对斯大林时期确立的斯大林模式的认识也有了很大变化，但占主导地位的看法是，它是社会主义的严重变形和扭曲。布坚科认为："根据现在的全部情况，是否应当这样说才是正确的：由于 30 年代末我国历史性建设新社会的特点，苏联建成的社会主义是斯大林式的，即国家行政，国家官僚、兵营式的社会主义，而不是科学共产主义奠基人所预见的社会主义。"① 有些学者把斯大林模式视为"国家社会主义"、"党权国家主义"、"早期社会主义"或"封建社会主义"。戈尔巴乔夫认为，斯大林时期在苏联建成的社会主义，"占上风的是僵硬的甚至残酷的极权主义制度。这种制度当然是在演变的，在斯大林死后，它的残酷性略有削弱，变得缓和些。但实质依然故我"。"归根到底，大家看到，苏联所实现的'模式'不是社会主义社会的模式，而是极权主义社会的模式。这对所有认真追求人类进步的人来说，都是值得进行思考的一个严肃的问题。"②

这里不能不提到苏联学者 B. 基谢廖夫的看法。他认为，斯大林模式的突出特点是：

"——全面集中管理社会生活的所有领域，将行政命令方法与国家恐怖手段相结合，直至组织大规模镇压和建立强制性劳动的集中营；

——粗放和浪费的经济和政治机制，在这种机制下，完全取消了依据社会效益来评价成果；

——否认从前的民主化形式的价值，取消群众管理和民主制度的形式；否认自治思想，政权的神圣化直至到个人崇拜；

——社会生活甚至不受形式的民主程序控制；把党和国家的机关结为一体；执行机关监督选举机关；执法机关脱离法律和社会，其结果是独断专行。"他接着指出："所有这些变形的'兵营式共产主义'的特点，与马克思、恩格斯、列宁为之奋斗的自治社会主义和社会解放的理念是格格不入的。"③

这里我们不妨看看斯大林大模式的社会主义与马克思、恩格斯设想的

---

① 转引自［苏］尤里·阿法纳西耶夫编、王复士等译：《别无选择》，辽宁大学出版社 1989 年版，第 764 页。

② ［俄］米哈伊尔·戈尔巴乔夫著：《对过去与未来的思考》，新华出版社 2002 年版，第 19、29 页。

③ 参见［苏］尤里·阿法纳西耶夫编、王复士等译：《别无选择》，辽宁大学出版社 1989 年版，第 492 页。

区别：从政治上说，在马克思、恩格斯看来，无产阶级在夺取政权后，近期目标是发展民主，使无产阶级与广大劳动群众成为国家和社会的真正主人。而长远的目标是，运用无产阶级国家的权力，消灭阶级与阶级对立存在的条件，使得社会成为"每个人的自由发展是一切人自由发展的条件"的"联合体"。这也是马克思、恩格斯的社会理想。这个理想的核心是人道主义。在马克思主义经典作家看来，共产主义与"真正的人道主义"是画等号的。从所有制说，马克思主义的基本理论是：取代资本主义的新的社会主义生产方式将是实现劳动者与生产资料所有权的统一，它是"联合起来的社会个人所有制"。马克思认为：这种所有制具有以下两个方面相互密切相关的本质内涵：一是劳动者集体共同占有和使用生产资料，任何个人均无权分割生产资料；二是在用于集体劳动的生产资料中，每个劳动者都享有一定的生产资料所有权。这就是"在自由联合的劳动条件下"实现劳动者与生产资料所有权相统一的具体形式。可见，不论从政治还是从经济上看，斯大林模式与马克思主义经典作家设想得相距甚远，它不可能到达科学社会主义的彼岸。所以在这个问题上的分歧，是对苏联剧变根本原因持不同看法的又一个重要内在因素。

第三，对剧变在俄罗斯历史发展进程评价不同。我认为，尽管俄罗斯在转型初期出现了不少问题并发生过严重的转型的危机，有几年老百姓生活相当困难，但20年来，俄罗斯通过政治体制的改革，使一党垄断、党政融合、议行合一、高度集权、缺乏民主、高度集权等为特征的斯大林模式的社会主义政治体制不复存在，而是过渡到以总统设置、多党制议会民主、三权分立、自由选举等为特征的西方式宪政制度模式。应该说，这对作为苏联继承国的俄罗斯来讲，是政治体制的一个质的变化，它有利于克服那种高度集权、缺乏民主的政治体制所存在的种种严重弊端，使广大俄罗斯人民得到在苏联时期不可能得到的民主与自由。总的来说，俄罗斯经历了20年的政治体制转型，民主政治有了进展。在梅德韦杰夫看来，俄罗斯已经是个民主国家，尽管这种民主是年轻的、不成熟的、不完善的，还处于民主发展道路上的起点。从经济转型情况来看，俄罗斯在1996年形成了市场经济体制框架，经过不断改革与完善，现在国际上也承认它的市场经济地位。当然，它离文明的市场经济还有很长一段路要走，转型任务远未完成。由于实行了以市场经济为目标的转型,对经济发展与人民生活改善都起了积极作用。俄罗斯经历转型危机后,经济转入较快增长时期,它从 1999 年经济开始恢复增长至 2008 年 10 年,GDP 年均增长率为 7%。1999 年人均 GDP 为 1210 美元,到 2010 年超过了 1 万美元。从 1999 年到 2010 年居民月均收入增加了 10 倍。现俄罗斯月均工资约为 700 美元。贫困人口从 2000 年的 4230 万人减少到 2010 年的 1810 万人,占全俄人口总数的 13.4%。俄罗斯贫困费的标准为日均 6.22 美元,大大高于联合国规定的 1.25 美元。普京推行居民收入超前增长的政策,他在 2004 年提出的总统国情咨文中强调,对俄罗斯公民来说,要解决的最紧迫的问题是:买得起房、看得起病、上得起学。根据 2007 年 7 月俄罗斯经济发展与贸易部发布了《2020 年前俄罗斯经济与社会长期发展构想(草案)》,其目标是 2020 年前俄罗斯经济总量要达到世界前五位。从金融危机后普京发表的言论看,他基本上坚持上述构想,他在 2011 年 4 月 20 日的一次讲话中说,到 2020 年,俄罗斯将进入世界五大经济体行列,届时人均 GDP 可达到 3.5 万美元。根据上述经济发展的预测,俄罗斯经济在世界经济总量中占的份额将不断提高,由 2006 年的 2.6%,分别提高到 2015 年的 3.3%、2020 年的 4.3% 和 2030 年的 5%。俄罗斯的人均 GDP 到 2015 年将为 2005 年的 2 倍,2020 年为 3 倍、2030 年为 4.5 倍,人均 GDP 可达到 3.5 万美元。应该说,俄罗斯的经济增长是大多数民众得到实惠的增长。

从以上情况看,摆脱政治极权实行政治民主化,摆脱高度集中的低效的指令性计划体制实行经济市场化,显然发生了质的历史性变化。

第四,我们研究苏联剧变的根本的、深层次原因,坚持历史唯物主义的方法还是唯心主义形而上学的方法?这是产生两种不同观点的又一个重要原因。我认为,苏联剧变的根本原因只能用唯物主义的方法来考虑问题,不能用唯心主义形而上学的观点来对待问题。历史唯物主义的一个基本观点是,社会变迁的原因应该从社会经济与政治制度中去寻找。苏联剧变的根本原因亦应从制度中去找,而不能简单地归结为某些领袖人物。早在 1980 年,小平同志在总结社会主义历史经验,特别是"文化大革命"的沉痛教训时就指出:"不是说个人没有责任,而是说领导制度、组织制度问题更带有根本性、全局性、稳定性和长期性。这种制度问题，关系到党和国家是否改变颜色，必须引起全党的高度重视。"①

二　当今中国应吸取的重要教训

苏联剧变提供的教训是十分深刻的，不少问题值得我们深思。我们可以从各种视角不同层面去思考问题，这里笔者仅根据我国现实存在的问题与客观情况提出一些看法。

（一）社会主义必须坚持不断地改革才能发展，不改革只能是死路一条

这句话，对我们大多数国人来说是十分熟知的，但结合斯大林—苏联模式社会主义的实际，再考虑到我国正处在深化改革的重要历史时期，我们再来领悟这句话，可能会有更深刻的体会。

为什么社会主义必须进行不断的改革，我想有以下两个重要原因：

第一，社会主义至今尚在实践中，社会主义并未成型。中国经过对社会主义建设历史的总结，明确提出中国处于社会主义初级阶段的科学概念。邓小平在谈到建设初级阶段的社会主义时特别强调："我们现在所干的事业，是一项新事业。马克思没有讲过，我们的前人没有做过，其他社会主义国家也没有干过，所以，没有现成的经验可学。我们只能在干中学，在实践中探索。"② 社会主义初级阶段至少需要 100 年的时间。至于巩固与发展社会主义制度，那需要更长更多的时间，需要几代人，十几代人，甚至几十代人坚持不懈的努力奋斗。这说明，中国远未建成社会主义，而处于社会主义的初级阶段。这说明，社会主义远未定型，只是在实践过程中不断地探索，在此过程中使社会主义日益完善、成型。在实践与探索过程中，必然要根据客观变化了的情况进行改革。关于这一点，恩格斯曾说过："所谓'社会主义'不是一种一成不变的东西，而应当和其他

① 《邓小平文选》第二卷，人民出版社 1994 年版，第 333 页。
② 《邓小平文选》第三卷，人民出版社 1993 年版，第 258—259 页。

任何社会制度一样，把它看成是经常变化的改革的社会。"① 改革是革命，是一个不断进行的革命，也就是说，只有通过不断的改革才能适应生产力发展的需要。

第二，不断丧失改革机遇与改革失误使斯大林——苏联模式的社会主义试验失败。苏联在历史上曾痛失过多次重要的改革机遇。

1921 年年初列宁在总结军事共产主义时期的经验教训基础上，在当年 3 月召开的俄共（布）第十次代表大会上通过了由军事共产主义过渡到"新经济政策"的决议。由于列宁于 1924 年 1 月 21 日逝世，因此实践他提出的"新经济政策"时间很短，"新经济政策"的一些主要思想也没有得到全党的普遍认同，到 1928 年斯大林利用粮食收购危机，宣布中止执行"新经济政策"，这样按照"新经济政策"建设社会主义、建立经济体制的可能性被排除了。也就是说，又回到了"军事共产主义"向社会主义"直接过渡"方式上来了。符合当时苏联社会经济状况的"新经济政策"被中止，意味着苏联历史上第一次重大变革也就停止了。"新经济政策"只执行了 8 年。这个 8 年苏联的政策与体制较符合当时的实际。邓小平谈到苏联模式时指出："社会主义究竟是个什么样子，苏联搞了很多年，也并没有完全搞清楚。可能列宁的思路比较好，搞了新经济政策，但是后来苏联的模式僵化了。"② 这里讲的模式僵化了，指的是在斯大林宣布 1936 年苏联建成社会主义之后，他就把在二三十年代搞社会主义的一套做法，如超高速工业化道路、农业全盘集体化、建立单一的公有制经济结构、高度集中的指令性计划经济体制、把市场经济与资本主义画等号、对外贸易的国家垄断制等，都视为所有社会主义国家必须遵守的"共同规律"和识别真假社会主义的主要准则。

第二次错失改革良机是在第二次世界大战后到斯大林逝世前。这是一个极好改革时机。战争胜利后，人们强烈地希望能有一个和平、稳定的环境，重建国家经济与家园，尽快地提高物质文化生活水平。人们意识到，实现这种愿望就不能简单地再回到战前的状况，必须在对战前的各种政策

---

① 《马克思恩格斯全集》第 37 卷，中文版第 1 版，第 443 页。
② 《邓小平文选》第三卷，人民出版社 1993 年版，第 139 页。

进行深刻反思与认真总结的基础上，根据战后出现的新情况和新形势，对社会主义发展方向、目标与实行的政策等进行重大调整。这必然涉及包括经济体制在内的斯大林模式的改革。实际上在战前最后确立的斯大林经济体制模式，其严重弊端在这一体制形成过程中就已明显地暴露出来了。战前，苏联的经济问题与人民生活的困难已非常明显。战争的严重破坏，使问题发展到极其尖锐的程度。在战争时期这些困难暂时被掩盖起来了，但战争结束后，这些问题自然就会很快凸显出来。另外，还要看到，在战争时期，苏联与美、英、法等西方发达资本主义国家是反战同盟国，自然会发生各种交往，这对苏联中上层人士的思想不可避免地会产生影响。从下层士兵来讲，由于战争的需要他们越出国界，与盟国的士兵接触来往，还与国外的人民来往，从而看到了也了解了外部世界的真实情况。战争结束后，这些士兵回国后，很自然地相聚在小饭馆与小酒店，议论在国外的所见所闻，后来被人们称之为"小酒店民主"。[1] 这也反映了人们渴望改革的心理，人民期待改革机会的出现。

从改革的客观条件看，当时开始出现了和平发展的机会，东欧与亚洲出现了一批社会主义国家，苏联不再是被资本主义包围的孤岛。另外，取得战争胜利的苏联，在国际上的地位大大提高，它的地位是空前的巩固。苏维埃政权在战争时期产生的凝聚力尚未消失。斯大林个人的威信因战争的胜利也空前提高。再说，苏联当时国内也出现了要求改革的思潮，如当时任联共（布）中央政治局委员、苏联部长会议副主席的沃兹涅辛斯基就提出在经济领域要充分利用商品货币关系。如果斯大林能正确对待这个情况，利用这个有利条件，以战争胜利为契机进行改革，那么，苏联就会出现崭新的局面。

但遗憾的是，斯大林不仅不思改革，而且继续强化战前的体制。斯大林在战后仍坚持原来的体制，并不断强化，其主要原因有：

第一，斯大林把战争的胜利主要归结为苏维埃社会制度的优越性。他在 1946 年 2 月 9 日《在莫斯科市斯大林选区选举前的选民大会上的演说》中指出："苏维埃社会制度比非苏维埃社会制度更有生命力，更稳固，苏

---

① 转引自张盛发著：《斯大林与冷战》，中国社会科学出版社 2000 年版，第 86 页。

维埃社会制度是比任何一种非苏维埃社会制度更优越的社会组织形式。"①斯大林在这次演说中，还特别强调工业化与农业集体化的重要作用。为什么在工业化与集体化早已完成，到了 1946 年斯大林要讲这么一通话，十分明显，目的有二：一是通过战争的胜利，证明他搞的工业化与集体化是完全正确的，不可怀疑的；二是通过工业化与集体化形成的经济体制模式是十分有效的，因此也是不能改变的，从而，在战后苏联排除了对高度集中的、指令性计划经济体制与高度集权的政治体制改革的可能性，丧失了改革时机，并且使体制更加僵化与凝固化。

第二，战后，斯大林个人迷信大大发展了，达到了神化的程度。战争之所以取得胜利，主要是四个因素作用的结果：一是苏联的反法西斯战争是正义的战争；二是广大苏联人民与苏联红军（从广大指战员到一般士兵）强烈的爱国热情，誓死保卫祖国的决心；三是战前已建立起来的实际上主要是适合战争需要的战备体制；四是不应忽视参与反法西斯战争中的盟国的作用，这既有西方发达资本主义国家，还有像中国等那样落后的国家。没有这些国家和人民的全力支持，苏联取得战争的胜利将会困难百倍。

第三，从斯大林思想深处来看，战后他并没有离开战备的政策。在"二战"尚未结束前的 1945 年 4 月，铁托率领南斯拉夫政府代表团访问莫斯科时，斯大林在其别墅宴请代表团中的共产党人时讲，"如果斯拉夫人团结一致，那么将来谁也不敢碰他们一下。对，连碰一下也不敢！""所以斯拉夫人应该团结起来。"他还接着说："战争结束了，再过 15—20 年，我们也会恢复起来，然后再打仗！"②

战备经济必然要求经济体制的高度集中化，把物力、财力和人力集中用于军事部门。在这种情况下，斯大林为了保证军事工业的优先发展，与美国进行军备竞赛，他不可能改革高度集中的政治与经济体制，而是实行强化这种体制的政策。

第四，进一步统制农业与加强对农民的榨取。自斯大林推行工业化与

---

① 《斯大林选集》下卷，人民出版社 1979 年版，第 492 页。
② ［南］米·杰拉斯：《同斯大林的谈话》，吉林人民出版社 1983 年版，第 89 页。

农业集体化运动之后，可以十分清楚地看到，农业、农民与农村情况一直处于极端困难状况，在第二次世界大战期间和战后第一个五年计划时期显得更加突出，特别是饥荒日益严重。

谁都清楚，农村中出现的严重困难，主要是集体农庄制度。集体农庄庄员普遍失去了对劳动的兴趣，不出工的现象很普遍，出了工也不出力。很明显，集体农庄制度面临危机。这个时期，苏联农村传播着解散农庄的消息。为什么当时苏联农村如此盛传解散农庄的消息呢，又说得有鼻子有眼像真的那样。其实原因也很简单：一是大家都已清楚地看到集体农庄制度从产生一开始就显得毫无生命力，成了影响农业发展的主要障碍；二是农民生活实在过不下去了，希望寻找新的出路。当时有很多人提出，战争胜利了，农庄的主要使命（向国家上缴大批粮食）已经完成了，现在应该解散农庄了。简言之，解散农庄的传言，是广大农民强烈愿望的一种反映。

遗憾的是，农民这种要求改革集体农庄的强烈愿望不仅没有实现，斯大林进一步采取措施来控制农业，巩固与发展集体农庄制度，以达到统制全国经济的目的。

这里还应指出的是，斯大林战后不进行改革的同时，随着对斯大林的个人崇拜的发展，个人崇拜已成为苏联高度集权体制的一个组成部分。

第三次是赫鲁晓夫时期。他虽然看到传统体制存在严重的弊端，必须进行改革，但由于改革没有从根本上触动斯大林模式，最后以失败告终。赫鲁晓夫上台时面临着十分复杂的局面和艰巨的任务。正如苏联著名政论家费奥多尔·布尔拉茨基指出的，放在当时赫鲁晓夫面前的斯大林所留下的苏联是："越来越贫困的、实际上半崩溃的农村、技术上落后的工业、最尖锐的住房短缺、居民生活的低水平、数百万人被关押在监狱和集中营、国家与外部世界的隔绝——所有这一切都要求有新的政策的彻底的变革。于是，赫鲁晓夫——正是这样（像人民期望的那样）成了新时代的先驱者。"[1] 赫鲁晓夫如何解决面临的种种难题，只能通过更新政策与改革才

---

① ［苏］尤里·阿法纳西耶夫主编、王复士等译：《别无选择》，辽宁大学出版社 1984 年版，第584 页。

能找到出路。而为此，赫鲁晓夫首先要做的是消除政治恐怖，让人民过正常的生活。为此采取的措施有：清除贝利亚，为政治领域进行整顿清理创造前提条件；清理冤假错案，全面平反昭雪；采取组织措施，改组国家安全机构与健全司法制度；反对斯大林个人崇拜，这是进行改革绕不过的一步。"非斯大林化"是赫鲁晓夫上台后必须解决的一个重要问题，也是赫鲁晓夫执政时期的一个主要标志。

尽管赫鲁晓夫作为战后苏联第一个改革者，在苏联与东欧各国产生了深刻的影响，但由于改革在指导思想与政策等方面的失误，使改革未取得成功，导致了国民经济的混乱与产生了严重后果。

第四次是勃列日涅夫时期。本来，如果勃列日涅夫上台后，在总结赫鲁晓夫时期改革的经验教训基础上，推行前任已启动的改革以及利用反斯大林个人崇拜为其创造的改革的政治前提，可把改革推进一大步，但他不仅经济改革半途而废，并且政治体制反而出现倒退，这样在体制改革方面几乎浪费了 18 年的时间，从而向人们清楚地表明，一方面耗尽了二三十年时间形成的高度集权的动员型政治经济体制的潜力；另一方面又使苏联积聚了大量危机因素，导致国家政治生活和经济发展的全面停滞，成为苏联走近衰亡的时期。

第五次是戈尔巴乔夫时期。勃列日涅夫之后，经过安德罗波夫与契尔年科短暂的执政，1985 年戈尔巴乔夫任苏共中央总书记，他执政 7 年。戈尔巴乔夫上台时面临着十分严峻的形势：（1）经济体制仍是高度集中的指令性计划体制；（2）经济增长率与经济效益下降趋势得不到遏制；（3）农业继续衰退；（4）与美国经济实力的差距呈拉大趋势；（5）越来越难以对付世界新科技革命的挑战；（6）社会危机因素在增加；（7）面临复杂的国际环境。戈尔巴乔夫上台最初采取的一个行动是，组织主要部门、研究机构与著名学者，对 20 世纪 80 年代苏联社会经济状况进行调研并作出详细分析。在此基础上，戈尔巴乔夫做出苏联必须进行根本性改革的决定。这个调研材料，也是后来戈尔巴乔夫撰写《改革与新思维》一书中重要素材。戈尔巴乔夫把解决人的问题作为改革的指导思想，强调不能把人视为党和国家机器的"螺丝钉"，而是应该把人成为主人，能与生产资料相结合。从国家与企业的关系来看，戈尔巴乔夫认为，应该从经济的基本环节——企业着手根本改造经济机制，目的是解决企业内在动力，发挥其生产经营的积极性，其总目标是使企业成为真正的商品生产者。但到了戈尔巴乔夫时期，苏联的改革遇到了很大阻力，阻碍机制的作用已非常强大，1988 年之前的经济体制改革未能取得实质性进展，往往处于空转状态，主要阻力来自政治体制。在此背景下，1988 年 6 月召开苏共第十九次代表会议，着手政治体制改革，其目的是为了进一步推进经济体制改革，在戈尔巴乔夫的报告中，专门有一个题目："始终如一地实行根本的经济改革。"在这次会议上，他把社会主义新形象最后归结为是一种民主的和人道的社会主义。这是第一次提出了"民主的、人道的社会主义"概念。到了后期，戈尔巴乔夫的经济改革，成了政治斗争的"人质"。最终亦以失败告终，从而加速了苏联剧变的进程。

戈尔巴乔夫时期的改革是苏联历史上最后一次改革。到了这个时期，由于以往历次改革都是局部性的改革，只是对传统体制进行修修补补，这样，积累了大量的问题，可以说已是积重难返，到了这个时期主要来自政治体制方面的阻碍机制作用越来越大，可以说，戈尔巴乔夫力图进行根本性的改革已十分困难了。正如资中筠同志主编的《冷眼向洋》一书中说的："70—80 年代，苏联体制病入膏肓"，"待到 80 年代中期，一代新人戈尔巴乔夫的崛起……已然为时晚矣"，"当这久病不愈的机体已经溃败，而手术台边又缺少这么几位高明的医师时，一场毫无把握的手术的结果，就是把病人送进太平间"。①

从以上的分析说明，不论从社会主义存在的客观条件来讲，还是从苏联改革的实践来看，都说明，社会主义社会必须进行改革。1991 年年底苏联发生剧变的历史事实，亦明确无误地证明，不改革是死路一条。30 多年来，中国的改革取得了举世瞩目的成就，与此同时亦出现不少问题，而问题的解决首先要弄清问题产生的原因，是改革过了头还是改革不到位，是在通过总结改革经验教训基础上进行反思，还是否定改革。其次，要在弄清产生问题原因基础上，在各个领域深化改革，决不能走"回头路"。2006 年 3 月 6 日，胡锦涛在"两会"期间时指出："要在新的历史起点上

---

① 转引自《同舟共进》2007 年第 11 期。

继续推进社会主义现代化建设,说到底要靠深化改革,扩大开放。要毫不动摇地坚持改革方向、进一步坚定改革的决心和信心。"

(二) 在改革经济体制的同时必须进行政治体制的改革

苏联历次改革难以取得实质性进展的一个重要的原因是,不进行政治体制改革,有时还出现了倒退,如在勃列日涅夫时期。

我国在探索经济体制改革过程中,在政治体制方面也作了一些改革。在真理唯一标准的讨论期间,结合"文化大革命"的教训,邓小平同志特别强调了要发展民主与健全社会主义法制。1980 年 8 月 18 日在中共中央政治局扩大会议的讲话,指出了我国政治体制存在的主要弊端是官僚主义、权力过分集中、家长制、干部领导终身制和形形色色的特权。随后,在选举制度方面实行了差额选举,加强了全国人大常委会制度建设,废除领导干部终身制,扩大地方权力等,这些改革主要是针对"文化大革命"出现的问题进行的。但由于政治体制改革难度极大,往往跟不上经济体制改革的步伐,特别在 1989 年之后,政治体制改革徘徊不前,成为经济体制改革的主要阻碍因素。

有关我国政治体制改革的问题,不只是人们普遍关注的重要问题,也是存在不少争议的问题。在这里,我们从苏联政治体制出现的问题结合我国的情况,提出一些看法。

1. 要着力解决党政不分的问题。长期以来苏联实行中央集权的政治体制。根据斯大林的理论,实际上是实行党领导一切的做法,从而使党政合一、以党代政的制度进一步发展。关于实行党政分开的政治体制改革设想,1986 年 6 月邓小平就提出过。[①] 同年 9 月,他又强调指出,政治体制改革的内容"首先是党政要分开,解决党如何善于领导的问题。这是关键,要放开第一位"。[②] 1987 年 10 月召开的中共十三大文件明确指出:"党政分开即党政职能分开。""党的领导是政治领导,即政治原则、政治

---

① 参见《邓小平文选》第三卷,人民出版社 1993 年版,第 164 页。
② 同上书,第 177 页。

方向、重大决策的领导和向国家政权机关推荐重要干部。党对国家事务实行政治领导的主要方式是：使党的主张经过法定程序变成国家意志，通过党组织的活动和党员的模范作用带动广大人民群众，实现党的路线、方针、政策。"党政分开之所以是政治体制改革的一个关键问题，因为它关系到解决党如何领导的问题。党政分开不仅不会削弱党的领导，而是能更好地实现党的领导，提高党的领导水平，保证做到"党要管党"。为什么这么多年来未能解决党政分开的问题，固然有多种原因，但深层次的问题是，实行党政分开就会影响一些人借以获取特权利益的权力基础，因为党政分开必然会使一些党的领导干部放弃行政权并且在客观上失去了为维护高度集权的政治体制、一些领导人专制独断提供的制度保证。

2. 正确对待斯大林与斯大林模式。在勃列日涅夫时期，政治体制倒退的一个重要原因是，不仅不把赫鲁晓夫反斯大林个人崇拜深入进行下去，即进一步揭示斯大林模式的严重弊端，而是通过各种方式悄悄地重新斯大林主义化，其主要目的是维护斯大林模式。这样就不可能对导致苏联剧变的高度集权的斯大林模式进行改革，在这个模式条件下，苏共垄断了权力、垄断了真理与垄断了利益。按理说，勃列日涅夫上台后，如果能在正确认识斯大林及其创建的社会主义模式基础上，在这不算短的 18 年期间对体制进行根本性的改革，在推进苏联进步方面就有可能作出大的贡献。遗憾的是，他没有朝着历史发展潮流而进，结果是严重阻滞了苏联的发展。总结这一历史史实，我认为，应该认真严肃地考虑以下两个问题：

第一，中国通过改革就是要"去苏联化"。人们普遍认识到，中国特色首先是不要苏联特色，扬弃斯大林模式的社会主义。应该说，经过 30 多年的改革，我们在去苏联化方面已取得很大进展。

至于对斯大林，绝不像有人说的，在俄罗斯全国掀起了"重评斯大林的高潮"，在"还斯大林伟大马克思主义者的本来面目"。[①] 就是在 2010 年，在为弘扬俄罗斯大国地位、强调苏联对德战争中发挥重要作用的庆祝第二次世界大战胜利 65 周年的活动期间，俄罗斯领导也一再谴责了斯大林犯下的永远不可饶恕的罪行。梅德韦杰夫总统非常明确地说，自新的俄

---

① 刘书林等著：《斯大林评价的历史与现实》，社会科学文献出版社 2009 年版，第 1、5 页。

罗斯产生以来，国家领导人对斯大林的评价非常明确。他还说，俄罗斯每个人都有权利对斯大林做出自己的评价，但"这种个人评价不应影响到国家评价"。2011 年 1 月中旬召开的俄罗斯总统人权事务委员会会议上，梅德韦杰夫说，斯大林对自己人民犯下了大量罪行，不允许美化斯大林，今后要全面解密政治迫害档案。实在难以理解的是，时至今日有人还以《九评》作为评价斯大林的标准。读这些看法，真让人有如毛泽东所指出的只要一反斯大林就有人"如丧考妣"① 的感觉。有人还引用了据说是斯大林1943 年说过的话："我知道，我死后有人会把一大堆垃圾扔到我的坟上。但是历史的风一定会毫不留情把那些垃圾刮走。"有人紧接着说：这个"历史的风已经强劲地吹起来了"。② 但遗憾的是，斯大林所希望的那个历史的风并没刮起，而是刮起了一阵阵要求对斯大林模式进行根本性改革之风；刮起了一阵阵要求建立给人民生活幸福和有尊严的科学社会主义之风；刮起了一阵阵要求消除独裁、暴力、践踏人权和滥杀无辜之风。可以说，这个历史的风则一直在强劲地刮着，可以肯定，这股风谁也阻挡不了，因为人类要进步，社会要发展。斯大林是孤独的，随着人类历史的不断地向前发展，他将会更加孤独。

第二，要正确认识改革开放前中国政治体制的特点。我国在取得革命胜利后，在政治体制建设方面基本上搬用了斯大林模式，是一种高度集权的体制，但由于中国长期受封建主义的影响，这种集权往往带有封建专制主义的特点。这个特点使得各级领导在行使权力过程中往往表现为家长制，并逐步发展到对党的领袖个人崇拜。邓小平同志在谈到党和国家领导制度方面的种种弊端问题时指出："多少都带有封建主义色彩。"在中国，家长制作风有其非常悠久的历史，"陈独秀、王明、张国焘等人都是搞家长制的"。"一九五九年'反右倾'以来，党和国家民主生活逐渐不正常，一言堂、个人决定重大问题、个人崇拜、个人凌驾于组织之上一类家长制现象，不断滋长。""不少地方和单位，都有家长式的人物，他们的权力不受限制，别人都要唯命是从，甚至形成对他们的人身依附关系。"

---

① 吴冷西著：《十年论战》（上），中央文献出版社 1999 年版，第 15 页。

② 刘书林等著：《斯大林评价的历史与现实》，社会科学文献出版社 2009 年版，第 85 页。

对改革开放前中国社会主义历史与其当政的领袖人物以及形成的理论，国人是否都有深刻的认识，是否有了一致的认识，是否下决心通过改革从根本上来解决这些问题了呢？我看未必。个人专权的家长制领导作风、官僚主义现象、种种特权等仍然存在，有些问题更加突出了。至今甚至还有人不赞成否定"文化大革命"，他们根据毛泽东过七八年再来一次的说法，认为中国早应再发动"文化大革命"了，他们利用在改革过程中出现的问题，特别是人民群众对贪污腐败的不满，拼命制造舆论，主张回到毛泽东时代。以上情况说明，如何正确认识历史与评价领袖人物，对我国今后推动政治体制改革有着十分重要的关系。

3. 实现党内民主是推行民主制度的关键。苏共作为执政党，在斯大林时期不断破坏党内民主制度，最后使苏共变成个人集权制政党，没有人敢对斯大林说半个不字。赫鲁晓夫虽反了斯大林个人崇拜，但后来他亦搞个人崇拜。平庸的勃列日涅夫在站稳了脚跟、大权集中在自己手里之后，也同样搞起了个人崇拜。从这里可以让人得出这样一个结论：高度集权体制是产生个人崇拜的制度性基础，而个人崇拜又是党内缺乏民主的伴随物。少数人乃至一个人说了算，作出重大决策，一旦出现问题又没有人敢于提出批评意见，这是党内缺乏民主常见的普遍性的现象。在勃列日涅夫时期，重大问题往往在小圈子里决定，党内讨论问题往往流于形式，在这种条件下，苏联的民主政治无从谈起。

中国自实行改革开放政策以来，从上到下，从领导到一般群众，都赞成政治体制民主化的改革，都在说没有民主就没有社会主义，都认为民主是个好东西，但真正实行起来还是很难的。这方面的原因很多，但我认为党内民主没有很好地解决是个关键性的问题。如何实现党内民主，已发表了很多论著，提出了很多设想与建议，如实行党政分开，以建立权力制衡与完善监督机制为目的的党组织体制的改革，发挥广大党员的监督功能，等等。这些对改进党内民主无疑都是有益的。但我一直认为，最为重要的是改革干部制度，这包括两方面的内容：一是党主要管党的干部；二是党的干部由民主选举产生，不能由上级某个领导决定或上级党组织任命。不改变这种情况，党内民主只能徒具形式。试想，一个党的干部很难对上级领导提不同看法，更不用说提批评意见了，因为自己的仕途、命运掌握在上级领导与组织手里。因此,在实际生活中,我们看到的是,下级干部对上级领导往往是唯命自从,唯唯诺诺,吹吹拍拍,阿谀奉承,这样使许多领导人染上沉溺于歌功颂德恶习。党内民主不能解决,也就难以防止权力的滥用,腐败的滋生,我们党也就难以成为廉洁的、公正的、现代的政党。

4. 消除政治体制改革三大障碍。从苏联的情况来看,政治体制倒退虽有多种原因,但最为重要的有:一是维护既得利益的特权阶层;二是理论上"左"的教条主义。

中国政治体制难以推进,在我看来,并不是中央高层领导对政治体制改革的重要性缺乏认识,他们也有着紧迫感与危机感。党的十六届四中全会强调指出:"党的执政地位不是与生俱来的,也不是一劳永逸的","今天拥有,不等于明天拥有;明天拥有,不等于永远拥有"。应该说,已把问题看得十分尖锐了。影响中国政治体制改革的主要原因有三:

第一,现今国内学术界有个共识,认为政治体制改革的主要阻力来自既得利益阶层,也有人称为既得利益集团或权贵阶层。这个阶层对权力与利益的分配有相当的决策权,至少有很大的影响力。有些文章认为,这个阶层由以下几部分人组成:一是部分垄断行业高层人员,利用他们对重要的公共资源的占用和支配权,把本应归社会共享的成果变成部门利益。他们根据自身需要不断调整规则,控制市场,左右价格。为坑民肥私行为披上合法外衣。二是少数党政机关领导干部,他们把自己掌握公共权力市场化,寻租。对中央路线方针政策对有利于己的就执行,不利于己的就不执行,从拖延、推诿到偷梁换柱,企图使体制缺陷长期化,既得利益固定化。三是某些有背景的民营企业,利用权力优势破坏市场规则,谋取超额利润。这些人通过收买权力以获取资源优势,他们的行贿活动从经济领域进入政治领域。① 有些学者认为,"这种强势的'权贵'(资本)阶层,不但已经形成,而且似乎正在从'自在阶段'向'自为阶段'过渡或转化。反腐败斗争难以真正深入,政治体制改革难以有实质性进展,主要根源也

---

① 参见黄苇町:《深化改革要摆脱既得利益集团的掣肘》,《同舟共进》2010 年第 10 期。

就在此"。① 根据以上的分析，中国要消除政治体制改革的阻力，最为重要的还是要从整体上加快政治体制民主化进程。只有这样才能解决公权力市场化的问题。

第二，"左"的教条主义。应该说，我国在改革过程中重视理论探讨，与时俱进。十六大报告中指出："实践基础上的理论创新是新的社会发展。"但这并不能说，中国在理论创新、活跃理论探讨方面有了很好的客观条件了，"左"的教条主义障碍消除了。至今还有些人动不动挥舞"资产阶级自由化"的帽子，把它当作用来压制别人的武器。"左派"们还把体制改革中出现的诸如"官僚资本主义"与用权力置换利益、经济垄断、腐败、分配不公等问题，一股脑儿地全泼到自由市场经济的身上。但他们并没有认识到，出现上述问题恰恰是自由市场经济体制改革没有到位，即公民经济自由未得到保障与真正的市场主体尚未形成，垄断部门未市场化与法制建设没有跟上所造成的。

当前我国围绕改革反对"左"的教条主义，进行理论创新，笔者认为，应从以下四个方面着手：一是根据在改革与发展过程中出现的新问题、新情况，及时加以总结和研究，提出解决问题的新理论与答案。这对贯彻《中共中央关于加强党的执政能力建设的决定》中提出的要不断提高驾驭社会主义市场经济的能力，要坚持以人为本、全面协调可持续的科学发展观，更好地推动经济社会发展，具有极其重要的意义。应该用以人为本、科学发展观这一重要思想来完善与构建新的社会主义模式；二是特别要重视当代科技的新发展，要充分估计到科技迅猛发展的年代，社会经济的变化往往是超出人们的想象。在这种情况下，不革新理论，党的思想必然失去先进性，也就不可能准确地认识当今世界；三是在结合本国国情推行改革和构建新的体制模式时，应充分考虑与吸收原本就是全人类共同的文明成果，否则，这同样会使党的思想、理论失去先进性；四是通过改革实现理论创新。改革要求用新的理论指导，同时，也只有通过改革消除理论创新的种种障碍，邓小平同志讲，改革是"决定中国命运的一招"，也可以说，改革是促进理论发展，使党始终具有先进思想的一招。不同观点

---

① 王贵秀：《"既得利益阶层"与"利益受损阶层"》，《同舟共进》2010 年第 10 期。

的平等讨论，真正贯彻"双百"方针、言论自由是政治民主的一个重要内容，这也是创新理论的必要条件。英国思想家约翰·斯图尔特·密尔谈到言论自由是这样说的："迫使一个意见不能发表就是对整个人类的掠夺。因为，假如那意见是对的，就失去了一个以错误换真理的机会；假如意见是错的，也失去了从真理与错误的冲突中产生出来的、对于真理更加清楚的认识和更加生动的印象。"他还指出："在精神奴役的气氛中，从来没有而且永远不会有智力活跃的人民。"① 说得多有哲理啊！

总之，在我国，不坚持不断地解放思想，不冲破传统观念，不抛弃"左"的教条，政治体制改革很难取得实质性进展。邓小平同志说得好："一个党，一个国家，一个民族，如果一切从本本出发，思想僵化，迷信盛行，那它就不能前进，它的生机就停止了，就要亡党亡国。"② 我认为，这句话应该永远是我们社会科学工作者特别是理论工作者从事研究工作的座右铭。严密地控制文化意识形态，造成了全民的沉默，就不可能有理论创新，也不可能创造出先进文化。在一个文明的国家，不应该有思想罪。

第三，不恰当地、过度地强调民主的特殊性而忽视共性，这是影响我国政治民主化进程的一个因素。笔者认为，民主首先是有共性的东西，人类社会的发展都在追求民主，人本身追求自由、民主和人权。如果对民主的共性与特殊性在理解上出现偏差，以特殊性来否定共性，这样会对推进民主共性改革产生困难。

（三）关于改革要坚持正确方向的问题

由于苏联长期以来把斯大林确立的一些社会主义理论视为经典，因此如果在改革过程中背离了这些"经典"理论，都视为走资本主义道路。正是这个原因，决定了苏联长期来坚持批"市场社会主义"，坚持一大二公三纯的所有制结构与高度集权的政治体制，经济体制改革从来不以市场经济为取向，政治体制改革也从不朝民主化方向发展。

中国在30多年的改革过程中，也从来没有停止过姓"资"姓"社"

---

① 转引自《读书》2006 年第 11 期。
② 《邓小平文选》第二卷，人民出版社 1994 年版，第 143 页。

的争论。从中国改革理论的发展来看，邓小平并没有纠缠在姓"资"姓"社"问题上。他在1992年说："改革开放迈不开步子，不敢闯……要害是姓'资'还是姓'社'的问题。判断的标准，应该主要看是否有利于发展社会主义生产力，是否有利于增强社会主义国家综合国力，是否有利于提高人民的生活水平。"①中国经济改革的指导思想，从邓小平理论到"三个代表"的重要思想，后来又提出科学发展观，以人为本、和谐发展，这些既符合马克思主义基本理论，亦反映了中国特色社会主义的重要内容。

我认为，所谓改革的正确方向，应该是指符合国际社会发展潮流，即人类历史发展过程中共同形成的文明成果，这也是人类共同追求的普世价值观，或为近几年来不少学者倡导的、与正在深入研究的以民主与法制为基本内容的宪政社会主义。

从原来的社会主义国家来说，经济体制改革的方向应该是从传统的计划经济体制向市场经济体制过渡；而政治体制改革的方向应该是从高度集权的体制向民主制度过渡。关于这一改革大方向，已成为人们共识。而经济市场化与政治民主化，它是构成人类共同文明或普世价值观的一个重要内容。那么为什么这几年来有人反对和批判普世价值呢？在这些人看来，西方国家一再标榜民主、自由、人权、平等、博爱，等等，但在实践生活并没有实现或完全实现，存在很多缺陷，这的确是事实，但这并不能成为反对普世价值的根据，因为：第一，西方国家未能很好地体现普世价值，那社会主义国家理应更好地去实现普世价值；第二，普世价值既是人类历史发展过程中形成的为人们共同接受的价值观，也是人们力图通过努力去实现的价值观，是人类追求的目标，但它的实现有个过程，它的实现程度取决于社会经济与文化发展水平。我们总不能因目前受经济、文化水平所限，普世价值观尚难很好地实现，而不让人们去研究与宣传普世价值观，而是应该通过全面地改革体制，使国家朝着现代化迈进，从而使普世价值观在我国比西方国家能更快更好地体现。2006年3月16日，温家宝总理

---

①　中共中央文献出版社研究室编：《邓小平年谱》（下），中央文献出版社2004年版，第1342页。

在"两会"结束后中外记者招待会上回答问题时指出:"民主、法制、自由、人权、平等、博爱,这不是资本主义所特有的,这是整个世界在漫长的历史过程中共同形成的文明成果,也是人类共同追求的价值观。"2010年,温家宝总理在政府工作报告中提出:"要让老百姓活得更有尊严",主要指三个方面:第一,就是每个公民在宪法和法律规定的范围内,都享有宪法和法律赋予的自由和权利,国家要保护每个人的自由和人权。无论什么人在法律面前,都享有平等;第二,国家的发展最终目的是为了满足人民群众日益增长的物质文化需求,除此之外,没有其他;第三,整个社会的全面发展必须以每个人的发展为前提,因此,我们要给人的自由和全面发展创造有利的条件,让他们的聪明才智竞相迸发。这就是我讲的尊严的含义。温家宝总理把"人民的尊严"写进政府工作报告,把"尊严"提到如此高度、深度和广度,这反映了我们党与政府"执政为民"、"以人为本"的施政理念。从上述内容来看,温家宝总理把"尊严"的内容说得非常清晰与明确。我认为,如果实现"尊严"的以上三个内容,将是接近马克斯思、恩格斯设想的社会主义。

可以说,马克斯思、恩格斯的社会主义上述思想,也体现了人类历史上创造的共同文明或普世价值观,因此,它理应是我们建设社会主义与进行改革的正确方向。

(四)　正确认识改革、发展与稳定三者之间的辩证关系

关于这个问题,勃列日涅夫执政18年的教训是特别值得我们吸取的。不少俄罗斯学者在分析勃列日涅夫时期出现全面停滞的原因时指出,它与一味地、片面地维持"稳定"有关。勃列日涅夫靠稳定来维持其领导地位,为此,也用稳定来压制改革,从而导致社会经济发展的停滞。"勃列日涅夫的关键问题与他成功攫取国家最高政治地位的秘密完全一致。这个秘密就叫稳定。"[①] 我认为,这是勃列日涅夫执政时期给人们留下的一个极为重要的教训。这个时期,苏联最紧迫的任务是通过改革来推动经济的发

---

① [俄]亚·维·菲利波夫著、吴恩远等译:《俄罗斯现代史》,中国社会科学出版社2009年版,第230页。

展，从体制上解决一系列社会中存在的种种问题，缓解矛盾，达到社会稳定的目的。当然，改革的力度要根据当时社会承受的能力。但同时又应该清醒地认识到，任何改革都是权利在各阶层的一种调整，就会打破原来的平衡，从而也可能出现不同程度的社会波动，之后出现新的平衡。如果只是求稳怕乱，不敢冒一点风险，最后只能是问题越来越多，积重难返，走向停滞。对此，邓小平同志就讲过："强调稳定是对的，但强调得过分，就可能丧失时机。可能我们经济发展规律还是波浪式前进……'稳'这个字是需要的，但并不能解决一切问题。根本的一条是改革开放不能丢，坚持改革开放才能抓住时机上台阶。"① 就当今的我国来说，解决在改革中出现的如腐败、贫富差别拉大、垄断等问题，也只能通过改革特别是政治体制改革来解决。政治体制改革阻滞与片面理解稳定压倒一切有关。有些人一提政治体制改革就认为会出现社会动荡。实际上，稳定不可能压倒一切，稳定也不应该以放弃改革而导致社会经济停滞为代价。我们要特别警惕勃列日涅夫时期以政治体制改革停滞乃至倒退为代价换取社会短暂的与积聚大量矛盾与问题的稳定，最后为苏联衰亡创造条件，这个惨痛的教训值得总结与吸取。

（五）经济发展方式能否顺利转变，说到底取决于经济体制的改革

如果我们从经济角度来考察勃列日涅夫时期的经济缘何从增长率递减发展到停滞，那么一个十分明显的问题是，这个时期的苏联没有解决经济增长方式的转变问题，即从粗放经济转向集约道路。勃列日涅夫上台后意识到了为一点，并且在 1971 年苏共二十四大正式提出了这个问题。之所以在勃列日涅夫时期没有解决经济增长方式转变，说到底是受经济体制的制约，这个问题我们在前面已作了论述。这个问题长期拖了下来，一直到苏联剧变 20 年后的当今俄罗斯来讲，其经济仍受其严重影响，20 年来粗放的经济增长方式在俄罗斯也并未发生实质性变化。梅德韦杰夫总统在

---

① 中共中央文献出版社研究室编：《邓小平年谱》（下），中央文献出版社 2004 年版，第 1331 页。

《前进，俄罗斯!》① 一文中指出："我们大部分企业的能源有效利用率和劳动生产率低得可耻。这还不是很糟糕，最糟糕的是，企业经理、工程师和官员们对这些问题漠不关心。""低效的经济，半苏联式的社会环境……所有这些对于向俄罗斯这样的国家来说，都是很大的问题。"2010 年 1 月 12 日，俄罗斯联邦工商会会长叶夫根尼·普里马科夫在一次会上说："俄罗斯每生产一吨钢，要比比利时、法国、意大利多消耗两倍的电力，每生产 1 吨化肥要比阿拉伯国家多耗费 5 倍的电力。"

至于经济发展模式，俄罗斯独立执政以来一直在努力从资源出口型向以高新技术、人力资本为基础的创新型经济发展模式转变，但并未取得多大进展，梅德韦杰夫总统在上面提到的那篇文章中指出："20 年激烈的改革也没有让我们的国家从熟悉的原料依赖中摆脱出来。""简单的依靠原料出口来换取成品的习惯导致了经济长期的落后。"他还提出了一个严肃的问题："我们应不应该把初级的原材料经济……带到我们的未来？"目前，俄罗斯能源等原材料出口占出口总额的 80% 左右，高科技产品出口不仅数量少，而且逐年下降。2004 年俄罗斯高新技术产品出口，占世界中的比重为 0.13%，这一比例比菲律宾少 67%，比泰国少 78%，比墨西哥少 90%，比马来西亚和中国少 92%，比韩国少 94%。正是由于这种经济发展模式，在金融危机发生后受能源与其他原材料产品国际市场价格大幅度下跌的影响，2009 年俄罗斯 GDP 下降了 7.9%。

中国在经济改革的相当一个时期，并没有明确提出转变经济增长方式，到 20 世纪 90 年代初才提出这个问题，着手抓这个问题，并对世界各大国有关这一问题加以研究。应该说，到目前，中国经济的增长在相当程度上仍是粗放型的。拿能源消耗来讲，我国单位 GDP 能耗目前是世界水平的 2.2 倍、美国的 4.3 倍、德国和法国的 7.7 倍、日本的 11.5 倍。另据材料报道，中国的经济高速发展成本很高，主要表现在以下三个方面："一是我们付出了过多的资源能源成本，从现在看到的资料来说，我们用了占世界总量 50% 左右的煤、水泥、钢铁和 10% 左右的石油、天然气，支撑了 8% 以上的经济发展速度，创造了占世界 GDP 总量 7% 左右这样一

---

① http//www.rg.ru/sujet/3917.htm

个经济成就；二是我们的环境被严重污染了，这个事实有目共睹；三是劳动力价格被过分压低了，消费严重不足，劳动报酬所占比重严重偏低。[①]可见，在转变经济体制的同时必须抓经济增长方式的转变，这样才有提高经济素质，提高经济的竞争力，才能保证经济可持续发展。

中国越来越清楚地认识到，拉动经济增长不能片面地通过加速出口增长来实现，而必须走扩大内需为主的道路，这次金融危机使中国进一步认识到转变经济发展模式的迫切性，如果经济发展模式不能改变，要保证中国经济稳定与可持续发展是不可能的。中国已把改变发展模式作为"十二五"改革的主线。中国扩大内需的潜力很大，中国居民消费率1952年为69%，1978年降为45%，2008年进一步降至35.3%。而2008年美国居民消费率为70.1%，印度为54.7%，目前世界上居民消费率大体平均在50%上下，只有中国低到35%的水平。

不论是改变经济增长方式，还是改变经济发展模式，都必须加快经济结构的调整。从目前中国来说，经济结构的调整涉及很多方面的内容，它包括产业结构、消费结构、区域结构、所有制结构以及企业规模结构等。

经济增长方式，发展模式与结构调整，都离不开深化改革，必须有体制机制做保证。正如李克强在中国发展高层论坛2010年开幕式上的致辞中指出的："加快经济发展方式转变，调整经济结构，关键在理顺体制机制，难点是调整利益格局，解决办法从根本上要靠改革创新。"李克强在2011年3月30日北京召开的第十二届中国发展高层论坛主旨演讲中强调，中国加快经济发展方式的转变，是经济社会领域一场广泛而深入的变革，需要健全的体制机制作保障。中国将坚持市场化改革方向，更加注重改革的顶层设计和总体规划。

正是由于上述原因，中共十七届五中全会公报中指出："加快转变经济发展方式是我国经济社会领域的一场深刻变革，必须贯穿经济社会发展全过程和各领域，坚持把经济结构战略性调整作为加快转变经济发展方式的主攻方向，坚持把科技进步和创新作为加快转变经济发展方式的重要支撑，坚持把保障和改善民生作为加快转变经济发展方式的根本出发点和落

---

① 《中国经济时报》2010年11月29日。

脚点,坚持把建设资源节约型、环境友好型社会作为加快转变经济发展方式的重要着力点,坚持把改革开放作为加快转变经济发展方式的强大动力,提高发展的全面性、协调性、可持续性,实现经济社会又好又快发展。"以上"五坚持",阐明了加快转变经济发展方式的基本方向与重点。

有些学者提出,这次全会最重要的一句话是"加快转变经济发展方式",因为只有这样,中国才能赢得未来,这也是对未来的关键抉择。这些说法是有道理的。

以上的情况告诉我们:第一,一个国家实现经济转型,不能只局限于由计划经济体制转向市场经济体制,而与此同时,适时地解决经济增长方式、经济发展模式的转变与经济结构调整问题;第二,经济增长方式转变的主要阻碍因素是经济体制问题;第三,不论一个国家资源条件有多么优越,如果不及时转变经济增长方式,就不可能保证经济可持续发展,也不可能提高经济效益,更不可能使经济现代化,最后迟早会在国际竞争中会败下阵来。我们说,勃列日涅夫时期是苏联走近衰亡的时期,与他执政 18 年未能改变落后经济增长方式有着密切的关系。这个问题在研究中国体制改革时值得我们高度重视。

（原载华炳啸主编:《宪政社会主义论丛》第 3、4 合辑,上册,
西北大学出版社 2012 年版,第 311—338 页,略有删改。）

第四编

苏联经济体制改革

俄罗斯缘何推行激进的
"休克疗法"经济体制转型

苏联解体后叶利钦成为真正意义上的最高领导人，并对经济体制立即进行激进式"休克疗法"转型。

一　俄罗斯作为苏联继承国在经济方面的体现

在苏联剧变前（从赫鲁晓夫到戈尔巴乔夫）都用经济体制"改革"一词，但从叶利钦时期开始，用经济体制"转型"一词。为何用两个不同的概念，这里需要作出解释。在苏联东欧国家发生剧变前，社会主义国家改革目标是，通过一些对原体制的改进、改良来对现有经济体制加以完善，而不以根本改变制度为目标。与此相反，转型则意味着发生实质性的、制度性的变化，将引入全新的制度尝试，"其目的在于对旧制度的完善，而不是引入新制度"。"80 年代末至 90 年代初，社会主义国家已经终于下定决心放弃旧制度，这一制度已经不能应对 21 世纪的世界经济的挑战。与此同时，它们已经选择了转向市场经济。""在当时政局许可的情况下，从社会主义转轨已经不可避免。"他进一步解释说："应当将市场化改革与向市场经济转轨区别开来。改革的焦点是调整与完善现有制度，而转轨是改变制度基础的过程。从这种意义上来讲，只要目的在于现有制度的完善并通过使之完善而得以维系而不是完全抛弃该制度，那就是在对它进行改革。而转轨则是要通过完全的制度替换和建立新型的经济关系来废除以前的制度。"① 鉴于"改革"与"转型"上述内涵的划分，十分明显，叶利钦执政后所推行的是转型。但同样需要指出的是，在谈到具体体制变革时，还是用"改革"一词。

　　俄罗斯是原苏联 15 个加盟共和国中最大的一个共和国，成为苏联继承国，它的继承国地位以经济情况看，也得到了充分的体现。

　　俄罗斯国土面积为 1707.54 万平方公里，占地球陆地总面积的 11.4%，是苏联总面积的 76.3%。1989 年 1 月俄罗斯人口为 1.47 亿（据 2002 年全国人口普查结果，俄有人口 1.452 亿），占苏联人口的一半。它是世界上民族最多的国家，境内大小民族多达 160 个，其中超过 40 万人口的民族有 23 个。据苏联 1989 年第 5 次人口统计资料，俄罗斯族是最大的民族，占全俄总人口的 81.5%。苏联的经济实力主要集中在俄境内，1990 年俄罗斯在苏联国民财富（不包括土地、森林和矿藏）总量中占 64%。1989 年俄拥有的生产固定基金约占全苏的 63%，社会总产值与工业产值均占 60%。苏联解体时，拥有科技人员约 150 万人，而留在俄罗斯境内的为 96 万人，占苏联科技人员总数的 64%，特别要指出的是，为军工服务的高科技力量主要集中在俄罗斯。俄拥有的军事力量约占苏联的 2/3。一些主要工农业产品占全苏的比重，详见以下两表。

表 - 1　　　　　　　　1990 年主要工业品产量及其占全苏总量的比重

产品名称	单位	数量	（%）	产品名称	单位	数量	（%）
电力	亿度	10820	62.7	各种轮胎	万条	4767	69.9
石油（包括凝析油）	百万吨	516.2	90.4	经济木材	百万 M³	2422	91.6
天然气	亿 M³	16406	78.6	锯木材	百万 M³	75.2	82.1
煤	百万吨	395.1	56.2	纸	万吨	524	85.2
				水泥	万吨	8303	60.0

　　① ［波］格译戈尔兹·W. 科勒德克著、刘晓勇等译：《从休克到治疗——后社会主义转轨的政治经济》，上海远东出版社 2000 年版，第 4、30、34 页。

续表

产品名称	单位	数量	(%)	产品名称	单位	数量	(%)
钢	万吨	18962	58.0	建筑用砖	亿块	245	53.5
电动机	万台	197.5	22.7	窗玻璃	百万 M^3	130.4	61.2
金属切削机床	万台	7.4	47.2	收音机	万台	575.8	62.8
锻压机	万台	2.7	64.7	电视机	万台	472.2	44.8
石油设备	百万卢布	191.8	80.6	其中：彩色的	万台	265.5	37.0
化工设备	百万卢布	675.6	63.5	录音机	万台	340.6	54.3
农业设备	百万卢布	2142.0	59.6	电冰箱	万台	377.6	58.1
畜牧业设备	百万卢布	815.4	32.0	吸尘器	万台	446.9	77.4
推土机	万台	2.3	61.2	洗衣机	万台	541.8	69.3
桥式起重机	台	12944	50.3	自行车	万台	396.5	62.6
烧碱	万吨	323.9	74.3	摩托车	万台	76.5	70.0
苛性碱	万吨	225.7	75.9	家具	亿卢布	62.0	57.4
化肥（100%有效成分）	万吨	159.8	50.4	棉布	百万 M^2	5625.6	71.7
化纤和布	万吨	67.3	45.6	毛料	百万 M^2	465.3	66.1
麻布	百万 M^2	603.2	66.8	加工肉	万吨	664.2	51.3
丝料	百万 M^2	1052.0	50.7	动物油	万吨	83.3	47.9
针织品	百万件	769.7	39.8	植物油	万吨	115.9	35.5
鞋	百万双	385.3	45.17	罐头	百万标准筒	8206	39.9
袜子	百万双	872.4	40.5	全部生活日用品	亿卢布	2463	53.3
沙糖	万吨	375.8	30.2	其中轻工业品	亿卢布	1483	57.3

资料来源：《世界经济》1992 年第 10 期。

表 -2   1990 年主要农产量及其占全苏总产量的比重

产 品 名 称	单 位	数 量	（%）	产 品 名 称	单 位	数 量	（%）
农业总产值	亿卢布	1021	46.7	肉	万吨	1011.2	50.6
谷物	百万吨	116.7	53.5	奶	万吨	5571.5	51.4
甜菜	万吨	3109.1	38.0	蛋	百万个	47470.0	58.1
葵花籽	万吨	342.7	52.2	牛	百万头	57.0	49.3
亚麻纤维	百吨	7.1	29.0	奶牛	百万头	20.5	49.4
土豆	万吨	3084.8	48.0	猪	百万头	38.3	50.7
蔬菜	万吨	1052.8	38.9	绵羊、山羊	百万头	58.2	41.7
水果和浆果	万吨	236.6	26.0	马	万头	261.8	44.2

资料来源：《世界经济》1992 年第 10 期。

苏联解体时，给俄罗斯留下的基本上仍是传统的经济体制，因此，俄罗斯独立执政后面临的最紧迫的任务是加速经济体制的转型。人们把俄罗斯称为世界上最大的经济转型国家。我想，这不只是因为俄罗斯是个大国，而还在于以下的原因：一是作为苏联继承国的俄罗斯，它是中央集权的计划经济体制模式的发源地，并且实施这一体制模式的时间最长；二是斯大林时期形成、巩固与不断发展并凝固化的传统体制模式，在以后的苏联各个历史时期未能进行根本改革，因此，俄罗斯面临的体制转型任务最为艰巨；三是俄罗斯经济转轨过程中，出现的矛盾和问题十分复杂，而转轨危机也十分严重。

二　转型方式的争论与方案

关于这一问题已在戈尔巴乔夫执政末期，即 1990—1991 年讨论向市场经济过渡时争论已十分激烈，并提出了一些过渡方案。著名经济学者、时任苏联部长会议副主席、经济改革委员会主席的阿巴尔金院士，根据过去几年经济改革的经验在其他国家改革的实践的基础上，提出了经济改革的构想，并勾画了苏联新型经济体制的基础特征：所有制形式的多样化，它们之间平等和竞争的关系；所得收入的分配应符合在最终成果上的贡献；将与国家调控相结合的市场变成协调社会主义生产参加的活动的主要工具；在灵活的经济和社会基础上实行国家调控经济；将公民的社会保障作为国家最主要的任务。构想中对向市场经济过渡的几种方案进行了比较研究。这些方案分别被称为"渐进的"、"激进的"（后来被称为"休克的"）和"适度激进的"三种，并对三种方案的基本特征和预期结果进行了比较。

向市场经济过渡的三种方案

	主要特点	预期结果
渐进方案	1. 用适当的速度循序渐进地进行改革 2. 主要采用行政方法调控正在形成的市场和通货膨胀 3. 逐步减少国家订货，控制物价和收入的增长	1. 可以逐渐适应变化，最大限度地减少剧烈变革造成的损失 2. 延缓改革，采取措施的效果不明显以及不足以克服负面影响 3. 有生产大幅下降，商品短缺和社会问题加剧的危险
激进方案	1. 短期内彻底摧毁现有结构 2. 同时消除市场机制运作的所有障碍 3. 大量减少国家订货，几乎完全取消对价格和收入的控制 4. 大范围地向新的所有制形式过渡	1. 寄希望快速建立市场的成效 2. 有货币流通出现混乱的危险，通货膨胀失控的可能性很大 3. 大量破产，生产大幅下滑，出现大范围的失业 4. 生活水平严重下降，居民收入差距拉大，社会紧张局势加剧
适度激进方案	1. 采取系列激进措施，为向新机制过渡创造启动条件 2. 建立积极调控市场的组织机制 3. 落实巩固和发展新的经营体制的措施 4. 对价格、收入和通货膨胀在所有阶段进行监控，对低收入阶层提供强有力的社会支持	1. 能在相对短的时间内获得改革的明显效果 2. 快速形成市场 3. 遏制生产下降和财政赤字增长，控制通货膨胀 4. 居民适应市场经济条件的环境比较宽松，缓解社会紧张局势

资料来源：［俄］李刚军等译：《阿巴尔金经济学文集》，清华大学出版社 2004 年版，第 91 页。

在阿巴尔金的构想中，提出了大量有利于第三种方案即适度激进方案的论据。据当时社会民意调查，赞同第一种方案的占 10%，赞成第二种方案的为 30%，赞成第三种方案的为 60% 以上。在构想中，还规定了实施适度激进改革方案的三个阶段：第一阶段已经始于 1988 年，并在 1991 年年初结束。1990 年应该是为稳定国内经济形势制定过渡时期经济机制一整套措施的关键阶段；第二阶段跨越了 1991—1992 年，在这阶段里应该实施一整套措施的同时，启动新型的经济机制；第三阶段是实施激进经济改革计划的结束阶段，它包括 1993—1995 年。阿巴尔金认为，鉴于当时的实际情况，这一方案是逐步实行激进的经济改革最明智、最周到的方案。因为，该方案有以下的优越性：它在允许价格和工资有控制地增长的同时，能够无须依靠行政性措施最终制止财政赤字的增长和生产的下滑，为市场的形成开辟了现实的道路。建立有效的对居民的社会支持体系，补偿因涨价、下岗和接受再培训等造成的大部分损失，这能够缓解过渡时期的困难，帮助人们尽快适应市场经济条件，能够刺激劳动生产率和经营积极性的提高。①

有关 1991 年年底开始的俄向市场经济过渡必要性与方式问题在讨论中提出的看法，时任俄财政部第一副部长的乌留卡耶夫认为，基本观点可划分为四种类型。

第一种观点是，否定俄罗斯经济需要进行彻底的市场改革的必要性，坚持在必须保留原有经济体制的同时对其进行某些现代化改造使其增加活力。这种观点在左派政治家们——Г. 久加诺夫、Н. 雷日科夫、Е. 利加乔夫等人的著作中，以及具有社会主义倾向的经济学家们——А. 布兹加林、А. 卡尔加诺夫、А. 谢尔盖耶夫等人的文章中均可见到。他们认为，整套改革思想全都是错误的，不适用于俄罗斯的条件。私有化、对外和国内贸易自由化、争取金融稳定、本国货币的可兑换等措施破坏了民族工业，使社会形势恶化。他们主张应该集中精力按照 1982—1983 年安德罗波夫改革的先例进行所谓的整顿经济秩序，强调国家验收，严格监督产品质量，强化经理对企业工作的责任心，向非劳动收入宣战等。

第二类的经济学家和政治家宣称，市场改革原则上必须进行，但不能如此迅猛和激进，应该更大程度地允许国家参与经济。更多地保留国有制，对国内生产者实行保护。总之，他们赞成经济现代化的"特殊的俄罗

① 有关上述构想，参见［俄］李刚军等译：《阿巴尔金经济学文集》，清华大学出版社 2004 年版，第 90—92、98 页。

斯道路"。宣传此类观点的有经济学家 A. 阿巴尔金、C. 沙塔林、Д. 利沃夫、O. 博戈莫洛夫、Г. 亚廖缅科、H. 什梅列夫和所谓的国家派政治家 C. 格拉济耶夫、Ю. 斯科科夫、A. 沃尔斯基、B. 舒梅科、C. 费奥多罗夫、Ю. 卢日科夫等。他们认为，不应该搞大规模私有化、放开对外贸易和外汇流通、放开物价，应该重点建立强大的金融工业集团，国家有选择地扶持工业，以保障首先是国家对俄罗斯国产商品的更多需求。这一派经济学家和政治家的特点正如著名的瑞典经济学家 A. 奥斯伦德所讲的那样，他们完全忽视了宏观经济问题（诸如货币平衡、通货膨胀、预算等）。这些人还要求降低改革速度，制定和执行经济政策按部就班、犹豫不决。

第三类政治家和经济学家素有"真正的改革家"的威望，坚持不懈地宣传各种改革方案，但又猛烈抨击现实的改革：称改革进行得不正确，不符合理论，所作出的选择不符合行动的循序渐进性——首先必须实现私有化、民主化、形成市场机制，然后才能采取措施稳定财政和放开经济。持这类观点的主要有 Г. 亚夫林斯基和他的支持者 H. 彼特拉科夫、A. 梅利尼科夫、A. 米哈伊洛夫等。

最后，第四类经济学家都极其重视存在失误和倒退的现实改革中的现实问题，在1992年的短暂时间里，继而又在1997年保证了改革向前推进。他们是 E. 盖达尔、E. 亚辛、A. 丘拜斯、M. 德米特里耶夫、Ь. 费奥多罗夫等。

为了评价上述几类人物的观点，我们有必要对1991年改革前的俄罗斯经济的实际状况进行分析。首先提出这样一个问题：当时是否可以推迟对经济关系的激进改革，是否可以对改革方式进行根本性的改变？[①]

乌留卡耶夫根据1991年年底苏联解体时十分严峻的社会经济情况，得出的结论是："俄罗斯的经济改革政策不是由改革家的理论思维确定的，而是出通货膨胀危机（严重的宏观经济比例失调反映在公开的通货膨胀加剧和所有商品市场严重短缺上）、支付危机（黄金外汇储备严重短缺和国家贷款能力下降导致了被迫大量削减进口）和体制危机（各级国家权力机

---

① ［俄］A. B. 乌留卡耶夫著、石天等译：《期待危机——俄罗斯经济改革的进程与矛盾》，经济科学出版社2000年版，第15—16页。

关丧失了调解资源配置能力）同时并发决定的，这些危机在外部表现为生产的急剧衰退。"因此，"在经济和体制危机并发这种极为严重的情况下进行根本的经济体制"，只能实行"由总统下令而不管苏维埃的意见"的"激进改革。"①

三 推行激进式"休克疗法"改革的历史背景

在前面，我们简要地论述了苏联解体前夕学者对向市场经济转轨方式的讨论及基本观点。在这里，笔者就俄罗斯政府独立执政后缘何立即决定推进激进式"休克疗法"改革，提出自己的看法。人所共知，原苏联东欧各国中的多数国家，在从传统的计划经济向市场经济转轨时，实行激进的"休克疗法"，其基本内容一般归结为自由化、稳定化与私有化。俄罗斯在1992年年初围绕这"三化"推行的激进改革措施是：（1）俄实行"休克疗法"最重要和最早出台的一项措施是，从1992年1月2日起，一次性大范围放开价格，结果是90%的零售商品和85%的工业品批发价格由市场供求关系决定。（2）实行严厉的双紧政策，即紧缩财政与货币，企图迅速达到无赤字预算、降低通胀率和稳定经济的目的。紧缩财政的措施主要有：普遍大大削减财政支出；提高税收，增加财政收入；规定靠预算拨款支付的工资不实行与通胀率挂钩的指数化。紧缩货币的主要措施是，严格控制货币发行量与信贷规模。（3）取消国家对外贸的垄断，允许所有在俄境内注册的经济单位参与对外经济活动，放开进出口贸易；（4）卢布在俄国内可以自由兑换，由原来的多种汇率过渡到双重汇率制（在经常项目下实行统一浮动汇率制，在资本项目下实行个别固定汇率制），逐步过渡到统一汇率制。（5）快速推行私有化政策。俄政策规定在1992年内要把20%—25%的国家财产私有化。1992—1996年俄基本上完成了私有化的任务。在1996年，私有化的企业和非国有经济的产值分别占俄企业总数与GDP的比重约为60%和70%。

———————

① ［俄］А. В. 乌留卡耶夫著、石天等译：《期待危机——俄罗斯经济改革的进程与矛盾》，经济科学出版社2000年版，第26—27页。

1992 年年初，为什么俄罗斯政府实行的是"休克疗法"式的激进转型？有些人认为，这主要是由政治上刚刚取得主导地位的民主派，为了在经济转轨过程中取得西方的支持所决定的。还有人认为，这是民主派屈从于西方压力的结果。实际上，当时以叶利钦、盖达尔为代表的俄罗斯民主派之所以选择"休克疗法"式的激进改革，有其十分复杂的原因。

1. 从苏联历次经济改革失败原因谈起。

斯大林之后的苏联历次经济体制改革都未取得成功，其原因很多。如果从经济角度来看，最为重要的共同性原因是，不把建立市场经济体制模式作为改革目标。这样，在苏联解体前，影响市场经济发展的几个主要问题未解决，这指的是：（1）与改革国有制有关的商品生产的主体问题，即没有使企业成为独立的商品生产者，转换其经营机制，企业生产的目的只是为了完成国家下达的任务；（2）计划与市场关系问题。改革理论的研究与改革实践，主要集中在使计划与市场两者结合问题上，而不是集中在如何建立与发育市场体系问题上。在苏联长期的经济体制改革过程中，一方面强调要发展商品经济，利用商品货币关系；另一方面又不放弃政府对经济的直接控制，包括不放弃指令性计划。经济改革的主要措施往往体现在指令性指标数量的增减方面，结果造成残缺不全的指令性计划与发育不良的市场调节相结合的局面。由于在相当长的时间里停滞和僵持于这个格局中，就使得本来不正常的经济关系更加扭曲，经济更难以正常运转；（3）由于苏联时期的价格改革没有围绕为形成有竞争性市场价格体系这个根本目的来进行，因此，合理的价格形成体制未能建立起来。而没有一个合理的价格形成体制，要发挥市场的调节作用是一句空话。

只是到了戈尔巴乔夫执政的后期，经过激烈争论，"到 80 年代末，俄罗斯的大多数政治力量和居民在必须进行自由化和向市场经济过渡方面实际上已达成共识"。[①] 普遍认识到，只有向市场经济过渡，才是唯一的选择。俄民主派在确定以建立市场经济模式为改革方向之后，总结过去改革的教训，决定改变过去把改革停留在口头上、纸上的做法，而是采取实际

---

① ［俄］Л. q. 科萨尔斯等著、石天等译：《俄罗斯：转型时期的经济与社会》，经济科学出版社 2000 年版，第 59 页。

行动，快速向市场经济过渡，以此来解决当时俄罗斯面临的依靠传统体制根本无法解决的严重社会经济问题。这说明，当时俄罗斯"转轨进程启动缘于人们越来越确信中央集权的计划经济已经走到了尽头"。①

2. 极其严峻的经济形势，是促使俄罗斯新执政者实行激进改革的一个最为直接的原因。

1992 年 1 月 2 日作为俄"休克疗法"式激进转型的起点，那么，必须分析一下在此前苏联的经济与市场状况，否则，就不能理解新执政者为何如此果断地选择了激进改革方案。

苏联到了 1990 年，社会总产值、国民收入和社会劳动生产率分别比上年下降了 2%、4% 和 3%。而到苏联解体的 1991 年经济状况进一步恶化，国民收入下降 11%，GDP 下降 13%，工业与农业生产分别下降 2.8% 和 4.5%，石油和煤炭开采下降 11%，生铁下降 17%，食品生产下降 10% 以上，粮食产量下降 24%，国家收购量下降了 34%，对外贸易额下降 37%。1991 年，国家预算赤字比计划数字增加了 5 倍，占 GDP 的 20%。财政状况与货币流通已完全失调。消费品价格上涨了 1 倍多（101.2%），而在 1990 年价格还只上涨 5%。外汇危机十分尖锐，载有进口粮食的货轮停靠在俄罗斯港口而不卸货成为惯常现象，因为没有外汇去支付粮款、装卸费和运输费。② 经济状况严重恶化，使得市场供应变得十分尖锐。1990 年，在 1200 多种基本消费品中有 95% 以上的商品供应经常短缺，在 211 种食品中有 188 种不能自由买卖。到 1991 年，国家不得不在所有城市实行严格的票证供应。到 1991 年年底，苏联居民食品供应量是：糖——每人每月 1 公斤，黄油——0.2 公斤，肉制品——0.5 公斤。即使这个标准也缺乏实际保证。零售贸易中的商品储备减少到破纪录的最低水平——只够消费 32 天。1992 年 1 月，粮食储备约为 300 万吨，而当时俄国内粮食消费每月为 500 万吨以上。在 89 个俄罗斯地区中，有 60 多个地区没有粮

---

① ［波］格泽戈尔兹·W. 科勒德克著、刘晓勇等译：《从休克到治疗——后社会主义转轨的政治经济》，上海远东出版社 1999 年版，第 3 页。

② 参见［俄］A. B. 乌留卡耶夫著、石天等译：《期待危机：俄罗斯经济改革的进程与矛盾》，经济科学出版社 2000 年版，第 17—20 页。

食储备和面粉,都在"等米下锅"。① "社会局势紧张到了极点,人们纷纷储备唯恐食品完全匮乏。"② 1991 年 10 月—1992 年 4 月,笔者在苏联(俄罗斯)科学院经济研究所作为访问学者考察当时正处于准备与起始阶段的经济改革,亲眼目睹这个时期苏联(俄罗斯)市场商品奇缺的状况,它比人们想象的要严重得多,真是"空空如也"。奈娜回忆起 1991 年随叶利钦访问德国科隆的情况时说:"当时我们应邀参观市场和路旁的店铺,那里商品丰富,琳琅满目,使她想到了俄罗斯商店里商品奇缺的情况,羞愧得恨不得一头钻到地底下,心想,我们一辈子都在工作,完成五年计划,但是,为什么我们什么都没有呢?"③

对新上任的俄罗斯领导人来说,面对如此紧张的社会经济局势,实行渐进改革已不大可能。正如俄学者指出的:"在俄罗斯(苏联)利用中国改革经验,也许在这一经验出现前的十几年是可行的。因为当中国改革的经验出现的时候(20 世纪 70 年代末),俄罗斯的原社会经济体制已经病入膏肓,无法医治,与其说是需要医生,不如说是需要挖坟者了。"④

3. 巨大的心理与政治压力。

俄罗斯新执政者一上台,在以什么样的速度推行经济体制改革问题上,面临着巨大的心理与政治压力。人们对旧体制对社会经济造成的严重恶果已看得清清楚楚,同时又看到西方国家的市场经济所带来的丰硕经济成果,所以,在 20 世纪 90 年代初,包括俄罗斯在内的所有转轨国家,从官方到普通居民产生一种"幻想与错觉",似乎经济只要一向市场经济转轨,马上就可摆脱危机,很快就可以缩短与发达国家的距离,并很快可以达到发达国家的经济水平。正是这种压力成为俄罗斯加快改革步伐的催化剂。从这个意义上讲,俄采用激进式的"休克疗法"进行经济体制转轨,是公共选择的结果,在较大程度上反映了当时的民意。下列的情况亦可能

①　[俄] 参见 A. B. 乌留卡耶夫著、石天等译:《期待危机:俄罗斯经济改革的进程与矛盾》,经济科学出版社 2000 年版,第 18、20 页。

②　[俄] Л. Я. 科萨尔斯等著、石天等译:《俄罗斯:转型时期的经济与社会》,经济科学出版社 2000 年版,第 28 页。

③　《北京晨报》2002 年 3 月 7 日。

④　[俄] A. B. 乌留卡耶夫著、石天等译:《期待危机:俄罗斯经济改革的进程与矛盾》,经济科学出版社 2000 年版,第 6 页。

从一个侧面证明这一点。俄1992年年初推进"休克疗法"后"从街上回来的人，惊慌失措，神情沮丧。然而，根据民意测验，1992年年底有60%的居民支持市场改革"。①

4. 通过激进改革尽快摧垮传统计划经济体制的基础，使得向市场经济的转轨变得不可逆转。

1991年年底苏联解体，俄罗斯独立执政，民主派取得了领导权。但是，民主派的领导地位并不十分巩固，面临着以俄共为代表的左派力量的挑战，在当时的俄罗斯国内，各种反对派的力量，对民主派实行以私有化为基础的资本主义市场经济体制并不都持赞成的立场。就是说在民主派上台初期，俄国内面临着国家向何处去的争论与斗争。斗争的核心是俄罗斯国家发展道路问题。另外，虽然以叶利钦总统为中心的国家执行权力机关已成为国家强有力的权力，但亦应看到，另一个国家最高权力机关——人民代表大会，它是由左派俄共等反总统派居主导地位的。在上述政治背景下，在民主派看来，必须加速经济体制转轨进程，特别是要加快国有企业的私有化速度，从根本上摧毁以国有制为基础的计划经济体制。最后达到体制转轨不可逆转的目的。被称为私有化之父的阿纳托利·丘拜斯认为，俄罗斯的转轨到了1996年才可以说已不可逆转了，一个重要的标志是，这个时候已基本完成私有化任务。2001年12月29日叶利钦对俄电视台《明镜》电视节目发表谈话时谈道，1999年年底他之所以能下决心辞职，因为他坚信在俄罗斯改革已不可逆转。

5. 政治局势也是促使新执政者推行经济激进转型的重要原因。

我们在上面着重分析了苏联解体前后所面临的复杂而又严峻的经济形势，但在政治领域情况也十分严重。1991年"8·19"事件后，那时由戈尔巴乔夫领导的苏联，改革实际已经停顿。"联盟国家机关已经寿终正寝并且四分五裂。""无论是什么样的国家监控实际上都不起作用。"② 这是因为，"俄罗斯市场是在苏联经济的行政命令体制崩溃过程中产生的。它

---

① ［俄］格·萨塔洛夫等著、高增训等译：《叶利钦时代》，东方出版社2002年版，第217页。

② ［俄］A. B. 乌留卡耶夫著、石天等：《期待危机：俄罗斯经济改革的进程与矛盾》，经济科学出版社2000年版，第21、22页。

产生于强大的国家体制削弱和瓦解过程之中",这在"客观上导致了旧的国家调节经济机制陷入崩溃"。① 在这一期间,大家忙于政治斗争,重大事件一个接一个,取缔苏共,最后是苏联解体。这样,在俄罗斯已不存在强有力的政治核心力量,掌了权的民主派,在上述政治情况下,下决心实行激进的改革。"改革战略的实质不仅在于要进行极为迫切的经济改革,而且还在于要建立俄罗斯民族国家,这个国家具有一切必要的属性,如预算、稳定的并可兑换的本国货币,税收制度,边防军队,海关,有效的货币制度,可控制的国家银行,等等。"② 这也说明,当时俄罗斯可供选择的改革途径已经是十分狭窄了。俄罗斯有的学者认为,当时俄罗斯最高领导只要愿意,就完全能建立和形成一个权威机构,因此,这不能成为否定当时存在渐进改革的理由。但另一些学者指出,这种说法是脱离当时俄罗斯实际情况的,"这只在办公桌上是可能的"。"在纸面上一切都好摆弄,但忘记了存在峡谷。而目前的俄罗斯政治经济现实是接连不断的峡谷。"③ 正如弗拉基米尔·毛在论证"为什么俄罗斯不能像中国那样,通过渐进的方式启动和实现经济转轨"时指出:"中国模式的关键是(转轨开始时),中国的党政集权制度仍然有效地控制着全国局势,……而俄罗斯的自由化改革开始时,不仅没有强大的政府,而是根本就没有政府——苏联已经解体,俄罗斯作为一个主权国家仍只是停留在纸上。"④

6. 合乎历史逻辑的发展。

从历史逻辑来看,叶利钦、盖达尔(当时任俄罗斯副总理、代总理,负责经济体制转型问题,为代表的民主派推行激进改革,是一位著名的经济学家,但并不是成功的改革家。他下台后创办了转型经济研究所,于2009 年 12 月 16 日去世,终年 53 岁)是承袭了戈尔巴乔夫下台前的1990—1991 年所形成和提出的改革设想。经过激烈的争论与斗争,在

① [俄] Л. Я. 科萨尔斯等著、石天等译:《俄罗斯:转型时期的经济与社会》,经济科学出版社2000 年版,第 30 页。

② [俄] А·В·乌留卡耶夫著、石天等:《期待危机:俄罗斯经济改革的进程与矛盾》,经济科学出版社 2000 年版,第 26 页。

③ 同上书,第 33 页。

④ 转引自《俄罗斯研究》2003 年第 3 期。

1990 年苏联先后提出了四个向市场经济过渡的文件。① 我们在前面分析戈尔巴乔夫执政时期经济体制改革过程时，对向市场经济转轨的沙塔林 500 天纲领，亚夫林斯的 400 天构想都作了介绍。不论是 400 天构想还是 500 天纲领，都是快速转轨的计划。这说明，在戈尔巴乔夫执政后期，苏联各政治派别不仅就经济改革的市场目标达成了共识，并且快速向市场经济转轨的主张也已占主导地位。因此，叶利钦、盖达尔执政后，从历史逻辑上来说，推行激进改革是顺理成章的事。

　　上述分析说明，20 世纪 90 年代初俄实行激进改革是由特定的历史条件决定的。这也充分说明，到了这个时期，苏联社会中已积累了能够破坏一切的能量。寻找一个宣泄这股破坏性能量的出口是俄罗斯转轨的当务之急。从这个意义上讲，激进式"休克疗法"不过是释放 1991 年俄罗斯经济与社会生活中所积累破坏性能量的一种较为可行的策略选择，亦是一种无可奈何的危机应对策略。这正如盖达尔所说的：到了 1990 年秋天，很明显一场危机就要爆发了。一场革命就要来临，在这种背景下，有秩序的改革是根本不可能的，唯一剩下的就是如何对付危机。② 丘拜斯在分析 20 世纪 90 年代初俄罗斯之所以采取激进转轨方式时指出：盖达尔政府开始的改革，"不是别人强加给我们的，不是有人从外面命令我们做的。这是已经成熟了的、使人困扰已久的变革，是由整个俄罗斯的历史进程所准备好了的变革。这是我们国家命运中不能避免的转折"。③ 雅科夫列夫在谈到这一问题时说：盖达尔政府"从所有可能的方案中选择了最简捷的，但也是最脆弱的方案——休克疗法"。"我自己最初就感到这个方案至少是冒险的，代价会很大，是注定要失败的，这一点我在 1992 年 2 月就说了。物价放开需要有个竞争环境，然而当时并没有这种环境。在市场上，土地、

---

① 1991 年 3 月，我国国家体改委国外经济体制司委托特约研究员陆南泉组织有关研究人员翻译了这四个文件，以《苏联向市场经济过渡文件汇编》供国内跟踪研究苏联经济体制改革进程参考。在此前，当时任苏联部长会议主席的雷日科夫于 1990 年 9 月签署了《苏联关于形成可调节市场经济的结构和机制的政府纲领》。

② 参见徐坡岭：《俄罗斯经济转轨的路径选择与转型性经济危机》一文（《俄罗斯研究》2003 年第 3 期）。

③ ［俄］阿纳托利·丘拜斯主编、乔木林等译：《俄罗斯式的私有化》，新华出版社 2004 年版，第 12 页。

住房、生产资料都不上市。没有制订应有的保护企业家，特别是生产者的法律。""但是我既不充当预言家，也不想充当裁判员。在怀疑'休克疗法'主张的同时，我依然认为，当时政府根本没有别的选择。"① 我国程伟教授对俄当时之所以采用激进式改革提出的结论之一是："俄罗斯经济转轨启用激进方式，即使是不合适的，但却是不可避免的。"② 我们再看看，在俄罗斯连坚决反对叶利钦、盖达尔经济转轨的阿巴尔金在他在主管苏联经济改革期间，亦曾设想过激进改革的方案，他回忆说："时间会令人忘却一些事情，而今日的激愤又限制了历史的记忆。但是应该直说，激进经济改革的构想是有过。……你可能喜欢它或者不喜欢它，但这是另一个问题。"③ 后来，阿巴尔金赞成的是实行适度激进方案。有人说，在俄罗斯除选择激进转轨方式，别无他途的说法，十足是一种宣传伎俩，是给不明真相的人强行灌输一种观念；另有人说，俄罗斯选择激进转轨方式，纯粹是出于意识形态的理由；还有人说，俄罗斯实行激进转轨方式是完全屈从西方国家的压力；等等。笔者一直认为，对俄罗斯采取激进转轨方式原因的分析，应该从当时俄罗斯面临诸多复杂的主客观因素去探究，切忌简单化，更不能想当然地认为，套用中国的做法才是正确的。

四　有关激进、渐进转轨方式的浅见

有关激进与渐进两种转轨方式的评价，是个十分复杂的问题，学术界至今存在不同看法。它既关系到经济转轨的理论问题，也关系到对这两种不同经济转型方式实际绩效的评价问题。这里，笔者提出一些粗浅的看法。

第一，不能以激进和渐进来划分市场经济体制模式，这只是过渡方式的区别。不论是激进还是渐进，都只不过是一种手段与方式。市场经济体制模式基本上有两种：自由市场经济模式和社会市场经济模式。这是大家

---

① ［俄］亚·尼·雅科夫列夫著、徐葵等译：《一杯苦酒——俄罗斯的布尔什维主义和改革运动》，新华出版社1999年版，第262—263页。

② 程伟：《计划经济国家体制转轨评论》，辽宁大学出版社1999年版，第166页。

③ ［俄］李刚军等译：《阿巴尔金经济学文集》，清华大学出版社2004年版，第90页。

所公认的。

第二，从过渡速度来划分渐进与激进也是相对而言的。有不少激进的改革措施具有局部性与临时性的特点。从波兰头 5 年来的激进改革过程看，也很难认为全部变革都是采取激进的方式。俄罗斯政府也在不断调整政策，逐步放弃"休克疗法"初期的一些做法。中国采取渐进方式进行经济体制改革，是从这 30 多年来的整个改革过程来讲的。在各个领域、各个时期，改革的速度也不都是一样的，有时慢一些，有时快一些。应该认识到，"即使是激进的改革也有渐进的性质"。①

第三，国外有些学者有这样的说法，即认为渐进式向市场经济过渡必然要失败，这种说法是没有根据的。当然也不能笼统地认为渐进方式一定要比激进方式好。俄罗斯实行"休克疗法"的过渡未取得成功，不等于波兰也不成功。波兰 1990 年实行休克疗法之后，在较短的时间内度过了最困难的时期，并较快地出现了经济的增长，1992 年国内生产总值增长 2.6%，1993 年增长 3.8%，1994 年估计可增长 5% 左右。通货膨胀也得到了遏制，1992 年通货膨胀率为 43%，1993 年为 32.2%，据计算，1994 年为 29.5%。

这表明波兰实行激进式过渡，较快地获得了成效。

第四，一个国家采用激进式的过渡往往是不得已而为之。它们或者是在多次采取措施而仍无法控制通膨时，而被迫一次性放开价格；或者是在国内市场极其不平衡、赤字庞大、通膨失控、国家行政管理体系完全崩溃的条件下，通过政府有效控制地、逐步地实行价格改革已不可能，而不得不采用激进方式。

第五，从实行渐进式向市场经济过渡的一些国家情况来看，也并不像有些人所想的那样渐进式过渡必然拖得很长，进程很慢。拿匈牙利来说，它是东欧诸国中实行渐进式过渡的典型。虽然在转轨的头几年它离发育完善的市场体制还有较大距离，但匈牙利在向市场经济过渡方面也取得了很大进展，即价格早已基本放开，价格结构有了很大调整，传统的计划体制已经打破，市场调节的作用大大加强，市场经济的因素明显增多。另外，

---

① ［美］杰里·霍夫著、徐葵等译：《丢失的巨人》，新华出版社 2003 年版，第 324 页。

匈牙利的某些措施，如在企业破产方面，比实行"休克疗法"的波兰迈的步子要大得多。所以，渐进式决不是慢慢来，更不是走走停停，而同样需要迈大步。

第六，人们对激进过渡方式所产生的问题容易看得比较清楚，如生产下滑速度快，通膨失控，生活水平大幅度下降，失业人数增加，承担的风险大等。但容易忽视渐进过渡方式存在的问题，如过渡时间拖得较长，在较长时间内价格仍不是市场价格，价格仍不能成为衡量经济效率的标准，不利于产权关系的改革，本国价格与国际价格长期脱节等。渐进的过渡方式，容易把问题与矛盾掩盖起来，搞得不好，有可能使问题越积越多，使改革难以取得实质性进展。另外，由于渐进式过渡时间较长，在过渡期会出现双轨体制的运行状态，尤其是价格双轨制，难免会导致经济秩序混乱，企业行为短期化，会为官倒、私倒创造条件，成为产生腐败的一个重要因素。所以，不能忽视渐进式改革的负效应，而应该力争在实行渐进式改革过程中把它带来的负效应减少到最低限度。

第七，不论采取哪种方式向市场经济过渡，过渡的主要内容是相同的：一是通过对国有企业的改造，改变独占的、单一的所有制结构，建立起多种所有制形式，在此基础上，使企业成为独立的商品生产者；二是为了使市场机制在实现社会资源优化配置方面起决定性作用，转换经济的运行机制，即由传统计划经济条件下形成的行政机制转换成市场机制；三是改变政府调控宏观经济的手段与方法，即由直接的行政方法的调控改为间接的经济方法的调控，为此就必须转变政府职能；四是在形成与培育市场经济的同时，建立起完善的社会保障体系。

第八，从原苏联与东欧各国向市场经济过渡方式的发展过程看，其趋势是渐进与激进两种方式的混合，但侧重于渐进式。笔者认为，搞激进转型的国家，经过一段时间后转向渐进，并不意味着对前一段时间激进改革政策的根本否定，亦不是什么纠偏，是合乎逻辑的发展。因为原苏东国家要从传统的计划经济体制向市场经济体制过渡，不可能一蹴而就。转轨是一个推陈出新的过程，一些国家通过激进式转轨是为未来整个经济改革过程与制度建设创造初始条件。按科勒德克的看法，经济稳定化和自由化可以激进方式达到，而结构改革、制度安排与现存生产力的微观结构重组则必须是渐进进行的。① 所以，笔者认为，如果从通过转轨达到制度建设的目的这一角度讲，所有计划经济体制向市场经济体制过渡的国家，其经济体制转轨实质上都是渐进的，必然是一个渐进的过程。关于这一点，应该是不存疑问的。

以上的分析说明，不要对激进与渐进转型方式绝对化的理解，实际生活中往往出现这种情况：在"某个人看来是渐进的转型，或许在另外一个人看来就是激进的改革"。例如，"科尼亚（Cornia）和波波夫（Popov. 1998）则把越南视为休克方式的典型，主要是指其快速放松价格管制并保持宏观经济的稳定。他们因此而将俄罗斯和乌克兰计入实施非连续休克（inconsistent shock）战略的国家之列，也就是迅速放开价格，但却未能保持宏观经济稳定。"② 拿中国改革来说，一般认为是渐进的典型，而吴敬琏教授在分析中国改革战略问题时指出："不能用'渐进论'概括中国的改革战略。"他自问自答地说："'渐进改革论'是否符合中国改革的实际？是否符合小平同志经济体制改革的战略思想？我的回答是否定的。"他解释说："从中国改革的实际情况看，在国有经济（包括工商企业、国家银行和国家财政）的范围内，改革的确是渐进进行的，15 年来基本上只做了一些小的修补，而没有根本性变革。……直到 1993 年党的十三届三中全会以后，都没有采取实际步骤对国有经济进行全面改革。""从 1981 年开始，中国改革在国有经济领域中实际上是停顿了。"因此，"中国改革举世公认的成就，并不是因为国有经济采用了渐进改革的方法才取得的"。中国改革取得的成就主要是由于在"1980 年秋到 1982 年秋短短 2 年时间内，就实现了农村改革，家庭联产承包责任制取代了人民公社三级所有制的体制。1982 年以后，乡镇企业大发展，进而带动了城市非国有经济的发展。加上搞了两个特区和沿海对外开放政策，使中国一部分地区和国际市场对接，而且建立了一批'三资企业'。……一个农村改革，一个对外开放，构成了 1980 年以后中国改革的特点。1980—1984 年所取得的成就在很大

---

① 参见［波］格译戈尔兹·W. 科勒德克著、刘晓勇等译：《从休克到治疗——后社会主义转轨的政治经济》，上海远东出版社 2000 年版，第 35—37 页。

② ［波］格译戈尔兹·W. 科勒德克著、刘晓勇等译：《从休克到治疗——后社会主义转轨的政治经济》，上海远东出版社 2000 年版，第 35、47 页。

程度上与这一特点有关"。① 而搞农村改革、特区和对外开放，其速度都是快的，也并不是时间拖得很长的渐进式进行的。杰弗里·萨克斯也说："我并不认为中国的成功是渐进主义发挥了特别的作用，真正起作用的是开放农村、开放沿海地区、鼓励劳动密集型生产、允许外资与技术的输入，等等。一句话，允许足够的经济自由，从而最好地利用了中国的结构。"②

（原载陆南泉等主编：《苏东剧变之后——对 119 个问题的思考》中册，

新华出版社 2012 年版，第 499—516 页。）

---

① 吴敬琏等著：《渐进与激进——中国改革道路的选择》，经济科学出版社 1996 年版，第 1—3 页。

② 同上书，第 166 页。

俄罗斯财税体制改革

俄罗斯在确立了以建立市场经济为目标的经济体制转型后，对在传统的计划经济条件下形成的财税体制作了重大改革，使其适应市场经济发展的要求，财税体制改革的基本方向是：根据市场与财政所满足的不同的社会需要来界定财政的职能范围，在合理划分中央与地方政府的事权范围基础上，实行分税制，以确立中央财政与地方财政之间的收入范围，根据事权范围划分支出范围。

一　财政体制改革

不论在计划经济体制还是在市场经济体制条件下，就财政作为分配与再分配社会产品和国民收入的这一职能而言，并没有多大区别，即国家都凭借政治权力取得财政收入，以此来为保证国家职能顺利实现提供财政基础。但财政在实现分配职能的过程中，采取的财政政策、政策目标、途径与作用，在不同经济体制条件下，则有很大的区别。在计划经济条件下的财政体制，其最大的一个特点是，国家在参与企业分配时，不以企业是市场主体为出发点。在具体政策上，实行的是统收统支。在这种条件下，从国家与企业的财政关系看，企业是政府的一个下属行政机构，这是由国家对企业实行直接管理与控制的计划经济体制所决定的。由于不把企业视为独立的商品生产者与市场的主体，因此，在苏联时期经过多次的经济改革，在国家参与企业利润分配时，就可以从国家需要出发，让企业把绝大部分利润上缴财政，从而使企业缺乏自我更新的能力，从而影响企业的生产积极性。传统经济体制条件下的财政体制的另一个特点是，集中程度高。这表现在两个方面：一是大量的国民收入通过财政分配与再分配，集中到国家预算。以 1980 年为例，苏联国家预算收入占国民收入的比重为 65% 以上；二是财政资金主要集中在中央预算，1980 年苏联地方预算占的比重为 17.1%。在谈到传统经济体制条件下的财政体制特点时，不能不提及财政与银行的关系。苏联时期，在产品经济理论的影响下，重视生产过程，忽视流通过程，把大量国民收入集中在财政，通过财政进行直接分配，从而使管理资金流通的银行不能充分发挥作用。银行往往成为货币资金的出纳机构和财政的附庸，在相当一个时期里，银行不独立。很明显，原来财政体制的一些特点，很难与以建立市场经济体制目标为方向的经济改革相适应。

俄罗斯在 1992 年年初在进行激进式向市场经济转轨时，也对财政体制进行了根本性的改革。

（一）由国家财政向社会公共财政转化，缩小财政范围

有关财政范围和体系问题，在苏联历史上曾是经常引起争论的一个问题。在 20 世纪 30 年代以前，由于国家的货币资金基本上是集中在国家预算，之后，再按国家统一的计划进行统一分配，因此，对国家财政的范围局限于国家预算，往往把国家预算与国家财政等同起来。20 世纪 30 年代后，随着国营企业在整个国民经济中占主导地位，国营企业广泛推行经济核算，企业自行支配的货币基金增多，随之财政的范围亦就扩大，国民经济各部门与企业的财务成了国家财政体系中的一个重要环节。根据当时的苏联财政理论，国民经济各部门与企业的财务主要作用有：一是通过财务活动来形成内部资金，以保证企业生产的顺利实现；二是实现国家与企业的财政关系，即向预算缴款和获得预算拨款；三是体现公有制企业其一切经济活动是为完成苏联国家经济职能的直接组织者作用。后来，在苏联形成的财政体系包括三个领域：物质生产领域财务、国家预算与非生产领域财务。

十分明显，在财政体系中列入企业财务，是指令性计划经济体制的要求。苏联长期坚持的看法是在国营和合作企业在国民经济中占绝对统治地位的条件下，企业财务是整个国家财政的基础，国家通过财政分配与再分配，把企业大量资金集中在国家（预算）手里，然后国家按统一计划进行分配与使用。因此，国家要求直接管理企业的活动，参与企业货币基金的形成与分配过程。

在俄罗斯确立了以向市场经济过渡为改革目标后，在改革财政体制时，

开始调整国家与企业的关系。财政职能转变的重点有两个：一是财政作为政府行为，不再直接干预企业的生产经营管理活动，主要是为解决市场不能满足的一些社会公共需要，如社会保险、义务教育、防疫保健、国防、社会安全、行政管理、基础科学研究、生态环境保护等。二是由于在市场经济条件下，国家调控宏观经济的方式由以直接的行政方法为主转向以间接的经济方法为主，因此，要强化财政对宏观经济的调控作用。这方面的作用是多种多样的，如保证国家基础产业、重点项目的投入；调节行业之间、地区之间收入分配水平，促进社会分配的公平；运用财政、税收杠杆，调整产业结构，促进生产要素的优化配置与经济效益的提高；通过财政政策与货币政策的相互配合与协调应用，来调节社会供需总量，以利其平衡；加强财政法、税法的建设，实行依法理财，强化财政监督管理，从而在市场经济运行过程中，使财政领域的法治建设日益加强。而过去在指令性计划经济体制条件下，靠各级行政权力、人治办法运转经济的现象，逐渐得以克服；等等。中东欧一些转轨国家，在改革财政体制时强调，国家财政在现代市场经济中的主要功能是：资源配置功能、收入再分配功能、经济管理功能与宏观调控功能。财政职能的重大转变，有利于使企业成为独立的商品生产者，成为市场经济的主体。另外，随着东欧中亚国家私有化政策的推行，国营企业的比重大大降低，私有化企业与国家关系已发生重大变化。

鉴于财政职能的上述变化，在俄罗斯财政体系中，已不列入企业财务。在其他转轨国家，如1991年年初，罗马尼亚公布的《公共财政法》，一是已不再用国家财政的概念，而是采用西方国家的公共财政概念；二是在新财政体系中，主要包括国家公共预算（由中央预算、地方预算与国家社会保险预算组成）、税收和财政监督等。

（二）预算结构的调整

1. 预算管理体制的调整。国家预算管理体制是与国家政权及行政管理体制相适应的。苏联长期实行三级制。根据1924年通过的苏联宪法确定的原则，建立了统一的国家预算管理体制，它由联盟（中央）预算、各加盟共和国预算和地方预算组成。国家预算中还包括社会保险综合预算。1991年前，苏联的预算制度由中央实行单一的统一管理。1992年实行向市场经济转轨的初始阶段，俄罗斯预算制度的调整带有明显的分权性质。1993 年 12 月 12 日颁布的俄罗斯宪法，开始向巩固国家联邦制方向发展，改变了在预算制度和预算程序领域的法规。根据国家管理级别，分清了预算权能，确定了各级预算之间的相互关系。俄罗斯从 1991 年到 1998 年期间颁布了一系列预算法。1998 年 7 月 31 日通过的（于 2000 年 1 月 1 日正式生效）俄罗斯联邦预算法典规定，俄联邦预算体系建立在俄罗斯联邦经济关系和国家制度基础上，它是受法规制约的俄罗斯联邦预算、俄罗斯联邦各主体预算①、地方预算和国家预算外基金的综合体。就是说，俄罗斯的预算体系仍由三级组成（见下图）。

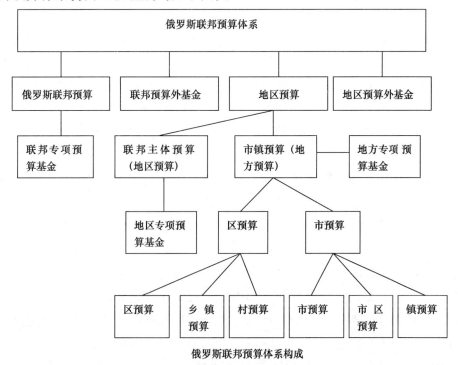

俄罗斯联邦预算体系构成

资料来源：[俄] Г. Б. 波利亚克主编：《俄罗斯预算体系》，莫斯科 ЮНИТИ – ДАНА 出版社 2003 年俄文版，扉页。

---

① 俄罗斯由 89 个联邦主体组成，其中包括 21 个共和国，50 个州，6 个边疆区，10 个自治区，莫斯科与圣彼得堡直辖市。

从上图可以看出，第一级预算为联邦预算（中央预算），但不再称为联盟预算；第二级为联邦主体预算，即 89 个联邦主体；第三级为地方预算，包括区、市、镇和乡预算。在涉及中央与地方关系时，俄罗斯则把第二和第三级预算合称为地方预算，联邦预算与地方预算合在一起构成国家预算，称为联合预算。这里要指出的是，在俄罗斯进行转轨后，建立了预算外基金制度。这一部分也是俄罗斯联邦预算体系的组成部分。俄罗斯预算外基金分成两个部分：一是称之为专项社会基金，它包括养老基金、社会保险基金和联邦、地方强制医疗保险基金。这三项基金构成了当前俄罗斯的社会保险体系；二是称之为专项经济基金，主要指地区道路基金、联邦矿物原料基地再生产基金、联邦生态基金、国家制止犯罪基金、联邦支持小企业主活动基金与促进科技进步基金等。今后，俄罗斯对预算外基金在管理方面的改革，其基本方向是：对专项社会基金，在保持其法人独立地位的同时，要将其纳入联邦预算体系之内；至于经济预算外基金将朝着把资金列入预算，管理权交给财政机关的方向进行。

俄罗斯还规定，以下原则是俄罗斯联邦执行预算体系的基础：统一性，分清不同级别预算的收入和支出；独立性，全面反映预算、国家预算外基金的收入与支出，平衡预算，节约与高效利用预算资金，全面弥补预算支出；公开性，预算的可信度；预算资金的针对性和目的性。

2. 合理划分中央财政与地方财政的关系。俄罗斯在向市场经济过渡的初始阶段，调控宏观经济手段还很不完善，更谈不上已形成较为成熟的体系，因此，如何在中央与地方政府事权范围较为明确划分的基础上，合理划分中央财政与地方财政的收支范围，处理好两者之间的关系，尚处于探索与不断调整时期，东欧中亚各国，普遍通过分税制办法来协调中央财政与地方财政关系。但从这几年的情况看，中央与地方政府在财政收支问题上存在尖锐矛盾，双方都力图控制更多的财源。这在俄罗斯表现得更为突出。

2003—2010 年俄罗斯联邦与地方预算收支所占比例（%）

年份（年） 项目	1992	1995	2005	2006	2007	2008	2009	2010
联邦预算收入	57	54	63	63	60	60	55	56
地方联合预算收入	43	46	37	37	40	40	45	44
联邦预算支出	70	50	54	54	56	53	61	60
地方联合预算支出	30	50	46	46	44	47	39	40

资料来源：俄罗斯联邦财政部。

从上表可明显看到，在转型初期，俄罗斯地方财政收入的相当一部分要上缴中央财政来支配，从而使85%的地区要靠联邦预算补贴来维持。这严重地影响了地方的积极性，制约了地方经济的发展，因此也必然遭到地方的抵制。地方许多人士认为，在俄罗斯应实行地方优先的预算制度，并建议把60%的税收留归地方，提出的主要根据是，美国把全部税收收入的60%留给了州和市政府。特别要指出的是，一些地方执政者，公开主张实行预算单轨制，即以地方为主，上缴的中央的部分由地方来确定。苏联解体前的1991年，俄罗斯联邦曾经用这一办法对付过当时的联盟中央，并使联盟中央财政处于极为不利的地位。曾有数十个联邦主体在自己的苏维埃议会上作出向预算单轨制过渡的决定，这无疑将严重影响俄联邦中央财政的稳定。俄罗斯地方政府还采取了一些具体办法来与俄中央相抗争，主要办法是不完成上缴税收任务。如1993年，有38个地区没有完成增值税的上缴任务，14个地区未完成上缴利润税。另据1993年10月18日美国《新闻周刊》报道，在俄罗斯89个地区中，已经有30个地区停止向中央财政缴税。俄联邦为了制止上述情况的发展，叶利钦总统发布命令授权政府采取严厉制裁措施，主要有：对抗税地方政府停止提供资金，分配出口份额，提供进口物资，减少国家贷款，没收其在银行账户的资金等。与此同时，俄联邦中央政府对地方采取了一些缓解措施，如1993年4月曾通过《俄罗斯联邦地方预算权基础法》规定，适当扩大地方财权，对有些重要税种如增值税与利润税由联邦税改为联邦地方共享税。增值税入的20%—50%留归地方，32%的利润税中，22%留归地方，10%缴入联邦中央预算。还规定，个人所得税全部划归地方等。之后，俄罗斯联邦政府又采取了一些扩大地方财政的措施。但问题并没有根本解决。后来，俄罗斯联邦政府又采取以下办法：在每年编制预算前，先确定地方预算的最低需要额度，如本地方收低于支，中央财政用调节税给予补贴，以保证地方预算收支之间的平稳。从形式来看，上述做法可以起到平衡地方预算的作用，但在实践中存在不少问题，主要是在确定地方最低需要额度问题上缺乏科学根据，带有很大的盲目性与随意性，执行的结果往往是苦乐不均，该得到调节收入的没有得到，不该得到的反而给予了过多的补贴。在这种情况下，有人建议，实行预算双轨制，即一方面由中央统一规定税率，各地方与企业必须一律执行；另一方面中央只规定税率的上限，各地方在此限度内制定本地区的税率，形成地方预算。看来，俄罗斯联邦在转轨初期，中央财政与地方财政关系的矛盾十分突出。形成这个局面是由多种因素造成的。从当时的客观条件来看，转轨初期的经济危机十分严重，GDP总量大大减少，而国家通过税收等途径所得统一预算收入所占 GDP 的比重也大大下降，1992 年为28%，1993 年为29%，1994 年为28.2%，1995 年为 26.8%，1996 年为 24.8%，1997 年为 25.7%，1998 年为 24.5%，1999 年为 24.7%。在财政收入下降的情况，各级政府却竭力争取获得更多的财政资金。另外，娜捷斯达·别卡洛娃（Nadezhda Bikalova）认为，从俄罗斯各级政府间财政关系的改革来看，存在以下主要缺陷："（1）财政预算收入分配缺乏客观的、标准的基准；（2）地方和地区政府对开发自己的财政收入和缩减开支缺乏兴趣；（3）联邦政府向联邦成员转移支付时没有考虑到它们得到的其他国家的补贴和资助。地区政府的结构和职能缺乏透明度，联邦政府又对其缺乏了解。这都是各级政府间财政关系冲突的重要原因。"① 还要指出的是，在经济转轨出现严重危机的年份，联邦政府向各地区与地方主要根据其自然和气候条件以及自然资源情况而拨给了一定的资金，但同时给它们又下放了向公民提供服务及支付儿童保育费和退伍军人津贴等许多责任，却未批准给地区征收新税以提供财政收入的机

---

① 《金融与发展》2001 年 9 月号。Nadzhda Bikalova 系 IMF 财务部访问学者，现任北方地区和远东问题委员会顾问，曾为俄罗斯国家杜马成员。

会。这也使许多地区陷入极端困难境地。由于地区差别很大，人均预算收入的地区差异日益加剧。地区间人均最高预算收入与人均最低预算收入的比值从 1991 年的 11.6 增加到 1998 年的 30。[①] 而这些富裕的地区又反对将它们所征收的税收转移到联邦预算中。对此，叶利钦领导的联邦政府采取的政策是，经常通过给予它们比其他地区更加优惠的条件寻求它们的政治支持。这样，使得在俄罗斯转轨后的相当一个时期里，推行财政的地方分权进展得十分缓慢。自 1992 年以来，地方财政在俄罗斯预算收入的比重比苏联时期虽大大提高了，但一般保持在 50% 的水平。这使得各地区和地方政府满足法定支出义务的能力显然不足。这可从俄罗斯 1997 年实行的转移支付制度[②]的情况证实这一点。1994 年全俄 89 个联邦主体中，接受转移支付资金的有 66 个，1995 年增加到 78 个，1997 年有 85 个享受转移支付资金。转移支付资金在各种财政援助总额中的比重从 1994 年的 21% 上升到 1996 年的 42.4%。

到了 1998 年，俄罗斯在改善中央与各地方财政关系方面采取措施。一个重要的举措是，由俄罗斯政府、联邦议会和国家杜马派出代表组成的三方委员会，就改革俄罗斯各级预算之间关系提出建议，其主要内容是，制定三级主要政府论和提出进一步改进政府间财政关系体制的建议和途径。如上面提到的娜捷斯达·别卡洛娃提出了以下四个途径：（1）通过颁布特别的法律，如防止各级政府及各自的法规间冲突的法律来加强政府间的财政关系；（2）分配税收收入、联邦制发展纲要。主要目的在于划清各级预算支出与收入的权能，从而保证各主体、地方权力机构财政的独立性与责任心，提高它们在管理公共财政方面的兴趣，实施有效管理，支持地区经济的发展，实行结构改革。[③]

经过上述调整措施，目前俄罗斯各级预算收入来源同支出需要之间基

[①]　《金融与发展》2001 年 9 月号。

[②]　系指俄罗斯联邦进行预算调节的一种办法，以此来为地方预算提供财政援助。按规定，如果一个地区的人均预算收入低于全国所有地区人均预算收入，那么，该地区就有权得到联邦的转移支付资金。

[③]　参见刘美珣、亚·伊万诺维奇主编：《中国与俄罗斯两种改革道路》，清华大学出版社 2004 年版，第 436 页。

本上持平。

3. 收支结构变化。

苏联时期，国家预算收入的一个重要特点是，它集中全国的资金量大，一般要占国民收入的 50%—70%。产生这一特点的主要原因是，国家执行着广泛的职能，特别是经济职能，国有经济占的比重极高，全国的经济政策，从宏观到微观都控制在国家手里，全国经济活动基本上按统一的国家计划运行。在向市场经济过渡后，国家集中的财政资金日益减少。正如前面指出的，俄罗斯国家预算收入总额约占国内生产总值的 25%。国家预算收入另一个重要变化是，税收占的比重日益增大，以税收形式的缴纳一般要占俄罗斯预算收入总额的 80%—90%，1992—1993 年分别占 98% 与 84%。从预算支出结构来看，随着向市场经济过渡，国家组织经济、直接干预经济作用削弱，一个突出的变化是，用于国民经济的拨款大大减少。在苏联时期，国家预算用于发展经济的支出要占全部预算支出的 50% 以上（如 1980 年占 54.77%，1988 年占 52.8%），而到 1994 年，俄罗斯这项支出只占 27%。从 1995 年开始，在俄罗斯预算支出中，不再单列"国民经济"项目，而分别列为工业、能源、建筑；农业与渔业；道路交通、通信、信息、住宅公用事业等项。如把这几项加在一起，作为国民经济拨款，那么 1998 年与 1999 年，其所占俄罗斯联邦统一预算支出总的比重分别为 19.8% 和 17.5%，2010 年用于国民经济的支出为 13.2%（详见下表）。

俄罗斯财政支出结构比重（%）

年份（年） 项目	2008	2009	2010
支出	100	100	100
其中			
全国性问题	9.2	8.2	8.2
国防	7.5	7.4	7.3

续表

年份（年） 项目			
国家安全和司法	7.8	7.8	7.6
国民经济	16.1	17.3	13.2
住房和公用事业	8.2	6.3	6.1
社会文化措施	51.0	52.8	57.5
其中			
教育	11.9	11.1	10.8
文化、影视、大众传媒	2.2	2.0	2.0
医疗、卫生与体育	11.1	10.3	9.7
社会政策	25.8	29.4	35.0

注：社会政策包括养老保障、居民社会服务、居民社会保障、家庭和儿童保护、社会政策领域科学研究及其他等方面。

资料来源：俄罗斯联邦财政部。

发生上述变化的一个直接原因是投资主体的改变。随着私有化的推行，过去的投资主体是国家，现在主要是企业。

二 税收体制改革

俄罗斯政府为了使税制适应市场经济体制的要求，特别是为了税制成为调节宏观经济的有力工具，通过税制改革不仅要保证国家有效地筹集资金即发挥集中收入的功能，并且还要与刺激投资有效地结合起来。为此，在苏联解体前，俄罗斯宣布独立后不久就通过了一些税制改革方面的法规，这包括《关于俄罗斯联邦税收体制的基本原则法》、《俄罗斯联邦增值税法》、《俄罗斯联邦企业和组织利润法》、《俄罗斯联邦个人所得税法》等。由于俄罗斯税法不断补充和改变，使得其中的一些条款出现相互不一致，有关税收的某些问题的处理上缺乏法律根据。从 1995 年起就提出制定俄罗斯联邦税收法典问题，到 1998 年 7 月 31 日，在俄罗斯联合会议上通过了《俄罗斯联邦税收法典》（以下简称《税法典》）的第一部分，并于 1999 年生效。这是俄罗斯税制的主要文件。《税法典》的第二部分于 2001 年生效。

在 1999 年以前，即 1998 年《税法典》第一部分生效前，所通过的有关税制改革的一些法规，大体上规定了俄罗斯税制改革的主要内容和基本框架，也就形成了头几年与向市场经济过渡相适应的新的税收体制。

纵观叶利钦执政时期税制改革的发展过程，其税制改革的基本方向是实行分税制、统一税制、简化税率，实行当今世界上市场经济国家普遍采用的增值税为主体的流转税制度。主要税种是增值税、利润税、所得税和消费税。

（一）实行分税制

建立市场经济体制要求财政体制与政策，从原来的计划经济体制条件下所起的管理工具作用转变为市场经济基础上起宏观调控经济手段的作用，而分税制适应了这一要求。这是因为分税制有利于市场经济的发展，它表现在：首先，可以使对市场经济宏观调控间接化和规范化。过去中央财政收入与地方财政收入的划分，主要是按行政隶属关系进行的，分税制则按税种划分，这样改变了企业与各级政府的关系，从而有利于弱化财政的直接管理，强化对经济的间接调控。其次，分税制有利于资源的优化配置。市场经济条件下，主要通过市场调节来实现资源优化配置，要达到这一目的，需要政府创造良好的投资、运营和销售环境。而分税制是按分级财政的原则来提供公共产品的。这比过去单靠中央不仅提供全国而且还要提供各地公共产品的集税制更为有效。由于事先明确了各自的事权范围，也有利于各级政府有效地利用归属于它的资金。另外，分税制有利于地方政府发挥对经济的调控作用。在旧体制条件下，财政资金主要集中在中央财政一级，因此，用于发展国民经济的主要资源来自中央财政，从而地方财政对经济调控作用十分有限。在市场经济的条件下，调控经济不但要靠中央政府还要靠地方政府。地方财政是国家宏观调控中的一个有机组成部分。这有利于全国经济的稳定发展。

从实行分税制的世界各国情况看，分税制有多种类型，税制结构和具体做法更是多种多样。但如果从分税制的彻底程度来划分，基本上可分为两种类型：彻底的分税制与适度的分税制。彻底的分税制，其主要特点是只设中央税与地方税，不设共享税，并且中央与地方在税收立法、管理征收等方面也完全分开。适度的分税制，其主要特点是既设中央税与地方税，也设共享税，在税收立法权方面，一般集中在中央，但地方也具有一定的税收管理权限。

从俄罗斯税制改革情况看，实行的是适度的分税制。

根据俄罗斯转轨起始阶段颁布的有关税制改革的法令，确定了 46 个税种，按全国三级财政加以划分，属于联邦（中央）的有 16 种，主要有增值税、企业利润税、消费税、自然人所得税等；属于联邦主体税及地方税共 30 种，主要是那些与地方经济关系较为密切、资源较为分散的税种，如财产税、土地税、森林税、广告税、企业注册手续费等。增值税是全国普遍征收的税，它又是在全国各级财政之间分配的调节税。属于调节分配的还有自然资源利用税、企业利润税和自然人所得税等。

俄罗斯的骨干税种是增值税、利润税这两项，消费税与所得税也有一定的比重。1997 年增值税、利润税和消费税三项就占税收总额的 74.75%。

（二）实行几种主体税

俄罗斯向市场经济转轨后，实行利改税后，主体税一般由增值税、利润税、所得税与消费税组成。

1. 增值税。它是对原来的周转税进行重大改革后形成的新税。与周转税相比，增值税有明显的特点：一是它采取价外税的形式，即其税金不包括在产品销售价内，不由售方支付，而由需求方缴纳；二是征收的范围很大，对所有产品和劳务的增加价值征税，不仅在生产环节征收，而且在商业批发环节征收。

2. 利润税。这是由原来的利润提成缴纳改变来的。它是国家参与企业利润分配与直接调节利润的重要税种。俄罗斯在税改时，决定实行企业利润税。按照俄罗斯《企业利润法》的规定，在俄罗斯境内所有企业、法人团体、有单独财务平衡表和银行账户的分公司、分支机构、外资在俄罗斯的常设机构等，统一按比例税率征收利润税。应税利润是商品和劳务的经营所得和营业外所得，企业的利润税率为32%，交易所与中间商为45%。利润税按照一次性原则征收，即同一纳税对象不重复征税。企业的应税利润是企业出售商品和提供劳务收入减去生产费用、增值税与消费税后的利润。俄决定在1996年1月1日起，对企业超标准支付的劳动报酬基金部分不再征收企业利润税，采取这一措施而减少的利润税收入，准备用增加个人所得税方法为弥补。

3. 所得税。现今的所得税与过去的所得税在内容上不同。苏联时期一般指居民收入和合作制企业缴纳所得税，而现在的所得税包括两部分内容：法人所得税和自然人所得税。俄罗斯在实行私有化之后，不少居民成为企业、公司的所有者或经营者，这些法人缴纳上面提到的利润税。大部分居民不具有法人地位，他们是自然人，按自然人所得税税法纳税。俄罗斯《自然人所得税法》规定，自然人所得税按自然人全年总收入计税，但计算总收入时，先要扣除一个月的最低工资额，再扣除子女和被赡养的赡养费，余下部分则是应税总收入额。如夫妇都工作，只能一方享有免征赡养费的待遇。在2001年前俄罗斯自然人所得税实行的是累进税率。

4. 消费税。这是包含在商品价格中由消费者支付的间接税。苏联在20世纪20年代曾采用过这一税种，后因并入周转税而取消。1992年又开征此税。课征对象主要是部分高级消费品，税率为商品自由批发价格的10%—90%不等。[①]

5. 关税。

(三) 税制中存在的主要问题

俄罗斯在1999年之前，税收体制存在不少问题，突出表现在以下几个方面：

1. 税制复杂与混乱。转轨初期俄罗斯政府规定有联邦与地方税费共

---

① 参见郭连成：《俄罗斯联邦税制》，中国财政经济出版社2000年版，第265页。

46 种。但在叶利钦于 1994 年颁布了有关对联邦主体下放一些税收立法与同意地方可以自行收费的总统令后，这使得税收秩序更加混乱，使联邦税费一度增加到 40 种，联邦主体税费达到 70 种，地方税费增加到 140 种，三级税费相加竟达到 250 种，在税项数量方面俄罗斯名列世界前茅。如此繁杂的税费，极大地增加了征管的难度，也妨碍了税收任务的完成。

2. 税负过重所引起的种种后果。由于俄罗斯的税制改革基本上以完成国库任务为导向，从而削弱了税收对经济的刺激作用。俄罗斯学者认为，长期以来，税款占了企业总收入的 80%—90%。对汽车制造企业的研究表明，企业的通常纳税水平占账面利润的 70%—120%。根据社会学家的调查，超过 90% 的企业经营者认为，税收政策是俄罗斯商业发展的主要障碍之一。问题是，这种主要以满足国库要求的税制，实际上并不能达到目的。高额税收迫使相当一部分的公开交易转下"地下"。根据企业经营者的调查表明，只有 1.5% 的经营者按规定签订商业合同，并缴纳所有税项。这样亦使得俄罗斯企业的财务报表只能反映不超过 50% 的真实流转情况，相应的征税水平平均为 50%—60%，个别税种更低。例如，1997 年，根据真正的纳税基础，个人所得税总额应为 1750 亿卢布，但事实上只上缴了 750 亿卢布，即只完成应缴税款的 42.8%。[①] 普里马科夫在谈到税负过高的消极作用时指出："过高的税收不仅限制了生产的发展，而且引发大量逃税，将相当大一部分经济变成了所谓的'影子'领域，其中包括本来想诚实，但经常被迫去于'影子'勾当的企业。同时，对劳动报酬过分沉重的税收压力也刺激了上面所说的'影子'报酬，为大规模地蔑视法律提供了温床。"[②]

3. 税收体制的非市场特点。表现在：对一些税收的优惠。对部分地区和企业征税延期与税收纪律执行宽严等问题上，往往取决于官员的态度，因此，寻求与政府机构建立非正式的不正常关系的渠道和形式，成了企业经营行为的重要目标，这样不可避免地出现官员腐败和大量的偷税漏税。

---

① 参见刘美珣、列·亚·伊万诺维奇主编：《中国与俄罗斯两种改革道路》，清华大学出版社 2004 年版，第 516 页。

② ［俄］叶夫根尼·普里马科夫著、高增川等译：《临危受命》，东方出版社 2002 年版，第 49—50 页。

"不同资料显示，犯罪组织和商务机构利润的 20%—50% 用于贿赂国家各级机构官员"。①

4. 由于地方缺少骨干税种和税量小等原因，使得地方财政难以完成所承担的任务而导致联邦主体联合抗税的风潮。

（四）普京执政后的税制改革

这一时期税制的改革，主要是实施 1999—2001 年开始生效的《税法典》规定的有关内容，主要政策有：

一是简化税制，减少税种。规定将 47 种联邦税与地方税经调整后减为 28 种。

二是调整税率。从 2001 年起，对自然人的收入课税实行统一税率（13%），废除累进所得税。俄罗斯为减轻中小企业的税负，从 2003 年 1 月起，规定把中小企业原上缴的 5 种税（利润税、销售税、财产税、统一社会税与增值税）合并为一种税即"小企业统一税"。这一改革使小企业税负减轻 50%。俄罗斯从 2009 年 1 月 1 日起，把企业利润所得税税率由 24% 下降至 20%。

三是从 2001 年起新增设统一社会税。开征该税的目的是动员资金，以便使俄罗斯公民在养老和社会保障、医疗保障方面得到保证。俄罗斯自增加这一税种后，税率不断下降，从 2002 年的 39.5% 降至 14%，但从 2011 年年初起，又调高到 34%。普京在 2010 年 12 月 16 日通过电视与百姓对话时谈到，调高税率的原因是因为俄罗斯制定了庞大的退休金制度和医疗保健制度的改革计划，医疗保健等方面需要巨大的开支，为此，不得不提高统一社会税。普京最后说："我很遗憾，我们实在是别无选择。"

四是在以降低税负为总趋势的改革条件下，强化税收纪律。这是保证应税收入能及时进入国库。

五是根据 WTO 的要求，在有关关税方面进行一些改革，主要内容有：首先降低进口商品税率，平均降至 14%；其次，逐步取消关税补贴；第

---

① ［俄］叶夫根尼·普里马科夫著、高增川等译：《临危受命》，东方出版社 2002 年版，第 183 页。

三，简化税率，对万余种进口商品分别按5%征收。

俄罗斯税制改革未来的趋势是，更多地着眼于为经济现代化服务，能为创新型经济起到刺激作用。换言之，税收政策要有利于企业开发新技术、生产新产品。与此同时，要使俄罗斯税收体系进一步完善，进一步强化税收纪律，提高效率。

至于税负问题，21世纪头十年俄罗斯税收收入占GDP的比重一般均超过32%，如2001年为33.9%，2007年最高为36.8%，2009年受金融危机的影响降至30.3%，据估计2010年可能降至30%以下。俄罗斯今后税收改革政策在涉及税负问题上，持有两种不同看法：一种意见认为，目前受金融危机影响，不应减少预算收入，增大财政赤字，因此不宜减轻税负；另一种意见认为，为了刺激与拉动投资及消费，应减轻税负。看来，持后一种意见的人居多。俄罗斯财长库德林的看法是，在俄罗斯税收收入占GDP的比重30%—35%较为合适。

（原载陆南泉等主编：《苏东剧变之后——对119个问题的思考》中册，新华出版社2012年版，第517—530页。）

如何评价俄罗斯国有企业私有化改策

　　所有由传统计划经济体制向市场经济体制转轨的国家，不论其转型方式与最后达到的目标模式有何不同，都无一例外会涉及所有制的改革。可以说，所有制的改革是经济转轨的核心问题，而国有企业改革又是所有制转型的关键。这也决定了所有转型国家都把国有企业改革置于十分重要的地位。

一　先从所有制的一个基本理论谈起

　　长期以来，不论在原苏联东欧国家还是在中国，一直存在着一个历史性的理论误区：认为国有企业是全民所有制经济，是社会主义经济的高级形式。并把这个理论说成是马克思主义重要理论。实际上，这并不是马克思主义理论而是斯大林主义，或者说是苏联化了的社会主义所有制理论。而马克思认为：取代资本主义的新的社会主义生产方式将是实现劳动者与生产资料所有权的统一，它是"联合起来的社会个人所有制"，是建立在协作和共同占有生产资料的基础上的个人所有制。这也是马克思所说的："在协作和对土地及靠劳动本身生产的生产资料的共同占有的基础上，重新建立个人所有制。"[1]　马克思在《1861—1863 年经济手稿》中，把这种所有制称之为"非孤立的单个人的所有制"，也就是"联合起来的社会个人的所有制"。[2] 这些都说明，社会主义所有制形式的一个重要特征是：劳动者在联合占有的生产资料中享有一定的所有权。进一步说，这种所有制

---

[1] 《马克思恩格斯全集》第 23 卷，人民出版社 1972 年版，第 832 页。
[2] 《马克思恩格斯全集》第 48 卷，人民出版社 1985 年版，第 21 页。

具有以下两个方面相互密切相关的本质内涵：一是劳动者集体共同占有和使用生产资料，任何个人均无权分割生产资料；二是在用于集体劳动的生产资料中，每个劳动者都享有一定的生产资料所有权。这就是"在自由联合的劳动条件下"实现劳动者与生产资料所有权相统一的具体形式。

国有企业是全民所有制经济，是社会主义公有制的高级形式这一理论误区长期以来影响着经济改革的深化。在苏联时期的历次改革，有两个问题是不允许触及的：一是市场经济；二是国家所有制经济。在勃列日涅夫时期显得尤为突出，这个时期是批"市场社会主义"最起劲的，认为搞市场经济就会冲垮国有制经济。中国随着经济改革的深化，特别在股份制推行的起始阶段，不少人就认为是"走向资本主义"，是"社会主义的倒退"或者称之为"和平演变"。产生上述问题亦是合乎逻辑的：既然国家所有制是高级形式，或者像由斯大林亲自审定的、1954 年出版的苏联《政治经济学》教科书所说的，国有企业是社会主义生产关系"最成熟、最彻底的"，[①] 那么，任何对这种所有制形式的改革就必然是一种倒退。而实际上，国家所有制也好，还是全民所有制也好，都没有解决劳动者与生产资料的结合问题，而是存在着严重的异化。

这就说明，要把所有制变成真正社会主义的经济性质，其方向应是真正马克思所说的劳动者与生产资料所有权统一的"联合起来的社会个人的所有制"。

二　俄罗斯国有企业改革的迫切性

苏联剧变后，独立执政的俄罗斯，在转轨起步阶段实施的是激进"休克疗法"过渡方式，目的是在短时期内形成市场经济体制模式。但为此，必须尽快实现国有企业的改革，形成多种所有制结构，使企业成为真正意义上的独立商品生产者主体。但是，对苏联的继承国俄罗斯来说，国有企业改革的迫切性比其他转轨国家更为突出。

苏联时期建立了以国家所有制为主体的、单一的公有制结构，并认为

---

① 苏联《政治经济学》教科书，人民出版社 1955 年版，第 428 页。

国家所有制是全民所有制经济，是社会主义经济的高级形式。斯大林执政期间，以这一理论为指导，在超高速工业化与全盘农业集体化过程中，加速了生产资料所有制的改造。在完成第二个五年计划时，苏联从多种经济成分变成了单一的生产资料公有制经济（见下表）。

社会主义经济在整个国民经济中所占比重（%）

	1924 年	1928 年	1937 年
生产性固定资产①			
包括牲畜	35.0	35.1	99.0
不包括牲畜	58.9	65.7	99.6
国民收入①	35.0	44.0	99.1
工业产值	76.3	82.4	99.8
农业产值①	1.5	3.3	98.5
零售商品周转额（包括公共饮食品）	47.3	76.4	100.0

资料来源：根据苏联部长会议中央统计局编、陆南泉等译：《苏联国民经济六十年》一书编制，生活·读书·新知三联书店 1979 年版，第 5 页。

①包括集体农庄庄员、工人和职员的个人副业。

在后来的经济发展过程中，虽然经历多次经济体制改革，但单一的公有制结构不仅未能改变，而且国家所有制进一步发展。苏联剧变前的 1990 年在所有制结构中，国有制的比重为 92%，各部门的所有制结构详见下表。

1990 年苏联固定资产所有制结构

部　门	总　计 （亿卢布）	其　中（%）			
		国家所有制	合作社	集体经济	其他
固定资产	18287	92	1	5	2
工业	6149	99		1	
建筑	974	99		1	
农业	2977.8	66		30	
运输	2437	100			
通信	190	96		4	
批发贸易	116	100			
零售贸易	419	80	14	1	
住宅	3401	83	4	1	
服务业	852	98		2	

资料来源：参见张森主编：《俄罗斯经济转轨与中国经济改革》，当代世界出版社 2003 年版，第 34 页。

从上表可以看出，苏联在剧变前，国有制经济占绝对的统治地位，真正地体现了"一大二公三纯"的特点。为何经过多次经济体制改革，苏联不仅未能建立起多元化的所有制结构，而是不断地、快速地向经济国有化方向迈进，这与以下一个长期存在的理论误区有关：苏联一直认为，国有企业是全民所有制经济，是社会主义经济的高级形式，并把这个理论说成是马克思主义重要理论。实际上，这并不是马克思主义理论，而是苏联化了的社会主义所有制理论。而马克思认为：取代资本主义的新的社会主义生产方式将是实现劳动者与生产资料所有权的统一，它是"联合起来的社会个人所有制"，是建立在协作和共同占有生产资料基础上的个人所有制。这也是马克思所说的："在协作和对土地及靠劳动本身生产的生产资料的共同占有的基础上，重新建立个人所有制。"① 马克思在《1861—1863 年经济学手稿》中，把这种所有制称为"非独立的单个人的所有制"，也就

① 《马克思恩格斯全集》第 25 卷，第 832 页。

是"联合起来的社会个人的所有制"。① 这些都说明，社会主义所有制形式的一个重要特征是：劳动者在联合占有的生产资料中享有一定的所有权。进一步说，这种所有制具有以下两个方面相互密切相关的本质内涵：一是劳动者集体共同占有和使用生产资料，任何个人均无权分割生产资料；二是在用于集体劳动的生产资料中，每个劳动者都享有一定的生产资料所有权。这就是"在自由联合的劳动条件下"实现劳动者与生产资料所有权相统一的具体形式。②

国有企业是全民所有制经济，是社会主义公有制的高级形式这一理论误区长期以来影响着经济改革的深化。在苏联时期的历次改革，国家所有制经济问题是不允许触及的，认为搞市场经济就会冲跨国有制经济，会"走向资本主义"。

苏联国有经济占统治地位这一所有制结构的特点，它在一定的历史条件下与传统的计划经济体制一起，对苏联经济的发展起过积极的作用。首先，十月革命后，无产阶级必须通过生产资料的改造，建立必要的国有企业，以保证社会主义经济基础的建立；其次，通过国有企业的建立，国家直接控制这些企业及其财政资源，可以发展新的经济部门并建设一些重大的具有全国经济意义的重大项目；第三，国有企业往往具有较大规模，在保证量的再增长与较快发展速度方面起到较为有效的作用；第四，国家直接控制大量的国有企业，比较容易适应战备的要求。

但是，苏联这种全盘国有化的所有制结构，与传统的计划经济体制一样，随着经济的发展，其局限性日益明显，它不可能改变企业作为政府的一个附属单位的地位，也不可能使企业成为独立的商品生产者，企业的经济运行全靠上级行政指令，物资由国家统一调拨，国家对企业在财政上实行统收统支，价格由国家统一规定。这样排斥了市场的作用，也就决定了企业在资源有效配置中不可能发挥作用。

这里可以看到，全盘国有化的所有制结构是传统计划经济体制的经济基础，而传统计划经济体制又在体制上保证了国有经济的巩固与不断强

---

① 《马克思恩格斯全集》第 48 卷，第 22 页。
② 关于这一问题，杜光教授作过比较系统和深入的研究。见《转轨通讯》2003 年第 1 期。

化。这也说明国有企业作为政府的附属品，完全听从政府的指令，它与传统计划经济体制是完全合拍的，互为条件的。所以，当苏联剧变后，俄罗斯在向市场经济体制方向转轨时，即要实现从原来的以国有制经济为基础的计划经济体制向以非国有化和私有化为基础的市场经济体制过渡，形成市场经济体制，一个重要条件是，要把过去统一的、过分集中的以国家所有制为基础的经济变为与市场经济相适应的所有制关系。所以，对从计划经济体制向市场经济转型的国家来说，改革国有企业是必不可少的步骤。

三　私有化的理论、含义与目标

（一）以西方产权理论为指导的私有化

俄罗斯对国有企业的改革，其主要途径是私有化。它在 20 世纪 90 年代推行的私有化，并不是一个孤立的现象。在 80 年代初以来，可以说，私有化作为一种经济思潮已波及全世界。之所以出现这种情况，一方面由于以市场经济运行为主要研究内容的西方经济学日趋成熟，对如何处理市场与政府的关系有了广泛的认同；另一方面，历史证明市场经济要优于传统的计划经济。在苏联解体前的 1991 年年底，各政治派别与学术界虽在不少问题上有纷争，但普遍认识到"人类还没有创造出比市场经济更有效的东西"，"市场经济是人类在经济运行方面所取得的成果，不应把它拒之门外"。

俄罗斯经济私有化的构想是以西方产权理论为依据设计的。西方产权理论的著作与代表人物不少，但普遍以科斯定理为代表，其基本观点是：市场经济本质上是一种以私人占有权为主要基础来实现产权交易与重组的机制；私人产权是最有效的产权，私有产权制度是最具效率的产权制度形式；实行产权私有制才能保证给个人行动提供最大的激励与必要的成本约束。很明显，科斯产权理论最重要的倾向是产权的私有制，或者说其制度偏好是私有制。上述西方产权理论是符合 20 世纪 90 年代初刚上台的俄罗斯民主派国有制企业改革思路的。当时以盖达尔为首的俄罗斯政府，国有企业改革政策的实质，是建立在国家应不管经济和国家所有制绝对没有效率这个总的思想基础上的。盖达尔一再主张，要最大限度地限制国家对经济的调节作用，国家应最大限度地离开市场经济。1994 年盖达尔还撰文强调："要尽最大可能减少国家对经济的管理。"[①]

在上述理论与指导思想的基础上，俄罗斯政府制定了私有化纲要。

（二）私有化的含义与目标

关于私有化的含义，一直有不同的理解。一些经济学家认为，私有化是一种产权在不同主体之间交易而不受国家垄断的制度安排；另一些学者则认为，只有把财产分给自然人个人时，才算是实现了真正的私有，即才能称为私有化。实际上，对私有化一直存在的两种理解：狭义理解的私有化是指所有权的转化；而广义理解的私有化不只包括所有权的转化，还应包括经营权的转化与经营方式的改变。

弄清俄罗斯私有化概念，是个重要的问题。1992 年俄罗斯公布的用于指导私有化的法律文件《俄罗斯联邦和地方企业私有化法》规定："国营企业和地方企业私有化，是指公民、股份公司（合伙公司）把向国家和地方人民代表苏维埃购置的下列资产变为私有：企业、车间、生产部门、工段和从这些企业划分为独立企业的其他部分；现有企业和撤销企业（根据所有权以所有者的名义作出这种决定的机构的决议）的设备、厂房、设施、许可证、专利和其他物质的与非物质的资产；国家和地方人民代表苏维埃在股份公司（合伙公司）资本中的份额（股份、股票）；在其他股份公司（合伙公司），以及合资企业、商业银行、联合企业、康采恩、联合会和其他企业联合公司资本中属于私有化企业的份额（股金、股票）。"俄推行一个时期私有化政策之后，在总结过去私有化经验教训的基础上，从 1996 年起政府着手调整私有化政策，从而在 1997 年 7 月 21 日俄罗斯通过了新的私有化法，即《俄罗斯联邦国家资产私有化和市政资产私有化原则法》。该法第 1 条规定的私有化概念是："对于本联邦法律的目标来说，国有资产和市政资产的私有化，应理解为把属于俄罗斯联邦、俄罗斯联邦主体或市政机构所有的财产（私有化对象）有偿转让，变为自然人和法人

---

① ［俄］《消息报》1994 年 2 月 10 日。

所有制。"新旧私有化法都把私有化的概念归结为"把国有资产与市政资产有偿转让给自然人和法人所有"。但在旧的私有化法中有关"变为私有"的提法在新私有化法中取消了。1999 年俄国家统计委员会对国家与地方所有的财产私有化进行再次界定："把俄罗斯联邦、各联邦主体和地方机构的财产有偿让渡给自然人和法人所有。"这些变化进一步明确了俄罗斯私有化既包括把国有资产转让为私人所有，也包括把它转为法人（股份公司、集体企业）所有。中东欧国家也把私有化分为狭义与广义两种，前者是指通过出售把国有企业的全部或部分资产转为私人所有，后者既包括将国有企业的资产转为私人所有、非国有成分的法人所有，也包括将国有资产的所有权与经营权分离等。这些都说明，对于俄罗斯等经济转轨国家，私有化实际上是指国有经济的非国有化过程，所有非国有化的形式（包括个体、合作、股份等），都属于私有化的范畴。从俄罗斯的实际情况及有关文件看，俄罗斯有时单独用私有化（Приватизация）一词，有时单独用非国有化（Разгосударствление）一词，有时把这两词并列使用。所以私有化是一个内容很广泛的概念，不能只归结为把国有资产转为私人所有。

　　以上是从法律文件来界定私有化的含义的。笔者在 20 世纪 90 年代中期对原苏东国家私有化问题进行过专门的考察，与不少学者与一些负责推行私有化的政府机构进行了解，他们一般对推行私有化的政策与理论归纳为以下几点：（1）所有制改革的基本出发点是取消国家的直接经济职能，把权力交给企业。（2）改革所有制政策的理论基础，是建立在国家所有制绝对没有效率这个总的想法的基础上的。（3）私有化是市场化的必由之路。一些学者指出：私有化是为市场经济创造条件。过去东欧国家几十年经济改革的特点是在国家所有制基础上寻找计划与市场的正确结合点，但在公有制或国家所有制起决定性作用的条件下，市场就难以发挥作用。（4）把小型企业，特别是商业、服务行业、饮食业，通过转让、出售等途径变为私有。（5）实行私有化的形式是多种多样的，但不论何种所有制形式，都必须实行自由经营，即使企业作为独立商品生产者出现在市场。各种所有制一律平等，在同一基础上发展，都在竞争中求生存与发展。（6）不再人为地规定以哪种所有制形式为主，哪种所有制对经济发展有利就发展哪种所有制，即不坚持以公有制经济为主体。

俄罗斯通过私有化要达到的目标是：首先要使所有制结构符合市场经济的要求，使企业不再受政府的直接控制；其次，还包括一系列的经济目标，如使国家摆脱亏损国营企业的包袱，减少财政补贴，回收资金以弥补财政赤字；另一个目标是提高企业经营效益，为整个经济注入活力；最终要达到的目标是，建立起以私有制经济为基础的市场经济。《俄罗斯私有化纲要》对其要达到的目标作了以下规定：（1）形成一个广泛的私有化阶层；（2）提高企业的生产效率；（3）用私有化收入对居民进行社会保护和发展社会性基础设施；（4）促进国家财政稳定；（5）创造竞争环境，打破经济中的垄断；（6）吸引外国投资；（7）为扩大私有化创造条件，并建立组织机构。

四　私有化进程与方式方法

（一）私有化的基本方式

经济转轨国家私有化的一个特点是，都采取了先易后难的做法，即都从小私有化开始，然后再逐步对大中型国家企业推行私有化。所以，俄罗斯的私有化也是分为小私有化与大私有化两种基本方式。

小私有化是指对小型工商企业、饮食业、服务业及一些小型的建筑企业实行私有化。对实行小私有化的小企业的标准，各国都有一些规定，俄罗斯规定的标准是：到 1992 年 1 月 1 日，固定资产净值不超过 100 万卢布，工作人员不超过 200 人。小私有化一般采取三种办法进行：公开拍卖、租赁和出售①。俄罗斯在 1993 年的小私有化中，采取赎买租赁财产办法的占 42.8%，商业投标占 44%，拍卖占 9.2%，股份制占 3.9%。匈牙利主要采取直接出售与拍卖的形式，对没有出售和未被拍卖的企业实行私有化租赁。波兰的办法是，先把国有企业撤销，即使其不再存在，之后再

---

① 在东欧一些国家还采用退赔的方式，这系指依法将国有化时期被没收的财产归还原主。俄罗斯没有实行这一做法。

出售其全部或部分资产。一些国家在出售小企业时允许同时出售企业的不动产和经营场地，但采用这一做法的并不很多，在波兰、匈牙利和捷克等国只占12%，而75%的小私有化过程中出售的只是企业不动产的租用权。

小私有化进展较顺利，速度也较快，一般在2—3年内完成。俄罗斯从1992年起实际起步到1993年年底，小私有化基本完成：实现了小私有化的企业已达6万家，占商业、服务业企业的70%，占轻工、食品和建材企业的54%—56%，建筑企业的43%，运输企业的45%。到1994年，俄罗斯零售商品流转额中非国有成分已占85%。

大私有化是指大中型国有企业的私有化。这比小私有化复杂得多，进展也较慢，出现的问题也较多。大私有化的具体办法分无偿分配和有偿转让，采取的主要形式是股份制。考虑到大私有化难度大，因此大多数国家对大私有化实行分阶段进行，俄罗斯先实行非国有化，之后逐步使产权转移。

俄罗斯确定的大企业标准是：截至1992年1月1日，固定资产超过5000万卢布或工作人员人数超过1000人。它采取的步骤是，先将大型国有企业改造为股份公司或集团，即首先改变其所有权。之后，使股份公司的股票进入资本市场，具体办法有无偿分发和出售转让。

（二）大私有化的发展阶段

俄罗斯大私有化的第一阶段，从1992年7月开始到1994年6月，[①]经历了两年。这一阶段私有化的主要特点是，通过发放私有化证券无偿转让国有资产，通常称之为"证券私有化"阶段。证券发放的具体做法是：俄罗斯政府从1992年10月1日起，向每个公民无偿发放私有化证券，所以是一次大规模的群众性私有化运动，也叫作大众私有化。按照规定，每个公民不分民族、性别、年龄、收入水平、社会地位，从刚出生的婴儿到年迈的老者，均可获得面值为1万卢布的私有化证券。按当时黑市汇率计算，一张私有化证券相当于150美元，或4个月的平均工资。俄罗斯公民

---

① 主管俄罗斯私有化重要人物之一的阿尔弗雷德·科赫认为，1994年年初，俄罗斯已完成了证券私有化。

得到了 14605.5 万张私有化证券。每个持有者使用私有化证券的方法有 4 种：（1）以自己的证券内部认购本企业的股票（在认购过程中共吸收了 2600 万张证券）；（2）参与证券拍卖；（3）购买证券投资基金会的股票（这样的投资基金会共 640 个，它们共收集了 6000 多万张私有化证券）；（4）出售证券（总共有 1/4 左右的证券被卖掉）。另据有关材料，分给居民的证券，25% 流向证券投资基金；25% 的证券被出售；余下的 5% 证券被劳动集体的成员作为资金投到自己的企业中去了。在私有化过程中，总共有 95%—96% 的发给的证券得到了利用。

在股票上市前，俄罗斯对股份制的企业职工，规定用三种优惠的方案向本企业职工出售股票。企业职工根据全体会议作出的决定，从三种方案中选择一种。这三种方案之间的主要区别在于赋予企业职工种种优惠的不同。

第一个方案：企业职工可以一次性无偿获得企业法定资本 25% 的优先股（无投票权）。

第二个方案：企业职工有权按国有资产委员会规定的价格，购买占企业法定资本 51% 的普通股票（有投票权），即使职工的股票达到控股额，以体现企业归职工控制的要求。

第三个方案：企业职工可购买企业 40% 的股份（有投票权）。

从第一阶段私有化的发展情况看，大部分企业选择了第二种方案（约占 70%），选择第一种方案的约占 20%，而选择第三种方案的仅为 2%。

俄罗斯在 1996 年 6 月底之前，为何采用无偿的证券私有化或大众私有化，其主要原因有四：一是为了加速私有化的进程；二是由于缺乏资金。当时俄罗斯存有的资金只属于国家，并且数额有限，把资产卖给外国人，对此时的叶利钦来说意味着政治上的自杀，而企业、居民个人普遍没有资金，在此情况下，尽管俄罗斯政府当时亦考虑到，无偿私有化并不是最佳方案，但实际上又不得不实行这一方案；三是无偿的证券私有化，在当时的条件来看，也较为公平。在广大公民中发放人人有份的证券，比用货币购买股票平均得多。因为，在推行证券私有化时，不只居民货币持有量很少，而仅有的货币亦集中在 5% 的居民手中。所以，当时无偿的证券私有化要比货币私有化具有明显的优势，居民容易接受；四是政治需要。

对此，被称为俄罗斯私有化之父的丘拜斯毫不隐讳，他说："俄罗斯实行的整个私有化是一种享有优惠政策的私有化。对我们来说，重要的是要获得各种政治力量和社会力量的支持，获得企业经理们、工人们、地方当权派和广大人民的支持。我们需要把上述这些人都变成自己的同盟者。正是这种状况在很大程度上决定了我们对私有化战略的选择。"国家不得不采用优惠的办法，"把很不错的一块财产给予企业的经理们和职工们"。他还说：考虑到当时执政当局在政治上还不够强大，刚刚组织起来的政府组织能力很弱等情况，"我们得出这样一个结论：要'正确地'按照经典标准推行私有化，使它自始至终绝对符合国家的利益，这是不可能的。为了使私有化得以进行，它必须在政治上是可以被大家接受的，在实践上是可行的。"①

俄罗斯私有化的第二阶段，从 1994 年 7 月 1 日开始到 1996 年年底。这一阶段称之为货币（或称现金）私有化。第二阶段的私有化与第一阶段的证券私有化其根本性的区别在于：前者是无偿转让国有资产，而后者主要是按市场价格出售国有资产。此外，两者区别还在于：证券私有化通过国有资产平均分配来形成广泛的私有化阶层，而货币私有化重点是解决投资与改造两者的结合；货币私有化与证券私有化相比，私有化范围大大扩大，除了 30% 的企业禁止私有化外，其他企业均可私有化；货币私有化比证券私有化对企业劳动集体与领导人的优惠大大减少。货币私有化要实现的战略任务是：

（1）形成控股的投资者，以期提高他们对长期投资的兴趣；

（2）为推行私有化改革的企业进行结构变革提供必要现金；

（3）促进增加国家预算收入。

俄罗斯在推行货币私有化阶段期间，搞了"抵押拍卖"。在抵押拍卖过程中，出现了不少问题。被进行抵押拍卖的一般是俄罗斯带有战略性的骨干企业，又是"肥肉"，因此争夺很激烈。而这些竞拍项目往往需要上亿美元的资金，所以有力量参与拍卖的亦只能是几个大财团。抵押拍卖的

---

① ［俄］阿纳托利·丘拜斯主编、乔木森等译：《俄罗斯式的私有化》，新华出版社 2004 年版，第 35 页。

结果是，使一些大型的具有重要全俄经济意义的企业落到一些财团手里，特别是一些金融集团手里。另外，由于抵押拍卖过程中缺乏透明度，往往使这一私有化方式变成"内部人之间的分配"。这也是引起国内对抵押拍卖激烈争论与强力不满的原因。

到1996年，俄罗斯以转让国有资产为主要内容的大规模产权私有化已基本结束。私有化企业在俄罗斯企业总数中的比重与其产值占全俄GDP的比重均约为70%。但正如前面已指出的，由于私有化是个广义的概念，因此，俄罗斯统计上使用的"私有化企业"所含内容很杂，它不只包括真正意义的私有化企业与个体经济，并还包括租赁企业、承包企业、股份制企业、各种形式的合营、合伙与合作制企业。据有关材料估计，1996年真正的私有经济大约只占俄GDP的25%。私营部门、混合所有制和集体所有制部门的就业人数占俄罗斯就业总人数的63%。另外，针对前两个阶段私有化过程出现的问题，俄罗斯需要总结与整顿，因此，宣布"今后不再搞大规模的拍卖"。时任俄总理的切尔诺梅尔金提出，从1997年起俄罗斯经济体制转轨进入一个新阶段，即结构改革阶段，其主要任务是恢复经济增长，提高经济效益。在此背景下，在1996年下半年俄政府制定了《1997—2000年俄罗斯政府中期纲要构想：结构改革与经济增长》。根据该纲要构想，从1997年起，俄罗斯私有化将从大规模私有化转向有选择的对个别国有企业的私有化，即进入私有化的第三阶段——"个案私有化"。在这一阶段，对进行股份制改造的企业名单，要由俄联邦政府根据国有资产管理委员会的提议并在制订的私有化计划中批准，还需呈交国家杜马。之后，才逐个地对企业制订私有化方案。

五　私有化的评价

经济转轨国家的私有化，在不同国家的业绩与问题存有差别，但有些问题是相同的。总的情况看，中东欧国家私有化的效果要比以俄罗斯为代表的独联体国家要好。下面集中对俄罗斯私有化的主要业绩与问题进行分析。

（一）私有化的主要业绩

1. 由于俄罗斯以较快速度实现了私有化，从而打破了国家对不动产与生产设备所有权的垄断，形成了私营、个体、集体、合资、股份制与国有经济多种经济成分并存和经营多元化的新格局，为多元市场经济奠定了基础。

2. 在俄罗斯政府看来，较为顺利地实现了私有化的政治目标：一是铲除了社会主义的计划经济体制的经济基础，从而使经济转轨朝向市场经济体制模式变得不可逆转；二是培育与形成一个私有者阶层，成为新社会制度的社会基础和政治保证。

3. 私有化企业经营中决策的自由度增大与开发新产品积极性的提高。这样，使企业生产经营活动有可能更符合市场的要求。根据俄罗斯学者1994 年对 426 名企业经理所进行的调查材料来看，经理们认为企业私有化后主要的积极变化也表现在以上两个方面。在这 426 名企业经理中，认为决策自由度有改善的占 61%，有利于刺激企业开发新产品的占 52%。[①] 私有化企业的经理普遍认识到，与国有企业相比，他们只能更多地利用市场方式去解决自己面临的各种问题，只能通过开发新产品，提高竞争力，吸引外资，寻找新的销售市场等途径求生存和求发展。

4. 小私有化都取得较为明显的效果：（1）由于商业、服务业、小型工交企业转换了所有制形式，提高了适应市场经济的能力，从而得到较快发展。1994 年在俄罗斯零售商品流转总额中，非国有成分已占 80% 以上。（2）活跃了消费市场与促进了流通领域发展。（3）对调整原苏联长期存在的不合理的经济结构起了积极影响，特别是在促进第三产业的发展方面的作用更大，如俄罗斯，1991 年服务业占 GDP 的 24%，而到 1994 年已上升为 50%。

---

① 参见 ［俄］ II. R. 科萨尔斯等著、石天译：《俄罗斯：转型时期的经济与社会》，经济科学出版社 2000 年版，第 81 页。

（二）私有化的主要问题

1. 由于俄罗斯的私有化首先考虑的是政治目的。换言之，是在私有化之父丘拜斯经济转轨下述主导思想下进行的，即尽快摧垮社会主义经济的基础。丘拜斯明确地说："我们需要解决的是一个问题：凡是有助于使国家脱离共产主义，有助于在国内消除共产主义意识形态和共产主义制度的基础的东西，就应该能做多少，就做多少。"[①] 因此，俄罗斯私有化在指导思想与方法等方面，都存在严重失误。例如：（1）俄罗斯改革国营企业，采取强制的方法，人为地确定在每个时期要把国有经济成分在整个国民经济中的比重下降到多少，等等。（2）为了尽快培植起一个广泛的私有者和企业家阶层，形成一个资产阶级，就实行无偿的证券私有化，力图用相当于当时俄罗斯国有资产总值的 1/3 的证券，让公司购买私有化后企业的股票。但实际上，由于严重的通胀因素，原值可购买一辆小汽车，变成只能购买一箱啤酒，后来甚至只值 5 美元，只能买一瓶"伏特加"酒。更为严重的是，广大居民手中所持的私有化证券大部分落入领导人手中。或者落入 MMM 那样的搞欺诈和投机的公司手中。一项调查显示，俄罗斯 61% 的新企业主曾经被列为党、政府、企业的精英成员。就是说，私有化为原领导人和投机者大量侵吞国有资产大开方便之门。他们从事投机生意，大发横财。（3）与上述问题有关，俄罗斯在私有化过程中，公司治理实行的是经理人员控股的"内部人控制"的模式。据调查，1994 年，私有化的企业中，65% 股权为内部人所掌握，13% 仍在国家手中，而外部人与法人总共只控股 21%。这样，企业内部人主要是经理人员的利益得到了充分的体现。（4）与上述因素相联系，在改造国有企业过程中，没有考虑如何保护国有企业已经形成的潜力，并使其继续发挥，而是在条件不具备的情况下，匆匆把国营企业推向市场。在改革国有企业的同时，也并没有去研究和解决如何改变国有企业的经营管理机制问题。这些因素也是导致俄罗斯在转轨初期产生严重经济危机的重要原因之一。

---

① ［俄］阿纳托利·丘拜斯主编、乔木森等译：《俄罗斯式的私有化》，新华出版社 2004 年版，第 282 页。

2. 国有资产大量流失。这是经济转轨国家普遍存在的一个严重问题。主要原因有：（1）向居民无偿发放"私有化证券"以及向职工按优惠价格转让股权，这造成国有资产的直接流失；（2）问题的复杂性在于资产评估。例如，俄罗斯国有资产是按 1992 年 1 月 1 日会计报表上的账面价值出售与转让的，并没有充分考虑到通胀因素，例如，1992 年 1 月物价上涨了 26 倍，而大部分企业在私有化时，允许以股票面值的 1.7 倍价格出售。更重要的是出现了资产评估的价值与会计核算中的资产价值的严重脱节。如俄罗斯 500 家最大的私有化企业按现价至少值 2000 亿美元，而实际以 72 亿美元出售。

3. 国有大中型工业企业私有化后，经济效益没有提高或者变化不明显。这是由多种因素决定的，如：（1）私有化的一个重要目标是使企业成为独立的商品生产者，成为市场的主体，以此来促使企业尽快转换经营机制，提高经营效率与竞争能力。但实现这一目标，对长期在计划经济体制条件下从事生产经营活动的国有企业来说，需要有个过程，决不是某些人所想象的，只要所有制一变，经营机制立即会变，经营效果立即会提高；（2）对部分以股份制形式实现私有化，并且又是国家控股的企业来说，企业的产权与责任并不十分清楚，一个重要原因是，这类私有化企业，更多的是考虑国有财产的处理问题，不顾及企业管理机制的改革问题；（3）经济转轨国家的大中型国有工业企业，在传统体制下，都忽视设备的更新，生产技术十分落后，急需更新设备与技术，而私有化后的新企业主往往缺乏资金，没有新的投入。"根据全俄社会舆论研究中心的材料，当原班管理人员当领导时，74% 的新投资者拒绝为自己拥有的项目投资。"[①] 这样就难以提高产品质量与生产效益；（4）一个重要的因素是，俄罗斯私有化尽管是打着科斯定理的旗号进行的，即国家财产一旦私有化，它最终会落入效率最高的生产者手中。而俄罗斯实际上没有按科斯定理推行私有化；（5）大私有化打破了国家的垄断，但在俄罗斯又出现私人垄断和行业垄断。这在西方如英国也出现过这种情况，如英国供排水公司，私有化初期效果较好，后来因存在行业垄断，该公司价格上涨幅度大于利润上涨幅

---

① 刘美珣等主编：《中国与俄罗斯两种改革道路》，清华大学出版社 2004 年版，第 352 页。

度。俄罗斯推行私有化政策后，由 7 个银行家和商人联合起来控制俄罗斯
50% 财产的成员之一的鲍里斯·别列佐夫斯基供认，[①] 这些大财团，控制
某个行业是十分容易的事。垄断不打破，就不能通过竞争达到提高效率的
目的；（6）从客观条件来讲，较为完善的发达的市场经济条件尚未形成。

4. 产生的社会问题甚多。主要有失业人数增加；经济犯罪日益严重；
对整个社会经济犯罪起着推动的作用；加速了社会的两极分化。如在俄罗
斯一方面出现了暴发的"新俄罗斯人"；另一方面出现了大量的生活在贫
困线以下的广大居民阶层。这必然使社会大多数人的不满和社会处于紧张
状态。

5. 通过私有化也没有达到大量增加预算收入的目的。普里马科夫指
出："从 1992—1998 年，预算从大量的、全面的私有化中仅仅得到相当于
国内生产总值 1% 的收入。其余所有的全落入人数很少的所谓'寡头'集
团腰包。"[②]

6. 国家政权的"寡头化"。俄罗斯经济转轨进程中，出现了金融资本
与工业资本的互相融合与发展过程，因此，也可称金融工业集团。

金融寡头的出现，从其大环境来讲，是俄罗斯社会经济的转轨；从具
体条件来讲，最直接与重要的是俄罗斯国家实行的私有化政策与采取的全
权委托银行制度。这些条件为俄罗斯在私有化过程中已握有财权和管理权
的大企业与大银行，通过与权力的结合，找到更快集聚资本的最有效的
途径。

六　重新国有化问题

普京第二任期以来，在国民经济的一些主要部门出现了明显的重新国
有化现象。这主要涉及油气、军工、飞机制造、重型机械、汽车、核能、
矿产开采、海洋运输、民用机场、银行与造船等领域。

---

① 参见［美］《挑战》杂志 1997 年第 5—6 月号。
② ［俄］叶夫根尼·普里马科夫著、高增训等译：《临危受命》，东方出版社 2002 年版，第 33
页。

俄罗斯重新国有化主要是通过企业兼并与重组方式达到国家控股的目的。近几年来，一些重要部门企业兼并与重组都有明显进展：

在能源领域，最具规模的国有企业之一——俄罗斯统一电力公司，在2005年以1亿美元从国际俄罗斯公司手中收购了电力设备公司。2004年12月，国家全资的俄罗斯石油公司以93.5亿美元收购了尤科斯石油天然气公司76.79%的股票。该公司还在继续扩张，下一步计划收购苏尔古特石油天然气公司。2005年9月，俄罗斯天然气工业股份公司以131亿美元收购了全俄第五大石油公司——西伯利亚石油公司72.66%的股份。2006年12月，它又以74.5亿美元的价格获得了萨哈林能源公司51%的股份与萨哈林2号油气项目的控股权。

在军工领域，2000年俄罗斯在重整国防工业时，建立了国防工业联合公司，它是一个综合性的工业和投资公司，股东是俄罗斯联邦财产管理局，拥有51%的股份。俄罗斯还将武器出口统一由俄罗斯国防出口公司进行，公司董事会主席由当时任国防部长（现任政府第一副总理）伊万诺夫担任。该公司不断扩充实力，2005年它以3亿美元收购了俄罗斯最大的汽车制造厂之一的伏尔加汽车制造厂。2006年10月，又以70亿美元的价格获得了俄罗斯最大的钛锰制造商集团66%的股票。2006年俄罗斯国防出口公司还宣布了一项以俄罗斯国内主要的特种冶金企业为基础组建一个庞大的冶金控股公司计划，该公司将由国家控制。国防出口公司在不断扩张与实现了主要由国家直接控制之后，2006年2月，普京总统签署了一项总统令，赋予该公司为俄罗斯唯一有权进行出口武器的垄断性集团地位。

在金融领域，现俄罗斯国家控股的银行与信贷机构已有20多个。国有股份银行与信贷机构在总资产中所占的比重已接近40%。从发展趋势看，国家控股的银行在增加，并且规模也在扩大，向银行集团公司发展。还应指出的是，这些银行不仅扩张金融业务，而且还向其他行业推进，如房地产行业，等等。

在其他一些重要部门都出现了上述企业兼并与重组的现象。在普京任总统8年期间，俄罗斯国有经济比重升至50%。

普京推行国有化政策的主要目的是：

第一，增强国家对经济的主导作用，特别是对影响国家重要经济战略利益的领域加强调控力度。例如，在石油部门通过重新国有化的措施，国家对石油的控制率已达到31%。大型国有企业在俄罗斯经济中的作用已大大提高（见下表）。

2005 年俄罗斯 10 个大型国有公司销售额及其对 GDP 增长的贡献度

公司名称	销售额（单位：亿美元）	销售额占 GDP 的比重
天然气股份公司	489	6.4
统一电力公司	270	3.5
俄罗斯铁路公司	265	3.5
俄罗斯石油公司	177	2.3
天然气工业石油公司	145	1.9
储蓄银行	110	1.4
通信投资公司	75	1.0
石油运输公司	64	0.8
俄罗斯国防出口公司	56	0.7
伏尔加汽车制造厂股份公司	47	0.6
总计：	1698	22.1

资料来源：Дедовой еженедельник 《Компания》 No444，25 декабря，2006г。

从上表可以看到，10 家最大的国有公司其 2005 年的销售额已达到俄罗斯 GDP 的 22.1%。

第二，进一步打击与削弱寡头势力，防止国家政权寡头化，剥离寡头与政治的关系，不允许寡头参政，对国家经济政策指手画脚。

第三，在一些重要经济部门培植一些大型国有控股企业，目的是保证国家重要的产业政策得以实现。俄罗斯在重新国有化时，并不要求 100% 的股份，而是保持在 51% 的股份。

在谈到这几年来俄罗斯重新国有化现象时，必须指出以下两点：一是原规定的进一步私有化的进程不会中断，按规定，2008 年以前，俄罗斯将国家不需要的国有资产全部售完；二是国有化措施并不构成一个大规模运动，而只是在某些具有重要战略意义的领域的某些企业中进行，采取"个案"处理的办法。至于重新国有化后，形成的大型企业集团，就有可能在某个行业与部门产生垄断，从而对效率的提高起到不利的影响。时任总统梅德韦杰夫认为，当前俄罗斯国有企业比重过高，其效率又低，因此，必须继续坚定地推行私有化政策。2009 年 10 月 6 日，俄罗斯政府召开了国有资产私有化与缩减战略性企业清单的专门会议，计划在 2010 年对 250 家国家独资企业与国家持股的 462 家股份制公司进行私有化。这次私有化将涉及 5500 家企业。俄罗斯经济发展部估计，通过这次私有化，2009 年可增加财政收入 120 亿卢布，2010 年可增加 700 亿卢布。此番私有化计划实施后俄罗斯可把国有经济的比重从 50% 降至 30%。2011 年 1 月 26 日梅德韦杰夫提出 2011—2013 年，俄罗斯要进行一轮大型国有企业私有化进程，战略性企业缩减到原来的五分之一。为了顺利推行私有化与排除国家对企业的行政干预，梅德韦杰夫限令高级行官员 2011 年 7 月 1 日前退出 17 家国有企业董事会（或监事会）。俄罗斯总统网站正式公布了完整的公司名单。按规定，2011 年 10 月 1 日前，所有政府与部委领导及总统办公厅领导成员应退出各大国有企业管理层。

（原载陆南泉等主编：《苏东剧变之后——对 119 个问题的思考》中册，新华出版社 2012 年版，第 544—561 页。）

俄罗斯对农业实行了哪些改革

　　农业一直是苏联经济的一个薄弱部门。斯大林执政时期大规模的饥荒就发生两次，一次是 30 年代初集体化时期，一次是"二战"后。每次饥荒饿死的人数以百万计。1950 年苏联谷物总产量为 6480 万吨，1913 年沙俄时期为 7250 万吨，同期，肉类分别为 490 万吨与 500 万吨，人均谷物为 447 公斤与 540 公斤，畜产品为 27 公斤与 31 公斤。到斯大林逝世的 1953 年牛、马、绵羊的头数仍未达到集体化前的水平，粮食产量甚至还低于 1913 年的水平。[①]

　　赫鲁晓夫一上台之所以首先抓农业，是因为斯大林逝世时苏联农业处于严重落后状态，苏联尚未解决粮食问题。赫鲁晓夫执政时期农业虽有一定的发展，但农业仍处于不稳定状态。勃列日涅夫一上台，亦不得不首先推行加强农业的政策。但同样出现经常性的农业歉收。1979—1982 年出现连续 4 年歉收。1973 年苏联历史上第一次成为粮食净进口国。这一年净进口 1904 万吨。后来，粮食进口上了瘾，就像吸毒者染上了海洛因的瘾一样，[②] 震惊了世界市场，引起了各国愤怒。1985 年进口粮食 4420 万吨，1989 年为 3700 万吨。[③] 长期以来，苏联农业劳动生产率只及美国的 20%—25%。

　　苏联时期一直改变不了农业的落后状态，有其多方面的原因，如由于为了实现超高速的工业化，片面发展重工业，一直实行对农民剥夺的政

---

　　① 参见陆南泉等编：《苏联国民经济发展七十年》，机械工业出版社 1988 年版，第 251、270 页；李宗禹等著：《斯大林模式研究》，中央编译出版社 1999 年版，第 104 页；其他有关材料。

　　② 参见［俄］格·阿尔巴托夫著、徐葵等译：《苏联政治内幕：知情者的见证》，新华出版社 1998 年版，第 239 页。

　　③ 苏联国家统计委员会：《1990 年苏联国民经济》，莫斯科财政与统计出版社 1991 年俄文版，第 653 页。

策。但最为重要的原因是，苏联在超越社会发展阶段的思想指导下，把解决农业问题的着力点放在不顾生产力发展水平不停顿地改变与折腾生产关系上。斯大林时期搞农业全盘集体化是明显的例子。这对农业造成了很大的破坏。在斯大林之后的苏联领导人，还继续实行合并农庄与把农庄集体所有制向全民所有制过渡的政策。这些做法完全是违反马克思主义的。马克思讲过："无论哪一种社会形态，在它所能容纳的全部生产力发挥出来以前，是决不会灭亡的：而新的更高的生产关系，在它的物质存在的条件在旧社会的胎胞里成熟以前，是决不会出现的。"[①] 与此同时，不顾农业生产的特点，也不顾集体农庄集体所有制的特点，在经营管理上也全面推行与全民所有制企业一样的指令性计划那一套做法。

苏联剧变后，俄罗斯新执政者为了构建市场经济体制，不仅对城市的国有企业实行私有化，并且也对农业进行改革，农业领域的改革，涉及两个相互紧密联系但又有区别的内容：农业土地所有制与农业生产经营组织的改组问题。

一　曲折的土地私有化改革

苏联在十月革命胜利后，列宁就宣布一切土地归国家所有。1970 年 7 月 1 日批准的《俄罗斯联邦土地法典》也明确规定，土地归国家所有，农业企业、其他企业、社会组织和机构以及公民有权无限期使用。俄罗斯为了向市场经济转轨，认为不能在国民经济其他部门进行私有化时，而对农业中对最重要的生产资料土地，仍保持单一的国有制。为此，1991 年 4 月 25 日，俄罗斯联邦议会通过了《俄罗斯联邦土地法典》。该法典为"根本改革俄罗斯联邦土地关系、保护土地所有者、土地占有者和土地使用者的权利，组织合理使用土地资源"提供了法律保证。根据这一法典，俄罗斯取消了土地的单一形式，确定了多种土地所有制形式，包括：国家所有制。它分为联邦所有制和共和国所有制；集体所有制。土地可作为集体共同所有的财产，但不为其中的每个公民确定具体的土地份额；集体股份所

①　《马克思恩格斯选集》第 2 卷，人民出版社 1972 年版，第 83 页。

有制。在确定每个公民的具体土地份额后，土地所有权转交给公民，并可作为集体股份制；公民所有制。公民在从事家庭农场、个人副业、个人住宅与别墅建设等活动时，有权获得土地所有权，并终身继承占有权或租赁权。

1991年年底，叶利钦签发了《关于俄罗斯联邦实施土地改革的紧急措施》的总统令，它不只规定了土地改革的一般原则，并要求在一年内完成集体农庄和国营农场的改组与重新登记，预定要在俄罗斯农村发展100万个家庭农场，以形成一个中产者阶层。1993年10月27日，叶利钦又签署了《关于调节土地关系和发展土地改革》的总统令。这道总统令的一项重要内容是，规定土地所有者有权出售为自己所有的土地。接着，又于1994年和1995年分别颁布了俄罗斯政府《关于借鉴下诺夫戈德州实际经验改革农业企业》的决议和《关于实现土地份额和财产份额所有者权利的方式》的决议。根据这两个决议，在改组农业企业的过程中，使这些企业的工作人员和农民得到归自己所有的一份土地和一份财产。1996年3月7日，叶利钦又签署了《关于实现宪法规定的公民土地权利》的总统令，重申土地所有者有权自由支配自己的土地份额，包括出售、出租和赠送土地份额。

随着农业改革的发展和一系列总统令的实施，俄罗斯在调节土地关系的政策、法规与1991年4月25日通过的《俄罗斯联邦土地法典》存在一些矛盾的地方，加上俄罗斯社会各界人士对土地所有制改革的看法亦不一致，因此，决定要制定新的土地法典。但从拟定草案、多次审议，经过不断反复，一直到叶利钦1999年年底辞职，包括土地私有化特别是土地自由买卖内容的土地法典也未最后获得通过。

虽然俄罗斯在执行有关土地所有制改革的总统令方面，存在不少阻力，但土地私有化的改革还是取得了不少进展。到1997年1月1日，国营农业企业占用的农业用地占全俄农业用地的已下降到13.4%，其中耕地为12.5%。到1999年，约有63%的农业用地转为私人所有。土地使用结构也发生了大的变化，农业企业和组织使用土地为1.6亿公顷。占农用土地的 81.9%。①

在叶利钦时期，有关土地私有化的改革，虽然通过了有关法典，并签署了一系列总统令，但并没有解决一个关键性问题——农用土地可以自由买卖。后来叶利钦总统与杜马为此闹得很僵。1997 年 8 月，俄罗斯杜马通过的新土地法典没有规定农用土地可自由买卖的内容，从而遭到叶利钦的否决，他还明确地说：只要新土地法典没有规定农用土地可以自由买卖的内容，他就不会在上面签字。

普京上台后，在农业问题上强调指出，要解决俄罗斯农业中存在的大量问题，急需尽快通过长期争论不休的新土地法典。2000 年 1 月，他在国家杜马发表讲话时就呼吁尽快通过土地法典。在他执政初期，对土地自由买卖问题的态度并不十分明朗，比较谨慎，但实际上是同意土地自由买卖的。2001 年 1 月 30 日，普京在俄罗斯国务委员会主席团会议要求：必须通过明确的土地法。认为，缺乏对土地的调节，是影响投资的一个很大障碍。接着他在 2001 年 2 月 21 日俄罗斯联邦国务委员会会上讲："土地关系领域需要解决三个关键问题"："第一，在所有制领域制定出各种法律关系的规定；第二，清点土地数量；第三，建立土地资源有效管理的体系。""新的土地法典应该成为推进这方面工作的出发点。"他还接着说，在农业方面俄罗斯"最尖锐的问题是农业用地的流转问题。在土地资源的构成中，农业用地占了四分之一。在今天的讨论中我们应该对此予以特别的关注"。② 2001 年 4 月 3 日普京发表的总统国情咨文中专门谈了土地问题。他说："现在的主要问题是，在那些已有土地市场的地方，不要去阻挠土地市场的发展。把关于调节土地关系的形式和方法的最现代的概念写入法典。还应该承认，现在非农用土地在民间交易中已不受限制。对农用土地的交易调控显然需要专门的联邦法律，大概还应当赋予联邦主体独立决定何时进行农用土地交易的权限。"③

经过激烈争论，2001 年 9 月 20 日，国家杜马三读通过了拖了 7 年之

---

① 在经济转型前的 1991 年年底，国营农场占用农业用地为 1.06 亿公顷，集体农庄占用 7910 万公顷，分别占全部农业用地的 47.7% 和 35.6%。

② 《普京文集》，中国社会科学出版社 2002 年版，第 257 页。

③ 《普京文集》，中国社会科学出版社 2002 年版，第 284 页。

久的新的俄联邦土地法典草案，10 月 10 日，俄罗斯联邦议会以 103 票赞成、29 票反对、9 票弃权的表决结果最后通过了《俄罗斯联邦新土地法典》，并由普京总统签发并生效。但这一法典并未解决农用土地私有化与自由买卖问题。为了解决这个问题，2002 年 6 月 26 日，俄罗斯国家杜马最终通过了《俄罗斯联邦农业用土地流通法》。7 月 9 日俄罗斯联邦委员会批准，并由总统签发，自正式公布之日起 6 个月后生效。应该说，这项法律的出台，标志着俄罗斯土地私有化有了重大发展，即最后解决了农用土地可以自由买卖的问题。《俄罗斯联邦农用土地流通法》明确规定了农用土地地块和具有共同所有权的土地份额的流转（交易）规则和限制条件，完成交易的结果，是产生或者中止农用土地地块和具有共同所有权的农用地份额的各种权力。还规定，"不允许俄联邦主体通过法律法规包括附加条款，对农用土地地块的流转进行限制"。这里要指出的是，有关农用土地自由买卖还是需要遵循一些原则。《俄罗斯联邦农用土地流通法》作了以下一些限制性的规定：如为了保证农用土地的专项用途，在出售股份所有制的土地份额时，其他土地股份所有者有权优先购买；出卖农用土地地块时，俄联邦主体或联邦主体法律规定的地方自治机构优先购买这些土地地块；禁止将农用土地卖给外国人、无国籍人士和外国人的股份超过 50% 的法人。从杜马讨论农用土地进入流通问题的情况看，总的看法比较一致，即不能把农用土地卖给外国人。① 这主要是担心俄罗斯农业和农村被外国企业与外籍人士控制。关于这个问题，2002 年 6 月 19 日普京在俄罗斯工商会第 4 次代表大会上说："我理解那些主张不急于赋予外国人购土地权利的人。""解决这个问题需要平衡、斟酌和非常谨慎。"但他还说："随着土地市场和必要基础设施的发展，这个问题还会被提到日程上来。"至于农用土地自由买卖的改革，虽已通过了法律，但在实施过程中不同观点的争论不会停止，而土地私有化改革的进程也不会因有争论而停滞不前，还会不断深化。

---

① 外国人可购买工业和建筑用土。农用土地只能租赁，租赁期不得超过 49 年。

二 集体农庄与国营农场经营组织形式的改组

在叶利钦时期，与土地私有化相适应，决定把在农业中占绝对统治地位的国营农场与集体农庄加以改组。规定必须在一年内（在1993年1月1日前），完成国营农场与集体农庄重新登记工作，并对那些无力支付劳动报酬和偿还贷款债务的农场、农庄，应在1992年第一季度加以取消与改组。1992年9月4日，俄罗斯政府正式批准了关于农场、农庄与国营农业企业的条例。该条例确定的经营形式改革与产权改造的基本原则是：按生产单位劳动集体成员的意愿，将农庄、农场改组为合伙公司、股份公司、农业生产合作社、家庭农场及其联合体。到1993年年底，俄罗斯已有2.4万个农庄、农场进行了改组与重新登记，这占农庄、农场总数的95%，其中1/3的农庄、农场根据劳动集体的决定保留了原来的经营形式，其余的2/3改组为1.15万个合伙公司、300个股份公司、2000个农业合作社和3000个其他新的经营形式。它们的成员成为具有自己份地和股份的商品生产者。① 农庄、农场改组后的详细情况见下表。

俄罗斯农庄、农场的改组情况

	1993 年	1994 年	1995 年
重新登记的集体农庄和国营农场占原有的比重（%）	77	95	—
其中：保留原有法律地位的占已重新登记的集体农庄和国营农场的比重（%）	35	34	32
改组为下列企业形式的占已重新登记的集体农庄和国营农场的比重（%）：			
开放型股份公司	1.5	1.3	1.0

---

① 陆南泉主编：《独联体国家向市场经济过渡研究》，中共中央党校出版社1995年版，第134页。

续表

	1993 年	1994 年	1995 年
有限责任公司，合营公司	43.7	47.3	42.6
农业合作社	8.6	7.8	7.2
农民经济联合体	3.6	3.7	2.5
被工业企业和其他企业买断的	1.8	1.7	—

资料来源：［俄］过渡时期经济问题研究所编：《过渡时期经济》，莫斯科1998年版俄文版，第579页。

　　这里要指出的是，在叶利钦时期，特别重视发展农户（农场）经济（或称私人农场）。这与当时叶利钦、盖达尔等人接受西方模式来改造成俄罗斯农业的战略有关。这个模式就是以土地私有化和经营组织农场化为基础的。在他们看来，美国与西方其他一些国家在土地私有制基础上发展家庭农场能获得良好的经济效益。但在俄罗斯，这种农户（农场）经济并没有得到很大发展，更没有成为农业生产的主力军。1992年农户（农场）经济49000个，1993年为182800个，从1994—1999年，一直保持在27万—28万个这一水平。占用土地面积一般在1200万—1300万公顷，平均每个农户经济占用土地为40—50公顷。1999年农户（农场）经济生产的粮食占俄粮食总产量的7.1%，而在畜牧业中的比重很小，如在大牲畜中饲养头数中只占1.8%，其中奶牛占1.9%，猪占2.2%，羊占5.5%，在整个农业产值中仅占2.5%①。

　　在俄罗斯，农户（农场）经济之所以难以发展，因它受到一系列条件的制约：第一，俄罗斯不像美国，有发达的、及时能得到的农业社会化服务。美国家庭农场之所以能发展并有巩固的地位，一个十分重要的条件就是具有高水平的社会化服务。而这一套服务体系决不是在短期内可建立起立的；第二，长期以来，在俄罗斯搞的是大农业，国营农场和集体农庄的

① 王跃生等主编：《市场经济发展：国际视角与中国经验》，社会科学文献出版社2006年版，第250页。

生产规模都很大，使用的是大型农业机械，机械化水平已达到一定程度，粮食作物的种植与收获已全部机械化，畜牧业综合机械化水平已达到70%—80%。而搞小规模的农户经济，需要小型的农业机械。当时的俄罗斯财政极其困难，国家不可能投入资金来及时地发展小型农机，以满足农户经济的需要；第三，在苏联，大型农业已搞了几十年，农业生产中的劳动分工已形成，这样，能够掌握农业生产全过程的典型的农民已不存在，这对搞一家一户的农业经济在客观上就有很多困难；第四，农户缺乏必要的启动资金，他们既得不到财政帮助，又得不到必要的银行贷款，这种情况下，使得组建起来的农户经济难以维持，出现大量解体的情况；第五，农用生产资料如化肥等得不到保证。看来，叶利钦时期推行的小农业经济政策并不适合俄罗斯国情，未能取得应有的效益。普京上台执政后，不得不改变农业发展政策，变革农业发展道路。普京强调要搞大农业，具体说要搞大型的农业综合体，把它视为发展农业的重要途径之一，要使俄罗斯农业在今后成为"大的商品生产者"。从西方发达国家的情况看，大型农业企业是农业生产经营的一种基本形式。目前美国50%的商品农产品是由占4.7%的大农场生产的，而欧盟国家50%的商品农产品是由10%—15%的大农场生产的。大型农业在俄罗斯农业中起着重要的作用，它们生产92%粮食，94%的甜菜，86%的向日葵籽，70%的蛋，49%的奶，39%的肉，38%羊毛，21%的蔬菜和90%的饲料。在这些大企业中，已有300个大型龙头企业，俄罗斯还在组建15个大型农工集团。这些大型农业企业的经营效益也较好，如300个大型龙头企业，虽仅占农业总数的1.1%，但在2000年生产的商品农产品占其总量的16.1%，所得收入占农业总收入的28%，所得利润占农业总利润的47.2%。[①]

　　需要指出的是，经过20年的经济转型，俄罗斯农业并没有摆脱落后状态。2011年5月18日梅德韦杰夫在记者会上说，俄罗斯农业人口占总人口的三分之一，而工业发达国家只占3%—5%。他执政后重视农业问题，视为俄罗斯大力发展的一个优先方面。但从体制层面来说，梅德韦杰夫并没有提出重要的政策与主张。

---

　　① 以上资料转引自乔木森2003年10月撰写的题为《俄罗斯农业发展道路》的研究报告。

三　几点思考

应该说，不论在苏联还是作为其继承国的俄罗斯，农业问题一直没有解决好，成为影响其整个经济发展和制约人民生活水平提高的一个重要原因。曾在叶利钦时期任 8 个月总理的普里马科夫，在他 2001 年发表的著作中，谈到农民问题和农业政策时，深有感触地写下了以下一段话："尽管采取的措施（指对农民、农业——笔者注）很多，但它们带有'消防'性质，未来就不能总是这样下去。应当从整体上考虑俄罗斯农民的命运。他们不仅是忍受了各种苦难的伟大劳动者，也是民族文化、民族传统的保护者。俄罗斯农民蒙受了多少苦难啊！农奴的权利，给成千上万人造成致命打击的'没收富农的财产和土地'，夺去了数百万人生命的饥饿，数十年的集体农庄的无权地位。蕴藏着巨大的朝气蓬勃力量的农民忍受住了。今后怎么办？""……90 年代实行的经济政策，继续把俄罗斯农民推进深渊。"在俄罗斯转入市场经济后，并没有挡住"掠夺农村的半刑事或公开的刑事'中间商'"。国家也"没有狠狠打击敲诈勒索分子和其他犯罪分子"。不少地方，"经常有一些人与警察勾结，按'牌价'抢购农民的产品，然后拿到市场上高价倒卖"。①

中国很早就发现了苏联农业方面存在的种种问题。毛泽东曾指出："苏联的农业政策，历来就有错误，竭泽而渔，脱离群众，以造成现在的困境。"② 但是，遗憾的是，毛泽东并没有跳出斯大林农业集体化的框框，搞"一大二公"的人民公社，剥夺农民，结果是农民大量饿坏、饿死。"1961 年，毛泽东在一次中央工作会议上曾沉痛地说，这几年我们掠夺农民比国民党还厉害！"③

根据上述情况，以下问题是值得我们思考的：

---

① ［俄］叶夫根尼·普里马科夫著、高增训等译：《临危受命》，东方出版社 2002 年版，第 40—41 页。

② 《毛泽东选集》第 5 卷，人民出版社 1977 年版，第 268 页。

③ 转引自张素华著：《七千人大会始末》（1962 年 1 月 1 日—2 月 7 日），中国青年出版社 2006 年版，第 153 页。

第一，我国自实行改革开放总方针之后，"三农"问题有了很大的改善。特别是近几年来，国家对农业支持的力度大大加强了，如实行农业税减免，对种粮农民实行直接补贴，对主产区重点粮食品种实行最低收购价格等政策。对农村教育事业的发展也给予了大力支持。无疑，这些政策大大调动了农民的积极性，促进了农业发展。今后我们必须进一步落实对农业"多予、少取、放活"的方针。我们要清醒认识到，中国农村人口近8亿，即使工业化与城市化进展顺利，2020年农村人口仍有6亿左右，"三农"问题仍是个大问题。再说，全国农村有近2000万人仍未解决温饱问题，近6000万人处于低水平、不稳定的温饱状态。不解决"三农问题"，就会影响工业化与城市化的进程，也将成为制约整个国民经济进一步发展的"瓶颈"。所以，在今后的工业化与城市化进程中，一刻也不能放松解决"三农"问题，只有农业有了大的发展，工业化与城市化才能更快地发展。在这个问题上，列宁有很多深刻的分析，他在俄共（布）十一大的报告中说："同农民群众，同普通劳动农民汇合起来，开始一道前进，虽然比我们所期望的慢得多，慢得不知多少，但全体群众却真正会同我们一道前进。到了一定的时候，前进的步子会加快到我们现在梦想不到的速度。"①

第二，目前中国的农业还是个弱势的产业，农业增收缺乏重要的支撑，又面临国内外的激烈竞争。因此，在我国工业化中期阶段，农业不能再为工业化提供积累，而是国家应该给予大量补贴的部门，让农业从工业化与城市化取得的进展中分享到好处，绝不可以牺牲农民的利益来推进工业化和城市化进程，并且要采取一些有力的政策推动农业现代化，特别是要使乡镇工业得到进一步发展与提高，这既可以使它与整个工业化融合为一体，并且还可以推进农村城市化进程。

第三，吸取苏联的教训，在中国今后的工业化进程中，绝不能不顾生产力发展的实际水平，在条件不成熟的情况下，用行政的手段去改变农业生产关系。农业的生产组织形式与经营方式要由广大农民创造。

第四，目前中国工业化已进入中期，在今后的工业化进程中，更应保

①　《列宁全集》第43卷，第77页。

持农、轻、重的平衡协调发展。农业搞不好，轻工业和食品工业亦上不去，市场供应就会十分紧张。特别要指出的是，我国农村市场的需求有很大的潜力，而这个潜力只有在农业有了大的发展、农民购买力大大提高的情况下才能得以发挥。

（原载陆南泉等主编：《苏东剧变之后——对 119 个问题的思考》中册，新华出版社 2012 年版，第 562—569 页。）

俄罗斯对外经贸合作政策与体制的变化

在苏联时期，较为重视对外经贸关系，把它视为发展本国经济、增强经济实力的一项重要政策。

一　苏联时期对外经贸合作的特点

纵观苏联对外经贸关系 70 多年的发展历史，它有以下一些特点。

第一，从地区结构来看，由第二次世界大战前的西方于第二次世界大战后转向东方。第二次世界大战前，苏联作为唯一的社会主义国家，它只能主要与西方资本主义国家发展经贸关系。战后与战前相比。地区结构发生了根本性的变化，即由西方转向东方，在战后初期，与社会主义国家贸易在苏联对外贸易总额中占有很大的比重，在 1950 占 81.1%。到 1989 年，社会主义国家的比重由 1950 年的 81.1% 下降到 61.6%，而同期发达资本主义国家与发展中民族主义国家的比重分别由 15.0% 提高到 26.2% 与由 3.0% 提高到 12.2%。尽管社会主义国家所占比重下降了，但一直保持在 60% 以上。

第二，从进出口商品结构来看，类同于发展中国家。苏联虽然是个工业大国，但机器设备及其他深加工产品在出口中所占的比重不高，在 20 世纪 80 年代占 15% 左右。而燃料、电力和原材料的出口要占一半以上。在进口产品中，占第一位的是机器和设备，在 80 年代要占 40% 左右，其次是食品与食品原料，要占 17% 左右。

第三，从战后苏联对外贸易发展情况来看，一个重要特点是：发展速度超社会总产值的增长速度；一般保持顺差；外贸在社会总产值中的比重不断提高。

苏联在对外贸易中较为重视平衡并尽可能保持一定的顺差。从1946年到1988年的43年间，只有8年出现过少量逆差，而其余的35年均为顺差。

第四，从外贸管理体制来看，苏联很长一个时期坚持实行对外经贸活动的国家垄断制。苏联对外经贸体制与整个国民经济管理体制一样，实行中央高度集权、以行政管理方法为主的管理原则。它与其他经济部门不同，是完全由国家垄断。具体由外贸部与对外经济联络委员会垄断经营，而其他经济部门，特别是生产企业与组织均无权从事对外经贸活动。这种管理体制，既不能调动各经济部门与企业从事对外经贸活动的积极性，也不能适应世界市场的变化，更不能使各部门与企业走向国际市场和参与竞争。这样使得苏联企业失去对采用新技术的兴趣，难以提高产品质量。在斯大林逝世后，虽然对对外经贸体制做过一些改革，但实际上都未从根本上触动对外经贸活动的国家垄断制。到了戈尔巴乔夫时期，才着手积极推动这一领域的改革。

二　俄罗斯对外经贸合作政策

苏联解体后，作为苏联继承国的俄罗斯，在对外经贸关系方面既有与苏联时期相同之处，也有很大变化，并产生了不少新特点。

第一，对外经贸关系对俄罗斯经济的支撑作用大大提高

俄罗斯独立执政后的时期，在对外商品贸易方面，除1992年、1998年、1999年3年比上年下降外，其余各年均是上升的。从2000年开始，保持了稳定增长的态势（见下表）。

1992—2010 年俄罗斯的对外贸易　　　　　（单位：亿美元）

年份	贸易额	同比增减%	出口额	同比增减%	进口额	同比增减%	贸易差额
1992	965.7	−20.7	536.05	−19.8	429.71	−22	106.34
1993	1039.5	8.6	596.46	11.3	443.04	3.1	153.42
1994	1180.6	13.6	675.42	13.2	505.18	14	170.24
1995	1450.41	23.1	824	28.3	626	24.1	198
1996	1574.27	10.8	885.99	9.3	688.28	12.9	197.71
1997	1619.39	2.9	883.26	−0.3	736.13	7	147.13
1998	1334	−17.6	739	−16.4	595	−19.1	144
1999	1152	−13.3	757	+1.1	395	−31.9	362
2000	1499	30.5	1055	39.4	449	+13.7	606
2001	1556	3.8	1019	−3.0	538	19.8	481
2002	1683	8.1	1073	5.3	610	13.4	463
2003	2120	26.0	1359	26.7	761	24.8	599
2004	2806	32.4	1832	34.8	974	28.0	858
2005	3689	31.5	2436	32.9	1253	28.7	1183
2006	4684	27.0	3045	25.0	1183	30.8	1407
2007	5779	23.4	3544	16.9	2235	35.4	1309
2008	7623	31.9	4708	32.8	2915	30.4	1793
2009	4952	−35.3	3034	−35.7	1918	−34.2	1116
2010	6468	30.6	3980	31.8	2488	33.0	1492

资源来源：根据俄罗斯联邦统计委员会编辑出版的历年统计年鉴资料编制。

从上表可以看到，除 2009 年俄罗斯对外贸易由于金融危机影响出现大幅度下降外（35%），其外贸额增速度要比 GDP 的增速快得多。2000—2006 年俄罗斯 GDP 年均增长率为 6%—7%，而同期对外贸易额的年均增长率为 22.6%。2007 年与 2008 年俄罗斯对外贸易额分别增长 23.4% 与 31.9%，而同期 GDP 分别增长 8.1% 与 5.6%。这无疑表明外贸对推动俄罗斯经济发展起着重要作用。从出口对俄罗斯经济增长的贡献率来看，2001 年为 36.7%，2002 年为 35.2%，2003 年为 35%。据俄罗斯经济分析研究所的估计，1999—2003 年期间对外经济因素保证了俄罗斯每年

5.9%的经济增长率，2004 年俄罗斯经济 50%增幅得益于国际市场的高油价。[①] 对外贸易对俄罗斯经济发展的作用还表现在不断增长的外贸顺差。从 1992—2008 年，外贸年年顺差，并且增长幅度很大，从 1992 年的 106 亿美元增加到 2008 年的 1793 亿美元。外贸顺差增加了近 16 倍。1992—2010 年顺差为 12785.89 亿美元，这对发展俄罗斯经济的作用表现在：一是使外汇储备大量增加；二是保证了联邦预算的稳定，预算盈余不断增加；三是提高了偿还外债的能力，从而减轻了俄罗斯外债的负担。这些因素对保证俄罗斯经济稳定发展都有着重要的作用。另外，俄罗斯通过外贸大量进口国外先进技术设备和消费品特别是食品，这对改善其经济结构、产业升级与稳定国内消费市场都起了不小的作用。

第二，对外贸易的地区结构的变化

随着经互会的解散，苏联东欧各国发生剧变，俄罗斯对外贸易的地区结构也发生了重大变化，原东欧国家已不占主要地位。对外贸易的地区为：欧盟居首位，其次是独联体国家、亚太地区与中东欧国家（见下表）。

俄罗斯对外贸易地区结构（占外贸总额的比重:%）

年份	1997	1998	1999	2000	2002	2003	2004	2005	2006	2007	2008	2009	2010
所有地区	100	100	100	100	100	100	100	100	100	100	100	100	100
欧盟	34.5	33.9	34.4	35.0	36.8	36.1	45.1	52.1	52.7	51.3	52.0	50.5	49.6
独联体国家	22.2	21.8	18.7	19.0	16.9	17.8	18.3	15.2	14.7	15.0	14.5	14.7	13.7
亚太经合组织国家	16.1	17.7	17.1	15.3	16.4	16.1	16.8	16.2	17.1	19.3	20.4	20.7	25.6
中东欧国家	13.5	12.4	12.9	14.39	12.9	12.4	12.9	12.9	—	—	—	—	—

资料来源：根据俄罗斯海关统计、全俄罗斯行情研究所《中外商情公报》与俄罗斯联邦统计委员会编辑出版的历年统计年鉴有关资料编制。

---

① 高际香著：《俄罗斯对外经济关系研究》，中华工商联合出版社 2007 年版，第 37 页。

从上表可以看出，欧盟国家的贸易占俄罗斯外贸总额比重不仅最大，而且是不断提高的趋势。到 2006 年占 52.7%。这是因为俄罗斯出口主要依赖于欧盟市场，而欧盟的能源主要靠俄罗斯供应。另外，近几年来，中东欧一些国家先后参加了欧盟，这样使欧盟从原来的 15 国增加到 2006 年的 25 国，2007 年又增加到 27 国。这几年来，俄罗斯与独联体国家的贸易呈下降趋势，从 1997 年的 22.2% 下降到 2008 年的 14.5%。

从具体国别来看，2006 年在俄罗斯对外贸易中排在前 10 位的国家是德国（占 9.8%）、荷兰（占 8.8%）、意大利（占 7.0%）、中国（占 6.5%）、乌克兰（占 5.5%）、白俄罗斯（占 4.5%）、土耳其（占 3.9%）、美国（占 3.5%）、波兰（占 3.4%）与哈萨克斯坦（占 2.9%）。而近几年来，中国在俄罗斯外贸中的地位日益提升，2008 年已上升为第三位。

第三，进出口商品结构与苏联时期大体类同，但出口更加原材料化

从总体来看，由于作为苏联继承国俄罗斯，也继承了苏联时期的经济结构，因此，其进出口商品结构大体上与苏联时期相类同。出口以燃料能源产品为主，2008 年在俄罗斯出口产品中占 68.6%，原料与非能源产品占 23.3%，机器设备与运输工具占 4.9%，其他产品占 3.2%。2009 年与 2010 年燃料能源产品分别占 66.7% 与 68.3%。俄罗斯自经济转轨以来，其经济结构的调整未能取得进展，因此，其出口商品的结构有以下特点：一是由于经济原材料化的趋势日益严重，燃料能源产品在对外出口产品中一直占主要地位；二是机器设备与运输工具类产品出口不断下降，在 20 世纪最后 10 年这类产品出口还占其出口总额的 10% 左右，但到了 21 世纪出现了明显下降的局面，到 2009 年与 2010 年分别下降为 5.7% 和 5.4%。分析俄罗斯出口商品结构时，值得一提的是军技产品出口问题。苏联时期军技产品在其出口中占有重要地位。苏联解体后，俄罗斯继承了苏联 70% 的军队，1500 多家军工厂，500 多万生产工人。苏联解体结束苏美争霸的格局，大国关系逐步由冷战状态走向缓和。这种情况下，俄罗斯面临着如何对待庞大的军事工业。在经济转轨初期，俄罗斯政府实行"雪崩式"的转产，即力图通过急剧削减国家军事订货的办法，在两年内使 70% 的军工企业实现转产。这使得 1992 年与 1993 年国家军事订货急剧减

少 65%—70%。1992 年军工产品产量仅为上年的 32%。这种快速的转产，在客观上不可能做到，而实际的结果是导致大量军工企业停产。后来，不得不调整快速军转民的政策，认识到这是一个长期的过程，需要大量投资。叶利钦的顾问马列伊认为："实现军工转产需要 15 年的时间，花费 1500 亿美元。"普京执政后，对军事工业采取扶植的政策，主要措施有五：一是进行规划。2001 年俄罗斯通过《到 2010 年及未来俄联邦军工综合体发展政策纲要》与《2002—2006 年军工综合体改革与发展专项纲要》；二是加强管理。2000 年 11 月 4 日，普京签署了《关于创建俄罗斯联邦国有公司"俄罗斯武器出口公司"1834 号总统令》，由其代表国家经营俄罗斯军技产品进出口。2001 年 5 月，在普京的支持下，又把 1500 家军工企业改组成 50 家综合性的军品出口集团。俄罗斯武器出口从原来的 9—12 级管理变成 3 级管理：由总统、政府、专门的军技产品出口机构进行；三是增加军技产品生产的科研费用。俄罗斯将出口军技产品所得的外汇收入，60% 用于开发新武器与发展军工综合体，以便研制、更新更有战斗力的武器；四是俄罗斯这几年来，重视售后服务，并能为买主培训人员与供应武器零配件；五是俄还通过外交途径支持军技产品的出口，领导人出访，一有机会就着力开拓军技产品市场。这些政策措施，使俄罗斯军技产品出口有较大的增长，1994 年为 17.18 亿美元，到 2000 年增加到 36.81 亿美元，2001 年为 37.05 亿美元，2002 年为 47 亿美元，2003 年为 54 亿美元，2004 年为 56 亿美元，2005 年为 60 亿美元，2008 年约为 80 亿美元，2010 年为 88.8 亿美元。目前，俄罗斯已向世界上 80 个国家出口武器。俄罗斯增加对军技产品的出口，其目的有三：一是促进整个国民经济的发展。人所共知，庞大的军事工业与各工业部门有着密切的关系，苏联时期 80% 的工业直接与间接地为军工服务，因此，军工的恢复与发展，不仅能解决军工企业本身的问题，还能带动整个工业的发展；二是增加外汇收入；三是提高俄罗斯在国际社会的影响力与国际地位。

俄罗斯进口商品中主要是机器设备与运输工具，2008 年占 52.7%，其次是食品与农业原料，占 13.2%，化工制品与橡胶占 13.1%，金属及其制品占 7.0%，纺织品、鞋类占 4.4%，矿产品占 3.1%，其他产品占 6.5%。俄罗斯进口商品中，机器设备与运输工具一直占主要地位，在 20

世纪最后 10 年一般要占进口总额的 32%—35%，而且目前仍约占 50%。另一个大项是食品、轻纺产品，2000 年前一直要占俄罗斯进口总额的 30% 左右。随着俄罗斯经济好转，特别是食品工业与轻工业的发展，这类产品进口所占的比重逐步下降，但绝对额还是增加的。2007 年与 2008 年进口的食品与农业原料分别占进口总额的 13.8% 与 13.2%，价值分别为 308.43 亿与 386.1 亿美元。依赖大量出口能源赚取外汇，购进西方先进的机器设备与食品，是俄罗斯对外贸易的一项重要政策。

第四，积极推行融入世界经济体系的对外经贸政策

在戈尔巴乔夫执政时期，就苏联经济如何融入世界经济体系提出了一些设想并也采取了一些措施，但真正采取实际行动的是在 1992 年俄罗斯推行经济转轨之后。俄罗斯经济转轨目标已不再像戈尔巴乔夫执政后期处于争论不休的状态，而是十分明确，即由传统的计划经济体制转向市场经济体制。这一转轨目标与经济全球化、全球经济一体化有着密切的联系。就是说，俄罗斯经济要融入世界经济体系，参与全球化过程，必须使其经济适应世界经济变化了的环境，跟上经济全球化的步伐。因此，改变对外经贸关系体制与政策成为俄罗斯经济转轨的一个重要组成部分。为此，俄罗斯实施了下列政策措施。

1. 积极参加国际经济组织

俄罗斯在向市场经济转轨过程中，对国际经济组织持积极合作的态度。

俄罗斯先后加入的国际经济组织有：

1992 年 6 月加入国际货币基金组织（INF）。当时俄罗斯的经济处于十分困难的时期，特别是债务危机与支付危机尤为严重。俄罗斯加入了 IMF 后，对其缓解经济危机还是起到了一定的作用，在 20 世纪 90 年代，IMF 向俄罗斯提供的贷款总额为 321 亿美元。

在苏联解体后的 1992 年加入世界银行。自俄罗斯加入该银行后，俄罗斯先后获得的贷款项目共有 53 个，共向俄罗斯提供了 134 亿美元的贷款，其中实际使用了 84 亿美元。

俄罗斯除了参与世界性金融组织外，还与一些地区性的国际金融机构合作，如与欧洲复兴开发银行、欧洲投资银行都有合作关系。另外，俄罗斯与由其主导或创建的地区性国际金融机构进行合作，这些机构有：国际经济合作银行、国际投资银行、独联体跨国银行、黑海贸易与发展银行等。①

俄罗斯为了更好地参与经济全球化进程，加强与世界各经济区域的合作，还参加了如西方"8 国集团"、亚太经济合作组织、上海合作组织等国际经济机构。

2. 努力争取加入世界贸易组织（WTO）

与 WTO 的关系，从一个重要侧面反映了俄罗斯的对外贸易政策的指导思想，为此，这里进行较多的论述。

1990 年苏联成为 WTO 前身关贸总协定的观察员。1991 年年底苏联解体后，俄罗斯于 1992 年继承了前苏联的观察员地位。1993 年俄罗斯向关贸总协定递交了加入该组织的正式申请。2001 年俄罗斯加紧了入世的步伐。与此同时，国内对此问题的讨论更加热烈，不同意见的争论也日益尖锐。俄罗斯为加入世贸组织已进行了多年的努力，为什么至今尚未解决，从叶利钦执政时期来看，主要原因有：

首先，尚缺乏必要的与 WTO 标准接轨的法律。在叶利钦执政时期，虽然通过激进的经济改革，很快冲破了传统的计划经济体制模式，形成了市场经济体制的框架，但它的市场经济一直处于混乱无序状态。一系列重要的经济法规，如税法、土地法、银行法、外国投资法等，要么尚未很好地建立起来，要么难以执行。以外国在俄罗斯投资为例就可说明这一点。1989—1998 年 9 年间，俄罗斯所吸引的外国直接投资，按人均计算，在中东欧和独联体国家的 25 个国家中排第 21 位，从外资占 GDP 的比重看，在情况最好的 1997 年为 0.8%。在中东欧和独联体国家中排行倒数第二。2000 年，俄罗斯吸引的直接投资仅为 44.29 亿美元，而证券投资几乎为零，大大低于其他发展中国家的水平。据德国经济学院专家对在俄罗斯投

---

① 有关俄罗斯参加国际金融机构的情况与问题，详见郭连成主编：《俄罗斯对外经济关系》，经济科学出版社 2007 年版，第 2—18 页。

资的340家公司问卷调查，有90%多的被调查者认为，影响俄罗斯引进外资的主要因素是："法律的不稳定，税收过高……高关税、地方当局的官僚主义。"

其次俄罗斯担心其经济的安全受到威胁。作为苏联继承国的俄罗斯，实行了70多年的计划经济体制，约60%经贸是与经互会成员国进行的，它的大量民用产品缺乏竞争能力，因此，一下子全面开放市场，其经济会受到重大冲击，而俄罗斯打进西方市场的可能性又很小。俄罗斯从经济转轨以来，由于缺乏对本国工业的保护措施，它的轻工业、食品工业等部门几乎被冲垮，大量企业倒闭。

第三，俄罗斯国内缺乏统一的认识。长期以来，一直存在两种不同的意见：一是一些大公司、大企业特别是一些垄断大财团和国家安全部门，坚决反对俄罗斯匆忙入世，认为俄罗斯政府如果在入世谈判中妥协过大，让步过多，会得不偿失。二是国家主要领导人、大部分知识界人士认为，俄罗斯应该争取早日加入WTO。普京执政后，一直十分重视俄罗斯入世问题。他在2001年的总统国情咨文中说："今天我国正在加快融入世界经济一体化进程。"应该"加快在我们可以接受的条件下加入世界贸易组织的准备工作"。2001年10月30日，普京在莫斯科召开的世界经济论坛《相会俄罗斯——2001》会议上明确指出："俄罗斯的战略目标是成为商品和服务最有竞争力的国家，我们的全部活动都是为了实现这一目标。"他还表示，俄罗斯致力于在合理的条件下加入世界贸易组织。普京还一再强调，俄罗斯今后应以WTO的规则与要求为坐标进行经济体制改革。普京在2002年总统国情咨文中专门谈了入世问题。他指出："世贸组织是一种工具。谁善于使用它，谁就会变得更强大。谁不善于或不想使用它、不想学习，宁愿坐在贸易保护主义的配额和税率的栏杆外面，谁就注定要失败，在战略上绝对要失败。""这将使俄罗斯经济停滞，降低俄罗斯经济竞争能力。"他在2002年6月24日举行的记者招待会上又强调："如今俄罗斯是世界经济大国中唯一一个不是世界贸易组织成员的国家，唯一的国家！参加世贸组织的国家的经济占到世界经济的95%可能还多一点，停留在这个组织的框架之外或这个进程之外是危险和愚昧的。对我们来说，问题不在于从表面上计算是否值得，尽管这同样重要，也需要计算。问题在于，加入世贸组织会自然而然地将文明世界的一套法律关系推广到俄罗斯。这会在相当程度上影响到国家的经济、社会和政治领域，也包括犯罪。因为这会大大地使我国的各种经济秩序合法化并把它们置于法律的框架内。"① 普京在其连任后，于 2004 年 5 月 26 日发表的第一个总统国情咨文中也谈道："希望俄罗斯经济今后进一步与全球经济接轨，包括在符合我国利益的前提下加入世界贸易组织。"

第四，一个不可忽视的因素是，在较长的时间里，俄罗斯政府在组织入世的领导工作方面极为不力。自 1993 年提出入世申请后，也成立了俄罗斯入世的政府委员会，并都由一名副总理任该委员会主席。但在普京上台执政前，历届负责入世谈判的政府委员会并未积极开展工作，而该委员会的主席往往是在被解职前才知道自己是担任这一职务的。

尽管出现了一些有利于俄罗斯跨入 WTO 大门的因素，也存在很多困难。

首先，俄罗斯市场经济从无序走向有序，使法律与 WTO 条款和标准相一致，对俄罗斯来说，有漫长的路要走。2001 年 7 月，WTO 总干事穆尔在发表有关决定推迟俄罗斯入世问题的谈判时声明，为加入 WTO 俄罗斯需要通过一些必要的法律，开放市场，建立可靠的金融体系，使生产商适应世界市场高度竞争的环境。为此，俄罗斯还需要若干年。

其次，一些涉及俄罗斯国家经济安全的重要领域，如农业、航空、家具、汽车制药和钢铁业等，其入世谈判是十分复杂和困难的，俄罗斯与 WTO 存在很大的分歧。俄罗斯农业部长曾说，世贸组织对新成员的审核不公平，他举例说，俄罗斯每公顷只有 5 美元的补贴，而欧盟国家为 800 美元。在此情况下，世贸组织还要求俄罗斯支持农产品出口的补贴与 1985—1990 年相比应减低 35%。

---

① 《普京文集》，中国社会科学出版社 2002 年版，第 290、617、618、700、701 页。

　　第三，普京上台执政初期，俄罗斯国内反对入世的呼声很高，有人专门建立了反对入世的网站。大财团、大企业一再呼吁，政府在入世前必须加强与他们对话，听取他们的意见，并说，如果俄罗斯政府采取强制性的办法来加速入世，这会导致俄 4 万家企业倒闭，从而会导致在入世初有 1000 万—1500 万人失去工作。在这种压力下，俄罗斯入世谈判代表团团长梅德韦德科夫表态说，参加世贸组织的代价应该是合理的，不能超过从加入世贸组织中得到的好处。如果我们看到这种平衡无法保持，我们将不建议俄罗斯政府加入这个国际组织。

　　第四，对俄罗斯来说，入世谈判最复杂的对手是欧盟。欧盟市场约占俄进口额的 40% 与出口额的 38%，俄罗斯吸收的全部外资中有一半来自西欧。因此，欧盟的态度对俄罗斯入世无疑至关重要。在相当一个时期里欧盟一方面表示欢迎俄罗斯入世，同时又向 WTO 施压，让其制止俄罗斯对他们的倾销活动。

　　第五，任何一个大国参加世贸组织，不只是考虑经济因素，国际政治关系的影响是不可低估的，俄罗斯也不例外。1998 年，美国作为对俄罗斯默认北约东扩的回答，叶利钦与克林顿都声明，俄罗斯应在 1998 年 12 月成为 WTO 的成员。"9·11"事件后，普京发表了全面支持在阿富汗实施军事打击的五点声明。美对此在俄罗斯入世问题也做出反应。美贸易谈判代表表示，俄罗斯尽快入世符合美国利益，同时承诺在 2001 年年底前讨论俄罗斯参加 WTO 的问题。但后来实际情况表明，美国并没有在俄罗斯入世问题上给予积极支持。

　　尽管俄罗斯入世过程中遇到种种困难，但一直没有停止入世方面的工作。例如，俄罗斯为了与世界经济接轨，为入世做好准备，于 2003 年 4 月 25 日国家杜马通过新的《俄罗斯联邦海关法》，2003 年 5 月 28 日普京签署，2004 年 1 月 1 日起实施新的海关法。这部法典是对 1993 年 7 月 21 日公布实施的《俄罗斯联邦海关法》的补充和修订，其间经历近 5 年时间，经过反复协调，反复协商，反复修改，终于获得了通过。新海关法与旧海关法相比，一个最重要的特点是更加符合国际规范，与国际公约中简化程序的原则协调一致，同时也有利于从事对外经贸活动的单位和个人维护自己的利益。海关将按法律赋予的权力履行自己的义务和职责。俄罗斯国家杜马预算和税收委员会副主席德拉加诺夫认为，新海关法与旧海关法相比，国家减少了对外经贸活动经营者的行政壁垒；新海关法更加透明，外贸经营者不会再对如何逃避海关税费感兴趣，是俄罗斯与国际一体化接轨迈出的一步，将有利于俄罗斯加入世界贸易组织。俄罗斯海关委主席瓦宁强调，新海关法中规定通关的时间是 3 天，实际上，海关打算 90% 的商品在一天之内就能通过，即早晨上交文件，晚上收到货物。这样做简化了程序；促进了信息技术的广泛采用；保证了海关税费 24 小时到位；还将会采用海关统一的付费卡。瓦宁主席还强调，根据新海关法，俄罗斯海关将对商品过境的海关手续办理做到简捷、方便、快速和舒适。应该说，俄罗斯新海关法的实施，对其入世是个很大的促进。入世谈判一直在进行。2004 年 10 月普京访华时，在北京完成了有关俄罗斯入世谈判，签署了《中华人民共和国与俄罗斯联邦关于俄罗斯加入世贸组织的市场准入协议》，使中国成为最早与俄罗斯结束 WTO 谈判的 WTO 成员之一。到 2005 年 5 月，俄罗斯已经结束了与世贸组织大多数成员国的谈判。之后，于 2006 年俄罗斯先后与哥伦比亚、澳大利亚、哥斯达黎加、危地马拉、萨尔瓦多、斯里兰卡等国结束了俄罗斯加入 WTO 的双边谈判。2006 年 11 月 19 日，在河内举行的亚太经合组织峰会期间，俄美签署了俄罗斯入世双边谈判议定书。从而，美国成为俄罗斯达成商品市场准入协议的第 56 个、完成双边服务市场准入谈判的第 27 个 WTO 成员国。目前俄罗斯在入世方面尚存在一些遗留问题，但入世问题的解决不会再拖得很久。

从争取入世的进程可以看出，俄罗斯在这个问题上的基本政策是：总的来说是持积极的态度，但同时表现得较为谨慎。2007 年普京在葡萄牙俄欧峰会结束后举行的记者招待会上表示，只有在加入世贸组织参数符合俄罗斯利益的情况下，俄罗斯才会作出加入世贸组织的最终决定。据俄罗斯入世谈判组织征询地方意见后得出的看法是，俄罗斯入世后，进口量的加大可能对 22 个地区（联邦主体）产生负面影响。这种谨慎的态度，一是与俄罗斯的对外战略总的主导思想有关，它在对外关系方面一直是以追求最大限度国家利益为原则的，因此，在入世问题一再强调不能以牺牲国家利益为条件，普京强调，俄罗斯现在已经不存在是否应该加入世贸组织的问题，而是何时，以何种条件加入的问题。二是与俄罗斯的经济结构有很大的关系。它出口的主要是能源等原材料产品，这是在国际市场短缺的产品，竞争力很强。而其进口的主要机器设备、运输工具、食品与服务等轻工产品，这些产品在国际市场并不稀缺。这说明，入世后在短期内难以给俄罗斯带来很大效益，因此，俄罗斯入世更多着眼于长远利益。三是从俄罗斯申请入世到目前为止，主要面临关税减让、过渡期的确定、服务贸易的准入与农业补贴等难题。这些问题的解决是十分困难的，是影响谈判进程的重要因素。

目前俄罗斯在入世问题上，又涉及是否坚持俄罗斯、白俄罗斯与哈萨克斯坦将作为统一关税同盟同时入世问题，欧盟委员会发言人卢茨·古尔纳于2009年6月10日在新闻吹风会议上要求俄罗斯澄清入世立场。俄罗斯在2009年6月在与欧盟举行部长级会议上表示，打算2009年年底前完成入世谈判。俄罗斯第一副总理伊戈尔·舒瓦洛夫2009年8月12日又向媒体证实，俄罗斯将作为一单独国家入世，但在入世谈判中与白、哈两国开展合作。之后不久，俄罗斯又宣布它将单独入世。据俄罗斯《报纸报》2010年10月1日报道，俄罗斯将在2011年入世。在2011年12月16日，世贸组织第八次部长级会议期间签署了俄罗斯入世协议。随后，在2012年7月10日和7月18日，俄罗斯国家杜马和联邦委员会先后批准俄罗斯加入世界贸易组织的法案。7月21日，俄罗斯总统普京签署有关批准加入世界贸易组织协议的联邦法案。7月23日，俄罗斯经济发展部贸易谈判司司长马克西姆·梅德维德科夫向外界公示，俄罗斯于8月22日正式成为世贸组织第156个成员，亦是成为最后一个入世大国，从而俄罗斯结束了入世18年的长跑。

三　改革对外经济体制

1. 废除国家对外经贸的垄断制，实行外经贸活动自由化。

1991年11月15日，俄罗斯通过了《对外经济活动自由化法令》。该法令明确规定，废除国家在对外贸易中的垄断制，放开对外经营活动。还规定，凡是在俄罗斯境内注册的企业，不论其是何种所有制，均有权从事对外经贸活动，包括中介业务。1992年俄罗斯向市场经济过渡之后，围绕废除国家垄断制与实行外经贸活动自由化，还采取了一些具体措施，这主要有：取消对外贸易的各种限制，逐步减少按许可证和配额进出口的商品数量。在转轨初始阶段，在商品进口方面取消了一切限制，以便尽快解决国内市场商品（特别是消费品）严重短缺问题。在 1992 年 6 月以前实行免征关税的政策。后来，随着市场供应的逐步缓解，考虑到增加财政收入与保护本国工业的恢复，俄联邦政府才决定从 1992 年 7 月 1 日起对 14 类进口商品征收 15% 的临时关税。从 1993 年 2 月 1 日起，俄罗斯开始对大部分进口商品课征增值税（税率统一规定为价值的 20%），对某些特定商品课征消费税。从 1993 年 8 月 1 日，俄联邦通过的《海关税法》生效，对进口商品采用国际上通用的从价税、从量税和综合税按国际价格课税。在商品出口方面，也实行取消出口限制的政策。

俄罗斯自 1993 年之后，在对外经贸活动实行以自由化为方向改革的同时，考虑到保护本国经济需要等因素，也加强了国家的宏观调控，其主要手段是利率和关税，并不断注意规范关税制度，使其逐步朝着与国际接轨的方向发展。

2. 实行全面的开放政策。

前面我们谈到的废除外贸垄断制，对外经贸活动自由化，这为俄罗斯经济开放创造了基础性条件。俄罗斯在推进全面开放方面，采取了一些具体政策与措施。

首先，强调用新的思维对待国际经济关系。1992 年 2 月，叶利钦总统在会见驻莫斯科外交使团团长时就说，俄罗斯准备与世界各国、各地区进行广泛合作，将执行开放政策。叶利钦执政后，其对外政策的特点是：推行不受意识形态束缚的外交政策；推行全方位外交政策（除了 1992 年实行"一边倒"的对外政策外），既面向西方，也面向东方，既同北方，也同南方进行广泛合作；实行重视国家利益的经济优先外交政策，把对外开放视为俄罗斯的一项基本政策。当然，俄罗斯对各地区与国家发展经济合作时有其不同的侧重点，对美国与欧洲发达国家，主要是吸引资金与技术，争取获得更多的经济援助；对独联体国家，主要是通过经济一体化，实现多层次的经济合作，并达到在政治上扩大影响；对亚太地区特别是东北亚地区加强经济合作，一方面可以推行俄罗斯参与多边合作和世界经济一体化进程，另一方面使俄罗斯西伯利亚与远东地区适应世界经贸的重点向亚太地区转移的总趋势，同时也促进西伯利亚与远东的开放。

其次，积极争取加入 WTO 等国际经济组织；改善投资环境，引进外资，等等。

（原载陆南泉等主编：《苏东剧变之后——对 119 个问题的思考》中册，新华出版社 2012 年版，第 690—702 页。）

关于俄罗斯腐败问题的评析

当今，腐败已是关系到俄罗斯前途命运的一个重大问题，它引起了当今俄罗斯高层领导高度关注并采取了不少反腐措施，但至今未取得成效，并呈"越反越腐"的趋势，根由何在，值得研究。

一　腐败之历史渊源

腐败并不是在苏联剧变后的俄罗斯才出现的，在 18 世纪前的俄国，君王对其官员不发给薪俸，官吏依赖接受贿赂维生，只是在 1715 年开始，在彼得学习了西方才向官吏发给固定的薪俸。但在封建帝国的沙俄，庞大的官僚机关在办事效率低下与缺乏监督的情况下，并不能消除普遍存在的腐败。

到了苏联时期，斯大林采用红色恐怖与利用革命初期的对社会主义的信仰，使官吏贪污腐败得以控制。但在第二次世界大战后，由于斯大林对高度集权体制出现的种种弊端不思改革，从而在各级领导干部代表国家掌控与支配公共资源而广大群众又无权监督的情况下，盗窃公有财产等腐败日益严重起来。特别要指出的是，苏联时期的腐败突出的表现形式是特权阶层以权谋私。

苏联的特权阶层早在斯大林时期就已经形成。我们这里讲的特权并不是指对某些有特殊贡献的人或一部分领导人给予较高的工资或待遇，而是指利用权力享受种种特权。苏联特权阶层的特权表现在：名目繁多的津贴；免费疗养和特别医疗服务；宽敞的住宅和豪华的别墅；特殊的配给和供应；称号带来的特权，等等。对苏联上层领导来说，高薪并不是主要报酬，远为贵重得多的是上层所享有的特权。他们一切的获得主要靠特权。

因此，在苏联的任何时期，作为特权阶层的一个基本特征是一样的，即他们掌握着各级党、政、军领导机关的领导权。这个领导权是实现特权的基础。

赫鲁晓夫时期，领导人的特权虽有些削弱，但依然存在。到了勃列日涅夫时期，又开始悄悄地斯大林化。这期间特权阶层扩大化与稳定化，成为勃列日涅夫时期改革停滞不前的一个重要原因。俄罗斯著名学者、苏联发展演变过程的目睹者阿尔巴托夫指出："早在 30 年代，所有这些已经形成完整的制度。根据这个制度的等级——政治局委员、政治局候补委员、中央书记、中央委员、人民委员、总局的首长，等等——每一级都有自己的一套特权。战争之前，享有这种特权的人范围相当小，但特殊待遇本身是非常优厚的，特别是同人民生活相比更是如此。"① 在战后，对苏联上层领导人的配给制达到了非常精细的程度。特别是各种商品的购货证与票券大大发展了，逐渐成了高中级干部家庭正常生活方式的一部分。

勃列日涅夫时期特权阶层扩大化与稳定化的主要原因有：首先，由于勃列日涅夫时期实际上没有进行政治体制改革，干部领导职务搞任命制与终身制，干部队伍较为稳定，因此，特权阶层也比较稳定。而斯大林时期虽然形成了特权阶层，但它是不稳定的。这是因为，斯大林一方面给予上层人物大量的物质利益和特权，另一方面又不断地消灭这些人。在 30 年代的大清洗运动中，首当其冲的便是这个特权阶层。其次，由于勃列日涅夫时期的僵化和官僚主义的发展，各级领导机关干部数量大大膨胀，与此同时，特权阶层的人数也随之增加。据俄国学者估计，当时这个阶层有 50 万—70 万人，加上他们的家属，共有 300 万人之多，约占全国总人口的 1.5%。② 人们对特权阶层的人数估计不一。英国的默文·马修斯认为，连同家属共有 100 万人左右。西德的鲍里斯·迈斯纳认为，苏联的上层人物约有 40 万，如果把官僚集团和军事部门的知识分子包括进去，约 70 万人。苏联持不同政见者阿·利姆别尔格尔估计，苏联的特权阶层有 400 万

① ［俄］格·阿·阿尔巴托夫著、徐葵等译：《苏联政治内幕：知情者的见证》，新华出版社 1998 年版，第 311 页。

② ［俄］A. H. 博哈诺夫等著：《20 世纪俄国史》，莫斯科 1996 年版俄文版，第 571 页。

人，另一些人估计不少于 500 万人。^① 第三，斯大林时期，特权阶层的主要使命是维护、巩固斯大林的体制模式。而勃列日涅夫时期，特权阶层的主要使命是抵制各种实质性的改革，维护现状，使斯大林模式的社会主义更加"成熟"。这也是这个时期体制改革停滞不前的一个重要因素。笔者认为，不能以斯大林时期特权人物不稳定和人数可能没有勃列日涅夫时期那么多为根据，得出只是到了勃列日涅夫执政后期才形成特权阶层的结论。这个结论是不符合苏联历史发展情况的。虽然在斯大林时期特权人物不稳定，今天是这一批人，明天是另一批人，人数这个时期多一些，那个时期少一些，但总是存在这么一个阶层的人。这些人，用苏联人的话来说，就是列入"花名册"（也称为"等级官员名册"）的人，即那些被党的首领选来掌管最重要职位的人。

在苏联时期曾任州委书记、苏共政治局候补委员、莫斯科市委书记，后来任俄罗斯总统的叶利钦，在其《叶利钦自传》一书中，根据个人亲身经历对苏联特权阶层的种种特权加以揭示：特权阶层有专门的医院、专门的疗养院、漂亮的餐厅和那赛似"皇宫盛宴"的特制佳肴，还有舒服的交通工具。你在职位的阶梯上爬得越高，为你享受的东西就越丰富。如果你爬到了党的权力金字塔的顶尖，则可以享受一切——你进入了共产主义！那时会觉得什么世界革命、什么最高劳动生产率，还有全国人民的和睦，就都不需要啦。就连我这个政治局候补委员，这样的级别，都配有 3 个厨师、3 个服务员、1 个清洁女工，还有一个花匠。特权阶层享受着现代化的医疗设施，所有设备都是从国外进口的最先进的设备。医院的病房像是一个庞大的机构，也同样很豪华气派：有精美的茶具、精制的玻璃器皿、漂亮的地毯，还有枝形吊灯等。购买"克里姆林宫贡品"只需花它的一半价钱就行了，送到这儿来的都是精选过的商品。全莫斯科享受各类特供商品的人总共有 4 万。国营百货大楼有一些框台是专为上流社会服务的。而且那些级别稍低一点儿的头头们，则有另外的专门商店为他们服务。一切都取决于官级高低。所有的东西都是专门的——如专门提供服务的师傅；专门的生活条件；专门的门诊部；专门的医院；专门的别墅、专门的住

---

① 陆南泉等编：《国外对苏联问题的评论》，求实出版社 1981 年版，第 82 页。

宅、专门的服务等。每个党中央书记、政治局委员和候补委员都配有一个卫士长。这个卫士长是受上级委派办理重要公务的职员，是一个组织者。他的一个主要职责是立刻去完成自己的主人及其亲属请求办理的任何事情，甚至包括还没有吩咐要办的事情。譬如要做一套新西服。只要说一声，不一会儿裁缝就来轻轻敲你办公室的门，给你量尺寸。第二天，你便能看到新衣服，请试试吧！非常漂亮的一套新西装就这样给你做好了。每年3月8日妇女节，都必须给妻子们送礼物。这同样也不费事，卫士长会给你拿来一张清单，那上面列出了所有能满足任何妇女口味的礼品名称——你就挑吧。对高官们的家庭向来是优待的：送夫人上班，接他们下班；送子女去别墅，再从别墅接回来。每当政府的"吉尔"车队在莫斯科的大街上沙沙地飞驶而过时，莫斯科人通常停下脚步。他们停下来不是因为此刻需用敬重的目光瞧一瞧坐在小车里的人，而是由于这确实是个令人有强烈印象的场面。"吉尔"车尚未开出大门，沿途的各个岗亭就已得到通知。于是，一路绿灯，"吉尔"车不停地、痛痛快快地向前飞驶。显然，党的高级领导们忘了诸如"交通堵塞"、交通信号灯、红灯这样一些概念。若是政治局委员出门，则还有一辆"伏尔加"护卫车在前面开道。叶利钦谈到自己的别墅时叙述道：我头一次到别墅时，在入口处，别墅的卫士长迎接我，先向我介绍此处的服务人员——厨师、女清洁工、卫士、花匠等一些人。然后，领我转了一圈。单从外面看这个别墅，你就会被它巨大的面积所惊呆。走进屋内，只见一个50多平方米的前厅，厅里有壁炉、大理石雕塑、镶木地板、地毯、枝形吊灯、豪华的家具。再向里走，一个房间、两个房间、三个房间、四个房间。每个房间都配有彩色电视机。这是一层楼的情况，这儿有一个相当大的带顶棚的玻璃阳台，还有一间放有台球桌的电影厅。我都弄不清楚到底有多少个洗脸间和浴室；餐厅里放着一张长达10米的巨人桌子，桌了那一头便是厨房，像是一个庞大的食品加工厂，里面有一个地下冰柜。我们沿着宽敞的楼梯上了别墅的二楼。这儿也有一间带壁炉的大厅，穿过大厅可以到日光浴室去，那儿有躺椅和摇椅。再往里走便是办公室、卧室。还有两个房间不知是干什么用的。这儿同样又有几个洗脸间和浴室。而且到处都放有精制的玻璃器皿，古典风格

中强调：腐败是俄罗斯发展道路上的"一个重大障碍"。2007 年 12 月 12 日，他在答美国《时代》周刊记者问时也明确表示，俄罗斯的护法机关与社会组织不要容忍腐败现象，国家再也不能容许腐败分子逍遥法外了。①梅德韦杰夫任总统后一再表示要把反腐进行到底的决心。他认为，"腐败问题是俄罗斯社会中最尖锐、最现实的问题之一"。他在 2008 年的总统国情咨文中指出：腐败是现代社会的"一号公敌"。为此，他把反腐问题视为其首要任务，国家工作的"优先日程"。2009 年梅德韦杰夫总统发表的《前进，俄罗斯！》一文中他给自己提出了一个简单而又严肃的问题，即"我们应该不应该把……长期存在的腐败和根深蒂固的恶习带入我们的未来？"他还说："长期存在的腐败，一直在吞噬着俄罗斯。"梅德韦杰夫在 2009 年 11 月提出的总统国情咨文中，正式提出了俄将以实现现代化作为国家未来 10 年的任务与目标。而作为现代化主要内容的经济现代化要着力解决经济由资源型向创新型转变。2010 年 7 月 27 日，他在经济现代化委员会的发言中指出，俄向创新型经济过渡就需要解决贪污的阻力、减少行政影响与发展良性竞争，不解决这些问题就不可能实现现代化。

俄罗斯不仅对反腐重要性与紧迫性的认识不断提高，而且还制订了不少反腐计划与采取了一系列反腐措施。

普京在 2002 年就提出惩治腐败的两项措施：一是要改革行政机关，使现行的国家机关不要成为助长行贿受贿之风的行政权力机关，要使行政管理机关系统现代化，让其能为经济自由服务；二是加强法制，主要途径是推进司法制度现代化。2006 年普京又提出，为了反腐取得成效，就必须改变公民对国家权力机关信任程度不高的问题，而要提高公民对国家机关的信任度必须建立公平的法律并在实际生活中付诸者实施。俄在 2006 年与 2007 年提高了反腐力度，在联邦安全局、海关总署与总检察院等部门揭露出不少腐败官员。2006 年俄加入了《联合国反腐公约》缔约国行列，从而成为世界上第 52 个参加该公约的国家，这也反映了俄惩治腐败的决心。普京任总统期间虽在打击腐败方面采取了不少措施，但效果甚微，2007 年 12 月 12 日美国《时代》周刊向普京提问时说：俄"腐败蔓延，

①　参见《普京文集》，中国社会科学出版社 2008 年版，第 647 页。

这是您的一个障碍"。他回答说："这个问题我们解决得不成功，也未能控制住局势。"①

梅德韦杰夫上台后，提出了更多严厉的反腐措施。2008年7月31日，梅德韦杰夫签署了《反腐败国家计划》。该计划分4个部分：出台反腐的法律法规、完善国家管理（系指行政改革）、加强对居民进行法律意识教育与反腐措施。2008年12月25日，俄出台了《俄罗斯联邦反腐败法》，该法明确了腐败的定义，规定了预防与打击腐败的一些基本原则。该法的另一个重要意义是扩大了反腐的监控范围，规定了公务员及其配偶、子女都必须提交收入与财产信息。2009年5月18日，在梅德韦杰夫签署的反腐的5项总统令中，进一步明确了财产申报制度的实施细则，规定除国家与地方行政官员外，法院、检察院、警察、军队、安全部门、选举机构的工作人员都被纳入申报人之列。② 另外，在签署的总统令中把财产申报主体范围还扩大到国有公司的领导人。以《反腐败国家计划》为基础，2010年4月13日，梅德韦杰夫签署了《反腐败国家战略》与《2010—2011年国家反腐败计划》的总统令，这表明，在俄罗斯已从国家发展前途的战略高度来对待反腐问题了。2010年7月22日，俄罗斯总统下令成立国家反腐委员会，并由梅德韦杰夫总统亲自领导。同时，批准了"国家公务员工作守则"草案，要求公务员认真履行职务。2009年3月，俄出台了新的警察职业操守规范。俄杜马还将出台对收贿官员处于高额罚款，规定每次受贿达到3000卢布将罚50万卢布，同时规定在3—10年禁止再担任公职。

梅德韦杰夫为了表示反腐决心，尽管法律没有要求总统申报个人与家庭收入及财产，但他在2009年4月6日在官方网站公布了个人与家庭财产情况。接着于4月7日普京总理公布了财产情况。梅德韦杰夫还强调，如果官员拒绝向有关机构提供收入与财产情况，将会被开除公职。他还希望以此来使官员接受公众监督。应该说，官员财产申报制度是个进步之举，国际社会称之为"阳光法案"，目前世界上已有90多个国家与地区建立了相对完善的官员财产申报制度。

① 《普京文集》，中国社会科学出版社2008年版，第641页。
② 参见《俄罗斯东欧中亚国家发展报告》（2010），社科文献出版社2010年版，第164页。

俄高度重视反腐，一再表达了反腐的政治意愿与决心，还采取了不少严厉措施，亦取得了一些效果，2009 年透明国际清廉指数排行榜上俄罗斯的排名从 2008 年的第 147 位升到 146 位。据一项民意调查显示，2007 年只有 12% 的人认为俄政府反腐行动是有效的，而在 2009 年这个数字为 21%。但应看到，总的来说，俄政府的反腐行动收效甚微。对此，梅德韦杰夫在 2010 年 7 月 14 日立法委员会会议上说："无论是国民，还是官员或者腐败者本人都对打击腐败现状不满意。国民认为腐败是最严重的问题，是对国家最大的威胁之一。但我没有看到这方面取得明显效果。"①2009 年俄行贿金额平均价码涨了 1 倍多，约 7700 美元，而 2008 年约 3000 美元。据俄有关学者估计，腐败所涉及的金额几乎与国家财政收入相当。据俄反贪污组织 2010 年 8 月 17 日发布的最新材料显示，俄官员贪污金额总数已占 GDP 的 50%，这与世界银行公布的 48% 相差不远。

三 俄罗斯缘何难以遏制腐败

俄罗斯难以遏制腐败有其多方面的原因，下面就一些主要问题作些分析。

（一）俄罗斯腐败已带有制度性、普遍性与合法性的特点

2008 年 5 月 19 日，梅德韦杰夫总统在反腐败会议上指出，在当今俄罗斯的"腐败已变成一个制度性问题，我们应该用制度性的对策来应对"。制度性因素表现在很多方面：一是行政机关系统办事效率低但权力大，对经济干预多，使得公司、公民要办成一件事就得靠行贿去解决。对此，普京早在 2002 年的总统国情咨文就指出，国家机关的工作助长了行贿之风，它们限制经济的自由，其结果是："人们都在用贿赂来克服种种障碍。障碍越大，贿赂数额就越大，收受贿赂的人的级别就越高。"② 企图参政的金融寡头虽受到打击，但那些"忠诚"的寡头依然存在，他们与官员结合，

---

① ［俄］《观点报》2010 年 7 月 15 日。

② 《普京文集》，中国社会科学出版社 2002 年版，第 607 页。

营私舞弊，成为腐败的一个重要温床；二是存在不少垄断性的国家大公司。梅德韦杰夫批评俄罗斯近几年来过度重新国有化的做法。他在2009年的总统国情咨文中指出，目前俄政府控制着40%以上的经济，这些企业效率低，又是派官员任大型企业的领导人，这容易形成官商一体的垄断组织，也是滋生腐败的重要因素。在上述体制因素影响下，在俄罗斯企业、公民个人与官员之间发生关系时，就难以避免出现贿赂行为。据2010年8月17日俄报纸网公布的一份报告说，俄企业界人士表示，行贿支出占到企业总支出的一半。

腐败的普遍性在俄罗斯显得尤为突出。普京据俄罗斯总检察院2004的初步估计，俄80%以上的官员有腐败行为。据俄社会舆论基金会2008年9月提供的一份调查数据显示：有29%的俄罗斯人曾被迫行贿，经常被迫行贿的企业家更高达56%，而且，即使是在那些从未行贿过的人中，也有44%准备向俄政府公职人员行贿。梅德韦杰夫总统指出，2009年查明的国家公务人员职务犯罪数量达到4.3万起，这比2008年有所增加，其中涉及审判机关滥用职权的刑事犯罪与官员收受贿赂的犯罪均上升了10%，但俄媒体与学者普遍认为，实际上尚未破获的此类案件要比已破获的多10倍甚至百倍。据俄内务部统计，2009年俄罗斯受贿金额高达3000亿美元。[①] 2010年8月2日俄《每日商报》报道，根据《干净之手》社会组的报告材料，俄商人被腐败掉的金额几乎要占其收入的一半。从地区来说，莫斯科居首位，莫斯科州居第二。因为这两个地区集中更多的现金渠道，有发达的金融业。腐败几乎涉及所有领域，普京有一次讲话中提到，一个孕妇分娩找产科医生亦要行贿。在俄罗斯1/4的学历是伪造的。在大部分教育机关，学习机构到高校，80%的流动资金是不走账的。学历造假的新闻经常出现在俄报端。2009年5月，乌里扬诺夫斯克第二儿童医院持假文凭的医师罗辛，竟然为很多小孩做手术。据全俄患者维权联盟统计，俄每年有5万人死于医生的医疗事故，其中不少就是丧命于罗辛这种持假文凭的人手里。为了取得假文凭，还得造假成绩，每次取得考试的假成

---

① 参见［俄］《观点报》2010年7月15日。

绩，5000 美元起价，若是知名学府要价可能高达 4 万美元。① 至于警察的腐败已惹民怨。拿交警来说，俄报刊是这样描述的：他们经常"埋伏"起来，抓到违规司机后，如果不严重，司机"反应快"就会"私了"。俄司法系统的腐败也是尽人皆知的（下面将论述）。俄罗斯纳税人为每英里高速路支付的价格是欧洲人的三四倍，其主要因为贿赂和回扣。而即使造价如此之高，工程质量的低劣使得修缮成为必要，于是有了更多的腐败机会。②

在俄罗斯不少腐败行为已是合法化或半合法化，如各种小费、向医生送红包与向老师送礼等，已司空见惯，在客观上人们默认了其存在的合法性。

（二）俄民众对腐败的容忍度高，有些人甚至不希望惩罚行贿行为

在俄罗斯之所以出现上述情况，有以下的原因：

一是作为苏联继承国的俄罗斯，在叶利钦执政时期的经济社会转轨，出现了严重的混乱与制度缺失，特别在私有化过程中，腐败大肆泛滥，而在普京执政 8 年，在反腐方面又未取得明显成效，腐败成为十分普遍的现象，有人认为，腐败在俄罗斯已成为社会的一种顽疾，无法根治。甚至还有认为，腐败在俄罗斯已发展成为人们的一种生活方式。在此背景下人们对反腐失去了信心，所以，笔者认为，俄民众对腐败的容忍度高，实际上是对惩治无所不在的腐败丧失信心的表现，是一种无奈。正像俄学者说的：俄罗斯人对普遍存在的腐败现象也怀着复杂的怀情，一方面，他们深恶痛绝；另一方面，他们也默认了它的存在，认为它是不可根治的。

二是由于在普京时期在经济高速的基础上，人民生活水平的大幅度提高与腐败的发展是同时进行的。普京执政 8 年，坚持实行居民收入超前增长的政策。从 1999 年到 2007 年，俄 GDP 增长了 68%，而居民实际收入与退休金都增加了 1.5 倍，失业率与贫困率下降了 50%。同时，普京还特别注意解决俄罗斯最紧迫的问题，提出让老百姓买得起房、看得起病与上

---

① 参见［俄］《消息报》2010 年 7 月 20 日。

② ［美］《华盛顿邮报》2010 年 5 月 26 日。

得起学的社会政策。另外，普京提高了俄罗斯在国际社会的地位。这些因素，对缓和广大俄罗斯民众对腐败的问题的不满起了不小的作用，提高了对它的容忍度。对此，俄有学者指出，"俄罗斯政治稳定在很大程度上是靠金钱买来的"。"普京个人及其政府的社会支持率是靠给老百姓钱换来的。一旦钱没了，拿什么来维持社会支持率。"

三是由于行政机构官僚化，使得人们通过行贿来解决问题，并由此提出不要惩治腐败的观点。2009 年 5 月 20 日，俄罗斯司法部长科诺瓦洛夫在国家杜马汇报工作时坦言，有 25% 的俄罗斯人希望官员腐败，愿意让腐败继续存在下去。他还认为，这是个被大大压缩的数字，实际上有更多的人不希望惩罚受贿行为，希望通过腐败机制获得非法好处，容忍官员的索贿行为。在俄罗斯之所以出现上述情况，这与俄行政机构办事效率低下，故意失职不作为，不给好处就不办事有关。据 2007 年列瓦达分析中心的民意调查结果，39% 的俄罗斯人认为，俄罗斯腐败不会根除，因为腐败比法律途径更能解决各种日常生活和生意上的问题，而且速度更快、成本更低，所以，人们宁愿选择腐败而不是法律途径。① 据民调材料，有 53% 的俄罗斯人曾通过行贿解决个人问题，其中 19% 的人经常这么做。年龄在 25—44 岁的人群中，有 61%—64% 的有行贿的经历。

以上情况告诉我们，如果民众对腐败持宽容态度，甚至默认腐败存在的必要性，并视为生活的一个内容，更为糟糕的是，据俄一项调查报告得出一个结论说：俄有相当一部分民众认为："能够中饱私囊成了工作体面和稳定的标准。"② 笔者认为，俄民众对腐败的这种心态，就成为反腐的一个羁绊。这对一个国家、一个民族来说也是极为可怕的。正如俄律师根里·列兹尼科夫所指出的，在俄"反腐之所以没有效果，主要由于行贿对俄罗斯人来说已习以为常，这种现象并没有遭到整个社会的谴责，因此必须要首先解决社会的深层问题"。③ 对此，梅德韦杰夫总统也呼吁：俄罗斯社会应对腐败采取不容忍的态度。④ 因此，加强对公民的教育，提高其自

---

① 参见《俄罗斯中亚东欧市场》2009 年第 11 期，第 46 页。
② 《俄罗斯报纸网》2010 年 8 月 17 日。
③ ［俄］《观点报》2010 年 7 月 15 日。
④ 《俄罗斯政治评论网》2010 年 4 月 14 日。

身的道德情操，培养廉洁奉公的社会风气，这对抵制腐败也是十分重要的。

（三）俄罗斯司法弱化与严重腐败

1993 年在俄通过了体现宪政精神的《俄罗斯宪法》。该宪法第 10 条规定："在俄罗斯联邦，国家权力的行使是建立在立法权、执行权和司法权分立的基础之上。立法、执行和司法权机关相互独立。"从宪法上来说，规定和保障了司法的独立性。但从俄罗斯的实际情况看，一直存在两个问题：一是司法独立性不强，其力量在三权中最弱，二是司法腐败严重。

人所共识，司法是维护社会公正和正义的一个重要机构，它又是反腐败的主要机构，但在俄罗斯，司法腐败成了一个十分尖锐的问题，俄罗斯报纸网 2010 年 8 月 17 日公布的一份报告指出：俄"司法系统的受贿现象尤为普遍"。司法的不公与不能救助民众正义，一个重要因素是司法腐败。司法腐败主要表现在：一是个人腐败，系指法官索贿、受贿、敲诈勒索等徇私枉法行为；二是出于政治考虑或受握有经济权人士的影响，不能公正执法。这里特别要指出的是，俄司法受地方权力机构干预十分严重，这是难以行使司法独立的一个重要因素，也是至今存在"电话审判"的原因之一。据调查，在俄腐败机构排名列在首位的是地方政府。在俄罗斯这两种腐败均大量存在。据透明国际的调查，俄罗斯法院及其司法人员已经成为俄高腐败人群。在俄罗斯有这样一种说法："当诉讼缠身时候，最好的解决办法是和解。我们不害怕审判，但我们害怕法官，因为法官最容易被贿赂。就像鸭子的肚子，法官的口袋很难被填满。进入法院时你穿着一身衣服，出来时你会一丝不挂。"[1] 根据俄罗斯智库的调查，在俄罗斯，当事人要赢得诉讼所花费的额外成本为 9570 卢布（相当于 358 美元）。而根据俄某社会调查基金的调查，一个州法院院长每次办案平均收贿 1.5 万到 2 万美元，一个市法院普通法官办案的平均受贿金额也达 4000 美元。[2] "在司法系统，决定职业威信的标准不是执法工作，而是能否持续腐败。肥缺岗

---

① 参见《俄罗斯中亚东欧市场》2009 年第 11 期，第 45—46 页。

② 参见《俄罗斯中亚东欧市场》2009 年第 11 期，第 46 页。

位本身就成了买卖对象。'就业'已经变成护法机关的摇钱树。例如，一个区检察长助理至少值1万美元，而到交警支队工作可能需要花比这多4倍的钱。"① 司法腐败造成了极其严重的后果：一是使人们对司法机关失去信任，普遍认为不能依赖司法求得公平与正义。2010年6月10日俄罗斯科学院社会学所一项调查报告说："连幼儿园的儿童都不相信法律面前人人平等。"二是对国家造成重大经济损失，俄官方公布的2007年司法腐败案件中造成的损失为4300万美元，但根据俄检察院下属调查委员会的调查，实际损失是它的2000倍。三是司法腐败助长了政治腐败，试想，腐败的法官会去追究腐败的政府官员吗？四是司法的腐败导致破案率低，俄罗斯有90%的受贿者都没有受到法律严惩。这一情况，亦是造成俄腐败猖獗的一个原因。

俄罗斯腐败是严重的，俄有人甚至认为反腐是"越反越腐"。治理腐败将是一件十分艰巨与复杂的事，腐败能否得到遏制，关系到俄罗斯国家发展前途的问题。

（原载《俄罗斯学刊》2011年第2期）

---

① 《俄罗斯报纸网》2010年8月17日。

普京胜选与面临的问题

普京以 63.6% 的得票率在大选中首轮胜出。这次选举虽未悬念，但较为热闹，各政党竞争激烈，出现了集会游行的街头政治。如何透析这次大选与今后普京面临的难题，成为普遍关注的问题。

一　围绕大选在俄全国各地出现了"反普"集会游行的缘由

1. 先看看两派争斗的发展过程。2011 年 9 月 24 日，在统一俄罗斯党的代表大会上，由梅德韦杰夫宣布，将由普京担任该党总统候选人，获大家一致鼓掌通过。接着，普京表示将接受这一提名，还说如他当选总统，将提名梅德韦杰夫任总理。之后，于 2012 年 12 月 4 日，进行议会（杜马）选举，结果统俄党在选举中遭到重大挫折，在议会中的席位由 315 席减少到 238 席，未能取得 2/3 的席位。在议会选举的当天下午，反对派发动了集会，表面上是反对选举不公正，存在舞弊，实际上是多年来"去普京化"不断发酵的表现。

2. 反普的深层次原因。

第一，反对政治垄断，把国家政治成为"普梅"两人的游戏，厌恶"普梅"两人的政治二人转，认为这种"王车易位"在看似不违宪的名义下践踏民主，是民主的倒退，不利于俄罗斯民主改革，反映了俄民主制度缺失了加强政治竞争性的政治诉求。可以说，这种诉求在苏联解体 20 年来是前所未有的，也是要求政治民主不断发酵的结果。

第二，与上述问题相关，俄罗斯不少民众对普京时期存在的是威权主义政治模式，对一个国家依赖于某一个强权人物来主导表达不满，认为这显然与民主政治是相违背的。

第三，严重的腐败问题得不到解决。这主要是由于官僚集权政治体制长期没有从根本上得以解决的结果，反映在办成什么事都要靠行贿，连妇女生孩子找产科医生亦得行贿。

第四，贫困差距拉大，俄仍然有相当一部分人处于贫困状态。2000—2010 年间，最贫困的 10% 的人口与最富有的 10% 之间收入差距不仅没有缩小反而扩大了近 1/5。这一差距以及由此带来的社会不公正问题，引起了人们的不满。普京在 2 月 23 日"祖国保卫日"发表的讲话中承认："俄罗斯目前存在诸多问题——不公正、不平等、受贿、贫困。"与此相关，俄罗斯市政公用服务收费过高，收费公司随意性大，把价格高得让老百姓无法承受。另外，科学、教育、卫生事业拨款不足。这些亦是反普的一个重要因素。

第五，国家现代化没有取得进展，长期以来俄罗斯经济发展过多地依赖于世界市场上能源价格的上涨。2009 年，石油价格大幅度下跌，一下子使俄 GDP 下降了 7.98%。

总的来说，"反普"告诉我们，如果在 20 世纪 90 年代中期至 21 世纪初期，人们所关心的是生存问题，但物质生活条件有明显改善后，转而开始关心政治问题，特别是关注民主、自由问题。这在政治精英与高智商群体中反映得尤为明显。从参加反普的人员构成也可说明这一点，60% 参加者不到 40 岁，70% 的人受过高等教育。这里值得一提的是，大富豪普罗霍罗夫在莫斯科的得票率为 20.45%，超过久加诺夫居第二。青年人选择了普罗霍罗夫，这因为他本人就很年轻，选民愿意看到新面孔。

二　"挺普"成为民意主导地位的深层次原因

第一，众多的俄罗斯人，把普京视为稳定的象征。在"挺普"的集会上，支持普京的民众，相信普京能够引领国家实现稳定和发展，他们不希望在俄发生突然改变政策，搞忽左忽右的政策，不要再出现动荡。在俄第二大城市圣彼得堡"挺普"集会主题是"我们不要大动荡，我们要伟大的俄罗斯"。人们举的标语牌有："不要橙色革命发生在俄罗斯"，"不要瓦解俄罗斯"，"不想回到 90 年代"。俄民众都记得，普京在接替叶利钦之后的执政时期，通过调整与整治政策，使俄结束了混乱无序的政治，并使市场经济向有序方向转变。

第二，众多俄罗斯人，把普京视为实现强国的象征。普京执政时期，经济得到了大的发展，GDP 年均增长率达到 7%，1998 年俄金融危机之后，GDP 总量为 3000 亿美元，而如今是 1.5 万亿美元。普京的目标是到 2020 年，俄将成为世界第五大经济体，届时人均 GDP 可达 3.5 万美元。恢复俄在世界上的大国地位，成为强国，这也是广大俄罗斯人一直追求的梦想。普京一直强调，俄罗斯没有别的选择，只有选择做强国，为此，他集中力量发展经济，加强军事力量。这对富有俄罗斯民族主义的广大俄罗斯民众来说，是得到认可的。

第三，人们认同普京执政时期关注民生的政策与取得的成就，这也是支持普京的一个不可忽视的因素。2000 年俄罗斯生活在贫困线以下的人口比例为 29%，而如今下降为 12.5%，并还在不断下降。2000 年人均月工资为 82 美元，而如今为 745 美元。还要指出的是，在 2008 年发生全球性金融危机后的这几年，俄罗斯民众的实际收入不仅未降低，还略有提高。普京执政时期，还实行了超前的收入分配政策，即工资的增长速度超过 GDP 的增长，还提出让老百姓看得起病、上得起学与买得起房的政策。

第四，由于实行以上的政策，加上在对外政策方面坚决捍卫俄罗斯的国家利益，不当西方的"应声虫"，坚决反对"阿拉伯之春"，从而赢得了国家尊严。这对富有强烈民族自豪感和做强国意识的广大俄罗斯人来说是十分重要的。

第五，广大民众"挺普"，也反映当今社会广大俄罗斯人的心态。在"挺普"的人群中，在以下问题上存有共识：一是希望俄罗斯在政治领域提高透明度，更加开放，需要推进政治体制改革；二是要渐进地进行改革，不是革命，不要因改革出现社会混乱乃至动荡；三是在客观上都认识到，当今在俄罗斯还没有比普京更合适的总统候选人。应该说，以上观点也得到了部分"反普"民众的认同。

从以上的分析可以看到，普京在这次总统大选中，尽管遇到一些阻力，但支持他的民意仍占主导地位，加上反对派阵营成员复杂，没有统一的政治主张和纲领，没有一个可以被多数人接受的领袖人物，没有组织。

所以，普京赢得大选并不困难。俄罗斯国内与国际上不少有识之士认为，普京的困难并不在于能否赢得大选，而是在选举后如何解决面临的种种难题，取得新的辉煌。

三　普京在大选后面临的难题

1. 两难的民主政治改革。应该说，普京通过这次大选清楚地认识到，民众对政治的垄断、威权政治的强烈不满，因此必须推进改革，特别是政治体制改革。改革的方向是进一步推进民主政治。普京应该考虑到，如果过去在俄罗斯存在威权政治的空间，但现在人们越来越对威权政治、强人政治厌倦，威权政治的空间日益狭窄。所以，普京当选后，推进政治民主已成为必然，或者说，普京面对着不得不改的巨大压力。据俄罗斯时事评论网 2012 年 2 月 6 日报道，普京在会见政治家们时坦言，自己最大的任务是在俄罗斯创建一种体制，使国家命运不会被 1—3 人左右。但普京在推进民主政治改革时强调，不可能一蹴而就，要谨慎行事，稍有不慎会影响政局稳定。但民主政治改革缓慢又将引起反对派的强烈不满。所以，如何推进民主政治的改革，对普京来说，不能不说既是难题又是重大挑战。普京会如何处理这个难题？这首先要分析一下普京执政以来在政治上出现的中央集权化趋势，这种中央集权会发展到什么程度，会不会发展到极权。从普京来说，他一再强调，他决不会回到斯大林时期的那种体制轨道上去。普京早在 1999 年 12 月发表的《千年之交的俄罗斯》一文中强调指出："现今俄罗斯社会不会把强有力的和有效的国家与极权主义国家混为一谈。"俄罗斯在建立强有力的国家政权体系的同时，并"不呼吁建立极权制度"。[①]他在回答对昔日俄罗斯帝国的强盛是否有"怀旧感"问题时说："没有，因为我认为，帝国治理形式不会长久，是错误的。"2003 年 11 月 13 日出席俄罗斯工业家和企业家联盟第 13 次代表大会上讲："俄罗斯不会回到老路上去。这绝对不能。"[②]普京执政时期的实践表明，俄罗斯

---

① 《普京文集》，中国社会科学出版社 2002 年版，第 9—10 页。
② ［俄］《消息报》2003 年 11 月 15 日。

政治上的集权化主要目的是通过加强中央权力，防止俄罗斯进一步瓦解，使社会不断走向稳定，经济保持增长势头。但要指出的是，普京没有随着社会的稳定不断地推进民主政治，而是一味地强调实行"可控的民主"方针。同时也没有建立起完善政党制。现在的政权党"统一俄罗斯"仍是一个官僚党，2011 年 12 月杜马选举前，它在议会中占了 2/3 以上的席位，这样容易成为"一党制"。当然，作为苏联继承国的俄罗斯，推行民主政治的过程将是曲折的，不会是很顺当的。普京在 2004 年的总统国情咨文中说："年轻的俄罗斯民主在其形成过程中取得了显著成绩。今天谁不愿意承认这些成就，谁就不够诚实。但我们的社会体制还远远谈不上完善，我们应该承认：我们正处于起点。"

我认为，普京很可能在头几年依然维持现有的政治模式，之后逐步向民主政治体制转型。在这转型过程中，推行可控民主政策将更具弹性与柔性。当前普京要做的事是，缓解与政治反对派的矛盾，处理好与其他政党的关系。大选后仍将会出现反对派民众上街游行集会，普京应该努力避免冲突升级，不能动粗，而要更多地进行疏导。普京在 3 月 5 日胜选后就呼吁各政党："同心协力，行动起来，以更有效地解决国家面临的问题。"

至于有一种观点认为，新上台的普京会进一步加强控制，更加压制民众，向集权化发展。我认为，这种可能性不大。这是因为：一是普京不能忽视在这次大选过程中民众要求推进民主政治的强烈诉求；二是虽然俄罗斯的政治体制还不能说完全定型，但经过 20 年的转型，大致形成了三权分立的政治体制框架，今后更大可能朝着现代化政治体制方向发展；三是从国际条件来看，普京如进一步走向集权，不推进民主政治的改革，就会把自己孤立起来，难以融入国际社会，从而亦会影响俄罗斯国家现代化目标的实现。还有一个制约因素，就是梅德韦杰夫一直坚持的民主、自由的价值观。梅普两人在稳定、发展、强国等大的方面是一致的，可是在历史问题、民主问题、现代化问题上，两人都有不同的看法。思想观念、治国理念上的分歧不是靠私人关系能够解决的，如果梅德韦杰夫继任总理，对于促进普京政治改革会起到一定的作用。

2. 实现国家全面现代化。这是"梅普"时期提出的一项重大战略性目标。任何一个转型国家最终的目标都是要实行国家现代化。我认为，这些国家必须在转型的过程中解决七个问题：第一，从高度集中的指令性计划经济体制转向市场经济体制；第二，转变经济发展方式；第三，改变经济发展模式；第四，调整不合理的经济结构；第五，适应政治民主化，进入法治国家；第六，转变文化、观念和意识形态；第七，处理好与发达国家的关系，成为开放型国家。全面现代化包括经济、政治、社会等领域的内容。政治现代化主要是要使俄罗斯公民感到自己生活在民主国家并享有充分的自由。经济现代化主要问题是要解决俄罗斯经济由资源型向创新型转变。而实现这种转变将是十分困难的，会遇到很多一时难以解决的问题。

梅德韦杰夫在《前进，俄罗斯！》一文中说："除了少数例外，我们的民族企业没有创新，不能为人们提供必需的物质产品和技术。他们进行买卖的，不是自己生产的，而是天然原料或者进口商品。俄罗斯生产的产品，目前大部分都属于竞争力非常低的产品。"俄罗斯"依靠石油天然气是不可能占据领先地位的"。"再经过数十年，俄罗斯应该成为一个富强的国家，她的富强靠的不是原料，而是智力资源，靠的是用独特的知识创造的'聪明的'经济，靠的是最新技术和创新产品的出口。"为此，梅德韦杰夫提出，今后一个时期要在高效节能技术、核子技术、航天技术、医学技术与战略信息技术五个战略方向展开工作，并在莫斯科近郊科尔科沃建立类似"美国硅谷"那样的高科技园区，被称为俄版"硅谷"。

实现上述转变的必要性十分明显，但将是一个缓慢的过程。俄罗斯现代发展研究所所长伊戈尔·尤尔根斯指出：俄罗斯"现代化、摒弃原料经济向创新型经济发展的过程过于缓慢"。① 之所以缓慢，是由多种原因造成的。

第一，俄罗斯企业缺乏创新的积极性。目前只有10%的企业有创新积极性，只有5%的企业属于创新型企业，只有5%的产品属于创新型产品。

第二，与上述因素相关，俄罗斯在实行由资源型向创新型转变时，面临着难以解决的矛盾：一方面反复强调要从出口原料为主导的发展经济模式过渡到创新导向型经济发展模式；另一方面，发展能源等原材料部门对

---

① ［俄］《俄罗斯报》2010 年 4 月 14 日。

俄罗斯有着极大的诱惑力与现实需要。要知道，在俄罗斯国家预算中几乎90%依赖能源等原材料产品，燃料能源系统产值占全国 GDP 的 30%以上，占上缴税收的 50%与外汇收入的 65%。而俄罗斯高新技术产品的出口在全世界同类产品出口总额中占 0.2%都不到。

第三，设备陈旧，经济粗放型发展，竞争力差，这些是老问题又是需要较长时间才能解决的问题。在向创新型经济转变的过程中，俄罗斯更感到这些问题的迫切性。不少学者认为，俄罗斯自 2000 年以来，虽然经济一直在快速增长，但令人担忧的是，俄罗斯经济仍是"粗糙化"即初级的经济，工艺技术发展缓慢。俄罗斯科学院经济研究所第一副所长索罗金指出："俄罗斯主要工业设施严重老化，到目前至少落后发达国家 20 年，生产出的产品在国际上不具有竞争力。机器制造业投资比重为 2%—3%，先进设备供应国的依赖令人堪忧。"俄罗斯早在 2003—2004 年已有 60%—80%的生产设备老化。

设备不更新，技术落后，已成为制约俄罗斯向创新型经济转变的一个重要因素。转型 20 年来这一状况并没有改变，俄罗斯机电产品出口的大幅度减少，就是一个明显的例证。俄罗斯与中国的机电产品在双边贸易总量中所占的比重从 2001 年的 24.9%下降到 2010 年的 4.1%，其中高新技术产品出口占 2.6%。俄罗斯连重点发展的军工产品质量也难保证。2011年 7 月 13 日梅德韦杰夫总统怒批国产武器是"废物"。2011 年 7 月 10 日，俄罗斯发生了沉船事故，第二天一架安—24 客机出事，半个月以前一架图—134 客机出事。俄罗斯交通设施大部分还处于苏联解体前的水平。以上情况说明，研究俄罗斯经济现代化进程时，不充分考虑设备老化问题就不可能得出正确结论。

第四，投资不足。为了优化经济结构，就需要大量增加在国际市场上有竞争能力的经济部门和高新技术部门的投资。梅德韦杰夫总统成立了俄罗斯经济现代化和技术发展委员会，并确定了国家经济现代化与技术革新的优先方向，这涉及医疗、信息、航天、电信、节能等领域。发展这些领域都要求有大量的投资。解决这些问题，俄罗斯学者认为有三种选择：首先是优化预算支出；二是让石油天然气企业为代表的国家自然资源垄断企业增加对科技创新的投入；三是调整税收政策，减轻高新产业的税负。

第五，俄罗斯与西方建立现代化联盟难以取得实质性进展。加上俄投资环境差，引进外资乏力，普京在竞选期间，提出引进外资要占俄 GDP 25%的宏大计划也不易实现。创新型经济发展缓慢，经济发展摆脱不了能源等原材料部门，这必然使俄罗斯经济难以在短期内实现现代化与保证稳定和可持续发展。

要实现经济现代化，保证经济稳定增长，需要推进经济改革。从普京在竞选过程中发表的文章与讲话来看，在执政头几年可能采取以下措施：

第一，减少或弱化国家对企业的不必要干预。要做的事是：减少国有比重，继续推行私有化政策。普京时期推行了把原私有化了的企业（特别是像能源部门等有关国计民生的企业）收归国有，又形成了国家对经济的垄断，2009 年梅德韦杰夫在总统国情咨文中指出，目前政府控制着 40%的经济。而国有企业的经济效益低下，大企业领导人又都是由政府委派的，容易形成官商一体的垄断组织，也是滋生腐败的重要土壤。普京指出，俄罗斯政府将在 2016 年以前，减少所持一些原材料企业的股份，退出非垄断性大企业及国防工业以外的大型企业，并将加速新一轮国有企业的私有进程，准备出售石油公司、外贸银行与航空公司等 13 家大型国有企业的全部国有股份。关于这一问题，普京在 2008 年 2 月 8 日之前，曾两次谈及俄罗斯不打算建立国家资本主义，并说：国家集团公司不应包揽一切，更不会限制实业界的利益或压缩私营企业。普京在其离任前的 2008 年 2 月 8 日在俄罗斯国务委员会扩大会议上作了题为《关于俄罗斯到 2020 年的发展战略》的讲话（以下简称《发展战略》）中强调："必须消除对经济的过分挤压，这种挤压成了经济发展的一个主要阻力。"[1]

第二，大幅度降低税负，以刺激投资，增加国内需求。普京在《发展战略》的讲话中提出："必须积极地运用税收机制来刺激发展人的资源的投资。为了做到这一点，就必须最大程度地减免公司和居民的税收。"[2] 与此同时，要创造条件发展中小型私营企业。普京指出，现在，在俄罗斯要干中小企业太难了。但要解决就业和发展经济，也取决于从事小企业的条

---

① 《普京文集》，中国社会科学出版社 2008 年版，第 683 页。
② 《普京文集》，中国社会科学出版社 2008 年版，第 679 页。

件有多便利。①

第三，扩大地方财税方面的自主权，调动地方的积极性。办法是提高地方税的留存比例，现地方财政收入的70%要上缴联邦预算。另外，各联邦主体在联邦预算支持下建地方发展基金，用于发展供水、垃圾处理、修路、建幼儿园、修体育场等市政建设。

第四，尽管普京执政期间居民收入大大提高，生活有大的改善，但由于存在经济垄断、分配不公、腐败严重等问题，仍导致贫富差距在不断扩大，相当一部分人仍生活在贫困状态，社会支出不足。这一问题如不解决，难以实现社会公正、公平，同样会严重影响今后普京执政的社会基础。普京承诺，对重点公共部门的薪酬开支增幅会占到 GDP 的 1.5%，即未来几年每年多支出 300 亿美元，到 2018 年该项支出将占 GDP 的 4%—5%。他还誓言，要在 2020 年前解决贫困问题。

第五，积极改善投资环境，吸引外资，同时防止资金外流。普京提出，俄罗斯要实现投资规模性增长，将投资从目前占 GDP 的 20% 提高到25%。在 20 年内，创造不少于 2500 万个工作岗位。普京认为首先要为高学历民众提供就业机会，以便增加中产阶级数量。据估计，目前中产阶级占俄居民总数的 20%—30%。普京计划通过提高医生、教师、工程师与技工的工资及增加这一群体的人数来扩大中产阶级，使其人数超过总人口数的一半，这是社会稳定和发展经济的一个重要因素。

至于俄罗斯经济发展前景，从普京在 2011 年 9 月在统俄党代表大会上的讲演来看，他不满意目前 4% 左右的增速，他要求今后几年经济的年均增速能达到 6%—7%。

2001 年 2 月上旬，俄罗斯经济发展部向政府提交了 2030 年前俄罗斯经济发展预测草案。文件提出两种方案：创新型与能源原料型。两者的原则区别在于国家财政政策：是增加政府投资还是减少预算赤字，换言之，是搞赤字预算还是搞预算平衡。据有关信息，普京与前财长库德林主张实行平衡预算的政策，而俄罗斯经济发展部一些人则主张实行赤字预算，理由是根据俄罗斯经济现实，同时要保证经济现代化的投资与零赤字是不可

① 同上书，第682页。

能的。

　　至于普京未来的政治生命，俄罗斯《专家》周刊 3 月 12 日的一期文章中说，主要取决于经济能否高速增长，不论是实现国家现代化，兑现提高人民物质生话水平，还是强军，都离不开经济的发展。

　　3. 反对腐败问题。在"梅普"时期，一直在强调反对腐败问题，但至今未见成效。2010 年 7 月 27 日，梅德韦杰夫在现代化委员会的发言中指出，俄向创新经济过渡就需要解决贪污的阻力，减少行政壁垒，发展良性竞争，不解决这些问题就不可能实现现代化。据俄有关学者估计，腐败所涉及的金额与国家财政收入相当，企业的行贿支出占企业总支出的一半。今后能否通过各项改革来解决腐败问题，这对普京来说，是一个重大的考验。对此，普京在 2008 年发表的《发展战略》讲话中有关腐败问题作了以下描述："要是看一下，联邦中央在地方上的机构，它们在地区和地方机构的支持下都在干些什么，简直要吓一跳。直到现在，要开创个自己的什么事儿，一连几个月都办不到。无论到哪个机构：到消防站、到医疗点、到妇科大夫那里，无论是你要找个什么人，到处都要带着贿赂去，简直太可怕了！"①

　　4. 推行"强军"政策，是实现强国战略的一个重要内容。面对目前的国际形势，特别是以美国为代表的西方国家的挑战，俄要做强国，要在国际上受到尊重，有尊严，普京一再强调需要"强军"。他承诺在未来 10 年，俄将花费 7711 亿美元实现武装部队的现代化。普京还提议，把俄国防开支占 GDP 的比重从 2011 年的 3% 提高到 5% 或 6% 之间。问题是，俄不少经济学家认为，这将面临资金来源的困难，对此提议能否实现持怀疑态度。

四　普京当选执政后的中俄关系

　　普京在竞选过程发表的第七篇文章，论述俄对外政策。他在文章中特别强调：俄中关系为俄外交基轴，认为中国的经济增长不是威胁，而是俄

---

　　① 《普京文集》，中国社会科学出版社 2008 年版，第 682 页。

罗斯发展经济的"东风"，还认为，加强与中国在国际事务中的合作，有利于推进世界多极化。可以预见，普京在面临国内外复杂的情势下，需要强化与中国的关系，来改善自己与俄罗斯的政治与经济环境。俄罗斯在近几年也特别重视发展与中国的经贸关系，2011年两国贸易将达到800亿美元，到2015年与2020年可能分别达到1000亿美元与2000亿美元。中俄能源合作虽有一些问题，但总的来说在不断取得进展。但要指出的是，对普京今后的对华政策，一方面要看到朝着更积极的方向发展，另一方面亦不要期望过高，普京是俄罗斯总统，他代表俄罗斯的国家利益。中俄战略协作伙伴关系，只有在战略利益一致的情况下，才能得到体现。

（原载《黑龙江社会科学》2012年第3期，有修改）

第五编

中俄经贸合作

中俄能源合作现状与前景

2012 年 6 月 5 日时任中国国家主席胡锦涛与来华进行国事访问的俄罗斯总统普京举行会谈。与过去一样，两国最高领导会晤除了就重大国际问题交换意见与提升两国政治互信等问题外，加强两国经贸合作水平是一项重要内容，而加强能源合作往往又是双方讨论经贸合作中的一个重点。

20 多年来，经过中俄双方努力经贸合作已达到一定水平，2011 年贸易额达到创纪录水平的 792.5 亿美元，但总体水平不高，仅为同期中美、中日与中韩贸易额的 17.7%、23.0% 与 37.0%。另外，中俄贸易结构单一，相互间的投资规模甚小。截至 2011 年年底，俄对华直接投资 8.18 亿美元，中国对俄累计直接投资 29.1 亿美元。[①] 显然，两国相互投资水平无法与美国和日本相比。中俄经贸关系远未达到中美之间你中有我、我中有你的水平。再从两国作为重点的能源合作来说，2011 年中国从俄进口的石油为 1972.45 万吨，占其出口总量的 7.8%。应该说，经贸关系是中俄战略协作伙伴关系中的一大软肋。这说明，尽管在中俄两国关系中，地缘政治与安全因素起着重要的作用，但从长远来看，要把业已建立起来的全面战略协作伙伴关系推进到新的高度，还必须借助两国高水平的经贸合作，依赖于两国之间经济利益的依存度。正如时任中国国务院副总理李克强于 2012 年 4 月对俄罗斯访问期间，在出席中俄贸易和投资促进会议开幕式作题为《推动中俄贸易和投资合作再上新水平》的讲演中，谈到中俄经贸合作战略意义时十分明确指出的："经贸合作是中俄战略协作伙伴关系的重要基石，是支撑中俄关系向前发展的重要动力。"鉴于上述因素，2011 年

---

① 有关中俄相互投资材料，引自国家发展改革委副主任徐宪平 2012 年 4 月 22 日发表的题为《互利促合作促发展——中俄、中欧经贸合作的现状与展望》一文（新华网北京 4 月 24 日电）。

6月16日，胡锦涛访俄时提出，通过中俄双方努力，争取在2015年前双方贸易额达到1000亿美元，2020年之前达到2000亿美元。笔者认为，要实现上述目标，能源领域合作能否取得大的进展是一个十分重要的因素。因此，中俄能源合作一直是国内外极为关注的又是十分复杂的问题。

一　先从中国从俄罗斯进口石油谈起

从全球来看，所谓能源问题实质上主要是石油问题，对中国来说主要也是石油问题。随着中国工业化与城镇化进程的加快，能源结构的不断优化，对石油消费进入快速增长期。而与此同时，石油产量的增速落后于消费增长速度。这样供需矛盾日益突出，即供需缺口越来越大。从现在到2020年这段时间，中国经济仍将保持较高的增长速度，特别是像交通运输与石化等高耗油工业的快速发展，城市人口的大幅度增加，农村用油的数量亦将快速增加，这些因素都将促使我国石油消费量快速增加。据分析，在全社会大力节油的前提下，以平均每年石油需求量大体增加1000万吨的规模估计，到2020年，我国石油需求仍将接近5亿吨，进口量3.0亿吨左右，对外依存度约60%，超过国际上公认的50%的石油安全警戒线（2011年我国原油进口25377.95万吨，对外依存度为59.8%）。我国石油安全风险将进一步加大。在此背景下石油进口渠道多元化问题日益突出。更为重要的问题是，能否建立起稳定的石油供应体系与机制，在国际市场上寻求多元化的供应。我国石油主要进口源是中东，2011占中国进口石油总量的51.2%，预计近中期从中东地区进口的石油将仍占进口总量的50%左右，远期也将超过45%的水平。另一个石油进口源是非洲地区，2011年占中国进口石油总量的23.7%。同年，从欧洲与原苏联地区进口石油3122.35万吨，占中国进口石油总量的12.3%。中国进口的原油4/5是通过马六甲海峡运输的。因此，马六甲海峡对我国的能源安全的影响也同样是值得十分关注的问题。马六甲海峡既是重要的战略水道，也是很不安全的通道。在可预见的将来，中国从中东进口的原油仍将主要通过马六甲海峡通道运输。鉴于上述种种因素，加强与我国的最大邻国、能源大国俄罗斯的合作有其重要意义。

自 1992 年以来中俄石油贸易逐步得到发展。在叶利钦执政时期（1992—1999 年），两国石油贸易的特点是：第一，石油贸易量很低，到1999 年才达到 57.2 万吨；第二，中国从俄罗斯进口石油主要是成品油，1999 年为 206.9 万吨，8 年间年均进口量为 151.8 万吨，而同期原油年均进口量仅为 20.3 万吨；第三，两国石油贸易虽然水平很低，但呈逐步增长的趋势（除 1998 年受亚洲金融危机影响比 1997 年下降外）。在普京任总统执政的第一任期，中俄石油贸易量虽比叶利钦时期有较大增长，2003年达到 525.4 万吨，但一直没有超过一千万吨。2004 年 3 月普京竞选总统获胜，进入执政第二任期，这四年间，中俄石油贸易量才突破一千万吨，2004 年为 1044.4 万吨，最高的 2006 年达到 1596.5 万吨，2007 年为1452.6 万吨，比上一年下降 9%。2008 年又降为 1163.8 万吨，比上年下降了 19.9%。2008 年中国石油进口总量为 1.79 亿吨。石油进口国排名前5 位的依次是沙特、安哥拉、伊朗、阿曼与俄罗斯。从俄罗斯进口石油占中国进口石油总量的 6.5%。而 2006 年占 11%。从 2009 年 5 月开始，中国石油进口来源国的排名居第一位的沙特阿拉伯已让位于伊朗。6 月我国从伊朗进口石油单日平均供应 73 万桶，而沙特阿拉伯为 68.3 万桶。2010年从俄罗斯进口石油 1500 多万吨，占中国进口总量的 6.4%。到了 2011年中国从俄进口的石油才接近 2000 万吨。

长期以来，中俄石油贸易主要是现货贸易，即中国向俄罗斯购买开采好的石油，这是中俄双方通过签订长期供货合同实现的。

中国从俄罗斯进口石油主要运输方式是通过铁路。以 2006 年为例，通过铁路运输的石油为 981.9 万吨，占俄罗斯向中国出口石油总量的61.5%。而俄罗斯通过海运向中国出口的石油为 614.6 万吨，这占其向中国出口石油总量的 38.5%。中国进口俄罗斯石油海运渠道主要包括里海、波罗的海等港口，通过里海—地中海—直布罗陀海峡—苏伊士运河—好望角—俄罗斯远东地区，以及黑海—苏伊士运河—红海—俄罗斯远东地区两条通道进入中国。[①] 海运虽有成本低，方便与量大的优点，但存在严重的航线安全问题。2006 年俄罗斯向中国通过铁路运输按每吨的运价为 70 美

---

① 参见《俄罗斯中亚东欧市场》2008 年第 2 期。

元，这比海运成本要高。俄罗斯铁路运输公司每年通过向中国运输石油获得的运费就达 6 亿多美元。[①] 但是，俄罗斯铁路运输能力有限，如果石油贸易量不断增加，就可能成为制约中俄原油贸易增长的一个因素。因此，中俄建设输油管道具有重要意义。

二 输油管道合作项目的曲折过程

这一直是国内外关注的问题。因为它不断出现变数，从而引起人们议论纷纷，同时亦引起了不少猜疑。毫不夸张地说，它在一定程度上对中俄关系产生了不利影响。

（一）铺设原油管道合作项目的背景与谈判进程

这个项目是由俄罗斯于 1994 年 11 月率先提出的，当时俄罗斯的出发点是：首先，在经济转轨起始阶段，俄罗斯经济危机十分严重，为了缓解经济危机，一个重要途径是增加包括石油在内的能源产品出口，因此，需要寻找与扩大石油市场，而中国从 1993 年起已成为石油净进口国。其次，由于俄罗斯持续的经济危机，国内对石油的需要量大大减少，需要扩大出口量。第三，当时，俄罗斯国内政局动荡，秩序混乱，投资环境恶化，国外愿意对俄罗斯石油工业进行投资的企业很少，这促使俄罗斯提出与中国共同开发石油项目。第四，为了促进中俄两国贸易的发展。1991 年年底苏联解体后，中俄两国的经贸关系虽有不少发展，但总体水平不高，特别是经济合作更弱。因此，通过铺设原油管道这个大项目，可以推动两国经济的共同发展，提高两国间的经贸合作水平。

1994 年俄罗斯提出这一合作项目时，确定中俄原油管道的走向是：自俄罗斯伊尔库茨克州安加尔斯克经中国满洲里入境，终点是中国大庆市（简称"安大线"）。当时双方签署了《中国石油天然气总公司与俄罗斯西伯利亚远东石油股份公司会谈备访录》。之后，便开始了项目的前期工作。1996 年 4 月，俄罗斯政府代表团访华期间，双方政府签署了《中华人民共

---

① 参见《俄罗斯中亚东欧市场》2008 年第 2 期。

和国政府和俄罗斯联邦政府关于共同开展能源领域合作的协议》，从而正式确认中俄铺设跨国原油管道项目。此后在 1997 年开始的中俄总理定期会晤委员会和 1999 年开始的中俄能源合作分委会的历次会议纪要中，均对此项目予以确认。在 1999 年 2 月，中国石油天然气集团公司与俄罗斯尤克斯石油公司、俄罗斯管道运输公司签署了《关于开展中俄原油管道工程可行性研究工作的协议》，双方根据此协议于 1999 年 2 月完成了预可行性研究。2001 年 7 月，两国政府签署了《中华人民共和国政府和俄罗斯联邦政府关于继续共同开展能源领域合作的协定》，有关中俄原油管道项目是该协定的主要内容之一。特别要指出的是，2001 年 7 月 17 日，时任国家主席的江泽民访俄期间，中俄双方经过谈判就原油管道走向、向中国供油数量、原油购销承诺方式和原油价格等重要问题达成一致意见，并在江泽民主席与时任俄罗斯总理卡西亚诺夫会晤后，双方签署了《关于开展铺设俄罗斯至中国原油管道项目可行性研究主要原则协议》。协议再次明确该管道"安大线"的走向。并规定，自 2005 年开始，每年输油量为 2000 万吨，到 2010 年达到每年 3000 万吨，连续稳定供油 25 年，共供油 7 亿吨，价值 1500 亿美元。2001 年 9 月 8 日，在中俄两国总理定期会晤时，双方签署了《中俄关于共同开展铺设中俄原油管道项目可行性研究的总协议》。双方计划 2003 年 7 月完成可行性研究和初步设计工作并开工建设，2005 年建成投产。2002 年 12 月初，在江泽民主席与来访的普京总统共同签署的联合声明中宣布："考虑到能源合作对双方的重大意义，两国元首认为，保证已达成协议的中俄原油管道和天然气管道合作项目按期实施，并协调落实有前景的能源项目，对确保油气的长期稳定供应至关重要。"同时，时任总理的朱镕基会见普京时，宣布中国政府于 2002 年 12 月初已完成了中俄原油管道项目的可研批复工作。很清楚，这就是明确告诉俄方，有关原油管道合作项目，在中方已按协议完成了全部工作，万事俱备，只等俄罗斯政府审批。2003 年 5 月 26—28 日，胡锦涛主席访俄对中俄关系开创了新局面，各个领域的合作都取得了进展。值得一提的是，5 月 28 日中国石油天然气集团公司和俄罗斯尤科斯石油公司签署了《关于"中俄原油管道长期购销合同"基本原则和共识的总协议》。这样，谈了 9 年之久的项目，使很多人乐观地认为，中俄原油管道项目"大局已定"，等待着两国签订合同，正式敲定。但俄罗斯高层领导人在双方签署上述总协议后不久，在管道走向问题发生变卦。普京 6 月 20 日在克里姆林宫举行的记者招待会上说，建设这条管道有两个方案：安加尔斯克—中国大庆；安加尔斯克—纳霍德卡（简称"安纳线"）。他认为，建设到纳霍德卡的管道"看起来更好些"，因为可以使俄罗斯石油进入更广阔的市场，向亚太地区所有国家出售石油，同时修一条到大庆的支线。很明显，俄罗斯改主意修"安纳线"，意图是把纳霍德卡作为向日本、韩国、朝鲜、中国台湾、东南亚以及美国等出口基地，从而扩大战略影响力。接着，俄罗斯能源部长优素福致信中国国家发改委主任马凯，表示原定于 8 月 27—29 日召开的中俄政府间能源合作分委员会会议必须推迟，此次会议主要讨论中俄原油管道项目。推迟的理由是，"以便更详细地研究在会上讨论的问题"。这样，把共同铺设原油管道的项目实际上搁置了起来。2003 年 9 月 24—25 日，俄罗斯总理卡西亚诺夫访华，举行两国总理第 8 次定期会晤。会谈时，俄罗斯总理对人们特别关心的原油管道口头表示："俄罗斯政府将履行协议，信守承诺。"但并未签约，也没正式敲定。

2003 年之后，虽然输油管道走向发生了变化，但有关这一问题的讨论并未结束，中俄双方的会谈及两国领导人的会晤，都在继续探讨。有关中俄输油管道不同级别的谈判是很多的，俄罗斯方面的许诺也不少，但在政府层面一直未签协议。

（二）输油管道不断变故的原因

十多年来，两国政府和公司为原油管道项目做了大量工作，但长期以来未能最后敲定，不断出现反复，其原因是多方面的。

1. 国际因素。

从俄罗斯外交政策角度来看，它一直把石油视为"能源外交"的资本。俄罗斯与欧盟国家能源合作在深化，欧盟国家对俄罗斯能源依赖程度很高。中东欧国家从俄罗斯进口的石油和天然气数量亦很大。原苏联地区是俄传统的能源利益地区，不论从政治还是经济上讲，俄罗斯都需要加强对这一地区的能源控制。"9·11"事件后，俄美能源合作日趋加强，美国扩大了对俄罗斯能源开发的投资，俄罗斯增加对美国的能源出口。2003 年

5 月，普京与布什高峰会议签署《俄美能源对话声明》后，两国能源合作进一步深化，开始成为俄美政治关系升温的纽带，因为，随着美对俄罗斯能源需求的扩大，俄罗斯在美国能源安全战略中的地位亦随之上升。特别值得注意的是，俄罗斯对亚太地区的能源合作兴趣增加，除中国外，日本越来越受到重视。在上述"能源外交"政策支配下，俄罗斯充分利用石油资源为其谋求最大的政治与经济利益。正是在这种背景下，日本积极进行活动，劝说俄先铺设"安纳线"。时任首相的小泉在 2003 年上半年两次与普京会晤，专门讨论能源合作。2003 年 6 月，日本分别派出前首相森喜朗和外相川口顺子访问远东，川口表示日本将提供 75 亿美元，协助俄罗斯开发东西伯利亚新油田。这笔资金，无须俄政府担保，"唯一条件是优先铺设'安纳线'"。后来，日本官方与商界加强活动的力度，并允诺提供 135 亿美元，其中，50 亿美元用于铺设"安纳线"，75 亿美元用于伊尔库茨克上乔纳油田的开发，另外 10 亿美元用于滨海地区社会福利项目。日本能源厅长官冈本严到 2003 年 8 月已 5 次访俄。日本迫不及待地让俄罗斯放弃"安大线"而采纳"安纳线"，其目的有四：一是拿下"安纳线"，可保障日本石油供应安全，使日本对中东石油的依赖程度从现在的88%降低到60%；二是削弱中国的能源安全，从而影响中国经济的稳定高速发展。人所共知，中俄"安大线"建成后，对满足我国不断增长的石油需要有重要意义，并有利于我国实现石油进口多元化战略；三是影响中俄经贸合作关系的进一步发展，从而削弱中俄战略协作伙伴关系的巩固与发展；四是日本企图通过与俄在能源领域的合作，提高日本在远东地区的影响力。

　　这里还要指出的是，美国实际上也支持日本，反对"安大线"。其原因有：一是想更多地从俄罗斯远东获取能源；二是不愿看到中俄关系进一步发展；三是遏制中国经济的发展；四是怕中国减少从中东的石油进口。西方报刊评论说："中国从中东，特别是从波斯湾沿岸国家大量进口石油，但海湾国家许多油田事实上被美国的石油公司控制。"因此，"美国担心中俄间建成石油管道后，中国从海湾进口石油会急剧减少"。

　　2. 国内因素。

　　中俄输油管不断变故，尽管受到国际因素的影响，但起主要作用的还是国内因素。这表现在以下几个方面：一是总的来说，俄罗斯对中国经济的快速发展，综合国力的增强，有着复杂的心态，存在疑虑。俄罗斯不少人存在心态失衡，不能以一种健康的心理对待中国。据 2005 年 5 月的一份调查材料透露俄罗斯有近半数公民有排外情绪。这些，都影响着对中国的信任。从而使俄罗斯一些人为"安大线"担忧，甚至有人担心俄罗斯石油有被中国控制的可能。这也是俄罗斯政府在中俄原油管道项目上举棋不定的一个不可忽视的因素。二是俄罗斯各利益集团关系十分复杂，各有自己的利益。它们之间常常表现为从各自利益出发、多头决策、相互牵制的复杂局面，并在对华政策方面不断对政府施加影响，从而也牵制俄罗斯政府在对华能源合作方面的决策，使政府往往表现得犹豫不决，增加了变数。例如，俄罗斯各能源公司的内部权力斗争就十分尖锐，以俄罗斯天然气工业股份公司、俄罗斯石油公司、俄罗斯管道运输公司为代表的国有石油公司与以当时的尤克斯公司为代表的私有公司之间的斗争，对中俄原油管道走"安大线"还是"安纳线"不可避免地产生影响。2003 年 4 月，尤科斯公司成功地与西伯利亚石油公司合并，成为俄罗斯第一大、世界第四大私营石油公司，它是"安大线"项目的积极参与者、协调者与最大受益者。而前三家国有公司向尤科斯公司挑战，支持"安纳线"，多次向政府和普京本人施压，最主要的目的是为了争夺石油的控制权。这方面俄罗斯天然气工业股份公司尤为突出，它先在俄罗斯境内确立垄断地位，并且还想控制中亚的能源，准备与伊朗等一起建立天然气联盟。现在俄罗斯与国外重要的能源合作项目实际上通过它才能进行。三是西伯利亚与远东地区的地方政府，在石油问题上向俄罗斯联邦政府施压。如 2003 年 5 月 13 日俄罗斯总统驻远东全权代表普利科夫斯基召开联邦区州长联席会议，向普京上书"远东州长联名信"，对俄罗斯政府进一步施压，要求铺设"安纳线"。他在会见日本外相川口时还自豪地称自己是"日本院外集团成员"。西伯利亚与远东地方政府之所以竭力支持"安纳线"，除了政治因素外，还涉及非常实际的经济利益。因管道修往纳霍德卡，则会在俄罗斯东部的 7 个地区通过，它们分别是伊尔库茨州、赤塔州、阿穆尔州、犹太自治州、布里亚特共和国、滨海边疆区和哈巴夫斯克边疆区。这样，这些地区可获得财政收入、完善公共设施和增加就业。四是选举因素。在 2003

年普京决定放弃"安大线"时，正值当年 12 月杜马选举，2004 年 3 月总统大选，普京面对各种政治势力，必须考虑采取有利于自己竞选的政策。正是由于这个因素，2003 年 7 月 21 日，俄罗斯新闻媒体透露，中俄原油管道走向的最后敲定要等到 2004 年 3 月俄总统大选之后。五是从客观上讲，价格问题亦是一个重要因素，特别随着国际市场油气价格不断飙升，这一问题日益突出。俄罗斯一再要求提价，中方作出了不少让步，油气价格已高于俄罗斯向欧盟出口的水平。而俄方一再强调，必须遵循市场规律进行能源合作与交易，中方不能指望俄方在价格问题上给予特殊优惠。俄方另一个强调的因素是，它输向中国的油气的成本要比输向欧洲的高。因为：一是东西伯利亚油气的勘探开发成本很高；二是自东西伯利亚往中国输送油气需要新建基础设施，而输向欧洲的油气管道系统已较完善，并且基本上实现了成本折旧。应该说，这些说法也有其一定的道理。六是从俄罗斯来看，从能源合作来讲，中国有求于它，而它并不着急，并认为，越往后拖对它越有利。在这方面中国又没有能平衡与制约作用的其他重大项目。

以上简要的分析说明，中俄输油管风波四起，确实有其十分复杂的原因。

三　2009 年中俄输油管道合作项目缘何获重大突破

从前面的分析来看，中俄能源合作进展并不顺利，输油管道到 2008 年年底还一直停留在书面或口头承诺这个层面上，并没有实际行动。但到了 2009 年年初出现了重大转机。

2009 年 2 月 17 日，中国石油天然气集团公司、中国国家开发银行分别与俄罗斯石油公司、俄罗斯管道运输公司签署了石油贸易、管道修建等内容的多份商业协议。根据协议，国家开发银行将向俄罗斯石油公司与俄罗斯管道运输公司分别提供 150 亿美元和 100 亿美元的 20 年长期贷款。俄罗斯石油公司将在今后 20 年里每年通过管道向中国输送 1500 万吨石油，俄罗斯管道公司将于 2009 年年底完成"太平洋管道"一期工程及自俄罗斯边境城市斯科沃罗季诺至中国边境 67 公里中国支线的修建。2009

年 4 月 13 日，普京在俄罗斯召开的政府工作会议上批准了中俄在 2 月份签署的上述协议。据有关报道，普京在会上说：修建东西伯利亚—太平洋石油管道至中国支线的协议，将为东西伯利亚石油销往东方创造"稳定和可靠的市场"。接着，4 月 21 日，中俄双方副总理在北京签署了《中俄石油领域合作政府间协议》，协议签署后，双方管道建设、原油贸易、贷款等一揽子合作协议随即生效，4 月 27 日，俄罗斯的东西伯利亚—太平洋石油管道的中国支线在阿穆尔州的斯科沃罗季诺市郊区举行了管道建设开工仪式。应该说，这次石油领域合作协议签署并生效是中俄能源合作的重大突破，并对中俄能源领域全面、长期与稳定合作有很好的示范作用。这项协议，有人把它叫作《世纪合同》。

接着，于 2009 年 6 月 17 日俄罗斯最大的独立石油生产商卢克石油公司与中石化签署协议，将在 2009 年 7 月至 2010 年 6 月期间向中石化供应300 万吨石油，中方公司将支付现金。

从 2009 年 2 月 17 日签协议到 4 月 27 日管道建设开工，短短的两个多月时间里，拖了十多年的输油管道问题解决了。西方在评论此事时说，中俄石油大单吸引世界眼球。应该说，250 亿美元贷款换石油协议的签署，它确实意味着中俄能源合作的一个重在突破（2010 年 11 月 1 日中俄原油管道境外段开始供油，首批，25 万吨原油于 11 月 2 日顺利抵达漠河首站，从 2011 年 1 月 1 日起，中俄双方将正式履行每年 1500 万吨原油进口协议，共持续 20 年）。这一突破性的进展缘何在 2009 年年初出现了呢？在笔者看来，主要是以下几个因素作用的结果。

第一，一个直接原因是，由于俄罗斯在这次全球金融危机影响下其经济出现了严重困难，特别其实体经济出现了明显的衰退。作为俄罗斯重要产业的能源部门，尤其是在国际市场上油气价格大幅度下跌影响下，使得油气公司资金极度紧张。2008 年年底，俄罗斯天然气工业公司、卢克石油公司、俄罗斯石油公司与 THP—BP 石油公司联名致函普京，请求政府提供贷款，以按期偿还西方银行贷款。因一些石油公司目前处于严重负债状态。另外，由于油气公司资金紧张，不得不减少对石油工业的投资，并有可能导致能源部门减产。据俄罗斯国家统计局公布的数字，2009 年 7 月份，其煤炭产量下降 9.5%，天然气下降 11.9%，只有石油产量增长

1.1％。在上述情况下，俄罗斯石油公司必须寻觅新的融资渠道。中国提供250亿美元贷款，无疑对俄罗斯石油公司与俄罗斯管道运输公司来说如释重负。

　　第二，在当今的国际经济形势下，对俄罗斯来讲，通过与中国签署贷款换石油的协议，可使俄罗斯在实现能源出口多元化战略方面迈出实质性的一步。金融危机后，由于国际经济形势的恶化，不仅油气价格大幅度下降，而且国际上对油气的需求量也在减少。这势必要求俄罗斯必须考虑扩大出口渠道。另外欧盟国家一直在探讨如何避免俄罗斯油气供应出现变数而寻觅新的油气源。2009年7月13日，欧洲联盟4国与土耳其签署修建纳布科天然气输送管道协议，以加快这一管线建设，减少欧盟对俄罗斯天然气的依赖。根据设计纳布科管线全长3300公里，建成后将里海沿岸天然气经由土耳其和上述四国输送到欧洲，从而避开俄罗斯。从中国来讲，应该说，近几年来我国在能源领域的国际合作，在进口多元化方面取得了很大进展。

　　以上这些因素，不得不使俄罗斯下决心使其能源出口要更多地面向东方，加快与中国及亚洲其他国家合作的步伐。如果我们从更长远一点更深层次的视角来看，亚太地区在21世纪将成为世界经济的中心，俄罗斯吸收这一地区国家的资金来开发东部地区的能源资源，对其东部地区及全国经济的发展都有重要意义。应该说，俄罗斯对这一问题的认识越来越清楚。在金融危机发生后，2008年10月27日中国总理温家宝访问俄罗斯，在谈到能源合作时，俄罗斯副总理谢钦就指出："俄罗斯与中国正处于进行能源对话的极佳阶段。近期来，两国与能源对话相关的公司及部委完成了卓有成效的工作，我们的合作更为优化。"

　　第三，从中国来讲，贷款换石油的协议，对于实现石油进口多元化战略，同样具有重要意义，它有利于中国获得较为稳定的石油供应。还应看到，如果顺利实现该项协议，对于扩大其他能源合作也可能起到推进作用。中俄能源领域合作的加强与扩大，对于巩固与发展两国战略协作伙伴关系亦是十分重要的。

　　总之，我认为，这次签署的贷款换石油的协议，对双方都是有利的，体现了共赢与互利的原则。中国期待以这次协议的契机，进一步推动与扩展两国之间的能源合作。对此，中国一直持积极的态度，因为这不论从哪个角度来讲，对双方都是有利的。对此，胡锦涛于 2009 年 9 月 23 日在纽约会见梅德韦杰夫时指出："中俄双方签署天然气领域合作谅解备忘录，成为两国能源合作的又一重大突破。中方高度重视同俄方开展能源领域合作，希望双方共同努力，推动双方能源领域合作取得新成果。"梅德韦杰夫表示："双方能源合作已经达到很高水平，俄方愿意继续同中方在电力、核能等领域发展相关合作。"

近几年来以上的变化，不得不使俄罗斯下决心使其能源出口要更多地面向东方，加快与中国及亚洲其他国家合作的步伐。如果我们从更长远一点更深层次的视角来看，亚太地区在 21 世纪将成为世界经济的中心，俄罗斯吸收这一地区国家的资金来开发东部地区的能源资源，对其东部地区及全国经济的发展都有重要意义。应该说，俄罗斯对这一问题的认识越来越清楚。在金融危机发生后，2008 年 10 月 27 日中国总理温家宝访问俄罗斯，在谈到能源合作时，俄罗斯副总理谢钦就指出："俄罗斯与中国正处于进行能源对话的极佳阶段。近期来，两国与能源对话相关的公司及部委完成了卓有成效的工作，我们的合作更为优化。"

四　天然气合作谈判进程艰难

两国天然气领域的合作始于 1999 年，当年俄罗斯天然气工业股份有限公司（以下简称"俄气"）曾与中国石油天然气集体公司（以下简称"中石油"）达成一项意向性的天然气出口协议，之后由于种种原因一直未签署相关合同，但双方谈判一直断断续续地在进行。到 2009 年中俄创造了"贷款换石油"这种合作形式后，于 2009 年 6 月 24 日中俄两国政府草签了《关于天然气领域合作的谅解备忘录》，接着于 10 月 13 日王岐山与谢钦两位副总理分别代表两国政府签署了《对 2009 年 6 月 24 日签署的"关于天然气领域合作的谅解备忘录"的补充（路线图）》。这些文件是两国企业在天然气领域合作谈判的基本文件。之后，中俄双方企业又进行了多次谈判，并在 2010 年年底就西线项目供气的一些主要条件达成一致。在此基础上，原认为，2011 年 6 月胡锦涛主席访俄时，两国就天然气合作签署相关协议的可能性很大，但谈判无果，再度陷入僵局。接着，2012 年 6 月普京总统访华，又是没有达成共识。从直接的原因来看是双方的报价差别甚大（每千立方米有 100 美元的价格差距）。但如果深入分析，还有一些深层的因素。在俄罗斯来看，2011 年 3 月日本大地震导致福岛第一核电站出现问题后，国际上其他一些国家开始相继宣布准备放弃核电，这样，势必引起对天然气需求的增加，在考虑到中国对天然气的需求量逐年在增加，因此，在俄方看来，中俄天然气合作协议的签署越向后拖，对俄越有利。还有一个因素，俄方看到，目前中国自产与进口的天然气基本上能满足需求，因此，至少在 2015 年之前并不着急需要俄罗斯的天然气。所以，俄方认为，中方可以再观望一段时间。另外，俄罗斯天然气供气管网的唯一流向是欧洲，要向中国输电还要新建管道，这亦是俄方对中国天然气合作不急于下决心的因素之一。

尽管天然气合作出现了曲折，但从中俄两国这一领域合作的基础条件来看，也像石油合作一样，双方都需冷静与耐心，看来，最终签署合作协议尚需要一段时间，但时间也不会拖得很久。

五　能源合作前景

客观地讲，中俄能源合作一直不顺利，合作环境复杂。自 1990 年以来，仅中石油先后派出 150 个代表团赴俄罗斯考察、洽谈合作项目，共耗费近 1400 万美元，但 1994 年俄主动提出的输油管道到 2009 年才解决，天然气合作至今未取得实质性进展。这样，曾使中国有些人对合作前景产生了一些疑虑，甚至持悲观的看法。笔者认为，对中俄能源领域合作前景既不能盲目乐观，期望过高，但也不必悲观。如果从两国的长远战略利益与互利互惠的原则出发，从扩大两国经贸合作领域与提高质量客观要求加以分析，那么，今后中俄两国能源合作具有很大的潜力。它在双边经贸合作中的地位将日益提升。这是因为：

第一，俄罗斯油气资源丰富，是目前世界上第一大能源出口国，中国是世界上第二大石油消费国，也是世界上第二大石油进口国，石油需求旺盛。这是中俄双方能源合作的基础性条件。

第二，随着能源出口国都在积极实行多元化政策，使得能源产品的全球化趋势也得到发展。能源生产国在全球寻找销售市场，能源消费大国也在不断使石油进口多元化。中俄两国互为最大的邻国，政治上安全，加上中国能源市场大，因此也是最稳定的市场。俄罗斯失去中国这个能源的市场是不可思议的。

另外还应看到，俄罗斯能源出口战略东移对中俄能源有可能产生积极的影响。

前面我们已提到，长期以来俄罗斯能源出口的主要地区是欧洲，近几年来，俄罗斯日益认识到，能源出口的这种单一化对其是不利的。因此正在实施能源出口多元化战略。向东移，转向中国等亚洲国家是俄罗斯实现这一战略的主要内容。这可以提升俄罗斯能源出口的战略利益。俄罗斯学者评论说：如果俄罗斯"天然气工业公司对亚洲的出口量占到总出口量的20%—30%，那么就可摆脱对单一进口商的依赖，在与欧洲就新的天然气项目进行谈判时，立场可以更加强硬"。[1] 日本报刊引用俄罗斯能源研究所负责人的话说：密切中俄能源关系也是对欧洲日益增强的反俄罗斯压力做出的回答。[2] 另外，应该看到，俄罗斯能源出口东移，面向中国等亚洲国家，对其加强与亚洲各国的经济合作具有重要意义。当今亚洲地区迎来了有史以来较为稳定的和平发展时期，已成为全球经济最具有活力的地区之一，对俄罗斯在区域合作方面形成平等、多元、开放、互利合作新局面必将起到推进作用。

从以上简单的分析可以看到：首先俄能源出口战略东移，并不是权宜之计，而是出于长远的战略利益考虑，俄需要密切与亚洲国家的经济关系，以便推动俄罗斯经济的发展；其次，俄罗斯能源出口战略东移，对推动中俄能源合作所产生积极影响已显露，能源合作的机遇在增加、合作潜力将进一步发掘。

第三，中俄能源合作不只限于石油和天然气，还包括电力、核能与煤炭等。

---

① ［俄］《导报》2006 年 3 月 22 日。

② 参见 ［日］《每日新闻》2006 年 3 月 25 日。

中俄在电力方面也有很大的合作潜力。俄罗斯把向中国输出电力也视为能源合作的一个重要方向，并且早已着手可行性研究。2005年7月，中国国家电网公司与俄罗斯统一电力股份有限公司签署了长期合作协议，并就输电方式、规模、定价原则、进度安排等一系列重要问题达成一致。根据中国国家电网公司与俄东方能源公司签订的2011年供电合同，中国将从俄购电10亿千瓦。

中俄在核能合作方面亦有很大潜力。江苏田湾核电站第一工程为中俄今后在这一领域的进一步开展合作创造了良好的基础。按中国发展核电站的计划，今后15年至少要修建30座核反应堆。俄罗斯准备积极参与。

中国既是世界煤炭资源储量大国、生产大国，也是最大的消费国和出口国。但这几年来，出现了煤炭出口减少进口增加的情况，其主要原因是电力不足造成的，即大量煤用于发电（每年6亿多吨）。今后随着"煤变油"的发展，煤炭消耗量会更大。煤炭储量居世界第一的俄罗斯，在此背景下，在今后一个时期，向中国出口煤炭日益感兴趣。2011—2015年，俄罗斯将每年向中国出口煤炭1500万吨，在解决运输能力后出口量将增加到2000万吨。今后一个时期，俄罗斯向中国出口煤炭的潜力可达到3000万吨。除了向中国出口煤炭外，俄罗斯在参与中国境内煤田开发与发展煤炭化工业方面，都可能有所为。

六　需要冷静思考的几个问题

从俄方在输油管道合作项目方面出现的反复与曲折，不少问题值得我们冷静思考与正确对待。

第一，我们在分析影响中俄关系因素时应看到，战略协作伙伴关系只是在某些问题上达成谅解与共识的基础上发挥作用。因此，战略协作伙伴关系受国内外条件变化的影响很大。输油管道的变卦就充分说明了这一点。实际上俄方的国家利益起决定性作用。俄罗斯决定搞"安大线"项目也是出于本国利益，决定不搞"安大线"也是为了本国利益。2009年俄罗斯与中国签署贷款换石油的协议同样出于本身利益的要求。这些都让人们看得清清楚楚。普京对此并不讳言，他说：油管走向首先要考虑西伯利亚与远东以及俄罗斯国内的利益。所以，口头上常讲，要从战略协作伙伴关系高度来对待两国关系中出现的问题，但实际上，往往是战略协作伙伴关系只有在符合本国利益时才能得以体现。

第二，俄罗斯强调对外政策必须服从于国家利益，国家利益高于一切。这也是世界各国在推行外交政策中都奉行的一般准则，无可非议。问题是，如果做过了头，只顾自身的利益，过分地采用实用主义，不惜丧失信誉，完全实行利己主义的政策，这就必然会对中俄关系的发展产生不良影响。俄罗斯学者也看到了这一点，指出：在能源合作方面，"中国已经有大量理由不再信任俄罗斯政府"。

第三，从长远来看，充实与发展两国之间的战略协作伙伴关系，经济合作因素的作用日益增大，中俄经贸关系今后将会有大的发展，但随之而来的是两国在经贸领域的摩擦将增多。21 世纪的前 20 年，中国作为大国快速发展，国际经济摩擦由原来的隐性阶段进入了显性时期。在中国对外贸易对外依存度日益提高这种情况下，中国在国际关系中的经济摩擦增多是十分自然的，与俄罗斯亦不例外。这要求我们，在思想上要做好准备。特别要考虑到，俄罗斯是个变数多的国家，出现问题，应冷静地、理智地和大度从容地去对待。在能源合作方面，一方面应积极努力，争取加强合作；另一方面，亦不能吊死在一棵树上。如与俄罗斯能源合作遭受重大挫折，虽对我国能源安全会产生消极影响，但并不构成根本性的威胁，不要看得过重。中国离开俄罗斯石油过不下去的情况并不存在。

第四，对于俄罗斯这样一个处于转型时期的并且有很多特殊情况的国家，研究其投资环境尤为重要。应该说，目前我们的研究，还远远没有达到可供国家对俄罗斯投资作出战略决策的水平。特别是有关俄罗斯出台的一些法律我们研究很不充分。在此有必要提及俄罗斯限制外资进入战略性产业有关问题。

（原载《东方早报》2012 年 8 月 7 日）

中俄缘何重视区域经济合作

在世界经济全球化发展的同时，区域经济合作亦日益加强。长期以来，中俄之间的区域合作主要以边境贸易为主，但边境贸易有其局限性。因此，要提升合作水平，必须由边境贸易逐步扩大到区域之间经济、技术与贸易合作。正是由于这个原因，如何发展中俄区域合作，探索新的合作形式等问题越来越引起中俄两国的关注。

近几年来，特别是从 2008 年下半年发生世界金融危机以来，不论从国际大格局来看，还是从俄罗斯对华战略调整态势来看，都发生了变化，变化的总趋势对促进中俄区域经贸合作是有利的，为两国合作提供了新的战略机遇期，把握好与利用好这一机遇期十分重要。

一　中俄两国相互战略依托关系不断提升

总的来说，和平与发展仍是当今时代的主题，求和平、促发展、谋合作依然是国际形势的主流。综合地分析，当前与今后一个时期国际形势仍将继续保持稳定。但同时应看到，这几年来国际关系特别是大国关系发生了深刻而又复杂的变化。这突出表现在：

一是大国关系互动强化，合作与战略竞争同时发展。由于中国、俄罗斯、印度、巴西、南非与其他一些发展中国家经济快速发展，推动了国际关系和大国关系的调整。

二是美国与西方一些发达国家经济受金融危机的影响，出现了严重的经济衰退，特别是美国在国际关系中遇到了像伊拉克、阿富汗战争与反恐等困难，不得不调整对外关系，采取更加务实与克制的政策。

三是美国一再推行的单极化世界的构想实际上已破产。国际关系中的俄地区人文合作；（8）中俄地区环保合作。作为《规划纲要》文件的附件是：《中华人民共和国东北地区与俄罗斯远东及东西伯利亚地区合作重点项目目录》，共列有 205 项重要合作项目。普京总理 2009 年 10 月访华接受中国媒体采访时也特别强调，俄罗斯非常重视俄中两国间的地区合作，认为两国社会经济方面的合作主要是由地区合作来完成的。《规划纲要》对今后中俄区域经贸合作确定的框架具有指导性意义。

应该说，不论是梅德韦杰夫还是普京，如此积极地提出两国区域发展对接的主张，这是前所未有的。俄罗斯之所以主动地提出切实加快区域合作，主要的战略因素有：

第一，对俄罗斯来讲，开发与开放东部地区是其重要经济社会发展战略。不论在苏联时期还是当代的俄罗斯，都高度重视东部地区的发展，这里集中了 70%—80% 的各种重要资源。苏联时期对这一地区经过数十年的开发建设，建成了全国的燃料动力工业基地、黑色和有色冶金工业基地、森林采伐、木材加工和纸浆造纸工业基地、化工和石油化工基地及机器制造基地。该地区经济结构的特点是：从产业结构总体来看，农、轻、重发展比例失调，从工业内部结构来看，采掘工业与加工工业比例失调；军工企业在机器制造业中占有很大比重，经济结构带有严重的军事化性质；基础设施发展滞后，第三产业不发达。目前，西伯利亚与远东地区的经济虽比叶利钦时期大有改善，但与欧洲部分相比仍要落后得多。由于投资不足，旧生产能力的改造和技术更新十分缓慢，导致生产企业固定资产严重老化；采掘工业地质勘探普查工作滞后，从而使新探明的矿产储量不能抵补开采量，导致俄罗斯油气产量增速下降；科技进步缓慢，技术、工艺落后，产品更新换代迟缓；人口大幅度下降，面临劳动力严重不足的困难，等等。

苏联解体后，俄罗斯在向市场经济转轨时期，资源的分配与生产的组织由集中的计划程序转向市场调节的程序。在这一过程中，中央与地方的关系发生了重大变化，经济上的分权强化，另外，全俄经济形势严重恶化，在此背景下，1996 年制定了《俄罗斯联邦远东和外贝加尔 1996—2005 年及 2010 年前社会经济发展专项纲要》。它阐述了今后这一地区经济发展的总目标，即最大限度地减轻阻碍本地区适应新经济形势各种因素的影响；充分地利用现有的发展条件，从而为迅速摆脱危机和以后加速发展创造条件。1998 年 9 月俄联邦政府完成了拟定"西伯利亚"联邦专项纲要草案的工作。纲要的战略意图是有效利用西伯利亚地区的自然、生产和智力潜力及地区参与全俄分工和国际分工的优势，以便最迅速地摆脱危机，稳定和振兴西伯利亚经济。

　　普京执政时期，对东部地区的发展更为重视与更有紧迫感。他在上台后不久的 2000 年 7 月 21 日，在《远东和后贝加尔湖地区发展前景》会议上作了题为《俄罗斯需要一个什么样的远东》的讲话，他说："如果近期我们不作出现实努力，那么，要不了几十年，甚至自古以来生活在这里的俄罗斯居民就将基本上说日语、汉语和朝鲜语了。""所以远东和后贝加尔湖地区发展的前景问题对国家来说是很尖锐的，我甚至想说是悲剧性的。从实质上看，这里说的是这个作为俄罗斯不可分割的一部分的地区能否存在的问题。我们没有丝毫权力丧失发展的速度，允许边疆区落后。"他接着说："对于远东来说，俄罗斯不是'内地'。俄罗斯就在这里，就在我们脚下。"他还强调指出："远东和后贝加尔湖地区占全国领土的 40%，单是这个事实就说明了许多问题。所以我们必须根本改变我们在远东的政策。这不应该是俄罗斯联邦个别主体的政策，这应该是俄罗斯国家的政策。"2008 年 2 月 8 日，普京在俄罗斯国务委员会扩大会议上作题为《关于俄罗斯到 2020 年的发展战略》重要讲话中提到，应把西伯利亚与远东建成俄罗斯新的社会经济发展中心。2009 年年底，普京总理批准了俄联邦《2025 年前远东和贝加尔地区经济社会发展战略》，该《战略》把与中国东北地区的合作视为首先方向之一。

　　第二，俄罗斯经济今后的发展，能否崛起为世界性的经济大国，到 2020 年能否成为世界第 5 大经济体，在相当程度上取决于东部地区的发展。再说，如果东部地区长期落后，经济结构不能调整，正如普京说的，那么俄罗斯均衡的区域发展政策就不能实现，亦不能保证俄罗斯的和谐发展。在上面提到的边境地区合作会议上，梅德韦杰夫总统在作总结时指出："尽管发生了全球性金融危机，但俄罗斯远东与西伯利亚的重大项目不应该因此停下来。"他说："俄罗斯政府正在对远东与西伯利亚发展战略进行研究，并且已在相关联邦计划框架下实施一系列项目，已通过了一些域合作的主动性与认同性。应该说，中方已做了不少工作。在中俄区域合作方面起重要作用的牡丹江市提出，要全力打造沿边开放先导区，其目标定位是要在全国提升沿边开放的大局中成为先导与示范，在东北地区对外开放中走在前面，在黑龙江省经济发展中发挥重要作用。具有重要意义的是 2009 年 4 月 21 日，国务院批准设立绥芬河口岸中国第六个综合保税区。经过论证，最后国务院原则同意黑龙江省呈报的《关于黑瞎子岛保护与开放开发有关问题的请示》，"要求把黑瞎子岛建成为生态良好、稳定安全、开放繁荣的对俄合作示范区"。2008 年 5 月梅德韦杰夫总统访华时，提出中俄联合开发黑瞎子岛的建议。吉林省对俄区域合作，主要是通过推动图们江区域的国际合作来实现。2009 年 11 月，吉林省提出的《中国图们江区域合作开发规划纲要》——以长吉图为开发先导区的设想，已被批准。这是中国首次把开发边境地带列为国家开发项目，把图们江流域开发计划提升为国家战略。无疑，这对促进以图们江区域为核心的发展有重要意义。以上一些规划与设想，有利于中俄双方 2009 年 9 月批准的《规划纲要》所确定的区域合作项目的推动与落实。

四　主要合作领域

通过双方努力，中俄区域经贸合作已取得了不少进展，突出表现在地方边境贸易得到了快速发展。以黑龙江省为例，2007 年它对俄贸易额为 107.2 亿美元，突破百亿美元大关，比上年增长 60.4%。对俄贸易占全省外贸总额的 62%，占全国对俄贸易总额的 22.3%。2008 年超过 160 亿美元。

从俄罗斯来看，2008 年远东联邦区的对地区的对外贸易伙伴中，中国一直居首位，但到 2007—2008 年，从贸易总额来看，中国已排在日本与韩国之后，居第三位。如 2008 年日本占远东地区外贸总额的 32.8%，韩国占 28%，中国占 23.1%。

2009 年与 2010 年受金融危机的影响贸易额下降，如 2010 年黑龙江省对俄贸易额为 74.7 亿美元。

总的来说，中俄区域经贸合作已有了一定的基础，但要使区域经贸合作有质的提高，或者说达到战略升级，必须拓宽合作领域。根据中国振兴东北战略与俄罗斯加速开发与开放东部地区的战略构想，笔者认为，今后的区域合作应朝着以下方面做出努力。

一是要把科技合作放在优先地位。东北三省调整与改造工业时，加速发展装备制造业。为此，必须依赖先进的科技，靠先进的科技所形成的核心竞争力，来牵动工业企业在国内外市场竞争，实现可持续、跨越式的发展。与此同时也就达到用高新技术改造传统产业的目的。而上述目标的实现，单靠东北三省和国内自身的科技力量是不够的，需要加强与俄罗斯科技合作。

二是加强交通运输等基础设施领域的合作。在这方面东北地区与俄罗斯东部地区拓宽合作的可能性很大，如中俄合作建设黑龙江公路桥与铁路桥，建成后，将对构筑新的中俄经贸大通道，发挥我国与东北地区经济合作区位优势有重要意义。又如中俄铁路部门正在讨论铺设东宁—乌苏里斯克铁路。这条铁路一旦修通，我国东北地区的物流可以直接通过这条铁路，从俄海参崴、纳霍德卡港、东方港等向日本、韩国、北美等国和地区集散，这就拓宽了东北出海大通道。黑龙江、同江中俄界江大桥已经开工，今后黑龙江省与俄罗斯之间准备建造几座跨越界江的大桥。这对推动中俄区域合作有重要意义。另外，通过与俄罗斯、朝鲜的合作共同开发图们江地区，这不仅使吉林省增加了一个对外开放的出海口，并对推动整个东北地区经济发展具有重要意义。据有关专家估计，如果图们江这个金三角建设进展顺利，开放加快，可以使东北地区经济发展速度加快10%。

这里特别要指出的是，俄罗斯东部地区基础设施特别是交通运输较为落后。《俄罗斯联邦远东和外贝加尔1996—2005年及2010年前社会经济发展专项纲要》指出："远东和外贝加尔占俄罗斯疆土的40%，交通运输网欠发达。这是制约其经济发展的重要原因之一。""与全国的平均数相比，按1万平方公里计算，该地区公共使用的铁路经营长度比全国少2/3，硬面公路比全国少4/5。"

2006年3月22日，普京在中俄经济论坛上谈到加强两国区域合作问题时指出："地区合作成功的一个重要条件就是发展地区的基础设施，包括建立边境贸易综合体、过境站和过桥通道。我们希望，无论是俄罗斯的还是中国的企业家应把现钱投出来建设基础设施。"①

在分析中俄交通运输基础设施领域合作问题时，特别要强调的是应加强边境口岸交通等基础设施建设。以黑龙江省来说，它地处东北亚区域中心，与俄罗斯远东与西伯利亚地区接壤，接壤的边境线长达 3040 公里，占中俄边境线总长度的 74%，并拥有一类对外贸易口岸 25 个。黑龙江省不仅是我国对俄贸易的主要省区，并且提出将全省全力打造成东北亚经济贸易开发区。黑龙江副省长程幼东于 2009 年 6 月 14 日在《第二届东北亚区域合作发展国际论坛》的主旨演讲中提出："今后将围绕建设中国面向东北亚区域合作的先导区、核心区的地位，以哈大齐工业走廊等经济板块为依托，以区域行政中心城市为支撑，以边境口岸为节点把黑龙江建成面向东北亚、辐射欧亚大陆，一流的经济贸易开发区。为实现上述目标，5年内黑龙江省将投资 2000 亿元进行公路、铁路等交通基础设施建设，实现公路等交通建设的跨跃式发展。其中，前三年内投资公路建设 1000 亿元，投资铁路建设 600 亿元，哈齐、哈佳、哈牡城际高速铁路建成后火车运行速度将由 100 公里/小时提高至 300 公里/小时，省内以哈尔滨为中心的一小时经济圈将覆盖大部分地区。截至目前，同江和抚远之间、牡丹江通往丹东的部分铁路已经完工，同江中俄界江大桥已经开工，未来黑龙江省与俄罗斯之间还将建设几座跨越界江大桥，正在加紧建设抚远、伊春、大庆、加格达奇等若干机场，这将为黑龙江省发展贸易大通道、建设出口大基地和旅游开发区奠定坚实的基础。"

黑龙江省对俄口岸交通基础设施建设，对推动中俄区域经贸合作重要性日益明显，因随着两国贸易的发展，货运量与客运量在逐步增加，而目前的运输条件难以满足。

三是能源合作。东北三省从俄罗斯进口能源产品不多，这方面的合作项目尽管主要由政府和大公司参与，2008 年黑龙江省从俄罗斯进口原油仅为 149.48 万吨，成品油为 5 万吨。但能源领域的合作范围很广，不只是油气，还有电力、煤炭、核能等。油气开发项目，不仅在上游合作，并还可在下游进行合作，俄方准备在中国一些地区开设加油站。另外，能源技

---

① 《普京文集》（2002—2008 年），中国社会科学出版社 2008 年版，第 267 页。

术合作也是一个内容。再说，能源合作项目有大有小。所以，东北三省应该在这一领域做出努力。能源合作的主要方向是：首先，随着俄罗斯的东西伯利亚——太平洋石油管道的中国支线的修建，黑龙江省大庆应进一步发展石油加工工业，再加上本身有丰富的能源资源，从而黑龙江省可建立起石油产业带；其次是积极参与西伯利亚与远东地区能源开发。近几年来，中俄双方都希望通过相互直接投资来扩大经贸合作。在开发能源项目，一般以参股即合资的方式进行；生产的产品既可供应中国，也可供应国际市场；第三，在油气加工技术方面，东北三省可以有针对性地引进俄罗斯的技术与设备。第四，除了在油气方面进行合作外，还应扩展其他能源产品，如电力、煤等。黑龙江省 2008 年已从俄罗斯进口煤 25047 吨（合 210.81 万美元）。总之，东北三省要根据自身的特点，开展对俄在能源领域的合作，从俄罗斯直接进口油气的数量不可能很多，中俄能源领域合作的大项目主要是由国家大公司来进行的。

四是林业合作。中俄林业领域的合作，涉及多方面的内容，如木材采伐、木材贸易、木材加工、提供林业劳务与租赁或承包森林等。林业合作是中俄区域经贸合作中的一个十分重要组成部分，它具有明显的比较优势，这突出表现在：第一，中国东北地区特别是黑龙江省，在对俄罗斯林业合作方面，所依托的毗邻远东地区的地缘优势十分明显，因俄罗斯森林资源主要集中在与黑龙江省接壤的西伯利亚与远东。这里有十分丰富的森林资源，从远东地区来说，它拥有 7 个森林经济区，它们是哈巴罗夫斯克边疆森林区、萨哈共和国森林经济区、萨哈林州森林经济区、堪察加州森林经济区与马加丹州森林经济区。远东地区出口的木材占俄罗斯木材出口总额的 46%。第二，俄罗斯森林资源十分丰富，可供大量出口，亦是振兴经济的一个重要途径。林业已成为俄罗斯仅次于石油、天然气之后的第三大支柱产业。中国是少林国家，随着经济的发展，对木材需求量不断增加，特别在中国实行天然林保护工程后，木材的短缺问题更加严重，一般估计年木材缺口为 4500 万—5000 万立方米，这就要求靠大量进口缓解木材供需矛盾。2007 年中国从俄罗斯进口木材 2540 万立方米，这占俄罗斯对外出口木材总量的约 50%。从黑龙江省来说，2007 年与 2008 年，分别从俄罗斯进口原木 1000 万立方米和 818 万立方米。牡丹江与绥芬河利用其独特的地缘条件，已成为进口俄罗斯远东地区木材的一个十分重要的集散地。2001 年国家批准绥芬河市为进口原木加工锯材指定口岸后，它承担的进口木材要占全国木材进口总量的 1/3。2008 年绥芬河市进口俄罗斯原木 658.7 万立方米（合 94072.5 万美元，占当年绥芬河市从俄罗斯进口总额的 47.2%）。以上情况说明，不论从全国来讲还是黑龙江省来讲，木材领域的合作有其重要的地位，有着很强的互补性，中国是俄罗斯稳定的木材市场。1999 年中俄双方签署了合作开发俄罗斯过火林的协议，之后中俄两国政府先后签署了林业领域的其他合作协议，如 2000 年签署了《共同开发森林资源合作协定》以及后来签署的《加强林业领域合作备忘录》等文件，这有利于为两国林业合作奠定法律基础。第三，中国对俄罗斯在木材领域合作政策的变化有较强的适应能力。从中俄林业合作发展总的趋势看，俄罗斯政府今后将严格限制原木的出口，其主要办法是对未加工原木实行禁止性关税。俄罗斯一再强调在国内要大力发展木材加工工业。这意味着从俄罗斯进口原木的数量不仅难以增加，并且将日益呈下降的趋势。2008 年不论以从黑龙江省全省来看还是绥芬河市来说，从俄罗斯进口的原木分别下降了 17.83% 与 15.92%。但要看到，俄罗斯加快发展林业加工工业也将遇到困难，它缺乏资金、技术设备与劳动力。俄罗斯阿尔泰边疆区准备在最近几年投入 50 多亿卢布来发展该区的木材加工业，但需要从银行贷款，并将林地作为银行贷款的物资担保。该区局长克柳奇科表示："我们拥有可作为银行贷款抵押的森林资源。"在这种情况下，中国有实力的林业公司，可以考虑以某种形式提供资金进行合作发展木材加工工业。再从俄罗斯林业加工工业的技术设备来讲，大部分已陈旧老化，加工技术水平远远落后于世界先进水平。而作为林业大省的黑龙江省来说，不论是林业的加工能力、设备、技术都具有相当的优势，有可能与俄罗斯在这些领域进行合作。至于人力资源，远东地区一直有严重人口流失问题，林业人员流失更为严重，从而出现了大量过火林得不到及时采伐，这不仅造成木材损失，还可能引发森林病虫害的蔓延。客观地讲，从中国引进劳动力是可取的。

　　由于存在上述种种问题，在俄罗斯短期难以解决十分丰富的森林资源与落后的林业产业之间的矛盾，也难以形成较为完整的木材产业链条，木材加工工业的发展，同样也不可能很快取得重大进展，在相当长的一个时间内，木材加工的粗加工居多。因此，中国进口这些粗加工的木材后，可进行深加工、精加工，这既延长了木材产业链，并亦可使木材大大增值。黑龙江省与绥芬河市，应该把这项工作做好，尽可能提高进口木材的附加值。

五是劳务合作。对外劳务合作是国际服务贸易自然人移动的重要组成部分。随着中国对外经贸合作的发展，对外劳务合作也有了很快的进展，对外劳务合作已广泛分布到 160 多个国家与地区。中俄之间的劳务合作，从 20 世纪 80 年代末就已开始，主要由黑龙江省向俄罗斯远东地区输出劳务。从客观条件来分析，中俄之间的劳务合作有其良好的基础，互为需要。俄罗斯虽然采取了各种措施，但人口每年减少 70 多万，特别在俄罗斯东部地区，不仅人口下降而且还存在大量外流问题，因此，西伯利亚与远东的发展，缺乏充足的劳动力是客观存在。俄罗斯东方学专家欧福钦在 2006 年 8 月召开的俄罗斯对话移民政策的专家会议指出：

"中国曾经是，今后也将是我们的邻国。我们面临的选择是：要么学聪明些，利用这一近邻关系为国家谋福祉；要么皱起眉头、鼓起腮帮子，叫嚣中国是我们的主要威胁。但我在中国居住了 11 年，我很清楚，两极体制瓦解后，中俄两国互为战略后方。我们都希望形成多极化世界，两国的发展也是相互呼应的。我们的战略目标是开发远东，中国的战略目标是开发西部内陆地区。这些地区还不富裕，尚未摆脱贫困落后。在这方面，我们有共同的利益。

目前，中国是世界上发展最迅速的国家，它迟早会成为超级大国。我们应当理性一些，利用中国迅速发展的契机，为俄罗斯谋利，同时不能失去我们在中国所拥有的巨大道德威信。

我想重申的是，俄罗斯远东地区要摆脱停滞局面，实现经济发展，中国的劳动力资源是必需的。我们要抓住邻国经济飞速发展的契机，将西伯利亚这节车厢挂到正在提速的中国列车上。对我们而言，这的确是件好事。"①

---

① ［俄］《俄罗斯报》2006 年 8 月 4 日。

不少俄罗斯学者和有识之士，都看到了中俄之间的劳务合作存在的必要性与可能性。但同时亦应看到，在俄罗斯至今还存在"中国移民威胁论"的种种宣传。这影响了劳务合作的正常发展。根据上述有关中俄劳务合作的情况，笔者提出以下看法：

第一，从中俄两国客观条件与发展经济需要来看，中俄劳务合作应该是有良好基础的；但从主观因素特别是非经济因素来看，这一领域的合作有其很大的局限性。

第二，中俄的劳务合作必须建立在可靠的法律基础上，中国必须根据有关协议派出劳务人员，这些人员必须严格遵守俄方的有关法律，而俄方必须保护中国在其境内的合法的劳务人员（包括人身安全与合法利益）。对于非法移民，中俄双方应共同采取措施进行打击。

2001 年中俄签订了《中华人民共和国和俄罗斯联邦睦邻友好合作条约》，条约的第二十条规定："缔约双方将合作打击非法移民，包括打击通过本国领土非法运送自然人的行为。"

第三，尽管俄罗斯地方精英与执政者已认识到，根据劳务合同引进中国劳务人员是正常的经贸合作关系的一部分，但不要指望俄罗斯执法部门特别是警察，在短期内对中国人敲诈勒索的行为会有很大改变，中国劳务人员应学会保护自己，我国政府与驻俄罗斯使馆与领事馆应在保护中国人合法利益方面作出更大努力。

第四，应该看到，中俄劳务合作将会继续发展。正如俄罗斯有些学者讲的，中国人来俄罗斯西伯利亚或远东，并不是因为中国人太多了，而是俄罗斯需要中国移民。现在俄罗斯西部地区没有人愿意来西伯利亚，因此，中国与中亚国家是现实的劳动力。有人还具体地指出，虽然俄罗斯还存在不少失业人员，但远东地区仍需大量中国劳务人员，如为了使滨海边疆区交通运输网所有主干线在最近几年投入使用，在现有基础上，至少需要再增加两倍的劳务人员。为筹备亚太经合组织峰会需要引进项目建设人员和服务人员 6 万—7 万名。在东方港建设物流运输中心，建设石油加工厂，扩建港口终端配套设施，将提供数千个就业岗位。考虑到远东地区正在进行的建设项目所产生的就业需求的规模和前景，与中国进行劳务交流合作具有迫切的现实意义。①

　　第五，由于受种种因素的制约，特别是目前还存在的"中国移民威胁论"的影响，以及考虑到俄罗斯民族的特征及其存在的文化心理障碍，不要指望中俄在劳务合作方面会有大的发展，更不可能在短期内出现急剧上升的态势。俄罗斯克服文化心理障碍，需要有个过程。

　　六是旅游业合作。当今，人们日益认识到，旅游在世界经济及社会政治生活中占重要的地位，旅游业对地区经济与世界经济的发展都作出了很大的贡献，它为世界提供了约8%的就业率，超过10%的GDP与12%的出口额，在世界上83%的国家中，旅游业被列在出口项目的第5位。

　　中俄两国在区域经贸合作领域，如果能充分有效地利用现有的与挖掘潜在的旅游资源，这不仅对两国经贸合作、经济发展起着积极推动作用，并且也十分有利于两国人民之间的相互了解，增进友谊，推动与促进两国战略协作伙伴关系的发展。

　　中俄两国的旅游业也在不断发展。2008年俄罗斯赴中国的游客为316.7万人次，而中国赴俄罗斯的游客为81.5万人次。现中国已成为俄罗斯的第二大客源国，而俄罗斯是中国的第三大客源国。从地区来看，2008年俄罗斯远东地区出境的游客为200多万人次，与2007年相比增加了22.4%。同年，远东地区来中国的游客为190万人次，这占该地区去东北亚各国的俄罗斯游客总数的96%，与2007年相比增加了27%。这表明，远东地区的俄罗斯游客选择的主要国家是中国特别是黑龙江省。在远东与外贝加尔地区，来中国的俄罗斯游客中主要来自滨海边疆区，为120万人次，占游客总量的58%；外贝加尔边疆区为41.3万人次，占20%；哈巴罗夫斯克边疆区为23.8万人次，占12%；阿穆尔为9.2万人次，占5%。从俄罗斯东部地区接待外国游客的情况看，据2008年的统计资料，居首位的是滨海边疆区，占外国游客总量的52%，为6.7万人次；其次是布里亚特共和国占15%，为2万人次，第四是阿穆尔州占9%，为1.16万人次。远东地区的游客主要来自中国、日本与韩国。2008年远东与外贝加尔

---

　　① 参见［俄］A. C. 瓦休克：《现阶段俄中劳务交流领域存在的问题》（为2009年6月14—16日召开的《第二届东北亚区域合作发展国际论坛》提供的论文）。

地区的中国游客为 8.57 万人次，占俄罗斯东部地区外国游客总量的 64%，与 2007 年相比，游客数量增加了 4%。①

中俄两国的旅游业虽取得了一定的发展，但双方的旅游资源远未得到充分发挥，有待双方共同努力，共同规划。黑龙江省正在努力打造北国风光特色旅游开发区。该省副省长程幼东在《第二届东北亚区域合作发展国际论坛》的主旨演讲中说：计划在 5 年至 10 年内，黑龙江省将集中建设"哈尔滨冰城夏都旅游区"、"五大连池旅游度假区"、"神州北极旅游度假区"、"镜泊湖渤海国旅游集合区"、"扎龙自然保护区"等具有国际性、区域性和市场竞争力较强的龙头旅游景区，利用天然氧吧、冬季冰雪、神奇火山、夏日清凉等优势特色产品，为各国朋友提供物美价廉的服务。

五　切勿忽视货物贸易

在发展对俄区域合作过程中，在重视上述领域合作的同时，切勿忽视货物贸易，这是笔者多年来一直强调的一个问题，这是因俄罗斯调整其经济结构有个过程。我们不妨看一下，2010 在对俄罗斯贸易中约占黑龙江省61%、占全国 8% 的牡丹江市的进出口商品品种结构。

---

① 俄罗斯东部地区旅游业发展情况的有关资料，参见［俄］亚历山大·尼库林：《俄罗斯东部与中国旅游业发展的现状、问题和前景》（为 2009 年 6 月 14—16 日召开的《第二届东北亚区域合作发展国际论坛》提供的论文）。

牡丹江市 2010 年对俄出口主要品种

序号	商品名称	计量单位	数量		金额（万美元）		占出口总值比重%
			绝对值	同比%	绝对值	同比%	
1	鞋类商品				88996	58.30	22.1
2	服装				88923	57.80	22.1
3	箱包				31451	129.66	7.8
4	纺纱织物				17024	34.25	4.2
5	家具				9161	17.47	2.3
6	塑料制品	万吨	2.14	15.23	7713	39.61	1.9
7	蔬菜	万吨	18.3	0.45	7324	29.57	1.8
8	水果	万吨	12.7	−24.50	5712	−12.13	1.4
9	家用及装饰用木制品	万吨	5.97	115.34	4844	44.54	1.2
10	钢材	万吨	4.48	69.27	3989	88.51	0.5
合计					265137		65.3

资料来源：牡丹江市商务局。

从上表可以看到，牡丹江市向俄出口的商品主要是服装、鞋类等商品。在 2010 年牡丹江市对俄进口的商品中，能源资源性产品比重进一步增大，占全市进口贸易的 8 成以上，原油、成品油进口 557 万吨，为 30 亿美元，增长了 1 倍多；原木 413 立方米，为 5.5 亿美元。

中俄区域合作领域中货物贸易领域十分广泛，在发展过程中有待我们不断地寻觅。为了在区域合作中继续发展对俄货物贸易，对中国来说，一是要提高商品质量，要创名牌；二是进一步规范化，非规范贸易已走到尽头；三是发展加工工业；四是根据发展对俄货物贸易的需要建立出口基地；五是与俄边境省区切勿盲目地建互贸区、开发区，更不要不切实际地急于创建自由贸易区。

在发展中俄区域合作过程中，不仅要抓住一些重点合作领域，并且还应努力探索与构建适合中俄两国相关地区经济特点的合作新形式。

六　积极应对存在的问题

这里要指出的是，尽管推进中俄区域合作的战略因素在提升，还制定了具体的合作纲要与项目，并且得到俄高层领导与精英层的认同，但并不意味着在今后的中俄区域合作过程会一帆风顺，矛盾与摩擦难以避免，我们应该有充分的思想准备。这是因为，不论从整个中俄关系来看，还是具体从区域经贸合作来分析，仍存在不少消极因素。笔者认为，最为突出的问题有：

第一，苏联解体以来独立执政的俄罗斯，由于失去昔日的大国、强国地位，一直存在心态失衡问题，对中国的崛起，在经济上超过俄罗斯，老大哥的地位丧失，感到难以适应。对俄成为西方发达国家的原料供应国尚能接受，而要成为中国的原料供应国就无法接受。种种不适应，实质上都是心态失衡的表现。

第二，对中国的崛起，在俄有相当一部分人存在种种疑虑：中国强大了，特别是经济有了大的发展后，会不会对俄通过"商业移民"搞人口扩张，会不会对远东地区重新提出"领土要求"，等等。

第三，在国际大格局上，随着中国的迅速发展，实力增强，中美会不会共同主宰国际事务，削弱俄罗斯的国际地位与作用，使俄在大国关系中日益边缘化。尽管中国一再声明，反对 G2 的观点，但实际上，在俄对 G2 的疑虑是存在的。

第四，担心作为俄传统势力范围的中亚地区受到中国的排挤。2009 年12 月 14 日，中、哈、乌与土四国领导人，一起开动了"世纪管道"，这种正常的商业合作，有可能刺激俄罗斯。当然这种刺激可表现在两个方面：一是俄不怎么高兴；二是可能促使俄加速与中国的能源合作。但不论怎样，在俄看来，中亚是其势力范围。

第五，在中俄区域合作中，中方会受到俄投资环境差、俄方缺乏合作双赢理念等因素的影响。

　　以上一些问题是客观存在的，只能在合作过程中通过增进相互了解、加强立法等途径逐步解决。

（原载陆南泉等主编：《苏东剧变之后——对 119 个问题的思考》中册，

新华出版社 2012 年版，第 987—1003 页。）